HISTOIRE ILLUSTRÉE

DE LA

GUERRE DE 1914

GABRIEL HANOTAUX

de l'Académie Française

HISTOIRE ILLUSTRÉE

DE LA

GUERRE DE 1914

TOME PREMIER

GOUNOUILHOU, ÉDITEUR

PARIS, 8, BOULEVARD DES CAPUCINES. — BORDEAUX, 8, RUE DE CHEVERUS

1915

LE CANON FRANÇAIS DE 75

Cliché Manuel.

M. RAYMOND POINCARÉ

PRÉSIDENT DE LA RÉPUBLIQUE FRANÇAISE

HISTOIRE ILLUSTRÉE

DE LA

GUERRE DE 1914

AVANT-PROPOS

'ENTREPRENDS d'écrire l'histoire du conflit qui éclata en Europe, l'année 1914, et qui met en cause peut-être l'avenir de l'humanité. Quand l'effort de la culture générale et l'adoucissement des mœurs paraissaient, surtout depuis un demi-siècle, se diriger vers la paix, ils aboutirent, en fait, à une lutte presque universelle. Le sens dans lequel la civilisation croyait évoluer s'est dévié et, pour ainsi dire, retourné. La vieille humanité ne peut décidément éliminer le facteur *guerre* de son progrès.

On cherchera dans des incidents de détail plus ou moins importants la cause et les origines de cette crise terrible : elles tiennent surtout à des raisons permanentes, qui touchent à l'essence de la nature humaine. Le succès produit l'orgueil, et l'orgueil la violence.

D'autre part, la richesse produit la corruption, et la corruption énerve les peuples. Par les deux voies, l'homme retourne à la barbarie originelle. Seuls, des événements tragiques peuvent le corriger et le purifier.

Il est aussi des causes plus nobles : car l'homme est pétri de bien et de mal. Des appétits violents ont, en lui, pour contre-partie, des aspirations élevées.

L'homme, être sociable, cherche sans cesse à étendre son action par la société et sur la société, en visant à la fois les corps et les âmes. Il a un besoin incessant de conquête et de propagande : il veut commander et il veut convaincre.

Quand ces deux ambitions s'opposent, quand la force se heurte à l'idée, un débat naît, et ce débat a, pour sanction, le recours aux armes : «Tu ne veux pas obéir,» ou «Tu ne veux pas croire... tu périras!»

Par contre, quelle admirable révolte que celle de l'esprit de liberté qui, précisément, ne veut pas périr ! Les indépendances individuelles et nationales barrent la route à l'*impérialisme* et à la tyrannie; la parole donnée, la foi, l'honneur, leur sont des obstacles, des digues, cent fois rompues, mais cent fois rétablies. Le droit balance la force.

La noblesse de l'humanité s'affirme dans ces héroïques conflits. Elle ne progresse (au prix de quelles souffrances !) que parce qu'elle trouve en son sein des Léonidas, des Jeanne d'Arc et des Lazare Carnot que rien n'intimide et qui *ne cèdent pas*.

La liberté du monde est faite du sang des martyrs, — des martyrs-individus et des martyrs-nations. La grandeur n'est pas la force ni la puissance une garantie de durée. L'empire de Charles-Quint s'est écroulé; la Pologne subsiste. La victoire du vaincu est peut-être le secret sublime de l'histoire.

J'écris ce récit au fur et à mesure que la guerre se déroule : il y a urgence, en effet, à ne pas laisser l'histoire se faire en dehors de nous et peut-être contre nous. Il importe de réunir, sans retard, les éléments qui doivent servir à former l'opinion du monde. C'est travailler à la cause du vrai, du juste, que d'établir, dès maintenant, les origines de la guerre actuelle, son véritable caractère, la tournure implacable qui lui a été donnée par la volonté de ceux qui l'ont déclarée et qui l'ont commencée en violant la neutralité belge, qui ont nié la foi jurée et se sont mis en état de rupture voulue et avouée avec les engagements internationaux qui protégeaient la guerre elle-même contre les excès de la guerre.

Puisqu'il est une puissance qui a considéré les traités comme de simples « chiffons de papier », il est indispensable de le répéter et de l'établir clairement. Il ne faut pas que le bruit des événements militaires fasse oublier

les responsabilités de ceux qui les ont déchaînés et qui leur ont imprimé un caractère si particulièrement inhumain.

Puisqu'une lutte est engagée qui oppose les deux tendances contraires de notre double nature, le génie du mal et le génie du bien; puisqu'on rencontre, dans l'un des deux camps, la volonté de dominer le monde et de le courber sous une tyrannie économique et politique dont il ne pourrait, de longtemps, secouer le joug; puisque ce parti est résolu, pour obtenir un tel résultat, à employer la force, sans égard aux engagements authentiques, aux contrats solennels, à la morale internationale consacrée par les siècles; puisque la civilisation est menacée d'une prodigieuse régression et que la victoire de ce camp serait le triomphe de la brutalité cynique; puisque, dans l'autre camp, on combat pour la liberté et l'indépendance des peuples, pour le respect des traités et de la foi jurée, pour les égards que les forts doivent aux faibles, pour le respect des femmes, des enfants, des populations désarmées, pour la loyauté internationale, pour le maintien des plus nobles sentiments, la pitié, la commisération, la douceur, la contrainte intérieure exercée par le puissant sur soi-même; puisque ces deux causes sont en balance et que l'issue du duel est entre les mains de Dieu, il faut dire les choses telles qu'elles sont pendant qu'elles sont : car qui peut prévoir ce que la victoire ou la défaite permettront de dire après? Que seront devenus, alors, la face du monde et le cœur de l'humanité ?

L'humanité joue une partie où il y va de son essence même. L'homme est-il bon, est-il méchant? Il faut présenter les aléas opposés et les chances contraires avant que le destin se soit prononcé. La première loi de l'histoire est la vérité : or, il y a une vérité poignante et pathétique dans l'incertitude que la volonté divine mêle à la certitude où nous sommes que la plus noble des causes doit triompher.

C'est entendu, j'écris en pleine bataille, dans la poudre et la fumée, sans horizon et sans lendemain ; je ne vois pas très loin, je ne distingue pas les ensembles, je ne sais où la fatalité nous mène ; j'appartiens à un des peuples engagés dans la lutte, à celui qui souffre le plus et qui aurait le plus de droits à se plaindre de la destinée : cette position est la mienne et je l'accepte.

Ceci dit, j'affirme ma ferme volonté d'être véridique : je contiendrai mes sentiments ; je refoulerai mes larmes. Mais ce que je ne puis promettre, c'est de comprimer mon cœur et de faire taire, en moi, les sentiments qui viennent de ma naissance et de ma foi dans la justice de la cause que je sers.

Si, bien involontairement, je manque à la loi d'équité, qui est l'autre loi de l'histoire, on me pardonnera : au moment d'écrire, ma main tremble. Mais cette émotion même communiquera peut-être au récit quelque chose de son mouvement. Il ne s'agit pas d'un livre de cabinet, mais d'une œuvre d'action et de combat. Je suis dans la mêlée. Je lutte, avec tous les miens, pour la vérité, l'honneur, la liberté. Si la gravité de l'histoire y perd quelque chose, son efficacité y gagnera beaucoup. J'invite mes lecteurs à se mobiliser avec moi pour la défense de mon pays, la France, et de son noble patrimoine, devant l'avenir, devant Dieu.

G. H.

Novembre 1914.

L'AUTEUR DANS SON CABINET DE TRAVAIL

S. M. ALBERT Ier, ROI DES BELGES

CHAPITRE PREMIER

LES ORIGINES DIPLOMATIQUES DU CONFLIT

La politique de l'Allemagne à la suite de la guerre de 1870.
L'Allemagne entre l'Autriche-Hongrie et la Russie. — La Triple Alliance.
L'Alliance Franco-Russe.

A guerre de 1914 se rattache directement à la guerre de 1870 En consacrant, au traité de Francfort, le démembrement de la France, Bismarck (qui a protesté souvent ne l'avoir pas fait de son plein gré) laissait, dans la plaie saignante au flanc de ce noble pays, le germe des maux futurs. Il ne se faisait pas d'illusion à ce sujet, et il déclarait lui-même que c'était une faute d'avoir réclamé Metz et la Lorraine.

Il disait, dès le 13 août 1871, à M. de Gabriac, chargé d'affaires français à Berlin : « Je ne me fais pas d'illusions ; il ne serait pas logique de vous avoir pris Metz qui est français, si des nécessités impérieuses ne nous obligeaient à le garder... L'état-major déclarait : Metz est un glacis derrière lequel nous pouvons mettre cent mille hommes. Nous avons donc dû le garder. J'en dirai autant de l'Alsace et de la Lorraine. *C'est une faute que nous aurions commise en vous les prenant*, si la paix devait être durable ; car, pour nous, ces provinces seront une difficulté, etc. »

Le madré politique n'avait pas voulu, après Sadowa, abattre l'Autriche et ses alliés ; il le raconte lui-même, avec son ironie puissante et réaliste : « Après Sadowa, mon gracieux maître avait décidé d'enlever un morceau de territoire à chacun des princes battus, comme punition : « Je vais, me répétait-il sans cesse, exercer la » justice de Dieu. » Je finis par lui répondre qu' « il valait mieux laisser Dieu exercer sa » justice lui-même. »

De même, après la guerre de 1870, il devinait quel péril courrait l'empire fondé par lui, si cette création de son génie avait perpétuellement comme adversaire une France inapaisée.

Outre les preuves officielles de cette hésitation de Bismarck, preuves qui abondent maintenant, voici un récit singulièrement dramatique, puisqu'il appelle en témoignage deux grands artistes allemands, contemporains de Bismarck, dont l'un du moins, Lenbach, avait su gagner sa confiance :

« Une seule fois, un fait précis, d'ordre historique, s'échappe des lèvres de l'artiste (Lenbach) à propos d'une récente sortie de Wagner : « Bismarck a commis le pire et le plus » imbécile des crimes, s'est écrié le poète musi- » cien, s'adressant à des amis français. De gaîté » de cœur, comme une brute, abusant impu- » demment de la guerre, il a pris Strasbourg et » Metz à la France. Pour combien de siècles » a-t-il ouvert un abîme entre deux nations qui

» ont besoin l'une de l'autre et qui s'habitueront
» à se haïr au lieu de se tendre les mains pour
» travailler ensemble au progrès de l'humanité !»

Lenbach réplique vivement : « Wagner se
» trompe. Bismarck n'a pas voulu l'annexion
» de la Lorraine et de l'Alsace à l'Empire germa-
» nique ; c'est de Moltke qui l'a exigée au nom
» des intérêts militaires. Bismarck a résisté
» tant qu'il a pu ; il a dû fléchir devant l'arrêt
» de l'empereur. Voilà la vérité (1). »

Ainsi, malgré sa clairvoyance et sa volonté
affirmée, Bismarck ne fut pas assez puissant
pour dominer l'orgueil prussien dont il n'était,
d'ailleurs, lui-même, que l'émanation supérieure. L'ambition victorieuse fut plus forte
que la pondération diplomatique du grand
homme d'État. Cette lutte entre la prudence
inquiète et la folie ambitieuse, on peut la
suivre pendant les quarante-quatre ans qui
séparent 1870 de 1914 ; toujours la sagesse est
battue, toujours elle recule, toujours l'esprit
d'imprudence et d'erreur affole l'orgueil allemand, jusqu'au moment où la passion aura été
érigée en système, et où le *pangermanisme* aura
ameuté contre l'Allemagne la rancune et la
haine de l'univers blessé ou menacé.

L'INCIDENT DE 1875 Le premier mouvement
d'humeur se manifesta en 1875,
quand Bismarck, après avoir menacé la France,
dut reculer sous la pression de la Russie et
de l'Angleterre. Déjà, on retrouve, dans cet
incident, le rudiment des faits qui devaient
se reproduire, infiniment plus accusés, en 1914.

Le 10 mai 1875, Gortschakow, chancelier
de l'empereur Alexandre II, mit la main sur le
bras de Bismarck, au moment où celui-ci le

levait pour frapper la France ; l'ayant arrêté, le
ministre russe put envoyer aux chancelleries
le fameux télégramme qui donnait à la Russie
l'arbitrage de la paix ou de la guerre : « *Maintenant,* la paix est assurée. » Bismarck, furieux,
dit à Gortschakow, à peu près dans les mêmes
termes dont l'empereur Guillaume s'est servi
récemment à l'égard du roi Georges V, « que
ce n'est pas un procédé de bonne amitié de
sauter à l'improviste et par derrière sur un
ami confiant et qui ne se doute de rien... ». En
même temps, il reprochait à la reine Victoria
et à la diplomatie anglaise « d'avoir agi avec
duplicité, en affirmant qu'elles étaient convain-
cues de l'intention de l'Allemagne d'en venir
à une rupture ». L'Allemagne croit, de bonne
foi, que les autres puissances doivent une
crédulité absolue à ses naïfs mensonges diplomatiques.

Dès cette époque, la chancellerie allemande
devait sentir, pourtant, qu'elle aurait éven-
tuellement contre elle l'union des trois grandes
puissances européennes. Bismarck s'en prenait
à tout le monde : il eût mieux fait de s'en
prendre à lui-même.

Cette inquiétude inavouée commença à peser
dès lors, très lourdement, sur les sentiments
et les déterminations de la chancellerie allemande. Bismarck reconnaît, dans ses *Souvenirs,*
qu'il avait le « cauchemar des coalitions ». Il
crut prendre une précaution suprême en fondant la Triple Alliance, sans voir qu'en se
liant avec l'Autriche-Hongrie et l'Italie contre
la Russie, il jetait la Russie dans les bras de la
France, et qu'ainsi il fabriquait, de ses propres
mains, la tenaille qui devait, un jour, serrer
l'Empire allemand dans sa pince redoutable.

Mais, dès lors, la passion anti-russe l'aveu-
glait, comme elle devait aveugler peu à peu
ses successeurs.

Sa sagesse l'avertissait en vain. Il crut
qu'il obtiendrait un adoucissement dans la
politique anti-allemande de la Russie, en lui
laissant le champ libre vers Constantinople ;
il contracta, avec elle, ces fameux traités
de *réassurance,* dont l'ambiguïté essayait de

---

(1) « Je tiens ces détails de l'interlocuteur même de
Lenbach, personnage considérable par sa situation dans son
pays. Il m'a malheureusement interdit de le nommer.»
  » Le maréchal bavarois von der Thann raconta plusieurs
fois le même fait à Munich, en regrettant que le point de
vue prussien ait prévalu, dans le Conseil de l'empire, sur le
point de vue allemand défini par le chancelier. Le rensei-
gnement m'a été fourni, en 1878, par M. Lefèvre de Béhaine
et confirmé à Rome par la princesse de Sayn-Wittgenstein,
cousine du maréchal. Mais Lenbach tenait sûrement son
information de Bismarck lui-même. » (L. de Foucauld, dans
un article sur Lenbach, *Revue de l'Art,* 10 janv. 1906, p. 73.)

LE PRINCE DE BISMARCK

TABLEAU DE LENBACH

(1896)

tromper à la fois Saint-Pétersbourg et Vienne, multipliant les démarches obséquieuses auprès des tzars et auprès de leurs familles; une intrigue allemande permanente travaillait, à Saint-Pétersbourg, pour la cause de l'Allemagne.

Simples palliatifs !

Malgré tout, les Russes se méfiaient : ils savaient que tout ce manège n'était pas sincère et que la haine de l'Allemand pour le Slave, la jalousie d'un empire contre l'autre, l'inquiétude de voir grandir, à l'Orient, le colosse moscovite, l'emporteraient sur les avis de la prudence et de la prévoyance. On savait, en un mot, à Saint-Pétersbourg, que Bismarck, interrogé par Gortschakow dans les termes suivants : « Si, en cas de guerre entre la Russie et l'Autriche, l'Allemagne resterait neutre » (automne 1876), avait répondu que l'Allemagne « ferait tout le possible pour éviter la guerre, mais qu'elle ne pourrait abandonner l'Autriche. »

Telle est, exactement, l'une des origines diplomatiques les plus indéniables du conflit actuel. L'histoire marche lentement, mais elle s'oriente, à certaines heures, vers d'inéluctables destinées.

La Russie, barrée en quelque sorte du côté de l'Europe par la coalition des deux empires du centre, essaya de se retourner vers l'objectif traditionnel de sa politique européenne : Constantinople et les Balkans. Mais, là encore, elle trouva l'opposition de l'Autriche-Hongrie, entraînant à sa remorque celle de l'Allemagne.

A l'entrevue de Reichstadt (juillet 1876), il se fit une sorte de partage de la péninsule des Balkans entre l'influence russe et l'influence Austro-hongroise, la Russie se réservant les populations slaves situées à l'orient de la péninsule et abandonnant, en quelque sorte, à l'Autriche les territoires occidentaux. C'est à la suite de cet arrangement, dont nous allons voir les conséquences sur les événements de 1914, que la Russie fit la guerre contre la Turquie en 1878. Ses victoires furent laborieuses et sanglantes; mais, au moment où elle allait, à San-Stefano, aux portes de Constantinople, recueillir le fruit de ses efforts, elle vit l'Autriche et l'Allemagne, unies à l'Angleterre, se lever contre elle.

Le Congrès de Berlin réunit les représentants des grandes puissances européennes, sous la présidence du prince de Bismarck, et celui-ci se donna la satisfaction orgueilleuse de traduire la Russie, en la personne du chancelier Gortschakow, à la barre de l'Europe. La Russie dut déchirer de ses propres mains le traité de San-Stefano et apposer sa signature sur le traité que les puissances rivales, qui s'étaient arrangées d'avance entre elles, lui imposèrent.

L'AUTRICHE OCCUPE LA BOSNIE ET L'HERZÉGOVINE — Le traité de Berlin (1879), au lieu de régler définitivement la question turque, reconstituait une Turquie opposée à la Russie; il replaçait les populations de la Thrace et de la Macédoine sous le joug ottoman, laissant ainsi un germe pour les futurs conflits; tout en consentant à la constitution de la Bulgarie comme principauté indépendante, il réprimait le sentiment national bulgare et créait une cause de dissentiments entre la puissance libératrice et le peuple libéré.

Mais, de toutes les combinaisons qui furent tissées avec un art machiavélique, à Berlin, par le génie de Bismarck, aidé de celui de lord Beaconsfield, la plus grave fut l'occupation, par l'Autriche-Hongrie, des territoires serbes de la Bosnie et Herzégovine, du consentement de l'Europe. C'était créer, comme on l'a dit, une *Alsace-Lorraine* slave dans les Balkans.

L'Autriche, l'Allemagne, l'Europe elle-même devaient subir, par la suite, le châtiment de la disposition néfaste que la volonté de Bismarck avait introduite, comme une mine explosive, dans les dessous des affaires européennes. Désormais les deux empires germaniques étaient liés jusqu'à la mort.

L'ALLEMAGNE ENTRE L'AUTRICHE-HONGRIE ET LA RUSSIE

Il faut ici s'élever au-dessus des événements secondaires pour bien apprécier la nature de ces larges évolutions de l'histoire.

Si l'on considère l'ensemble des faits qui se

En fait, ce qui reste et restera l'anxiété suprême de l'Allemagne du Nord, c'est la fidélité de l'Allemagne du Sud. Malgré la volonté d'être une, l'Allemagne ne l'est pas. La thèse des nationalités et la phraséologie romantique du milieu du XIXe siècle se sont trompées en

L'ALLEMAGNE APRÈS SADOWA.

PRUSSE EN 1815. — ACQUISITIONS DE LA PRUSSE EN 1866.

sont passés en Europe depuis un demi-siècle, on s'aperçoit que le vainqueur de Sadowa fut, en somme, depuis 1866, le prisonnier de sa victoire. Une fois l'empire d'Allemagne du Nord constitué, la politique allemande ne resta pas une politique exclusivement prussienne; elle se subordonna, dans une certaine mesure, à la politique austro-hongroise. Dans les prétentions comme dans les réalisations, c'est souvent le «brillant second» qui mène le jeu.

ceci : elles chantaient l'unité allemande sans tenir compte de la réalité, à savoir qu'il existe deux Allemagnes, l'une du Nord, la face tournée vers les mers septentrionales, l'autre du Sud, la face tournée vers les mers méridionales; l'une protestante, l'autre catholique. Et peut-être même, faudrait-il distinguer encore une Allemagne uniquement centrale et continentale, très embarrassée entre les deux autres.

Quoi qu'il en soit, la politique et même la conquête militaire ne peuvent atténuer les conflits latents entretenus par la géographie, l'ethnographie, la religion. Le nouvel empire allemand ne pouvait garder une certaine sécurité qu'en unissant à son sort l'Allemagne austro-hongroise; mais, en créant le lien, il s'attachait lui-même.

Cette unité aux deux fronts, *bifrons*, ne pouvait se constituer que si elle tenait compte des deux intérêts, des deux aspirations qu'elle contenait en son sein. L'Allemagne du Nord ne pouvait s'assurer la fidélité de l'Allemagne du Sud que si elle prenait en charge les intérêts de celle-ci. L'Autriche-Hongrie, refoulée et en quelque sorte expulsée des territoires où elle avait régné, ne trouvait plus d'autre expansion que vers le Danube. C'est ce que Bismarck explique parfaitement dans ses *Souvenirs*, quand il écrit : «Il est naturel que les habitants du bassin du Danube puissent avoir des intérêts et des vues qui s'étendent au delà des limites actuelles de la monarchie austro-hongroise. La manière dont l'Empire allemand s'est constitué montre comment l'Autriche peut grouper autour d'elle les intérêts entre les populations de race roumaine et les bouches du Cattaro. » Ces paroles étaient, pour l'Autriche, tout un programme d'action. On voit donc que les origines de la guerre de 1914 étaient incluses dans le parti que prenait l'Allemagne de lier son sort à celui de l'Autriche-Hongrie.

Puisque l'Allemagne nouvelle imposait cette politique à l'Autriche-Hongrie, elle devait lui en garantir le bénéfice. S'il en eût été autrement, la politique austro-hongroise se serait probablement retournée, et, unie à la politique française, elle eût fait courir les plus grands risques à la domination prussienne en Allemagne; Sadowa et Sedan auraient associé leur « revanche ».

L'ALLEMAGNE SE PRONONCE POUR L'AUTRICHE-HONGRIE L'Allemagne, ayant pris le parti de pousser l'Autriche sur le Danube et vers les Balkans, devait chercher ses instruments dans les représentants et les

directeurs de la politique austro-hongroise Elle n'avait qu'à se baisser, en quelque sorte, pour ramasser des coopérateurs et des complices : c'étaient les ministres hongrois. Les Hongrois n'aiment pas les Slaves. Bismarck, qui connaissait bien ce sentiment, résolut de l'exploiter, sans perdre, d'ailleurs, la liberté de son jugement. Il gardait son ascendant sur la politique austro-hongroise, parce qu'il en avait prévu les lacunes et les faiblesses.

Il écrit, dans ses *Souvenirs* : « Si les considérations d'une politique réfléchie avaient toujours le dernier mot en Hongrie, ce peuple brave et indépendant comprendrait vite qu'il n'est, en quelque sorte, qu'une île au milieu de la vaste mer des populations slaves et que, étant donnée son infériorité numérique, il ne peut garantir sa sécurité qu'en s'appuyant sur l'élément allemand. Mais l'épisode de Kossuth et d'autres symptômes encore prouvent que, dans des moments critiques, la suffisance des avocats-hussards hongrois est plus forte que leur prévoyance politique et que leur empire sur eux-mêmes. Maint Hongrois ne fait-il pas jouer, par les ambulants, l'air connu : « L'Allemand est un j...-f... »?

Il résolut donc d'exploiter ce qu'il appelle lui-même « le chauvinisme hongrois », sans en être dupe. Andrassy fut son instrument : il conclut avec Bismarck le traité d'alliance entre les deux empires, qui fut un pacte, assurant à l'Autriche-Hongrie un développement facile dans les Balkans, et s'opposant à l'expansion slave dans la péninsule.

Ce pacte, puisqu'il était anti-slave, était fatalement anti-russe. Toutes les habiletés de Bismarck ne pouvaient modifier cet état de choses fondamental. Si bien que l'Allemagne payait, de sa sécurité sur la frontière russe, sa complaisance pour la politique austro-hongroise.

Bismarck avait peut-être entrevu cette conséquence; il la vise dans ses *Souvenirs*. «L'avenir d'une alliance avec l'Autriche-Hongrie laisse la porte ouverte à bien des appréhensions : la question religieuse, la possibilité

LE CONGRÈS DE BERLIN (1879).
(TABLEAU DE WERNER).

1er RANG : Karoly. Gortschakow. Disraëli. Andrassy. Bismarck. Schouvalow. Bulow. Mohemet-Ali-Pacha.
2e RANG : Waddington. Radowitz. Cte Corti. Oubril. Saint-Vallier. Desprez. Carathéodory-Pacha. Sadoulah-Bey.
3e RANG : Haymerlé. Cte Launay. Hohenlohe. De Mouy. Oddo Russell. Salsbury.
4e RANG : Werner (peintre auteur). Herbert de Bismarck. Dr Busch.

d'une bonne entente avec la France sur la base du catholicisme, le manque de coup d'œil politique de l'élément allemand austro-hongrois, c'est-à-dire, en somme, une certaine indépendance politique se manifestant à Vienne, tout cela inspirait des craintes sérieuses. Quand ce changement surviendra-t-il ? Personne ne peut le prévoir. »

Mais il ferme les yeux sur ces conséquences possibles de la faute qu'il avait commise, plus ou moins volontairement, en arrachant à la France deux provinces françaises : il veut en imposer à l'histoire et faire croire qu'il a paré à tout, quand, au contraire, l'édifice qu'il a constitué est miné par la base et fatalement destiné à périr.

Ou l'Allemagne, échappant à l'Autriche, voyait l'Autriche lui échapper, ou l'Allemagne, se séparant de la Russie, voyait la Russie se séparer d'elle : tel était le dilemme où l'Allemagne était prise. C'est pourquoi une politique plus sage se fût assuré, du côté de la France, les sécurités indispensables pour pouvoir se consacrer aux deux problèmes austro-hongrois et slave. Faire tête des trois côtés à la fois, c'était s'exposer fatalement à une faillite finale.

MÉPRIS DE BISMARCK POUR LES ÉTATS BALKANIQUES La politique bismarckienne a commis une autre faute non moins grave : elle a fermé les yeux volontairement sur l'avenir des peuples balkaniques. Bismarck répétait sans cesse, et, au début du moins, de bonne foi, que la question d'Orient tout entière ne valait pas les os d'un grenadier poméranien. Au Congrès de Berlin, il n'avait que du mépris pour ces petits peuples des Balkans, qui devaient, pourtant, un jour, déterminer la crise où la puissance germanique devait être mise en péril.

« Pour ce qui est des populations orientales, écrit Carathéodory-Pacha dans ses *Mémoires inédits*, voici quelques traits qui donneront une idée des sentiments que le prince-chancelier entretient à leur égard : La discussion sur la question bulgare se prolongeant (devant le Congrès de Berlin), le prince s'impatienta. « Voilà deux jours, dit-il, que nous discu-
» tons sur la question bulgare : c'est là un
» honneur auquel les Bulgares ne s'attendent
» pas. Pour ce qui me concerne, je ne dis-
» simule pas que, comme plénipotentiaire alle-
» mand, je prends fort peu d'intérêt à tous ces
» détails. Nous avons décidé qu'il y aura une
» principauté de Bulgarie, nous ne savons pas
» si on trouvera un prince de Bulgarie; si on le
» trouve, tant mieux; mais je pense qu'il est
» inutile de s'appesantir sur le point de savoir
» de quelle nature sera la constitution que les
» notables bulgares élaboreront et sur laquelle
» mon opinion est déjà faite. »

» Un autre jour, en donnant lecture de l'article 7 du traité de San-Stefano, il rencontre, dans l'énumération des différentes populations non bulgares auxquelles il s'agissait de garantir des droits politiques, la désignation des Koutzo-Valaques : « Koutzo-Valaques, dit-il, voilà un
» mot qu'on a le droit d'effacer. » Et il passe le crayon dessus.

» Salisbury ayant demandé, pour la seconde fois, qu'on assignât un jour pour ce qu'il appelait la « question arménienne » — « Encore
» une ! » s'écria Bismarck impatienté.

» Les plénipotentiaires ottomans et russes discutaient sur le nombre des Lazes. Les Anglais s'en étant mêlés : « Milord, dit le
» prince, s'adressant à lord Salisbury, je ne
» doute pas que les Lazes ne fassent partie des
» intéressantes populations orientales: seule-
» ment, je me demande si cela vaut réellement
» la peine qu'on leur consacre son temps, sur-
» tout aux approches de la canicule. »

» En un mot, le prince de Bismarck n'a jamais manqué une occasion de faire voir qu'à son avis, la question orientale, en tant que se rapportant à des peuples et à des formes de gouvernement *placés en quelque sorte en dehors du cercle de la civilisation européenne et n'ayant aucun avenir*, ne doit intéresser l'Europe que par les conséquences qu'elle peut avoir sur les relations des grandes puissances européennes entre elles. »

Si je reproduis textuellement cette citation, ce n'est pas seulement pour établir l'erreur colossale de Bismarck, considérant les populations balkaniques comme n'ayant aucun avenir; c'est surtout pour préciser, en la recherchant dans ses origines, l'idée contre laquelle il serait bon de mettre en garde les élèves de l'école bismarckienne, à savoir que la question orientale n'existe qu'en fonction des relations des grandes puissances entre elles.

Trente-cinq ans se sont écoulés, et par ce raccourci d'histoire, il est possible de constater tout ce que l'Europe eût gagné si ses chefs eussent eu, alors, une vue plus claire et plus profonde des réalités.

LA RUSSIE SE DÉTACHE DE L'ALLEMAGNE — C'est de là, en effet, que devait naître l'orage destiné à ébranler l'édifice construit par Bismarck avec tant de soin. Il avait bien raison de dire, dans un mot prophétique dont il a essayé en vain de se disculper : « Les Slaves, il faudrait leur casser la tête contre le mur ! »

L'unité allemande, menacée par la grandeur slave, sans avoir su se concilier les apaisements de la France, telle est la raison diplomatique essentielle de la guerre actuelle. Cette raison suffirait à tout expliquer, si l'Allemagne, par un excès d'imprudence, n'avait trouvé le moyen de s'assurer, en même temps, l'hostilité de l'Angleterre. Mais, avant d'en venir à ce point, il faut suivre les conséquences du choix fait par l'Allemagne quand, entre l'Autriche et la Russie, elle se prononça pour l'Autriche.

Le Congrès de Berlin était à peine clos que la Russie ouvrait les yeux sur la faute qu'elle avait commise en 1870. L'Allemagne se liant à l'Autriche, elle n'avait qu'à se tourner vers la France.

La France n'avait eu qu'une habileté, conforme d'ailleurs à sa dignité. Vaincue, elle s'était repliée sur elle-même, avait réparé ses blessures, s'était préparée à tenir tête, le cas échéant, à une nouvelle attaque, et elle avait attendu l'heure de « la justice immanente », que les fautes de son ennemi ne manqueraient pas de faire sonner un jour.

Une psychologie raffinée signale, au peuple français, les erreurs de tact de ses adversaires ; son sens averti se plaît à attendre et à marquer les coups. Le colosse allemand, dans ses gestes démesurés et immodérés, se rendait insupportable à tous. L'art consistait à laisser faire et à voir venir les puissances, blessées par les erreurs de son intolérable orgueil. La Russie vint la première.

LA TRIPLE ALLIANCE Peut-être la conclusion du traité de Berlin n'eût pas suffi pour arracher la politique russe aux hésitations du gouvernement impérial, si un fait infiniment plus considérable ne s'était produit : la conclusion d'une alliance formelle de l'Allemagne avec l'Autriche-Hongrie, alliance destinée à devenir bientôt Triple alliance, par l'adjonction de l'Italie.

Le Congrès de Berlin avait à peine terminé ses séances que le prince de Bismarck s'était rendu à Vienne.

Le 27 octobre 1881, le roi Humbert, accompagné du président du Conseil italien et de

LE TZAR ALEXANDRE III.

M. Mancini, ministre des affaires étrangères, était venu dans la même capitale. Le public, très attentif à ces démarches, en ignorait le véritable caractère.

Le prince de Bismarck s'était mis à tisser la toile qui, dans sa pensée, devait réduire la France à l'impuissance et à l'isolement en Europe. Il commença par l'Autriche-Hongrie. Le ministre des affaires étrangères austro-hongrois, le comte de Beust, d'origine saxonne, entendait pratiquer, à l'égard de l'Allemagne, « la politique des mains libres », ce qui n'excluait pas, disait-il, « une collaboration active et pacifique en vue du bien et de la prospérité des deux empires ». Le comte de Beust avait ses idées : lui aussi, comme Gortschakow, prétendait tenir tête à « l'autre chancelier». Bismarck le joua, lui tira les vers du nez, s'entendit sous main avec le hongrois Andrassy, et amena ainsi François-Joseph, le vaincu de Sadowa, à remettre le sort de son empire entre les mains du ministre qui avait chassé l'Autriche de l'Allemagne. Une entrevue des deux souverains eut lieu à Salzbourg.

Salzbourg devint, selon la propre expression de François-Joseph, « le linceul du comte de Beust ».

Le 7 octobre 1879, fut signé, à Vienne, le traité dont le texte fut publié le 3 février 1888, et qui consacrait une alliance défensive entre l'Allemagne et l'Autriche-Hongrie.

Voici le texte de ce traité :

ARTICLE PREMIER. — Si, contrairement à ce qu'il y a lieu d'espérer, et contrairement au désir sincère des deux hautes parties contractantes, l'un des deux Empires venait à être attaqué par la Russie, les deux hautes parties contractantes sont tenues de se prêter réciproquement secours, avec la totalité de la puissance militaire de leur empire et, par suite, de ne conclure la paix que conjointement et d'accord.

ART. 2. — Si l'une des deux hautes parties contractantes venait à être attaquée par une autre puissance, l'autre haute partie contractante s'engage, par le présent acte, non seulement à ne pas soutenir l'agresseur contre son haut allié, mais, tout au moins, à observer une neutralité bienveillante à l'égard de la partie contractante. Si toutefois, dans le cas précité, la puissance attaquante était soutenue par la Russie, soit sous forme de coopération active, soit par des mesures militaires qui menaceraient la puissance attaquée, alors l'obligation d'assistance réciproque avec toutes les forces militaires, obligation stipulée dans l'article Ier de ce traité, entrerait immédiatement en vigueur et les opérations de guerre des deux hautes puissances contractantes seraient aussi, dans cette circonstance, conduites conjointement jusqu'à la conclusion de la paix.

ART. 3. — Ce traité, en raison de son caractère pacifique, et pour éviter toute fausse interprétation, sera tenu secret par toutes les hautes parties contractantes.

Il ne pourrait être communiqué à une troisième puissance qu'à la connaissance des deux parties et après entente spéciale entre elles.

Vu les dispositions exprimées par l'empereur Alexandre à l'entrevue d'Alexandrowo, les deux parties contractantes nourrissent l'espoir que les préparatifs de la Russie ne deviendront pas, en réalité, menaçants pour elles; pour cette raison, il n'y a, actuellement, aucun motif à communication.

Mais si, contre toute attente, cet espoir était rendu vain, les deux parties contractantes reconnaîtraient comme un devoir de loyauté d'informer, au moins confidentiellement, l'empereur Alexandre qu'elles devraient considérer comme dirigée contre elles deux toute attaque dirigée contre l'une d'entre elles.

En foi de quoi, les plénipotentiaires ont signé de leur propre main ce traité et y ont apposé leurs sceaux.

Signé : ANDRASSY.
PRINCE HENRI VII REUSS.

Fait à Vienne, le 7 octobre 1879.

Les raisons de la Triple alliance ont été exposées, par Bismarck lui-même, dans ses *Souvenirs*. Il dit, avec une grande précision : « Contre une alliance franco-russe, le coup qu'il faut jouer est une alliance austro allemande. » Et, envisageant, à la fois, le fait et ses conséquences, il s'exprime ainsi dans une lettre adressée au roi de Bavière : « Je considérerais comme une garantie essentielle de la paix européenne et de la sécurité de l'Allemagne une convention de ce genre... Une nouvelle coalition Kaunitz (c'est-à-dire de la Russie et de la France) n'aurait pas de quoi désespérer l'Allemagne, si l'Allemagne savait rester unie et que ses armées fussent habilement dirigées : *ce n'en serait pas moins un événement fâcheux* et que notre politique doit s'appliquer à éviter, autant que possible. Si les forces unies de l'Autriche et de l'Allemagne avaient la même cohésion et la même unité de commandement que celles de la France et de la Russie, je ne considérerais pas l'agression simultanée de nos deux voisins comme une menace de mort, l'Italie ne dût-elle même pas faire partie de notre alliance... »

Mais il fait, aussitôt, la réflexion suivante, qui explique toute sa pensée : «Comme allié de l'Autriche, l'empire allemand *ne manquerait pas de l'appui de l'Angleterre...* » C'est ici qu'on aperçoit la différence capitale de l'esprit politique d'un Bismarck et de celui de ses successeurs. L'intervention de l'Angleterre eût été certainement son « cauchemar », et il eût tout fait pour l'empêcher.

En somme, la politique allemande rompait expressément avec la Russie et avec la politique des Trois Empereurs, puisque, dans le texte du traité, la Russie seule était visée.

Ce traité était, d'ailleurs, uniquement défensif : l'un des deux empires n'était tenu de prêter secours à l'autre que si celui-ci venait à être attaqué par la Russie. Au cas où l'un des deux empires était attaqué par une autre puissance, l'empire allié n'était engagé « qu'à ne pas soutenir l'agresseur contre son allié ou tout au moins à observer une neutralité bienveillante à l'égard de la partie contractante ». Et c'était seulement dans le cas où la puissance attaquante était soutenue par la Russie, qu'il y aurait « obligation d'assistance réciproque ». Les deux parties contractantes s'engageaient

LE PRÉSIDENT SADI-CARNOT A L'ÉLYSEE

enfin à conduire les opérations de guerre conjointement jusqu'à la conclusion de la paix.

Les dispositions visant la communication du traité à la Russie étaient, au fond, un moyen d'intimidation dont on se réservait, le cas échéant, de se servir contre cette puissance. Ces finesses et ces précautions devaient avoir leur effet dans les circonstances qui précédèrent la rupture de 1914.

Bismarck ne considérait pas qu'une combinaison si forte fût suffisante. Il voulait donner toutes les sécurités possibles à l'Autriche-Hongrie : celle-ci, en 1866, avait eu l'Italie comme adversaire. L'Italie était ou pouvait devenir un adversaire dangereux ; c'était tout au moins un voisin gênant. Bismarck se chargea d'arranger les choses.

L'ITALIE DANS LA TRIPLE ALLIANCE L'Italie en avait voulu grandement à Napoléon III d'avoir défendu le pouvoir temporel du Pape ; en outre, elle avait éprouvé un vif désappointement à la suite de l'établissement du protectorat français en Tunisie. L'Italie n'aime pas l'Autriche, elle la sent [toujours menaçante sur la frontière vénitienne; elle n'oublie pas le mot d'un diplomate autrichien, disant de l'empereur François-Joseph : « Si on lui ouvrait le cœur, on y trouverait écrit le mot: Vénétie. » Mais elle pouvait craindre pour son unité, si Bismarck prenait en main la question du pouvoir temporel. Bismarck explique, avec son cynisme habituel, les raisons et les procédés qu'il employa pour peser sur l'Italie.

Quoi qu'il en soit, en 1882, fut signé à Vienne le traité entre l'Allemagne, l'Autriche-Hongrie et l'Italie, traité qui, complétant celui de 1879, concluait « la Triple Alliance ».

Le texte n'en a pas été publié, mais on sait que ses clauses différaient sensiblement de l'acte passé entre l'Allemagne et l'Autriche-Hongrie; elles avaient un caractère uniquement défensif, se bornant à « instituer une garantie territoriale réciproque, chacun des trois contractants s'étant obligé à contribuer à la défense du territoire des autres, qui ferait l'objet d'une agression étrangère ». La France et la Russie, isolées toutes deux, se trouvaient ainsi entourées, par l'habileté du prince de Bismarck, d'un formidable cercle de trois millions et demi de baïonnettes. La diplomatie allemande se sentait la maîtresse de l'Europe.

L'alliance avait été conclue pour cinq ans; mais, renouvelée régulièrement en mai 1882, en mars 1887, en juin 1891, en mai 1898 (pour six ans), en mai 1904, en mai 1909, elle devint la base normale de la politique des trois puissances qui l'avaient conclue : l'Italie seule, se trouvant un peu plus libre, faisait parfois, à la date des renouvellements, sentir le prix d'une nouvelle adhésion. Le dernier renouvellement est de juin 1913; la formule très prudente qu'avait signée l'Italie lui permit, sans violer le texte du traité, de garder la neutralité.

Le prince de Bismarck pensa qu'il lui restait un nouveau pas à faire. Maintenant qu'il avait pris ses précautions contre la Russie, il considéra comme d'une diplomatie supérieure d'obtenir satisfaction et sécurité du côté de la Russie elle-même. Ce qu'il craignait, c'est que cette puissance, menacée par la Triple Alliance, ne se tournât vers la France. Il eut donc l'ha-

bileté d'amener la chancellerie moscovite à lui faire confiance. Au mois de septembre 1884, il obtint du gouvernement impérial, que le fantôme de la France révolutionnaire épouvantait, la signature d'un traité, aux termes duquel l'Allemagne et la Russie s'engageaient réciproquement à une neutralité bienveillante, au cas où l'une d'elles serait attaquée par une pu ssance étrangère.

C'est cet acte que Bismarck a baptisé : un contrat de réassurance. Toutes les précautions étaient prises. Bismarck lui-même, dans le débat qui s'est élevé à ce sujet en 1896, a soutenu que l'Autriche-Hongrie et l'Italie n'ignoraient pas la garantie supplémentaire prise par l'Allemagne du côté de la Russie. Mais le baron de Marshall, répondant à Bismarck, porta un jugement sévère sur cette politique hypocrite, quand il dit à la tribune du Reichstag : « Ce système d'assurances et de réassurances ne peut inspirer à personne une confiance parfaite et chacun pouvait se demander quel était celui des traités qui prévaudrait au moment voulu. » La diplomatie allemande se jugeait elle-même.

La Russie, sentant le péril de cette situation obscure, n'avait accédé qu'à un engagement d'une durée de trois ans. A partir de 1887, elle reprenait sa liberté.

En mars 1887, le traité de la Triple Alliance, arrivé à son échéance, fut renouvelé. Bismarck était toujours là et veillait. Mais, en 1890, un événement très grave se produisit en Allemagne. Le nouvel empereur Guillaume II, monté sur le trône le 15 juin 1888, s'était débarrassé des services trop illustres du prince de Bismarck et l'avait congédié. Le contrat de réassurance ne fut pas renouvelé par le général de Caprivi.

Bismarck, incapable de contenir sa colère, et voulant faire connaître au monde l'étendue de l'ingratitude dont il était la victime, révéla, d'abord dans des conversations privées, puis dans des publications de plus en plus précises en 1896, à la suite de la visite du tzar en France et des toasts échangés à Châlons, tous

Le Grand-Duc Alexis.   Le Comte Mourawieff.   Le Tsar Nicolas II.   M. Félix Faure.   M. G. Hanotaux.

A BORD DU " POTHUAU "
(AOUT 1897).

les dessous de la diplomatie germanique. Si la Russie avait pu douter encore, la duplicité allemande s'étalait devant elle avec la plus insolente des impudences, en mettant à jour toute l'intrigue des contrats d'assurance et de réassurance.

L'ALLIANCE FRANCO-RUSSE — Bismarck avait quitté le pouvoir le 27 mars 1890; le 11 mai 1890, le grand-duc Nicolas, généralissime des armées russes, vainqueur de Plevna, vint à Paris et demanda à rencontrer le président du Conseil, ministre de la guerre français, M. de Freycinet. Il posa des questions précises sur la reconstitution de l'armée française et dit à son interlocuteur qu'il s'intéressait à elle comme à la sienne propre : « Si j'ai voix au chapitre, ajouta-t-il, les deux armées n'en feront qu'une en temps de guerre. Et cela, étant bien connu, empêchera la guerre. Car personne ne se souciera d'affronter la France et la Russie réunies. » Et il dit encore en partant : « La France a en moi un ami. » Le caractère militaire de la prochaine alliance franco-russe se dessinait dès cette première démarche.

Bientôt, il s'affirma en public et de la façon la plus éclatante. L'attaché naval français à Saint-Pétersbourg fut averti discrètement que la visite d'une escadre française en Russie serait accueillie par des manifestations qui traduiraient aux yeux de tous les sympathies existant entre les deux gouvernements et les deux pays. L'empereur lui-même désirait saisir cette occasion de faire connaître ses sentiments à l'égard de la France.

En juillet 1891, une escadre française, commandée par l'amiral Gervais, partait de Cherbourg pour la Baltique.

L'accueil qui lui fut fait à Cronstadt est inoubliable; l'empereur Alexandre III écouta debout la *Marseillaise*, jouée par la musique de la marine russe. C'était la main tendue, au-dessus de l'Allemagne, par l'empire des tzars à la République française.

Quand elle eut quitté Cronstadt, l'escadre de l'amiral Gervais, avant de rentrer en France, se rendit à Portsmouth, pour établir à tous les yeux que le rapprochement franco-russe n'était en rien hostile à l'Angleterre.

L'année suivante, la visite rendue à Paris par les marins de l'amiral Avellan fut accueillie par la population parisienne avec des démonstrations de joie et un enthousiasme qui ne laissaient aucun doute sur les sentiments unanimes de la nation française. Pour la première fois, on sentait se soulever le poids dont la politique bismarckienne, depuis vingt ans, avait accablé l'Europe.

Les chancelleries ne restaient pas inactives : M. Carnot était alors président de la République. La loyauté et la fermeté de son caractère, la noblesse un peu mélancolique de sa figure historique avaient inspiré au monde une haute estime.

M. de Freycinet, l'homme de la défense nationale, l'organisateur des chemins de fer français, le restaurateur de l'ordre dans l'armée, le créateur de l'état-major, était président du Conseil et ministre de la guerre; M. Alexandre Ribot, parlementaire considérable, grand orateur, personnage universellement respecté, était ministre des affaires étrangères. Une telle « équipe » pouvait faire figure près de n'importe quelles autorités gouvernementales européennes. La République s'honorait en mettant à sa tête, par un libre choix, des citoyens si dignes.

A Paris, l'ambassadeur baron de Mohrenheim, actif et vigilant, prompt et ingénieux, secondait les vues de son gouvernement; l'ambassadeur français à Saint-Pétersbourg, M. de Laboulaye, avait su conquérir la pleine confiance du tzar Alexandre III.

Sur un rapport de M. de Mohrenheim, précisant la réponse du gouvernement français à une proposition faite par M. de Giers, ministre des affaires étrangères russe, l'Empereur lui-même avait écrit au crayon bleu, de sa grosse écriture : « Il en sera ainsi. »

Et il en fut ainsi.

UN CONVOI D'ARTILLERIE AUTOMOBILE ANGLAISE

TROIS GRANDS GÉNÉRAUX FRANÇAIS

UN MONOPLAN FRANÇAIS ARMÉ ET BLINDÉ

LES DEUX COUSINS

LA CONCLUSION DE L'ALLIANCE Les bases de l'Alliance Franco-Russe étaient jetées, le 27 août 1891. Elles étaient uniquement pacifiques et défensives : par conséquent, quelque peu platoniques. Aussi, demandaient-elles un double développement : d'abord, une précision en cas de conflit exigeant l'intervention simultanée des deux armées : c'était affaire aux militaires; ensuite, une sanction par l'entente constante des deux gouvernements dans les questions internationales : c'était affaire aux diplomates.

La convention des états-majors, qui fut la base précise de l'alliance russe, fut négociée, l'année suivante, à Saint-Pétersbourg, par le général de Boisdeffre, envoyé en qualité de chef de l'état-major français, et elle fut ratifiée à Paris sous le ministère de M. Casimir-Perier.

Quant à l'entente permanente des deux diplomaties, elle fut réglée par une série de mesures qui la manifestèrent au public : d'abord, la déclaration du ministre des Affaires étrangères du cabinet Dupuy, M. Hanotaux, répondant à une interpellation Millerand, les 31 mai et 10 juin 1895, et proclamant l'alliance à propos de l'action commune des deux gouvernements à Kiel; puis, par les deux voyages respectifs des souverains russes en France et du président Félix Faure en Russie, et par l'échange des fameux toasts du *Pothuau*, déclarant les deux nations « amies et alliées » (26 août 1897).

Depuis lors, une entente permanente, emportant une absolue confiance, s'est établie entre les deux diplomaties et les deux puissances. La volonté expresse et soutenue de l'empereur Nicolas II restait fidèle à la pensée initiatrice de l'empereur Alexandre III.

Appelé au trône par la mort prématurée d'un père pour lequel il avait la plus profonde vénération, Nicolas II assuma ces hautes responsabilités avec un sentiment de modestie qui touchait presque à l'effroi C'est un timide : dans les premières heures, le fardeau parut l'accabler. Il avait, auprès de lui, un conseiller·

expérimenté, qui guida ses premiers pas, mais qui disparut trop tôt, le prince Lobanow. Le jeune empereur resta seul en présence d'une des tâches les plus lourdes qui aient jamais accablé une conscience humaine. Heureusement, il pouvait s'appuyer sur sa mère, fille de la dynastie danoise, fidèle aux souvenirs douloureux de sa propre famille, à la volonté de son mari, en garde contre les influences et les intrigues allemandes.

Nicolas II vint à Paris dès les premiers temps de son règne. Il eut, avec celui qui écrit ces lignes, un entretien où il dépeignit, de lui-même, les graves préoccupations qui l'assaillaient en montant sur le trône. Par une vue presque prophétique, il devinait les périls qui menaçaient son trône de tous les côtés à la fois, en Finlande, en Pologne, au Caucase, en Orient, en Extrême-Orient, et, à l'intérieur, les projets redoutables des nihilistes; il pesait les nécessités gouvernementales, obligées de tenir compte des violences agressives et des réactions brutales; il se voyait ainsi ballotté entre les flots déchaînés; il se sentait sans appui, sans personnalités désignées pour lui venir en aide. Mais il avait foi en deux choses : les destinées de la Russie et l'amour de son peuple.

Dans un des salons du palais de Versailles, ce jeune homme blond, petit de taille, aux yeux bleus, bien pris dans son uniforme d'officier de vaisseau, interrogeait l'horizon de ses yeux rêveurs, et, passant sa main fine sur sa barbe courte, il cherchait, devant son interlocuteur ému, le secret de l'avenir qui s'ouvrait devant lui. Mais le point sur lequel sa résolution se portait avec cette obstination douce qui est de sa nature, c'est, qu'au dehors, il ne se départirait jamais de la volonté de son père et de sa méfiance à l'égard de l'Allemagne, et, qu'au dedans, il chercherait dans les sentiments d'affection et de confiance réciproques entre lui et ses peuples la solution des difficultés que la politique et l'histoire lui avaient léguées. Instinctivement, il se décidait à traiter les problèmes les plus ardus par la droiture de l'esprit et l'inspiration du cœur.

Depuis cette époque, la France et la Russie sont restées constamment fidèles aux engagements réciproques. Tout en conservant une certaine liberté d'action pour la défense et l'extension de leurs intérêts particuliers, elles se sont tenues étroitement associées toutes les fois que des affaires d'intérêt général ont été soumises au tribunal des puissances. L'Alliance Franco-Russe ou « Double Alliance », fondée depuis vingt ans, a traversé les crises les plus graves, a subi les assauts les plus dangereux, a été entourée des tentations les plus fortes sans en être ébranlée : elle a donné ainsi l'exemple d'une stabilité internationale des plus rares dans l'histoire. Il existait, en effet, entre le grand Empire et la République démocratique, un pacte supérieur à tous les incidents secondaires: c'était celui que les âmes avaient contracté dans le sentiment commun du péril que l'hégémonie allemande faisait courir à l'indépendance du monde.

Un jour devait venir où cette conception fondamentale de l'alliance rallierait autour d'elle d'autres inquiétudes, d'autres clair-voyances, et d'autres énergies.

L'EXPANSION COLONIALE De 1890 à 1910, l'Alliance Franco-Russe n'eut, pour ainsi dire, qu'à préserver l'avenir : c'est la période de l'expansion coloniale des peuples européens. La France, qui a déjà occupé la Tunisie et le Tonkin, assure le maintien de son autorité mondiale en s'établissant au Congo, à Madagascar, en Indo-Chine, dans tout le Nord-Ouest africain ; elle commence à jeter ses vues sur le Maroc. Elle comprend qu'en assurant à ses armées l'immense réservoir d'hommes du continent noir, elle fortifie sa situation européenne. Un jour, le roi Léopold de Belgique disait à celui qui écrit ces lignes : « Mais que diable allez-vous donc chercher en Afrique ? — Sire, vous allez y chercher de l'or, et nous, des soldats ! »

Cette politique d'expansion coloniale devait être réalisée pendant qu'il en était temps encore : si on n'y eût paré rapidement, toutes les places eussent été prises sur la planète ; c'est ce qui devait arriver à l'Allemagne.

L'AMIRAL GERVAIS

Bismarck avait répété longtemps qu'il n'était pas un « homme colonial ». Mal lui en prit : sur la fin de sa vie, il dut s'inquiéter, comme les autres, du monde qui s'ouvrait. C'est lui qui conclut, avant de quitter le ministère, l'arrangement avec l'Angleterre, qui fondait, en échange de Zanzibar, la colonie allemande de l'Est africain. Il ramassa aussi, et ses successeurs après lui, quelques miettes de la table coloniale : l'archipel des îles Samoa, le Togoland, le Cameroun, Kiao-Tchéou dans le golfe du Pé-tchi-li ; mais l'Allemagne éprouva en somme, du fait de ses gouvernants, une véritable déception coloniale.

Une des thèses chères au pangermanisme fut que l'Allemagne devait trouver au dehors des débouchés plus vastes pour ses émigrants et ses produits : puisqu'elle n'avait pas su se les réserver, elle les prendrait aux autres. Cette irritation jalouse fut la raison des incidents marocains qui, à la fin de la période de l'expansion coloniale, faillirent troubler la paix de l'Europe. Cette ambition découvrit son brutal cynisme quand, à la veille de la guerre de 1914, l'Allemagne ne cacha pas à l'Angleterre que, en cas de victoire, elle entendait exiger de la France la cession de tout ou partie de son domaine colonial.

La France, au contraire, grâce à la vigilance de Jules Ferry et de ses successeurs, avait sagement pris les devants : la République avait réparé les pertes de l'ancien régime, par la rapidité de ses vues et l'audace de ses entreprises : avec une dépense d'hommes et d'argent extrêmement minime, elle étendait son autorité sur un des plus vastes domaines coloniaux qu'ait connus l'histoire. En moins de vingt ans, l'opération était accomplie.

Telle qu'elle fut conçue et exécutée, la campagne d'expansion coloniale présentait un grand avantage : elle maintenait, en France, l'esprit militaire à une époque où une action antimilitariste des plus dangereuses menaçait de l'affaiblir ; elle créait une phalange d'officiers « ayant vu le feu », s'habituant à manier les hommes, à développer le contact moderne entre le chef et le soldat ; elle réaccoutumait l'armée et le pays lui-même à la confiance et à la victoire. Le « soldat colonial » devint un type dont la nation était fière et qui s'entraînait, par les expéditions lointaines, à d'autres services, si l'heure sonnait de les rendre.

Mais cette même politique avait un inconvénient grave : elle nous mettait, partout sur la planète, en rivalité avec l'Angleterre et, de ce chef, elle exposait nos relations internationales à quelque coup fourré de la diplomatie allemande.

Celle-ci ne sut pas profiter des circonstances favorables qui se présentaient à elle. D'ailleurs, notre diplomatie avertie prenait soin de ne pas pousser les choses à l'extrême dans les débats coloniaux engagés avec l'Angleterre. Grâce à cette prudence, tous les conflits anglo-français s'arrangèrent peu à peu dans la période difficile qui s'étend de 1885 à 1900. L'Angleterre se résigna à nous laisser à la fois le nord de l'Afrique, le Congo, Madagascar, nos colonies d'Asie et d'Océanie. L'incident de Fachoda n'eut pas de suite et l'affaire du Maroc devint l'occasion d'un rapprochement définitif entre les deux pays.

LA GUERRE RUSSO-JAPONAISE MOUKDEN — Les conséquences de la politique d'expansion furent plus graves pour la Russie. Son champ d'action était l'Asie. Poussée par les conseils de l'Allemagne, elle s'engagea dans une rapide mainmise sur les territoires prolongeant la Sibérie vers l'océan Pacifique. Quand elle se fut établie en Mandchourie, en Corée, à Port-Arthur, elle éveilla les susceptibilités du Japon.

La force du Japon était méconnue en Europe et notamment à Saint-Pétersbourg. La guerre russo-japonaise exposa l'empire du tzar au plus grand péril qu'il ait couru depuis la guerre de Crimée. Une crise intérieure, fomentée en partie par le dehors, ajouta aux périls de la crise extérieure. Nicolas II vit tomber autour de lui, sous la bombe ou le revolver, ses serviteurs les plus fidèles. Sa douceur résignée connut des heures tragiques ; mais sa confiance dans l'affection de la grande famille slave pour le « père » qu'est l'empereur lui donna la force de sauver à la fois la dynastie et l'empire. M. Witte signa la paix avec le Japon sous le haut arbitrage des États-Unis et jeta les fondements d'une constitution, en même temps que sa haute capacité financière sauvait le crédit de l'empire. M. Iswolski, ministre des affaires étrangères, marquait une évolution décisive de la politique russe par un rapprochement avec l'Angleterre qui devait être suivi d'un rapprochement avec le Japon.

LE TZAR NICOLAS II A BÉTHENY
(SEPTEMBRE 1901)

Ainsi, la politique générale de l'Europe s'allégeait, la campagne d'expansion coloniale touchait à sa fin. Aux environs de l'année 1908, l'Europe « rentrait chez elle ».

La Russie avait trouvé, dans le concours financier et diplomatique de la France, les moyens de franchir les passes les plus difficiles de la crise. Elle reprenait par la base l'œuvre de sa restauration économique, administrative et militaire. Mais, en même temps, elle se trouvait en présence de l'effort fait par l'Autriche-Hongrie et l'Allemagne pour profiter des circonstances qui l'avaient forcée de « s'absenter » de l'Europe.

Pendant qu'elle combattait en Extrême-Orient, ses rivaux avaient fait de grands progrès en Orient. La politique austro-hongroise n'avait pas caché son dessein de tirer parti de la défaite de Moukden.

Le comte d'Ærenthal, ambassadeur d'Autriche-Hongrie à Saint-Pétersbourg, avait à peine quitté son poste pour devenir ministre des affaires étrangères de l'empire austro-hongrois qu'il mettait les fers au feu pour l'annexion de la Bosnie et de l'Herzégovine.

LES SUITES DE MOUKDEN. LES BALKANS ET LE MAROC. C'est alors que se découvrent les desseins des deux empires germaniques, se combinant avec une suite et une duplicité remarquables pour aboutir, en même temps, à une fin commune. L'Autriche entend profiter de la position de « recueillement » où la Russie croit devoir se confiner, pour étendre définitivement son autorité sur le bas Danube et la péninsule des Balkans. L'Allemagne entend profiter des complications ultimes que la conquête du Maroc impose à la politique française pour établir, au détriment de la France et même de l'Angleterre, son autorité maritime et coloniale.

Les deux empires suivront, pour arriver à leur but, une marche parallèle. Tantôt c'est la question des Balkans qui est sur le tapis et tantôt c'est la question marocaine : les deux jeux alternent et ont parfois des trêves et des retours apparents. (1)

Mais ce qui lie les deux parties, de la façon la plus évidente, c'est l'accord fondamental des deux empires avec le gouvernement ottoman (par le moyen duquel on espère fomenter des révoltes aux Indes, au Caucase, en Perse, en Algérie) ; et c'est, d'autre part, la politique des armements à outrance, inaugurée à partir de 1910 et qui prouve, jusqu'à l'évidence, que les gouvernements allemand et austro-hongrois s'attendent à quelque chose ou, mieux, préparent quelque chose.

La politique antislave, la politique antifrançaise ne sont que des manifestations particulières de ce « grand dessein » conçu sinon par l'empereur Guillaume, du moins par ceux qui l'entourent et le dominent : assurer coûte que coûte l'hégémonie allemande; donner à l'Allemagne, comme l'a écrit un de ses publicistes, les moyens de « respirer ». Car elle ne « respire » pas quand quelque autre puissance vit près d'elle dans le même air.

Cette impatience est fatale chez tous les conquérants; elle finit toujours par se heurter à la résistance des peuples menacés dans leur liberté; c'est la politique dite « napoléonienne ». Pour l'appeler par son nom, dans le cas spécial de l'Allemagne, c'est l'impérialisme ou le « pangermanisme ». Ses excès, après avoir ouvert, depuis longtemps, les yeux à la Russie et à la France, allaient ouvrir, enfin, ceux de l'Angleterre.

(1) Voir plus loin l'exposé des deux questions.

CHAPITRE II

LA POLITIQUE DE L'ANGLETERRE
LA TRIPLE ENTENTE

La politique de l'Angleterre avant Édouard VII. — La politique de l'Angleterre à partir de l'avènement d'dÉouard VII. — L'Entente Cordiale et la Triple Entente.

L A position prise par l'Angleterre à l'égard de l'Allemagne depuis la guerre de 1870 diffère du tout au tout, selon qu'elle est antérieure ou postérieure à l'avènement d'Édouard VII.

Dans la première période, qui va de 1870 à 1901, la politique anglaise est favorable à une entente avec l'Allemagne sur les points essentiels des grandes affaires internationales ; dans la seconde période, l'Angleterre évolue vers un rapprochement avec la Double alliance ; elle évolue lentement, selon les diverses phases et nuances de «l'Entente cordiale» pour aboutir à l'arrangement des états-majors en 1912 et aux négociations haletantes de 1914.

C'est, d'abord, une hostilité non douteuse à l'égard de la France et de la Russie ; mais peu à peu, et depuis la campagne du « Made in Germany », la méfiance à l'égard de l'Allemagne grandit. Longtemps, M. Chamberlain personnifia la première politique ; pendant tout son règne, le roi Édouard VII personnifia la seconde. Malgré tout, une certaine ambiguïté subsista longtemps dans les desseins et les résolutions de l'Angleterre, une partie de l'opinion libérale et même une fraction du cabinet gardant ses sympathies pour l'Allemagne.

Le problème qui restait posé était celui-ci : quelle part d'*alliance* comportait l'*Entente*, et quelle sécurité les déclarations sympathiques du cabinet de Londres apporteraient-elles en cas de conflit armé? Sur ce point capital, l'incertitude régna jusqu'au jour même de la déclaration de guerre ; les fautes diplomatiques de l'Allemagne décidèrent, en fin de compte, du parti vigoureux adopté par l'Angleterre.

Pour comprendre ces contrastes et ces alternatives, il convient de présenter l'enchaînement des faits avec les réflexions qu'ils suggèrent.

L'ANGLETERRE ET LA RUSSIE La politique de l'Angleterre, depuis qu'elle a étendu sa domination sur le monde par la maîtrise de la mer, a naturellement deux objectifs : conserver cette maîtrise pour sauvegarder l'empire, écarter de l'empire tout danger auquel les flottes anglaises ne seraient pas en mesure de parer. Il s'agit, en somme, d'assurer, à la Grande-Bretagne, les conditions nécessaires pour développer en paix son commerce avec toutes les parties du monde et les moyens de ravitailler l'archipel métropolitain, qui ne peut vivre sans garder ouvertes les voies de la mer.

Lord Roberts

LORD ROBERTS A UNE REVUE DES IRISH GUARDS

De ces principes, il résulte que l'Angleterre, avec ses habitudes d'esprit prévoyantes et ses résolutions énergiques, cherchera toujours à combiner ses forces, insuffisantes par elles-mêmes, avec celles des puissances opposées aux rivaux qu'elle craint le plus.

Jusqu'en 1901, l'Angleterre, conformément à sa politique traditionnelle, crut que le plus grand danger venait de la France et de la Russie.

A partir de 1901, elle s'aperçut que la puissance croissante de l'Allemagne la menaçait beaucoup plus directement et dangereusement dans son commerce, dans son hégémonie mari-time et dans sa sécurité métropolitaine. D'où la transformation qui s'accomplit en elle et qui la mit, à l'heure décisive, au premier rang des adversaires de l'Allemagne.

La première conséquence européenne de la guerre de 1870 fut, comme nous l'avons vu, de faire croire à la Russie que la défaite de la France laissait, à sa politique traditionnelle, l'occasion de rechercher une compensation en Orient. Gortschakow fut l'homme de cette politique. Il entraîna l'empereur Alexandre et la Russie dans la guerre de 1878 avec, pour objectif, la libération des peuples slaves du sud.

L'ILE D'HÉLIGOLAND

L'Angleterre eut des craintes pour Constantinople, au moment où l'Autriche s'inquiétait elle-même pour ses ambitions balkaniques. Les deux puissances se rapprochèrent sous l'égide de l'Allemagne, et la Russie fut arrêtée dans sa victoire par l'Europe, convoquée par Bismarck au Congrès de Berlin.

Bismarck fut l'arbitre de cette politique, mais Beaconsfield en avait été le fabricateur. Il rentra triomphant à Londres, rapportant « la paix avec l'honneur ». Ainsi s'ouvrit la phase moderne des dissentiments anglo-russes, dont l'empire allemand fut le *tertius gaudens*.

RIVALITÉ DE L'ANGLETERRE ET DE LA FRANCE Au Congrès de Berlin, une autre conséquence des situations respectives était apparue. Pour empêcher un rapprochement franco-russe, que l'incident de 1875 avait préparé, l'Allemagne et l'Angleterre se mirent d'accord et offrirent à la France la Tunisie.

La France, à peine relevée de ses désastres, mais se sentant bloquée sur le continent par la puissance militaire de l'Allemagne, avait cherché son expansion vers les mers et les pays lointains. Elle avait compris que le monde ne resterait pas longtemps *res nullius*.

L'ouverture du canal de Suez, par l'énergique initiative de M. de Lesseps, avait rafraîchi, en quelque sorte, ses destinées méditerranéennes. Elle se considérait comme chez elle en Égypte, et cherchait à y reprendre une influence traditionnelle à peine diminuée, lorsque l'Angleterre, longtemps opposée au percement de l'isthme, saisit l'occasion d'acheter la moitié des actions de la Société. L'Angleterre et la France se trouvaient — qu'elles le voulussent ou non — à l'état de concurrence en Égypte, au moment où le problème tunisien ouvrait l'ère de la politique coloniale.

L'Angleterre appréhendait pour ses communications mondiales l'expansion russe et l'expansion française en Méditerranée, tandis qu'elle pensait n'avoir rien à craindre de la puissance allemande, toute continentale et septentrionale. Elle se lança donc avec vigueur dans la lutte .d'influence contre la Russie et contre la France.

De 1882 à 1902, c'est la période des conquêtes extra-européennes et, en même temps, c'est l'apogée de l'impérialisme anglais. La Triple Alliance s'organise en Europe; elle ne donne nul souci à la politique britannique. Au contraire, celle-ci voit, dans l'Autriche, une alliée contre les Slaves : elle trouve, dans l'Italie de Crispi, un point d'appui contre l'expansion française dans la Méditerranée et la mer Rouge.

L'alliance franco-russe, conclue en 1891, excite les soupçons de la Grande-Bretagne plutôt qu'elle n'ébranle ses résolutions : aux diverses phases de cette longue odyssée, elle se tient tout près de l'Allemagne et souvent sollicite son appui. C'est l'Allemagne qui l'aide dans les affaires d'Égypte ; c'est avec l'Allemagne qu'elle partage l'Afrique orientale en 1893; elle facilite, de son aide sympathique, la naissance de l'empire colonial allemand et cède, au cours des arrangements coloniaux, comme un objet d'échange insignifiant, cette île d'Héligoland, dont elle sent si cruellement la privation aujourd'hui ; c'est d'accord avec l'Allemagne qu'elle arrange, contre la Russie, les occupations presque simultanées de Kiao-Tchéou et de Weï-Haï-Weï et qu'elle souscrit, en 1900, un projet d'ensemble visant les destinées de la Chine.

En même temps, elle pousse l'Italie à Massaouah et s'appuie sur elle pour s'emparer de la haute Égypte et du Soudan.

Elle va chercher dans le Japon un allié contre la Russie et prépare ainsi le désastre de Moukden. Peu s'en faut qu'elle ne se laisse

entraîner aux ruptures définitives avec la France à propos du Siam et de la Tunisie, à propos de Madagascar, à propos de la possession du Congo et du haut Nil. Il fallut la modération persistante des gouvernements pour éviter ces ruptures, dans la période critique qui aboutit à l'affaire de Fashoda.

L'Angleterre fut même sur le point de commettre la faute suprême, en confiant. le sort du Maroc à l'Allemagne, par crainte de voir s'y implanter l'influence légitime de la France. En 1900, à la suite de l'arrangement anglo-allemand relatif à la Chine, l'empereur Guillaume disait encore : « L'entente avec *le plus grand des états germaniques* en dehors de l'Allemagne sera, dans l'avenir, un puissant adjuvant pour les efforts communs des deux peuples sur le marché du monde. »

A la fin pourtant, cette politique trouva une pierre d'achoppement dans la guerre du Transvaal. L'Allemagne maritime et coloniale a grandi; l'Allemagne industrielle et commerciale s'est développée. L'empereur Guillaume a prononcé la devise : « Notre empire est sur la mer. » L'Angleterre et M. Chamberlain lui-même commencent à réfléchir.

LE REVIREMENT DE 1900 DANS LES RELATIONS ANGLO-ALLEMANDES Le point critique des relations anglo-allemandes paraît dater des dernières semaines du XIXᵉ siècle (novembre 1899). En octobre 1899, la politique impérialiste de Chamberlain et de Cecil Rhodes aboutit à la guerre du Transvaal. Il semble bien que l'Allemagne ait voulu profiter de cette circonstance pour forcer la main à l'Angleterre et la contraindre, en quelque sorte, à sortir du « splendide isolement » au profit de la Triple alliance.

La guerre avait éclaté en octobre; en novembre, Guillaume II, accompagné du chancelier comte de Bülow, arrivait à Londres. Le 27 novembre, celui-ci se rendait chez Chamberlain sans s'être fait annoncer.

Il n'avait pas voulu quitter Londres,

M. DE FREYCINET   M. RIBOT

disait-il, sans venir saluer l'illustre homme d'État.

Au cours de la conversation, il déclara qu'il venait du Foreign Office et qu'il avait interrogé le marquis de Salisbury sur les possibilités d'une adhésion de l'Angleterre à la Triple alliance. Le premier ministre lui ayant fait observer que l'Angleterre ne pouvait s'exposer à participer à des querelles n'affectant pas directement ses intérêts, le ministre allemand venait solliciter l'avis de Chamberlain : « Vous êtes le chef de la démocratie anglaise, lui disait-il ; il vous appartient de réaliser l'union de l'Angleterre et de l'Allemagne. » Chamberlain déclara qu'il partageait l'avis de lord Salisbury et qu'il était vain de parler d'une adhésion de l'Angleterre à la Triplice. Le comte de Bülow insista : « Tout au moins, une *entente* est-elle possible? » Cette fois, Chamberlain ne dit pas non, et, au sujet d'une entente, la conversation se prolongea...

M. Chamberlain était homme à passer rapidement par-dessus les formalités diplomatiques. Trois jours après, dans un discours prononcé à Leicester, il lançait l'idée d'une entente cordiale anglo-allemande : « Les mêmes sentiments qui nous font sympathiser avec les États-Unis, disait-il, doivent être pour nous la cause d'une sympathie et d'*une alliance plus intime avec l'Allemagne.* »

Mais, soit que lord Salisbury ait maintenu fermement son point de vue exclusif, soit que les premiers pourparlers aient soulevé des questions insolubles, l'initiative de Chamberlain fut accueillie froidement, aussi bien en Angleterre qu'en Allemagne. Les choses en restèrent là. Chamberlain se détacha peu à peu d'une idée à laquelle il ne renonça tout à fait, cependant, qu'après l'avènement d'Édouard VII.

L'EMPEREUR GUILLAUME ET LA GUERRE DU TRANSVAAL Pendant la période critique de la guerre du Transvaal, l'attitude de l'empereur Guillaume à l'égard de l'Angleterre parut ambiguë. On eût dit qu'il voulait se servir des circonstances pour faire sentir à l'Angleterre le poids de l'alliance allemande.

D'une part, lors du raid Jameson, l'empereur Guillaume adressa au président Krüger un télégramme de sympathie qui eut, en Afrique du Sud, un grand retentissement. D'après le général Viljoen, depuis, le président Krüger aurait déclaré qu'il avait l'espérance, d'après les paroles de l'empereur Guillaume, que l'Allemagne ne permettrait pas à l'Angleterre de s'emparer des républiques boers. Le président Krüger ajoutait, qu'au cas où les Boers ne seraient pas en mesure de défendre leur existence comme nation, il savait que l'empereur Guillaume s'interposerait, avec la France et la Russie, pour les sauver, dès que l'Angleterre aurait subi un premier échec. Ce qui confirme ces promesses plus ou moins explicites, c'est, qu'au cours de la lutte, la diplomatie impériale fit à la France des propositions d'intervention, propositions que la France déclina.

D'autre part, dans des « déclarations à un diplomate », reproduites par un article célèbre du *Daily Telegraph* (28 octobre 1908), l'empereur Guillaume a plaidé sa cause et expliqué son attitude, sinon celle de l'Allemagne, d'une façon toute différente : « Sans aucun doute, l'opinion allemande était hostile, l'opinion proprement dite était hostile, mais l'Allemagne officielle l'était-elle?

« Les délégués boers furent fêtés en France et en Hollande; ils désiraient venir à Berlin et le peuple allemand les eût couronnés de fleurs; mais, dès qu'ils me demandèrent de les recevoir, je leur opposai un refus... Lorsque la guerre battait son plein, le gouvernement allemand fut invité par les gouvernements de France et de Russie à intervenir auprès de l'Angleterre pour la sommer de terminer les hostilités. Quelle fut ma réponse ? Je répondis que, loin de participer à une action européenne destinée à précipiter la chute de l'Angleterre, l'Allemagne se tiendrait toujours à l'écart des entreprises qui pourraient la brouiller avec une puissance maritime telle que l'Angleterre. Les Anglais, qui maintenant (en 1908) m'insultent, devraient savoir quelle fut ma conduite à l'heure de l'adversité... »

Comme il est difficile de concilier ces déclarations avec des faits patents, comme le télégramme au président Krüger et la démarche auprès du gouvernement français au temps où M. Bourgeois était ministre des Affaires étrangères, la thèse officieuse allemande s'en tire ainsi qu'il suit : M. de Bülow fait observer, à la tribune du Reichstag que le télégramme impérial de 1896 ne détermine pas la politique allemande *in omnes casus et eventus, in secula seculorum.*

Cette explication, d'une ironie un peu lourde, prépare celle du chancelier de Bethmann-Hollweg, quand il s'agira d'expliquer la violation de la neutralité belge : « On fait comme on peut. »

Plus adroitement, l'apologiste de Guillaume II, M. Stein, prétend que l'Allemagne n'aurait promis aux républiques africaines qu'un appui diplomatique. En un mot, la politique allemande se réservait de voler « au secours de la victoire ».

L'empereur Guillaume prétendit apporter, à l'appui de sa défense auprès de l'opinion anglaise, un élément plus précis encore. Il dit, en propres termes, dans la fameuse interview du *Daily Telegraph* : « Je me fis ren-

Le Tzar Nicolas II.   Le Général Joffre.

AUX GRANDES MANŒUVRES RUSSES

(AOÛT 1913)

seigner sur l'état exact des forces anglaises et boers, et, sur ces bases, je traçai un plan de campagne qui me parut le meilleur et le soumis aux observations de mon état-major général. Je le dépêchai en Angleterre. Coïncidence curieuse : le plan par moi établi suivait à peu près les mêmes lignes que celui dont lord Roberts assura l'exécution... » Donc, cet empereur, dont les facultés stratégiques n'avaient pas encore été éprouvées, les employa, pour la première fois, à diriger l'offensive anglaise contre les armées du président Krüger et, en somme, c'est à lui que les Anglais devraient la victoire. Il est inutile d'ajouter que, d'après les déclarations officielles de lord Haldane, ministre de la Guerre anglais, on ne trouva, dans les archives du War-Office, aucun plan de campagne élaboré en Allemagne.

L'incident, dû à l'intempérance de langage et à la versatilité de l'empereur Guillaume, eut, sur les relations entre l'Allemagne et l'Angleterre, les suites les plus fâcheuses : Les diplomates et les historiens allemands auraient besoin de méditer le proverbe français « Qui veut trop prouver ne prouve rien. »

AVÈNEMENT D'ÉDOUARD VII Quand Édouard VII monta sur le trône (22 janvier 1901), il avait conçu le projet réfléchi d'un rapprochement avec la France.

Longtemps avant son avènement, il avait donné des preuves remarquables de cette disposition d'esprit, en démêlant le péril bismarckien. Un de ses familiers écrivait *dès 1878* : « Le prince de Galles, c'est l'Angleterre jeune, courageuse, altière, remplaçant l'Angleterre caduque, hésitante, morbide. Le brillant héritier du trône a encore d'autres idées en tête et qui sont marquées au coin d'une grande méfiance à l'égard de la politique de M. de Bismarck... »

On peut dire que ce sont ces idées en germe qui se sont épanouies quand « le prince de Galles » devint le roi Édouard VII, et elles ont décidé du rôle actuel de l'Angleterre.

Elles ne pouvaient, cependant, avoir un effet réel sur la direction de la politique britannique que si le roi était d'accord avec son peuple. Le gouvernement anglais est, surtout en matières d'affaires étrangères, un gouvernement d'opinion : quand l'opinion change, le ministère est toujours, d'une façon ou de l'autre, obligé de la suivre.

Or, le public anglais commençait à se sentir porté obscurément vers des sentiments moins favorables à l'Allemagne.

L'attitude ambiguë de cette puissance pendant la guerre du Transvaal contribua à cette évolution : mais les causes étaient plus profondes.

Peu à peu, l'Allemagne se manifestait puissamment expansionniste et il n'était pas possible qu'elle ne se trouvât pas, un jour ou l'autre, sur le chemin de l'Angleterre. Ainsi se dégageait un des éléments principaux du conflit qui devait, un jour, diviser l'Europe : l'élément *économique*.

Ce sont les intérêts économiques et commerciaux qui mirent, d'abord, l'Angleterre en éveil. La campagne du « Made in Germany », ouverte en 1897, par une brochure d'Edwin Williams, dépeignit le progrès de l'exportation allemande sur tous les marchés du monde, même sur le marché métropolitain anglais, et, par contre, un certain fléchissement de la production et du commerce anglais. Stanley, traduisant les inquiétudes dans un discours qui eut un grand retentissement, disait au Lambeth Conservative Club : « En Australie, nous avons reculé de 20 o/o, tandis que les Allemands ont avancé de plus de 400 o/o. Dans la Nouvelle-Zélande, notre perte est de 25 o/o; la hausse allemande de 1,000 o/o. Dans la colonie du Cap, nos affaires ont progressé, il est vrai, de 125 o/o dans la dernière période décennale, mais le commerce allemand a décuplé. Au Canada même, nous sommes en baisse de 11 o/o, les Allemands sont en hausse

LE COURONNEMENT D'ÉDOUARD VII

de 300 o/o. On exagérait un peu le péril, car l'Angleterre allait, bientôt, ressaisir le sceptre commercial ; mais le fait d'un immense progrès allemand était indéniable et il était difficile de prévoir où celui-ci s'arrêterait dans la lutte pour la conquête économique du monde.

LA MARINE ALLEMANDE — Un autre progrès attirait, dans le même temps, l'attention de la puissance britannique : c'était celui de la marine allemande. A Hambourg, à Brême, de grandes sociétés de navigation se fondaient avec les subventions et les encouragements de l'État ; elles lançaient, sur toutes les mers, des bâtiments de fort tonnage, opposant le pavillon allemand aux pavillons concurrents ; en quelques années, l'effectif de cette flotte et son importance en tonneaux de jauge étaient doublés.

Et une conséquence plus redoutable encore suivait cette expansion à la fois commerciale, coloniale, maritime. L'Allemagne, ayant à défendre son commerce et ses colonies lointaines, entrait avec résolution dans la voie des grandes constructions navales. De 1899 à 1907, l'Allemagne augmentait son budget naval de 73 o/o, et l'Angleterre, pourtant avertie, n'augmentait le sien que de 23 o/o. Et l'avance antérieure de la flotte britannique servait de peu : car, à partir de 1908, l'Allemagne, serrant de près l'Angleterre, se mettait à construire les grands cuirassés qui seuls devaient compter, à bref délai, comme unités de combat, les *dreadnoughts*. Le budget de la marine allemande pour 1908 était de 400 millions de marks, avec sept millions de marks prévus pour la construction de sous-marins. Il devait atteindre, à la veille de la guerre, près de 800 millions de marks.

Ces progrès imprévus et ceux qu'il était facile de prévoir, posaient, devant le Parlement et devant l'opinion publique en Angleterre, la question du salut suprême sous la forme du *double pavillon*. L'Angleterre serait-elle en mesure, par ses ressources en argent et en personnel, de faire face à l'engagement qu'elle avait pris traditionnellement avec elle-même d'être toujours aussi forte, sur mer, que deux marines concurrentes, quelles qu'elles fussent, en les supposant alliées? Cette inquiétude, accrue bientôt par celle de la construction des premiers Zeppelins, fixa, au cœur de l'Angleterre, le sentiment que, sans alliés continentaux, elle n'était plus assurée d'être à l'abri d'une invasion.

Donc, péril commercial, péril moral, péril métropolitain, c'était assez pour disposer l'opinion publique anglaise à seconder ardemment les vues et le système politique du roi Édouard VII.

Il ne peut être question d'exposer ici les lentes évolutions de cette politique très prudemment menée (1). La diplomatie anglaise procède rarement par des déclarations de principe; elle va du fait et au fait et, selon l'expression de Bismarck, se développe de *cas en cas*.

Les résultats apparurent graduellement aux yeux du public européen.

Cette politique de préservation et de précaution fut poursuivie pendant tout le règne d'Édouard VII, de 1901 au 6 mai 1910, date de l'avènement de Georges V, et elle fut continuée sous le règne de celui-ci. Mais les ménagements qui y furent apportés étaient de telle nature que la volonté dominante des deux souverains et de leurs gouvernements s'appliqua toujours manifestement à éviter la guerre.

L'Angleterre, avertie par les paroles et les actes du gouvernement allemand, prenait ses précautions, voilà tout.

ÉDOUARD VII ET L'ENTENTE CORDIALE Rappelons les étapes de cette sage et prudente évolution :

A partir de 1899, l'arrangement des difficultés coloniales entre l'Angleterre et la France sur la plupart des points où elles étaient en concurrence, laissait le champ libre à une politique nouvelle. L'avènement d'Édouard VII la rendit plus active et plus apparente.

Le 1er mai 1902, le roi Édouard VII venait à Paris rendre visite au président Loubet et, dans son discours à la Chambre de commerce britannique, il prononçait quelques paroles frappantes : « L'amitié des deux pays est l'objet de mes constantes préoccupations. »

Entre les deux pays, une convention d'arbitrage fut signée en 1903, puis —événement beaucoup plus important, — le 8 avril 1904, une convention franco-anglaise réglant diplomatiquement la question du Maroc et, avec elle, le résidu des difficultés coloniales, affaire d'Égypte, affaire de Terre-Neuve, affaire des Nouvelles–Hébrides.

C'est à partir de cette date que se développe librement le système de l'Entente cordiale. Il avait ses dangers, s'il exposait l'une des parties contractantes à un conflit armé, sans qu'elle fut assurée du concours effectif de l'autre puissance : une *entente* n'est pas une *alliance*. Mais, peu à peu, par la continuité des relations amicales, par la communauté des vues, par l'adhésion d'autres puissances et notamment de la Russie, ce résultat devait être obtenu. L'Entente, réduite à elle-même, était un instrument de paix; mais elle avait pleinement sa valeur si elle se transformait en alliance pour le cas de guerre.

L'entente cordiale, inaugurée par M. Delcassé, sous la présidence de M. Émile Loubet, fut heureusement développée dans le sens d'engagements de plus en plus précis, par

(1). On trouvera un exposé très complet de ces laborieuses questions dans les ouvrages de MM. Lémonon, Bardoux, Bérard, etc.

M. Pichon, sous la présidence de M. Fallières, de 1906 à 1912.

Les tendances germanophiles d'une partie de l'opinion libérale en Angleterre et même des membres du cabinet, mettaient parfois en doute son efficacité; mais la pratique, peu à peu, atténuait cette cause de faiblesse qui, d'ailleurs, disparut à la dernière heure.

En attendant, l'entente permettait à la France et à l'Angleterre de régler les questions délicates qui restaient en suspens dans le monde entier; notamment, elle apportait à la France l'appui de l'Angleterre dans la difficile question du Maroc où l'Allemagne intervenait énergiquement. Ce fut, d'ailleurs, pour les yeux clairvoyants, la révélation des ambitions du peuple et du gouvernement allemands visant la conquête mondiale (1).

M. CHAMBERLAIN

amie, — on commençait à dire parfois son alliée — ne pouvait rester à l'état de conflit latent avec la Russie. La guerre russo-japonaise avait considérablement diminué, aux yeux des coloniaux anglais, le péril de l'expansion russe en Asie: on peut dire même que à ce péril, un autre s'était substitué, puisque l'Allemagne avait pris, jusqu'à un certain point, en Chine, par la mainmise sur Kiao Tchéou, une influence que la Russie avait perdu en perdant Port-Arthur.

Il y avait bien la question de Constantinople et de l'Orient méditerranéen, où l'Angleterre était liée, de longue date, à la politique austro-hongroise contre l'expansion slave. Mais, ici encore, la Russie, absorbée par ses difficultés intérieures et le travail de son relèvement, paraissait moins à craindre, tandis que les progrès de l'Allemagne en Asie et dans la direction du golfe Persique, où la portait le vaste projet du chemin de fer de Bagdad, ne pouvaient pas ne pas inquiéter l'Angleterre pour la sécurité du canal de Suez et des établissements de l'Inde.

Dès le mois de mai 1906, sir Edw. Grey, ministre des Affaires étrangères du cabinet Asquith, fit, à la Chambre des communes, certaines déclarations favorables à un rapprochement anglo-russe: « Il y a, entre les deux puissances, une tendance croissante à s'occuper

RAPPROCHEMENT ANGLO-RUSSE — Un des principaux effets de l'Entente cordiale anglo-française fut de rendre possible le rapprochement anglo-russe et d'achever ainsi, contre l'Allemagne, cette coalition européenne qui était dans la logique des choses, mais que les positions prises antérieurement paraissaient devoir rendre si difficile.

L'Angleterre, ayant fait, de la France, son

(1). Voir plus loin l'exposé des affaires marocaines.

d'une façon amicale des questions qui les concernent toutes deux... C'est une tendance qui, si elle continue, entraînera naturellement le règlement progressif des questions dans lesquelles chacun des deux pays est intéressé et le resserrement des relations amicales qui existent entre eux. »

L'échange de visites navales accentua, de part et d'autre, ces bonnes dispositions. La diplomatie française, dirigée à Londres par M. Paul Cambon, servait naturellement d'intermédiaire. Des arrangements méthodiquement abordés réglèrent, dans un esprit amical, les questions relatives aux frontières des Indes, à l'Afghanistan, à la Perse, au Thibet, au golfe Persique.

Du côté russe, cette politique était habilement conduite par M. Isvolski, ministre du tsar Nicolas II. En février 1908, sir Edw. Grey mettait la Chambre des communes en demeure de le suivre : « Je déclare que je suis en faveur d'une entente raisonnable et loyale entre les deux pays pour les questions d'un intérêt commun... J'adopte ce point de vue et, si la Chambre le rejette ou rend impossible sa mise en pratique, je tomberai en même temps. » Sir Edw. Grey écartait ainsi, d'un mot ferme et sec, tout le passé anti-slave, antimoscovite sur lequel l'Angleterre vivait depuis près d'un siècle.

Le 10 juin 1908, l'entrevue de Reval entre le roi Édouard VII et l'empereur Nicolas II eut une portée analogue à celle de la visite du roi Édouard VII à Paris. Le rapprochement était définitif : la Triple Entente existait désormais.

LA TRIPLE ENTENTE A partir de cette époque, les trois politiques, française, anglaise, russe, étaient étroitement unies. L'efficacité de leur action pesait désormais d'un grand poids dans le règlement des affaires internationales ; on devait la retrouver à l'œuvre, quand la double difficulté du conflit marocain et des affaires balkaniques servit, en quelque sorte, de prélude à la guerre de 1914.

Il serait contraire à la vérité de voir, dans ces larges évolutions de la politique européenne, un parti pris continûment anti-allemand. Les cabinets de Londres et de Saint-Pétersbourg recherchaient, au contraire, les occasions d'apaiser les inquiétudes de l'Allemagne. De très bonne foi, les souverains s'employèrent à affirmer leurs relations amicales avec les cours germaniques, et, ce qui importait encore davantage, les gouvernements ne se refusaient jamais aux transactions pouvant concilier les intérêts particuliers de chacune des puissances de la Triple Entente avec ceux de l'Allemagne

Les visites échangées par Nicolas II, Édouard VII et Georges V avec l'empereur Guillaume et l'empereur François-Joseph furent fréquentes et, souvent, suivies d'ententes d'une réelle importance : c'est ainsi ; qu'en novembre 1910, une entrevue de Nicolas II et de Guillaume II à Potsdam eut pour sanction une convention russo-allemande, signée peu après, et par laquelle le gouvernement russe déclarait ne plus s'opposer à la construction du chemin de fer de Bagdad. En France et en Angleterre, on ne fut pas sans rattacher à l'idée d'une amitié russo-allemande un peu trop étroite, les mesures prises par la Russie à la suite de cet arrangement et qui retiraient de la frontière allemande un certain nombre des formations militaires.

Par contre, l'Angleterre ne renonçait pas absolument à tout ménagement à l'égard de l'Allemagne. Les voyages de lord Haldane à Berlin furent, à diverses reprises, pour la France, un sujet d'inquiétude. A la veille de la déclaration de guerre, dans les derniers jours de juillet 1914, M. de Jagow pouvait encore dire à l'ambassadeur britannique que l'Angleterre rompait avec l'Allemagne, au moment même où celle-ci croyait l'heure sonnée d'un rapprochement définitif entre les deux puissances.

La France poussait, de son côté, la condescendance si loin que, dans les affaires du Maroc, elle consentait à une combinaison qui

ÉDOUARD VII A PARIS. — LA REVUE DE VINCENNES

(MAI 1903)

comportait, pour ainsi dire, une sorte de condominium économique sur le Maroc et le Congo ; après l'affaire d'Agadir, elle s'inclina devant les exigences de l'Allemagne et consentit à céder une partie très importante de cette belle colonie.

Ces traits sont indispensables pour permettre de définir le véritable caractère de la Triple Entente.

Il ne s'agissait nullement d'un système d'agressions ni, comme on l'a dit, d'un parti pris d'« encerclement ». Seulement, les grandes puissances européennes entendaient rester libres et indépendantes. Elles étaient décidées à veiller jalousement au maintien de l'équilibre européen.

En présence du développement croissant des forces militaires et économiques de l'Allemagne, elles se tenaient sur leurs gardes, et, tout en conservant réciproquement leur pleine liberté d'action, elles unissaient leurs forces dans la volonté pacifique de laisser les grandes affaires du monde se développer dans la sécurité et dans la paix.

« L'INVINCIBLE », DREADNOUGHT ANGLAIS

ARTILLERIE DE CAMPAGNE ANGLAISE. — LE CANON DE 18 POUNDS

UNE MITRAILLEUSE AUTOMOBILE BELGE

ARTILLERIE LOURDE DE CAMPAGNE ANGLAISE

L'*IMPERATOR* DE LA HAMBURG AMERICA LINIE (50.000 TONNEAUX)

CHAPITRE III

L'ALLEMAGNE ÉCONOMIQUE ET LE PANGERMANISME

La croissance économique de l'Allemagne. — L'Allemagne agricole et l'Allemagne industrielle. — La Weltpolitik. — Le Pangermanisme.

ES positions prises par les grandes puissances de l'Europe, la France, la Russie, l'Angleterre, à l'égard de l'Allemagne et de l'Autriche-Hongrie, en 1914, résultent des faits historiques qui se sont produits depuis la guerre de 1870 ; mais elles tiennent aussi à l'accroissement redoutable de la puissance allemande depuis que l'Empire a été constitué.

Il y a une politique diplomatique ; mais il y a aussi une politique ethnographique, économique, financière. L'Allemagne s'est développée de telle sorte qu'elle pesait peu à peu sur tous les voisins, et sa méthode lourdement agressive, ses procédés de concurrence souvent violents et déloyaux, son système de tarifs douaniers et de cartels rendaient plus pénibles encore ces contacts. Le parti hobereau menait ses affaires comme s'il admettait d'avance la guerre en tant que procédé commercial éventuel.

Ainsi, l'Allemagne s'est trouvée portée volontairement vers un état de conflit économique, dont elle acceptait, dont elle réclamait les conséquences, quelles qu'elles fussent. Il s'agissait, à tout prix, d'avoir le bien-être, le confort, réclamé comme un droit, par une race matérialiste et prolifique. « Place à l'Allemagne, l'Allemagne au-dessus de tout ! » telle était la devise qui ralliait tout le monde, depuis le dernier des ouvriers jusqu'à l'élite des intellectuels. On ne comprendrait pas le véritable caractère du conflit des peuples, en 1914, si l'on ne le considérait à ce point de vue.

LES DEUX ALLEMAGNES L'Allemagne n'est pas une unité ethnographique : le peuple allemand est un des plus mélangés de l'univers, Celtes, Teutons, Scandinaves, Slaves, se fondent dans ce grand creuset dont on disait, au Moyen Age, qu'il était la matrice des peuples.

La division en Allemagne du Nord et en Allemagne du Sud est classique, en quelque sorte ; mais celle qui distingue l'Allemagne de l'Est et l'Allemagne de l'Ouest est non moins importante, surtout si l'on considère l'Empire tel qu'il est constitué. Le professeur Wagner a dit : « La véritable frontière de l'Allemagne ce n'est pas le Rhin, c'est l'Elbe. »

Cologne et Berlin sont les deux pôles de cette double Allemagne.

La rivalité latente de ces deux forces, réunies par l'unité des langues et un travail politique séculaire, est une des raisons pro-

HAMBOURG. — UN COIN DU PORT

fondes de la guerre actuelle. Des aspirations différentes, des besoins contraires les séparent, même si leur volonté les rapproche. Une sorte d'incompatibilité instinctive subsiste malgré tout et elle se manifeste dans la concurrence des partis politiques, entravant, à la longue, le mécanisme, d'ailleurs infiniment complexe et délicat, de l'Empire.

Le Prussien, lourd et blond, est froid, persévérant, appliqué, méthodique, il est servile; ses habitudes d'espionnage et de délation, contractées sous un régime policier de plusieurs siècles, se vengent, quand il le peut, par une ironie sournoise, mais âpre et insolente. Sa longue pauvreté l'a rendu parcimonieux et endurant : ce sont des qualités que sa richesse récente altère. La rigidité protestante a fait place à un athéisme profond qui n'a fait que renforcer ses tendances à l'hypocrisie.

Le Rhénan est souvent brun et de taille plus fine; il est gai et mystique, industrieux et réaliste; il a bu le vin de ses coteaux, est amoureux des plaisirs et s'humanise quand le soleil luit; le Bavarois reste fidèle à la foi ancestrale, avec un tour d'esprit grossièrement jovial. Le Hanovrien, à la fois compassé et sentimental, serait assez bonhomme s'il ne craignait de manquer à la morgue qui affirme les distances, d'un bout à l'autre de l'Empire.

Ces Allemands de l'Ouest et du Sud ne se sentent pas tout à fait chez eux en Prusse; mais ils ont voulu et accepté le joug pour l'unité. Quand quelque faute par trop lourde blesse leur sentiment esthétique, l'instinct proteste d'abord, mais l'esprit de discipline l'emporte ensuite (par exemple lors de l'incident de Saverne) parce que le maître est brutal et qu'il n'admet pas les contradictions trop soutenues.

Les Rhénans sont de sang celte et de culture romaine. Tous les noms qui, en Thuringe et sur les bords du Rhin, se terminent en *briga*, *magus*; *durum* et *acum*, prouvent l'existence des tribus gauloises. Les Romains,

s'appuyant sur la Gaule, mais utilisant les services des Germains, firent un mélange, probablement réfléchi, des deux races.

Les Gaulois transmirent aux Germains la civilisation romaine. Le nom de Germain ne prouve nullement l'existence d'une unité ethnique, c'est un mot gaulois qui veut dire « voisins ».

D'autre part, ces peuples du Rhin supérieur furent, de tout temps, les ennemis des peuples du bas Rhin, les Bataves, les Frisons, les Francs, qui paraissaient être des Normands, des « hommes du Nord », c'est-à-dire des Scandinaves, et qui, d'après Tacite, parlaient la même langue que les Danois et les Angles conquérants de l'Angleterre. On trouve la trace de ces hostilités éternelles dans la légende de Siegfried où il est dit que, seul, Dietrich de Berne a pu vaincre les héros indomptables du Niederland, c'est-à-dire les Francs-Saliens.

On peut admettre, sans trop insister sur ces distinctions un peu obscures et infiniment altérées par les siècles, qu'autour de la Mer du Nord, trois races rivales se sont toujours trouvées aux prises : les Celtes qui ont survécu en Belgique, les hommes du Nord qui ont survécu en tant que Français du Nord, Anglais, Normands, Scandinaves, et enfin les Allemands, ennemis traditionnels de l'une et de l'autre race, mais qui ont soumis les Rhénans, formés du mélange de toutes les trois.

Ces différences ethnographiques essentielles se remarquent encore dans certains traits frappants de la politique moderne. Mayence, Francfort-sur-le-Mein, Cologne, Trèves, à peine conquis par nous, se donnèrent. Ces provinces ont volontairement gardé les principes de notre Code civil, qui correspond à leur conception de la famille et de la propriété : c'est, qu'en nous, elles se reconnaissaient. Les savants d'outre-Rhin ont cherché à la loupe, pendant quarante ans, les indices d'une protestation alsacienne contre la conquête de Louis XIV, ils ne l'ont pas trouvée.

Distinguons donc ces demi-Celtes des vrais

« Allemands » : ce sont les Goths et leurs tribus aux noms redoutés, Vandales, Hérules, Gépides. Note caractéristique : ces Germains de l'Est sont gouvernés, de toute antiquité, par des rois et leur sont fidèlement attachés, tandis que ceux de l'Ouest vivent en républiques et élisent leurs généraux.

A l'Est, ces Goths eurent affaire aux Slaves ou Sarmates, ce sont encore de vieilles haines. De nombreuses tribus slaves s'établirent en Germanie. Une carte polonaise de 1144 fixe les limites de la Pologne entre Rugen et Cracovie. La marche de Bran debourg forme la frontière. Suivant une autre carte de Pologne, datée de 1150, le royaume slave s'avance jusque vers Ratisbonne et Rendsbourg, en Bavière, tandis que Brandebourg et Schewerin appartiennent à la marche prussienne. Il convient d'y insister, tout ce qui parle l'allemand n'est pas nécessairement Allemand.

les Hohenlohe Oeringen, les Hatzfeld, les Donnesmark, possèdent, en Prusse orientale ou en Silésie, de véritables petits royaumes, accrus souvent par les majorats et les fidéi-commis. Au début du règne de Guillaume Ier, ils gouvernaient encore, sous ce régime, de véritables clans de vassaux. On comprend l'autorité qu'ils exercent sur la marche des affaires publiques, puisque des populations considérables dépendent d'eux. Il subsiste, dans les coutumes, des traces de servage : à Berlin, une bonne qui quitte son maître sans raison valable, est ramenée par les gendarmes ; le maître du domaine rural exerce, jusqu'à nos jours, un certain droit de suite sur les paysans.

Par contre, le grand propriétaire veille au bien-être de ses hommes. Des intendants entretiennent, avec les ouvriers agricoles, des rapports pleins d'une bonhomie intéressée. C'est par ces initiatives que de grands progrès ont pu être accomplis dans des régions dont l'état social reste en arrière. Les exploitations rurales sont fournies de tous les perfectionnements modernes. Par les méthodes presque scientifiques de l'agriculture intensive, le rendement des terres augmente sans cesse, ainsi que le bétail. Le prix de la terre s'accrut ; une

GUILLAUME II ET L'IMPÉRATRICE
A L'ÉPOQUE DE LEUR AVÈNEMENT AU TRONE

L'EST AGRICOLE ET FÉODAL Ces origines différentes expliquent la diversité des mœurs, des traditions, des usages, des lois.

A l'Est, ce qui domine, c'est le régime de la propriété, à la fois féodal et patriarcal. De très grandes familles, les Dohna Schobitten,

spéculation effrénée la fit renchérir encore.

Il résulte, de ces causes diverses, que le paysan se sentit mal à l'aise sur un sol qu'il ne pouvait cultiver pour son compte et dont le prix dépassait ses disponibilités. De 1885 à 1892, les provinces voisines de la Pologne se vidèrent en quelque sorte. Ce fut un exode vers les deux Amériques. Au delà de l'eau, ces hommes se détachèrent de leur mère-patrie; ils laissaient pousser la barbe de bouc, prenaient des noms anglais, devenaient républicains et yankees, considérant leurs anciens compatriotes comme des frères inférieurs.

Une autre forme d'émigration se produisit quelque temps après : l'immigration à l'intérieur. L'industrie prenait un essor formidable. Le paysan se fit ouvrier ou domestique. Berlin, qui comptait, en 1870, 800,000 habitants, forme aujourd'hui une agglomération de trois millions et demi d'âmes, tandis que la population agricole ne compte plus, en 1913, que seize millions et demi d'habitants sur soixante-six millions et demi.

LES AGRARIENS ET LES HOBEREAUX En présence de ces évolutions rapides, le gouvernement suivrait-il le mouvement qui accroissait sans cesse l'importance des villes ou se consacrerait-il à la défense des campagnes? On sait qu'au début de son règne, Guillaume II se montra enclin aux mesures socialistes; en tout cas, il se rapprochait du monde industriel. Mais les hobereaux intervinrent. Les Eulenbourg conspirèrent. Ils dirent au monarque : « La campagne fournit le meilleur recrutement aux troupes impériales. Sans nous, l'armée et la monarchie sont perdues. »

Guillaume réfléchit. Il se sépara du chancelier Caprivi, le tombeur de Bismarck. Instinctivement, le chancelier Chlodowiz von Hohenlohe, mais surtout le prince de Bülow et MM. de Bethmann-Hollweg subordonnèrent leur politique à la coterie des hobereaux devenus tout puissants.

Ce parti organisa la « Ligue des agriculteurs », qui devint un des rouages économiques et politiques des plus puissants de l'empire. Elle « travailla » énergiquement les élections et fit sortir des urnes une majorité ultra-protectionniste.

Un homme qui lui appartenait, le comte de Pasadowski, devint, avec le titre de secrétaire à l'intérieur, le grand maître de la vie économique. Il élabora ces fameux tarifs douaniers où, grâce à la plus subtile spécialisation des articles, le traité de Francfort fut tourné et qui permirent d'imposer à la Russie un traité de commerce désastreux.

L'Allemagne économique affirmait cette tournure d'esprit méthodiquement agressive qui devait la mettre en état de rupture avec la plupart des grandes puissances.

De cette série de mesures habilement combinées, résulta, pour l'agriculture allemande, une période de prospérité qui, assez factice en somme, ne dura pas.

Hobereaux et agrariens s'enrichissaient, faisaient bonne chère et menaient joyeuse vie. Mais les paysans et ouvriers agricoles, exploités, médiocrement payés et nourris, continuaient à abandonner la campagne en troupeaux serrés pour se transporter dans les villes et y devenir des recrues du parti socialiste.

L'équilibre entre les villes et les campagnes était rompu, par l'application des mesures prises pour le maintenir : sous prétexte de défendre la campagne, le hobereau la vidait. Ce sont de ces fautes de tact, de jugement et d'humanité qui caractérisent si souvent « la manière allemande ».

On appela des étrangers pour cultiver les terres abandonnées, d'abord des Polonais autrichiens, puis des Ruthènes et finalement des Russes. Ceux-ci furent traités en parias. On n'est pas doux au travailleur dans le monde des hobereaux. La Russie se plaignit et se mit sur le pied de n'accorder de passeport à ses ouvriers ruraux qu'à bon escient et sous certaines garanties. En même temps, elle ouvrit l'œil sur la concurrence allemande et dénonça le traité de commerce de 1904, qualifié par les

LE CARNAVAL A MÜNICH

publicistes russes de « chantage » et de « duperie ».

C'était frapper deux fois le parti agrarien à la prunelle de l'œil. Ceci se passait en avril 1914. La politique agressive des hobereaux por-tait ses fruits. La Russie, qui songeait à se défendre, devint odieuse. Plus d'ouvriers agri-coles, le marché russe fermé : c'était double misère en Prusse. La haine du Slave grandit.

LA DANSE NATIONALE DANS LES MONTAGNES DE BAVIÈRE

D'ailleurs, les esprits étaient préparés et, ainsi que nous l'avons dit, le parti agrarien avait, depuis longtemps, fait cause commune avec le pangermanisme et mis la guerre dans son programme économique.

LES HOBEREAUX ET LE PANGERMANISME Outre la raideur militaire et la brutalité orgueilleuse si naturelles chez le gentilhomme prussien, un calcul d'intérêt le portait vers ces tendances belliqueuses. Les conservateurs prussiens, si rétrogrades qu'ils soient, ont le sens le plus aigu et le plus âpre des réalités. Ils comprirent que, pour vendre leur blé, leur avoine, leur orge et leur sucre, il fallait ouvrir à l'industrie allemande de nouveaux débouchés. La conquête du monde était une idée fixe de l'empereur. On vit donc se dégager une formule où la grande industrie et la grande propriété communièrent.

Les ruraux qui, au début de la campagne des constructions navales, avaient prononcé le fameux mot : « *Die grüssliche flotte* » qu'on pourrait traduire : « Ils nous rasent avec leur flotte », donnèrent les mains à la Weltpolitik : « L'Allemagne doit conquérir sa place au soleil.» Ainsi le parti terrien, agrarien avait poussé à la guerre, l'avait acceptée, l'avait préparée, d'abord au nom de ses intérêts, ensuite en raison des besoins d'expansion qu'il considérait comme étant ceux de la nation.

Il apporta, dans cette campagne, la morgue hautaine et immodérée qui caractérise la classe des officiers et des vieux généraux : nul terrain n'était plus favorable à la graine pangermaniste.

L'ALLEMAGNE DE L'OUEST ET LA POLITIQUE INDUSTRIELLE Voyons, maintenant, dans quelles conditions l'Allemagne industrielle, l'Allemagne de l'Ouest, l'Allemagne des villes, abordait et résolvait le même problème.

Dans ses romans exquis de mœurs paysannes, Frenssen a marqué d'un trait fin la qualité fondamentale du peuple allemand : en face de Uhl, le paysan, batailleur et dépensier, ivrogne et joyeux de vivre, qui travaille dur et s'endette, brutal parce qu'il se sent fort, généreux, par moments, parce qu'il est insouciant, descendant des nomades germaniques, il a campé un type brun, de taille moyenne et d'esprit subtil, fécond en calculs compliqués, commerçant dans l'âme, malin, cauteleux, que sa nature prédestine à se transporter dans les villes et à faire fortune dans les hanses de Berlin et de Hambourg. On dit, en Allemagne même, que le Prussien, une fois bien entraîné, est de taille à mater un juif.

Le premier de ces deux types, c'est le paysan et le soldat : le second, c'est l'industriel et le commerçant. Au fond, ce dernier a mené le premier où il a voulu. Le commerçant et l'industriel allemand ont tiré l'empire prussien des sables de Brandebourg et l'ont installé, en pleine prospérité, sur la longue ligne de feu et de lumière qui resplendit, la nuit, sur les bords de la mer et des rivières, déversant leurs richesses et leur activité sur le monde. La Weltpolitik, c'est la politique du Mercure allemand.

Quels furent les résultats de cet effort, il suffit de quelques chiffres pour les établir : ils donneront, par leur progression même, l'idée de l'énergie des classes industrielles allemandes, de leurs besoins et de leurs ambitions.

Suivons cette prospérité croissante, dans ses différentes branches :

Agriculture.

Le rendement de l'agriculture allemande s'est accru de 50 à 80 o/o. En 1912, les céréales rapportaient 2 milliards 800 millions de marks, le bétail 4 milliards, le lait 2 milliards 750 millions, soit en tout, pour ces seuls produits, une somme de 10 milliards de marks, soit 12 milliards 500 millions de francs.

Les batteuses à vapeur étaient 76,000 en 1882, 489,000 en 1912 ; les faucheuses, 19,000 en 1882, 301,000 en 1912.

La production du sucre était, en 1894, de 250,000 tonnes, en 1912 de 2,750,000 tonnes.

(En France, la production du sucre est de 500,000 tonnes en 1874, de 963,000 tonnes en 1912.)

Population des villes.

En cinquante ans :

Leipzig passe de 110,000 à	625,000	âmes.
Essen — 40,000 à	320,000	—
Mannheim — 40,000 à	220,000	—

UN ATTELAGE DE BŒUFS AUX ENVIRONS.DE BINGEN

Chemnitz passe de 30,000 à 270,000 âmes
Berlin — 700,000 à 3,000,000 —
Hambourg — 500,000 à 1,200,000 —

On estime que, dans quarante ans, Berlin atteindra dix millions d'habitants et on trace les nouveaux quartiers en conséquence.

Industrie.

La production du fer a doublé en dix ans; en 1914, elle atteint plus de 18 millions de tonnes.

(Elle dépasse de beaucoup celle de l'Angleterre; mais la France se rapproche de celle de l'Allemagne, et progresse beaucoup plus rapidement depuis trois ans.)

Commerce.

Le chiffre d'affaires du commerce allemand s'élevait, en 1912, à environ 25 milliards de francs, dont près de 12 milliards pour l'exportation.

Le réseau des voies ferrées monte, en un quart de siècle, de 40,000 à 70,000 kilomètres.

Colonies.

En 1900, les colonies allemandes
importent pour. . . . 36 millions de frs.
elles exportent pour . . 14 —

En 1911, elles importent pour . 130 millions de frs.
elles exportent pour . . 81 —

Flotte de commerce.

En 1913, la Hambourg-Amérique
compte . . . . 1.307.000 tonnes.
le Lloyd de Brême. . . 821.000 —
(La ligne anglaise Cunard, 379,000 tonnes; la Compagnie Transatlantique, 359,000 tonnes.)

En 1913, le trafic de Hambourg
est de . . . . 8.375.000 francs.
(Londres, 8,965,000 francs; Marseille, 3,392,000 francs.)

Fortune nationale.

L'avoir des caisses d'épargne augmente de près de 13 milliards de francs, atteignant un total de 18 milliards de francs. L'accroissement de la fortune nationale est de six à dix milliards par an. La fortune globale de l'Allemagne était, en 1895, de 200 milliards, en 1913, de 300 à 320 milliards; ces chiffres sont, bien entendu, approximatifs.

(Les fortunes de la France et de l'Allemagne sont à peu près équivalentes. Mais le revenu des fortunes est de 25 milliards en France et de 40 milliards en Allemagne.)

CONTRE-PARTIE DE L'INFLATION INDUSTRIELLE Ces tableaux sont impressionnants. Mais, ici aussi, la médaille a son revers. Simple constatation : les deux tiers des Allemands ne paient pas d'impôt sur le revenu parce qu'ils ont un revenu inférieur à 900 marks (1,100 fr.) par an.

Au fond, c'est à cause de ces 40 millions d'Allemands, sans ressources acquises, que l'Allemagne est conduite à la guerre, les débouchés ayant une tendance à se fermer depuis deux ans, et le maximum d'activité, atteint aujourd'hui, étant nécessaire pour les faire vivre.

Autre revers, plus imprévu, mais non moins réel :

Le développement d'un industrialisme à outrance a eu, sur les mœurs allemandes, un effet de dépréciation incontestable.

Le nombre des naissances illégitimes croît à Berlin plus rapidement qu'à Paris ; les divorces augmentent ; la natalité diminue. Berlin est tombé à 17 pour 1000, c'est-à-dire au niveau du coefficient de Paris. Charlottenbourg, Wiesbaden, Magdebourg, sont déjà au-dessous.

Dans les quartiers ouvriers, le dimanche, les prédicateurs prêchent devant des bancs. L'an dernier, plus de 8,000 personnes sont sorties de l'église luthérienne afin de ne pas payer l'impôt de l'église, d'ailleurs assez lourd. La prostitution a quadruplé.

Suivant un mémoire laissé par un ancien chef de la police des mœurs, le nombre des homosexuels inscrits sur les listes de la police à Berlin atteignait, il y a dix ans, soixante mille et un grand nombre de hauts personnages y figuraient.

L'irréligion, l'immoralité, l'amour effréné du plaisir, ont pour conséquence l'affaiblissement de la race. La contagion est plus rapide qu'en France, du fait que la prostitution habite chez l'ouvrier et s'y trouve en contact avec les enfants. Voilà pourquoi, tandis que la Prusse Orientale fournit 68 % de recrues valides et incorporées, le contingent de Berlin ne s'élève

qu'à 32 % c'est-à-dire à moins de la moitié. En Saxe, où l'industrie a tout absorbé, la race est devenue chétive et les malingres sont nombreux.

Un autre symptôme de cet affaiblissement prodigieux nous est fourni par la multiplication des asiles d'épileptiques et des maisons d'aliénés. Ici encore, l'Allemagne bat tous les records.

Enfin, les mauvais traitements dans l'armée allemande et les formes particulièrement odieuses qu'ils affectent ont pour double cause la lourde simplicité des recrues campagnardes et la perversion de certains sous-officiers qui prennent un plaisir malsain et sadique à les tourmenter. Sur ce point, le *Worwaerts* a publié des dossiers complets et a appelé les choses par leur nom.

Cet ensemble de faits explique une série de déclarations qui, au premier abord, peuvent paraître bien étranges.

La *Deutsche Tageszeitung*, après avoir publié l'enquête d'un médecin-major du nom de Adam, sur les recrues de Cologne et sur la forte proportion des dégénérés et des neurasthéniques que fournissent les grandes villes allemandes, a poussé un cri d'alarme. Si cela continue, l'armée allemande, écrit-elle, marche à sa ruine. Car les campagnes lui fournissent l'élément le plus sain, le plus viril.

De même, le maréchal von der Goltz, — au début de la guerre gouverneur à Bruxelles — dans une étude parue dans l'almanach militaire, publié en janvier 1913 chez Mittler et Sohn à Berlin : « On peut dire avec quelque certitude qu'une grande ville, laissée à elle-même, isolée du reste du monde, et privée ainsi des éléments qui la régénéreraient, s'éteindrait au bout de la cinquième génération. »

Quant à l'empereur, il déplora, dans un discours prononcé à Berlin, en février 1913, que « les puissances des ténèbres fussent en train de ronger la moelle de son peuple. »

On peut enfin rapprocher de ces déclarations le mot incisif d'un ambassadeur à Berlin et qui les résume toutes :

« L'Allemagne est très fière de ses grandes villes, mais elle en mourra. »

Cette déperdition morale fit plus, peut-être, pour affoler la nation allemande que la grandeur progressive des ambitions économiques. Si on voit le fond des choses, l'Allemagne souffre parce que son appétit matériel est insatiable : ses maux et ses ennemis viennent de là.

La force qui ne sait pas se contenir se laisse emporter, par ses propres excès, jusqu'au point où elle s'épuise ou se brise.

LES CRISES ÉCONOMIQUES

En fait, ces luttes entre des impondérables, ces contrastes entre l'élan et le recul, entre la volonté humaine et la résistance des choses, se manifestent dans la marche même des affaires, par des crises qui sont le régime auquel se condamne le progrès allemand. Il se fait par bonds et par à-coups, sans donner jamais, dans la prospérité même, le sentiment de la sécurité.

On ne sait si, dans les derniers vingt ans, le nombre des fondations de sociétés n'est pas dépassé par celui des faillites. Dans l'industrie et dans le commerce, les améliorations résultent d'une rapidité extrême dans la circulation avec tous les aléas des longs crédits, des clientèles sollicitées et médiocres, des gros tonnages et des petits bénéfices. Mais, en raison même du

caractère aléatoire de ce progrès, on sent, dans les plus heureux moments, une faillite latente.

Ces alternatives, les Allemands les ont désignées d'un nom bizarre : la *conjoncture*. Suivant que la conjoncture est bonne ou mauvaise, l'ouvrier chôme ou travaille, les grandes villes s'épanouissent ou souffrent, les paletots sont neufs ou usés : le prodigieux consommateur qu'est l'Allemand ouvre les cordons de sa bourse ou serre la boucle de sa ceinture. Et quand il souffre, il souffre vite et gros, car il a perdu l'endurance paternelle, sa chair s'est gonflée et ne veut plus maigrir.

De cette insécurité et de ces besoins croissants, vint ce prodigieux besoin d'expansion qui devait mettre, peu à peu, l'Allemagne en état d'hostilité avec l'univers. Expansion maritime et coloniale : d'où la lutte avec la France, l'Angleterre, le Japon, etc. ; expansion commerciale et recherche des débouchés : d'où la rivalité immédiate avec le commerce mondial et ce qu'on a appelé, d'un mot très juste et très fort, *l'avant-guerre*.

Ce sont, en somme, ces deux formules de la Weltpolitik qui devaient conduire fatalement à la campagne des armements.

Le 18 janvier 1896, à l'occasion du vingt-cinquième anniversaire de la fondation de

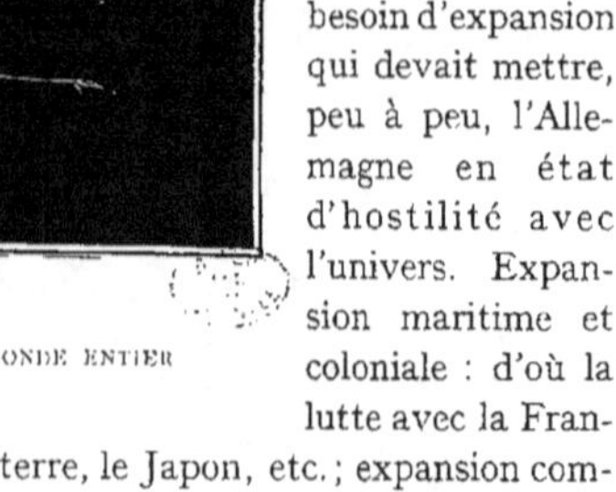

NUNBERG

LE PLUS GRAND MARCHÉ DE HOUBLON DU MONDE ENTIER

l'Empire allemand, dans un banquet solennel, Guillaume II prit la parole et dit :

« Du royaume allemand est né un royaume du monde. Partout, dans les parties les plus reculées du globe, habitent quelques-uns de nos compatriotes. Les produits allemands, la science allemande, l'industrie allemande se répandent au delà des océans. C'est par milliers de millions que se chiffrent les valeurs que l'Allemagne transporte sur les mers. Vous avez le devoir, Messieurs, de m'aider à rattacher ce grand Empire allemand à celui de l'Europe. »

Tel fut le programme.

Il s'est réalisé, mais avec cette conséquence imprévue, qu'en introduisant de force l'Allemagne comme un coin dans les affaires du monde, il irritait contre elle les forces vives des autres puissances.

L'EXPANSION COLONIALE Pour faire sa « trouée dans le monde, » comme l'avait dit la *Gazette de l'Allemagne du Nord*, pour « conquérir sa place au soleil » comme l'avait annoncé, à la tribune du Reichstag, le prince de Bülow, l'Allemagne de Guillaume II avait cherché d'abord à lancer l'Europe, à sa suite, sur l'immense proie de l'Empire chinois. Le comte de Bülow a dit au Reichstag (8 février 1898) : « L'envoi de notre escadre à Kiao-Tchéou n'était pas du tout une improvisation; il était, au contraire, le résultat de mûres considérations, de l'examen de toutes les circonstances, l'expression d'une politique calme et sûre de son but. »

En fait, le rêve, ici, fut infiniment plus vaste que la réalisation : la campagne chinoise qui, s'appuyant sur un accord avec l'Angleterre avait prévu le partage de la Chine, aboutit au fiasco le plus ridicule, le jour où le pompeux maréchal de Waldersee fut sauvé à grand peine par les marins français d'un incendie qui éclata dans une maison incombustible de fabrication allemande.

Pourtant, de cet effort, il resta la colonie de Kiao-Tchéou, qui prit un réel dévelop-

pement, mais qui fut le facteur principal de l'hostilité du Japon contre l'Allemagne : la médaille avait son revers.

Dans le monde, outre la Chine qu'on avait cru mourante, il y avait un illustre malade dont la succession était convoitée depuis longtemps : la Turquie. L'Allemagne et l'Autriche-Hongrie jetèrent les yeux sur cette autre proie qui paraissait prête à se laisser dévorer.

Les ambitions autrichiennes remontaient au Congrès de Berlin. Comment l'annexion de la Bosnie-Herzégovine fut l'origine immédiate de la grande guerre de 1914, ce point se rattache aux affaires européennes (1).

Quant à l'Allemagne, elle prétendit mettre la main sur l'Empire turc subsistant, en essayant de se glisser dans ses cadres militaires, administratifs et économiques. C'est la fameuse campagne du chemin de fer de Bagdad avec les campagnes annexes de l'instruction des armées turques, des fournitures militaires et des avances financières à Constantinople.

L'entreprise du Bagdad fut un succès diplomatique, puisqu'elle eut raison à la longue de l'opposition anglaise, russe, française et que la diplomatie des trois puissances, circonvenues par la diplomatie et la finance allemandes, finirent par donner les mains à l'expansion germanique en Mésopotamie.

L'arrangement de Potsdam fut une victoire remportée par la persévérance teutonne sur la longanimité et la patience russes.

En fait, les résultats restaient médiocres; on ne parlait guère que français le long du réseau. Un Suisse, M. Huguenin, un Hollandais, M. Waldor le dirigeaient à la française : les pots de vin et les bénéfices suspects étaient impossibles. Les espérances conçues au début se tournaient en déception et le réaliste Kiderlen-Waechter se demandait déjà s'il ne valait pas mieux renoncer au rêve de domination intégrale qu'avait conçu la mégalomanie impériale. Les hostilités amassées par cette longue campagne contre trois grandes puissances se retrouvaient à chaque pas, et sous

(1) Voir ci-Jessus, chapitre Ier.

LE DÉBARQUEMENT DES OIES A FRIEDRICHSFELDE

toutes les formes : grands sacrifices pour un mince résultat. Ici encore, le coin n'entrait pas aisément.

La troisième campagne fut la campagne marocaine ; elle caractérise la Weltpolitik dans ses méthodes de touche à tout et son impuissante agressivité. Mais, comme cette affaire est une des origines immédiates de la crise actuelle, elle fera ci-dessous l'objet d'une étude spéciale, avec l'affaire des Balkans dont le développement est simultané.

INSUCCÈS DE LA WELTPOLITIK En somme, dans les années qui précédaient immédiatement la guerre, la Weltpolitik, après avoir troublé l'univers pendant vingt ans, n'aboutissait pas. Par la politique coloniale, l'industrie allemande n'avait pas réussi à s'ouvrir des débouchés proportionnels à ses besoins. Malgré des progrès incontestables, le commerce ne se sentait jamais sûr du lendemain. Les grands marchés européens, avertis, tendaient à se fermer ; la situation financière générale était des plus médiocres et subordonnée à la bonne volonté soupçonneuse des nations concurrentes.

' Aigrie, déçue, l'opinion publique allemande s'irritait même de ses demi-succès. « Pour ce Maroc perdu, on nous offre, disaient les professeurs d'université, un pays ravagé par la maladie du sommeil ; nous désirions l'Angola, seul point de l'Afrique équatoriale prospère à not.e colonisation : l'Angleterre monte la garde devant les colonies portugaises. Partout l'envie, la jalousie, la malveillance (discours du prince de Bülow, discours du chancelier Bethmann-Hollweg au Reischtag) nous barrent la route, compriment nos essors, invoquent des droits antérieurs, pour gêner nos entreprises. Il nous faut vivre pourtant.

« Nous avons la force. Pourquoi ne pas nous en servir pour arracher ce qu'on nous refuse ? A quoi servent ces sacrifices exorbitants que l'on nous demande sans cesse pour l'armée, pour la flotte, si nous reculons toujours au moment décisif ? »

Il fallait du nouveau, tout de suite et à tout prix.

Au point de vue économique, le plan était le suivant : imposer à la Russie un renouvellement, plus onéreux encore, du traité de commerce dont elle se plaignait (discours du chancelier Bethmann-Hollweg). Quant à la France, obtenir d'elle par ruse, par intimidation, ou, au besoin, par la force, l'abrogation de la clause contenue dans l'article 2 du traité de Francfort et stipulant, en faveur de l'une et de l'autre puissance, le traitement de la nation la plus favorisée : « Il faut pour la France l'alternative ou d'entrer dans le Zollverein allemand ou de rendre à l'Empire la liberté de conclure des traités de commerce sans qu'elle en profite. »

Si l'on n'obtenait pas ces améliorations indispensables dans la paix, on admettait l'idée de les réclamer par la guerre.

Les esprits les plus pondérés pesaient les chances du recours aux armes dans les termes suivants : « Les forces militaires de la France sont considérables ; il y a même des militaires sérieux qui prétendent qu'elles sont supérieures aux nôtres. Je ne suis pas de cet avis, parce qu'on est autorisé à croire que beaucoup de choses, qui existent chez nous en réalité, n'existent pour l'armée française que sur le papier. Il faut tenir compte de la désorganisation sociale de tout le peuple, auquel même l'enthousiasme guerrier ne pourra pas résister, et aussi le manque d'un chef désigné d'avance pour le temps de guerre... A supposer même que la lutte soit difficile, le sentiment national le plus admirable ne peut ni remplacer les choses qui ne sont que sur le papier, ni compenser la différence de vingt millions d'habitants. » (Daniel Frymann.) Conclusion : la guerre peut être fructueuse, risquons la guerre.

D'ailleurs, « la nécessité ne connaît pas de loi ». Telles sont les idées qui, peu à peu précisées et réchauffées par l'enthousiasme guerrier, donnèrent naissance à la « Ligue Pangermaniste ». Fondée par le docteur Hasse en 1891,

LES USINES KRUPP

L'ATELIER DES FOURS MARTIN

VUE GÉNÉRALE DES ÉTABLISSEMENTS KRUPP A ESSEN

LES USINES KRUPP

LA FONDERIE

LA RÉCOLTE DU HOUBLON EN BAVIÈRE

elle prit tout son essor à partir de 1895. Le programme était le suivant : « Affirmer la conscience du peuple allemand pour suivre, à l'intérieur comme à l'extérieur, l'avance de toutes les tribus allemandes. »

A la veille de la guerre, la direction de la Ligue était entre les mains de six personnes : le président Class, avocat à Mayence, les généraux von Liebert et Keim, le commandant von Stœssel, le pasteur Klingemann et l'armateur Itzenplitz; un comité très nombreux et où figurent d'anciens officiers, des professeurs de géographie, des éditeurs, entretenait le feu sacré chez les très nombreux adhérents de la Ligue.

On la savait en très étroite relation avec le kronprinz, sinon sous son influence directe. Elle poussait non seulement à la politique des armements, (à laquelle il convient de consacrer une étude spéciale), mais à l'œuvre de pénétration de la race allemande dans l'univers par tous les moyens, et surtout par une organisation méthodique, qui préparait la guerre sous le couvert de la paix.

Sur ce point encore, il y a un système parfaitement réfléchi et combiné.

Il est formulé, dès le temps de la fondation de la Ligue, par une brochure célèbre qui, entre parenthèses, inspirait, récemment encore, les proclamations de l'empereur Guillaume, et intitulé : *Un Empire allemand universel*. « Le but qu'il faut atteindre, c'est le développement de la puissance allemande avec toutes ses conséquences. *On fera preuve d'habileté;* les efforts seront contenus dans de justes limites; on agira progressivement, jusqu'au moment *où les batteries pourront être démasquées sans danger.* Alors, l'Europe se trouvera en présence d'une situation préparée jusque dans ses moindres détails, contre laquelle elle sera impuissante ! » C'était le triomphe de « l'organisation. »

L'AVANT-GUERRE C'est cette agression occulte, précédant l'autre, qu'on a appelée d'un mot aussi vivant que juste, *l'avant-guerre*.

Étudié particulièrement en France, le mal s'est étendu sur le monde entier : la Suisse, l'Italie, l'Angleterre, les deux Amériques en ont souffert, la Belgique en meurt.

Ses procédés sont doubles : accaparement de l'industrie et du commerce au profit des firmes allemandes, introduction du personnel allemand avec le mot d'ordre de préparer la guerre par de certaines dispositions matérielles et de jalonner l'espionnage. Ainsi, « l'Europe se trouvera en présence de préparatifs agencés jusque dans leurs moindres détails, contre lesquels elle sera impuissante. »

Les principales industries visées furent, on le sait, le commerce des farines, le charbon et l'outillage de guerre, les aéroplanes, la télégraphie sans fil, les cotons poudres, les messageries automobiles, la métallurgie avec les infinies industries qui en dépendent (l'invasion de cette industrie en France et jusque dans la vieille Normandie fut le triomphe du fameux organisateur Thyssen, le rival de Krupp), l'industrie des produits chimiques sous toutes ses formes ; dans l'Est, l'occupation des fermes et des propriétés attenant à des points stratégiques repérés d'avance ; partout, sur le territoire de la France, et notamment dans le Midi, la mainmise sur les grands hôtels et les lieux publics, qui deviennent des centres d'espionnage tout indiqués.

Par ces foules qui vont et viennent, se pressent et se succèdent dans les halls sans surveillance, parlent haut, où les moindres détails, parfois même les plus confidentiels, se colportent de bouche en bouche, où les filles de joie, les garçons, les entremetteurs abondent, regardent, écoutent, tout se sait, s'enregistre, s'inscrit sur le « carnet de notes » du maître d'hôtel ou du gérant qui est officier allemand et reste, avant tout, le fidèle exécuteur de la consigne générale d'espionnage qu'il a reçue au départ.

Les établissements suspects sont établis au voisinage des ponts, aux croisements des routes, à proximité des grandes villes, — à peine séparés par un mur ou par une ruelle des usines où se prépare le matériel de défense nationale. Des maisons allemandes fourniront des locomotives aux compagnies de chemins de fer français ou russes, des farines à l'intendance, de l'oxygène aux dirigeables, du coton aux manufactures de poudres, des moteurs aux automobiles militaires ; elles auront pour succursales des entreprises de construction mécanique ou même de télégraphie sans fil. Par la haute finance, elles atteignent les milieux parlementaires et gouvernementaux.

Paris et les grandes villes s'encombrent peu à peu d'un commerce suspect de marchands d'antiquités, de couturiers, de bazars à bon marché ; les magasins et les comptoirs se remplissent d'employés au poil roux qui, derrière leurs lunettes, surveillent et guettent. Le moins qu'on puisse en dire, c'est qu'ils étudient les goûts du public, copient les listes de clients, surprennent les secrets de la fabrication ou du commerce, s'adaptent assez au pays occupé pour s'y faire accepter, soit qu'ils s'y installent avec « l'invasion pacifique », soit qu'ils se préparent à y revenir avec l'invasion militaire. Dans une petite ville de l'Aisne, un Allemand s'est glissé dans le conseil municipal ; il a failli être maire. Il disparaît le jour de la mobilisation. On le voit revenir, quelques semaines après, à la tête d'un escadron : « Vous ne m'avez pas voulu comme maire, dit-il, vous m'aurez comme bourgmestre ».

La Guerre d'invasion est minutieusement préparée : les plateformes en ciment où sera installée l'artillerie lourde sont, dit-on, construites à grands frais autour de certaines forteresses belges ; des munitions sont entassées dans les caves des usines ; des téléphones et des antennes de télégraphie sans fils courent sous terre ou se dressent dans les nues.

L'expansion industrielle allemande est, dans toute la force du terme, une première conquête sournoise préparant l'autre.

UN DÉPART D'ÉMIGRANTS A HAMBOURG

LA WELPOLITIK ET LE PANGERMANISME CONDUISENT A LA GUERRE Malgré cette admirable mécanisation de la puissance économique d'un pays ardent au gain, les résultats acquis n'étaient pas en proportion des sacrifices.

Les débouchés, au lieu de s'ouvrir, tendaient à se fermer; après la politique coloniale, la politique d'expansion économique était entravée par les mesures de précaution que les puissances concurrentes averties commençaient à prendre de toutes parts.

L'Allemagne voyait, avec une inquiétude grandissante, se prolonger une crise économique et financière qui pouvait la conduire à des catastrophes immédiates. Un mois et demi avant la déclaration de la guerre, un financier ami de l'empereur, son conseiller le plus sûr, son confident le plus intime, M. Ballin, formulait en termes précis, dans le journal le plus officieux de Berlin, la doctrine de l'impérialisme industriel, acculé à la ruine ou à la guerre :

« Nous marchons, écrivait-il en substance, vers une crise redoutable; nos colonies sont insuffisantes pour assurer des débouchés. Nous avons un besoin pressant de marchés nouveaux. Or, loin de s'élargir devant nous, le monde commercial se rétrécit et se ferme. Cela est la conséquence de la politique financière poursuivie par l'Angleterre et par la France. Disposant de capitaux plus considérables que les nôtres, les deux nations ne les prêtent plus qu'à bon escient et en stipulant des contrats avantageux pour leur industrie.

Il en résulte que la nôtre est mise à l'index. Cette situation ne peut pas se prolonger sans de grands dangers pour l'Allemagne. »

Cet avertissement solennel ne faisait que confirmer les sentiments répandus à la fois dans le public agrarien et dans le public industriel : l'Allemagne souffre et il ne dépend que de sa volonté de mettre un terme à ses souffrances.

Un diplomate écrivait le 10 juillet 1913 : « Cet état d'esprit est d'autant plus inquiétant que le gouvernement impérial se trouverait actuellement soutenu par l'opinion publique dans toute entreprise ou il s'engagerait vigoureusement, même au risque d'un conflit. L'état de guerre, auquel tous les événements de l'Orient habituent les esprits depuis deux ans, apparaît, non plus comme une échéance lointaine, mais comme une solution aux difficultés politiques et économiques qui n'iront qu'en s'aggravant. » (*Livre Jaune.*)

D'ailleurs, le gouvernement lui-même ne montrait-il pas du doigt la seule issue possible? Depuis dix ans, les dépenses militaires s'accroissaient avec une frénésie voulue. En pleine crise économique, alors que toute l'Allemagne se plaignait, on demandait d'un seul coup, aux classes riches, une contribution militaire montant à un milliard et demi de marks. Chacun comprit et frémit, personne ne murmura. La guerre est proche, se disait-on, et, en manière d'excuses, on ajoutait : « Cela, ne peut pas durer. La guerre, puisqu'il le faut; mais qu'on en finisse !... »

CHAPITRE IV

L'ALLEMAGNE POLITIQUE

La Constitution de l'Empire Allemand. — Les Causes de dissolution. — Les éléments de discipline Le Gouvernement impérial : l'Empereur.

N somme, la cause principale de la guerre de 1914, c'est l'existence, au milieu de l'Europe, d'une énorme machine industrielle et militaire, dont la force s'accroît sans cesse et qui ne possède, dans son organisme, aucun frein capable de la dominer ou de la régler.

Au moment où il fondait la Confédération de l'Allemagne du Nord et surtout, plus tard, quand il faisait proclamer l'Empire à Versailles, Bismarck qui, pour aboutir à ses fins, avait accordé au peuple allemand le suffrage universel, mesurait la difficulté du problème. La Prusse serait-elle assez forte pour contenir les particularismes allemands et l'empereur nouveau aurait-il assez d'autorité pour assurer la sécurité extérieure et diriger la politique intérieure?

Il ne voulait pas entendre parler de cette résurrection de « l'empire romain » dont le prince héritier était partisan. Il savait, par la vieille histoire de l'Allemagne, ce que ce titre avait d'illusoire. Le roi de Prusse hésitait même à prendre le titre d'empereur; il disait : « Que voulez-vous que je fasse de ce diplôme de commandant honoraire? » Mais Bismarck répondait : « Votre Majesté ne peut pourtant pas rester éternellement un substantif neutre : *das Præsidium!* Il y a, dans ce mot de præsidium, une abstraction. Cette expression : « L'Empereur, » possède, au contraire, une grande force, un élan puissant ! »

Le roi de Prusse devint donc l'empereur allemand : et ce titre comporte, en effet, une puissance effective et concrète tout autre qu'une présidence quelconque de Confédération.

Mais, si l'on voulait maintenir, en même temps, le principe et la pratique du suffrage universel, si l'on voulait assurer le contrôle par la presse et par les Chambres — nécessaire pour écarter l'absolutisme pur et simple, — l'Empire ne pouvait éviter le danger des révolutions qu'en s'appuyant sur les classes dirigeantes et possédantes . Bismarck explique très clairement sa pensée : « Sans doute, la sagesse supérieure des classes intelligentes a pour base matérielle la préoccupation de conserver leur propriété. Malgré cela, pour la sécurité et le développement de l'État, la prépondérance de ceux qui représentent la propriété est plus utile... Tout grand corps politique auquel manquera l'influence prudente et retardante de ceux qui

HAMBOURG

LE BASSIN DE NATATION DANS L'ELBE

possèdent, que cette propriété soit du domaine matériel ou intellectuel, en arrivera toujours à une rapidité d'allure analogue à celle de la première révolution française si destructive pour l'État. »

Cependant, pour diriger et modérer cet attelage à trois, — le pouvoir royal et impérial, le suffrage universel et l'élite terrienne, — il fallait une main. Bismarck ne tergiverse pas plus sur ce point que sur les autres : cette main doit être celle d'un ministre choisi par la couronne et maintenu tant contre les votes accidentels des majorités que contre le influences de cour et de camarilla.

En un mot, Bismarck constituait l'Empire pour Bismarck. Si le grand ministre dispa-

raissait, l'Empire se retrouvait en présence du redoutable problème.

Et c'est ce qui arriva, en effet. La politique de l'empereur Guillaume n'est qu'une série de coups de barre alternatifs, pour sauver les droits de la couronne et les destinées de l'Empire, entre les deux courants qui convoitent le pouvoir en vue de le faire servir à leurs intérêts ou à leurs passions : le suffrage universel avec tendance de plus en plus marquée vers le socialisme; le parti des possédants avec le programme agrarien, hobereau, aveuglement égoïste, au dedans et au dehors.

Tout compte fait, il y a, dans la constitution de l'Allemagne moderne, une tendance à la dissociation qui pouvait aller jusqu'à la

GABRIEL HANOTAUX
de l'Académie Française

HISTOIRE ILLUSTRÉE
DE LA
GUERRE DE 1914

24 PAGES DE TEXTE ET D'ILLUSTRATIONS

FASCICULE
N° 4

GOUNOUILHOU, ÉDITEUR
PARIS, 8, boulevard des Capucines & BORDEAUX, 6, rue de Cheverus.

PRIX NET
1 franc

**Voir pages 3 et 4 de la couverture
les conditions de souscription.**

Nous devons la plupart des clichés qui illustrent ce fascicule à la courtoisie des éditeurs, MM. Pierre Lafitte et Cᵢᵉ, qui ont bien voulu nous permettre de les emprunter à leur très bel ouvrage : *L'Allemagne Moderne*, de Jules Huret.

GUILLAUME II ASSISTANT A UNE SÉANCE DU REICHSTAG

dislocation complète, s'il ne restait comme *ultima ratio*, le retour aux origines: l'Empire, né de la guerre, ne pouvait, en cas de crise, se retremper que dans la guerre.

LE REICHSTAG Le suffrage universel a, dans l'Empire, son organe d'action ou plutôt de contrôle, le Reichstag. Cette assemblée n'a pas le droit d'intervenir dans les affaires intérieures des autres parlements, mais elle se réserve un certain droit de critique qui provoque souvent les protestations des gouvernements confédérés.

Ses pouvoirs sont tellement restreints qu'on les définirait plutôt par des négations : le Reichstag ne peut renverser un ministère; il ne peut voter une loi sans l'assentiment du Bundesrath; il ne peut peser directement sur l'exécutif par aucun moyen, sauf par le refus des crédits qui a l'inconvénient d'arrêter toute la machine gouvernementale; aussi n'y recourt-il qu'avec discrétion. C'est un fait d'expérience qu'en cas de conflit et de dissolution, le peuple donne immanquablement tort au Reichstag.

Cette assemblée n'est donc, dans l'ordre politique, que l'écho sonore et monotone des doléances formulées par une opinion respectueuse et facilement satisfaite. Aussi, le Reichstag s'est-il porté peu à peu vers les seules questions qui lui soient laissées et qui, finalement, intéressent, plus que toutes autres, le monde électoral : les questions économiques. Les partis, leur influence, leurs débats, tout est ramené aux rivalités ou aux discussions d'intérêts. Ici encore, le matérialisme social règne en maître. La vie publique n'est qu'une assurance mutuelle pour le bien-être. Seul le centre, c'est-à-dire le parti catholique, conserve un certain programme d'idées :

« Il est inconcevable, écrit M. Sombart, que ce peuple qui a connu des parlementaires comme Benigsen, Lasker, Bamberger, croisant le fer dans le Parlement avec un Bismarck, soit tombé dans l'état de dépression politique où nous le trouvons. Les grands idéaux qui enthousiasmaient nos pères et nos grands-pères ont perdu leur éclat... La phrase creuse dissimule mal le vide intérieur... L'indigence inouïe de notre temps en fait d'idéalisme se décèle dans ce fait remarquable que le parti soi-disant révolutionnaire de l'heure présente, le parti démocrate socialiste, tire tout son attirail de l'arsenal des vieux partis libéraux. Il en est encore au cri poussé le jour de la prise de la Bastille : « Liberté, Égalité, Fraternité ! » M. Sombart voudrait, sans doute, trouver autre chose?... En fait, l'Allemagne moderne n'a aucun ressort politique et le Reichstag ne peut avoir aucune prétention et n'a aucune prétention à être ou à devenir un organe de liberté dans l'Empire.

Faute de ce contrepoids, le suffrage universel des grandes villes s'est porté vers le socialisme. Par le nombre, rien n'est plus imposant que l'armée socialiste, mais peut-elle monter à l'assaut du pouvoir et faire pencher la balance du côté de la Révolution? Toute la question est là. Le socialisme inquiète les classes dirigeantes, il peut les pousser à un coup de tête : mais est-il en mesure de se substituer à elles?

Grossie de tous les mécontentements, accrue constamment par l'inflation des grandes villes, la social-démocratie remportait, aux dernières élections, 111 mandats représentant 4 millions d'électeurs. Mais, en s'élargissant et en se fondant dans l'organisme parlementaire, son programme, son évolution, sa ligne de conduite se sont fortement matérialisés et il n'a plus eu en vue que les intérêts économiques de la classe qu'il représente.

Près de lui, de puissantes organisations syndicales se développent; attelées à sa cause, elles le mènent où il leur plaît. Le syndicalisme en est venu ainsi à faire office d'instrument modérateur. Il se désintéresse de toute lutte violente et se borne à conduire des grèves toujours paisibles et à organiser des résistances toujours légales; il compte, dans ses caisses, 80 millions de marcks, les dépose à la Deutsche Bank et les gère en capitaliste.

MUNICH. — LA LUDWIGSTRASSE

C'est un socialisme de tout repos. Ainsi tout, dans l'Allemagne moderne, aboutit à l'argent, c'est le pays où la thèse révolutionnaire a pour Bible un livre qui s'appelle *le Capital* : or, ce n'est pas à coup de marks que l'on fait les révolutions.

Aussi, ce parti, qui est un état dans l'État, dont l'armée de fonctionnaires est considérable, dont les succès électoraux sont éclatants, n'est, en réalité, qu'une machine qui tourne à vide et dont les engrenages ne mordent pas. En lui, l'organisation a tué l'action. Au Reichstag, le groupe n'est impressionnant que par la place qu'il occupe, par le temps qu'il fait perdre, par le vide désespérant de sa tactique parlementaire. Il n'a rien créé — que cet impôt de guerre qui est une véritable confiscation et qui apparaîtra sans doute à l'histoire comme la première cause des grandes ruines allemandes.

N'ayant en considération que la bourse, il n'a su, au moment où les destinées du pays se décidaient, que frapper à la bourse, comme les soldats de César frappaient au visage.

Dans la rue, le spectacle que donnent ses manifestations énormes est plus ridicule qu'effrayant : ce sont les balancements amorphes d'un monstre acéphale plutôt que l'élan d'un organisme énergique et conscient. « Au parc de Triptow, sur quinze chariots drapés de rouge, cinquante orateurs ont parlé. A perte de vue, s'étend une foule noire sur les pelouses encadrées de vert. Ils sont là deux cent mille, selon les journaux socialistes; quatre-vingt-dix-mille, avoue la police. Des sonneries éclatent; un grand silence se fait.

Les pontifes lisent une formule avec l'onction que comporte une religion nouvelle. Cent mille bras se lèvent vers le ciel; cent mille mains font au-dessus de la foule sombre comme un ourlet blanc baigné de soleil. Que font ces braves gens? Ils jurent de conquérir les libertés politiques, même au péril de leur vie.

«La minute est solennelle. Au château, on s'émeut. Est-ce que la révolution serait possible? La cour du palais regorge de troupes; des mitrailleuses sont postées; les ponts sont barrés. Est-ce 1789 ou 1830?

«Tout à coup, l'énorme troupeau s'ébranle et se disloque avec des cris de terreur. Il a suffi d'une centaine de sergents de ville tombant sur la foule à coups de poings, de pied, de plats de sabre pour s'en rendre maître, sans rencontrer même une velléité de résistance. » (Bonnefon.)

Au moment décisif, le vieux servilisme national l'emporte encore, même sur la violence des passions et l'énergie individuelle. Ces gens peuvent être braves : mais ils ne sont soldats que pour le roi et derrière des sous-officiers. Ils ne seraient à craindre que si la bête criait en eux et s'ils avaient faim.

La crainte du socialisme, en tant que corps politique, n'est donc pas une des causes immédiates de la guerre : mais le péril du chômage, l'appréhension des misères extrêmes tombant sur un peuple habitué au bien-être et résumant tout son effort dans une question de subsistance, hantait sans cesse l'esprit des dirigeants allemands.

La véritable puissance d'action du socialisme est une sorte de chantage par le spectre de la famine. De là ses succès devant les électeurs, de là cette puissance électorale qui, sans le rendre maître du pays, envahissait les bancs du Reichstag et se targuait d'arracher le pouvoir au parti agrarien et hobereau. Querelle d'estomacs, rivalité de bien-être, concurrence de ventres, là encore. Les Gracques allemands menaçaient l'aristocratie terrienne. Les III voix socialistes apparaissaient comme l'avant-garde de la conquête prolétaire.

Les hobereaux tremblaient pour leurs intérêts, pour leur fortune, pour leurs héritages. La couronne, prise entre les « possédants » et les « convoitants », était obligée de se prononcer. Il est incontestable que l'embarras de choisir, la perspective d'une nouvelle dissolution avec des élections plus violemment socialistes, durent aussi porter le gouvernement impérial vers la seule issue des grandes crises intérieures, la guerre.

LE PARTICULARISME Les difficultés inhérentes à la constitution de l'Empire, les « impossibilités d'être » ne sont pas seulement de l'ordre politique, économique ou social, elles tiennent aussi à l'histoire, à la géographie, à la religion; la nationalité allemande est unifiée, ses cadres ne le sont pas. C'est encore les *disjecti membra*... On peut se demander si, parmi les causes de la guerre actuelle, il ne reste pas un dernier effort des particularismes anciens cherchant leur voie et qui, peut-être, la retrouveront dans les arrangements consécutifs à la guerre. L'Allemagne est une nation qui, si l'on s'en rapporte à son passé, trouvera sa forme définitive, non dans la centralisation, mais dans la confédération.

Une lutte sourde, cachée sous les formes correctes du protocole officiel, persiste entre les anciennes formations politiques et le nouveau mécanisme impérial, qui n'a pas su s'adapter. Dans l'histoire de France, ce débat s'est prolongé pendant plusieurs siècles et il a mis plusieurs fois en péril l'existence du pays et de la dynastie : quoi d'étonnant s'il se produit en Allemagne et s'il intéresse, là comme chez nous, les destinées nationales?

Ce sont, d'abord, les cours d'Allemagne défendant leur indépendance, leur influence, leurs intérêts, contre les empiétements du pouvoir central. Outre les luttes occultes et sourdes renfermées dans la clôture des châteaux et des palais royaux, où princes et princesses se déchirent à belles dents, on en a quelque écho dans le public : c'est par exemple, le discours du prince Louis de Bavière

CORTÈGE DES PÉNITENTS A L'ENTERREMENT D'UN PRINCE DE LA MAISON DE BAVIÈRE

répondant à un maladroit. L'orateur, un industriel allemand de Pétrograd, avait parlé de l'empereur allemand et de ses vassaux : « Nous ne sommes pas des vassaux, répondit Louis de Bavière ; nous sommes les égaux et les alliés de l'empereur allemand, *primus inter pares*, et c'est d'accord avec lui que nous poursuivons le bien et la grandeur de l'Allemagne. »

Le roi de Saxe, choisi comme arbitre, ayant attribué au comte de Lippe-Bitterfeld la couronne de la Principauté de Lippe, détenue jusqu'alors par le beau-frère de l'empereur, le prince de Schaumbourg-Lippe, Guillaume II crut pouvoir se venger à sa manière et, à une lettre très respectueuse du comte régent, il répondit par une missive arrogante : « Je vous interdis, lui disait-il,

de me parler sur ce ton. » Le comte de Lippe, sans broncher, publia la lettre qu'il avait adressée à ce monarque irascible. Elle était un modèle de courtoisie déférente. Dans toute l'Allemagne princière, ce fut un murmure violent contre l'empereur. La nation approuva.

A la veille de la guerre, le grand-duché de Bade et le royaume de Saxe se débattaient contre l'égoïsme de la Prusse qui, dans une question de chemins de fer, cherchait à les étrangler.

Quant au grand-duc de Hesse, il ne négligeait pas une occasion de narguer son impérial cousin. L'empereur prononçait-il, contre la « horde des sans-patrie », un de ces discours fulgurants destinés à anéantir la « Sozial Demokratie », le grand-duc invitait le mois suivant les socialistes hessois et causait avec eux amicalement en leur offrant des cigares.

Je ne parlerai pas des minuscules irréconciliables, les Reuss, ou les Saxe-Meiningen qui, pour des questions de famille ou de personnes, ne mettaient jamais les pieds à Berlin.

Un des incidents les plus frappants, parce qu'il caractérise à merveille les limites du pouvoir central en face du particularisme, concerne les grands-duchés de Mecklembourg-Schwerin et de Mecklembourg-Strelitz. L'un et l'autre sont régis par une constitution qui rappelle celle de la France avant 1789. Une diète composée de chevaliers, de députés des villes et de représentants de la couronne règle toutes les questions de politique financière suivant des méthodes patriarcales, éloigne le peuple des affaires et fronde contre les souverains. Cet état de choses scandalisait toute l'Allemagne. Chaque année, on entendait pieusement, au Reichstag, le discours traditionnel sur le Mecklembourg et ses constitutions médiévales. Les grands-ducs s'entendirent avec l'empereur et avec le chancelier pour mettre fin à une situation qui les importunait au moins autant qu'elle vexait leurs sujets.

Néanmoins, devant la résistance des chevaliers en majorité, l'empereur, les deux grands-ducs et la nation allemande échouèrent. Les duchés ne reçurent pas de constitution moderne, et, malgré le désir qu'ils en avaient, ni le gouvernement impérial, ni le Reichstag n'osèrent intervenir dans une affaire de politique intérieure qui ne les concernait pas.

A ces jalousies entre dynasties rivales, qui se dissimulent le plus souvent sous les dehors de la politesse la plus exquise, viennent s'ajouter l'antipathie profonde et l'aversion instinctive qui séparent l'Allemagne du Sud de l'Allemagne du Nord, ou plus exactement l'Allemagne celto-germanique de l'Allemagne germano-slave. Les Bavarois détestent les Prussiens qui méprisent les Bavarois. Munich a Berlin en horreur et le plus léger incident suffit à jeter l'une contre l'autre, au moins en paroles, ces sœurs ennemies.

Nous l'avons vu à Saverne et à propos des discussions qui suivirent les hauts faits du colonel von Reuter; mais cet incident militaire, par le dénouement qu'il reçut, indique aussi la borne au delà de laquelle les particularismes sont sans action et qu'ils ne peuvent pas franchir. Ils reculent, dès que le patriotisme allemand entre en jeu.

Au début, l'affaire de Saverne se présente ainsi : il s'agit d'un abus criant commis par un officier prussien et par ses troupes dans un état confédéré qui n'est pas la Prusse. La Bavière et le Wurtemberg sont soulevés par l'indignation. Bavarois et Prussiens se traitent réciproquement de couards et exhument leur défaillance militaire en 1870. Au Reichstag, la majorité s'unit contre les conservateurs, et une partie des nationaux libéraux inflige un blâme au chancelier, à cause de son langage indécis, plutôt favorable à l'armée. Puis tout se calme, tout retombe à plat. M. Erzberger, qui avait été le plus violent dans ses attaques, fait amende honorable et redevient le plus empressé dans ses flatteries. Seuls, les Bavarois catholiques persistent dans leur courroux et appuient, d'ailleurs timidement, les derniers efforts socialistes pour regagner la bataille compromise. Tout le reste du centre catholique, malgré ses tendances particularistes, soutient le gouvernement impérial.

Pourquoi ce revirement subit? C'est que l'enquête a établi, qu'à Saverne, il existait un vieux courant « français » hostile à la garnison. Il a suffi que quelques gamins criassent : « Vive la France ! » pour que le bloc allemand fût instantanément reconstitué.

Il subsiste en Allemagne assez de particularisme local pour s'opposer à l'envahissement de l'autorité administrative ou politique prussienne ou impériale; c'est tout ce que l'on peut dire pour le moment. Catholiques, féodaux, socialistes même, c'est à leur monarchie, à leur existence propre comme Bavarois, Badois, Saxons qu'ils demeurent fidèlement attachés. Ils n'ont aucun senti-

LE ROI DE BAVIÈRE, LOUIS III

ment de loyauté ou de sympathie pour le Prussien dominateur : ce serait plutôt un sentiment de haine et de défiance à l'égard de l'Allemand oriental. Mais le beau rêve d'unité allemande conquis dans le sang et dans l'angoisse reste encore supérieur à toute autre aspiration.

Évidemment, on ne saurait prévoir quelles réactions ou même quelles dislocations pourraient résulter d'une défaite. Les gouvernements locaux ont de puissants moyens d'action sur la presse et sur l'opinion. L'empereur n'a pas toujours été doux à ces « vassaux » qui ne sont pas toujours indulgents pour lui. À ce point de vue encore, l'Empire a besoin de la victoire. La guerre a été son instrument, la guerre est sa ressource suprême. Si la guerre se prononçait contre lui, le principe du système serait remis en question.

LES CATHOLIQUES N'ayant pas à faire un tableau complet de l'état intérieur de l'Allemagne à la veille de la guerre, je n'insisterai pas sur la diversité des religions dans l'Empire : elle ne porte aucune atteinte sérieuse à l'unité ; cependant, comme la présence du groupe catholique au Reichstag n'est pas sans compliquer d'une façon très particulière le fonctionnement des institutions, il convient de considérer, à ce point de vue, une divergence qui intéresse, d'ailleurs, l'âme de la nation.

Nietsche a défini le protestantisme allemand une hémiplégie du christianisme et de la raison ; on ne peut mieux dire que le protestantisme, en son principe, a séparé, par des cloisons étanches, la raison et la foi. Luther est un mystique ; il a dénoncé l'union sur laquelle saint Thomas avait fondé l'autorité de l'Église, en mettant le raisonnement au service de la croyance.

Le caractère subjectif et mystique de la religion protestante, le développement de l'individualisme de la pensée ont porté une atteinte irréparable au dogme chrétien. Malgré les efforts du piétisme protestant, la discipline intellectuelle et morale s'est trouvée brisée.

Kant a tenté de la restaurer par sa conception générale de la vie, fondée sur la « totalité » de la nature humaine et en donnant pour base à la religion le fait de l'obligation morale. Ainsi s'est créé peu à peu, dans le monde protestant, un rationalisme chrétien, une religion de l'élite qui s'intéresse peu au dogme, beaucoup à la morale, mais qui, en raison de son caractère même, ne peut devenir une religion populaire.

Tandis que le protestantisme aboutissait logiquement à cette doctrine, en quelque sorte aristocratique, le peuple, abandonné à lui-même, sans être soumis à la rigoureuse emprise d'une église traditionnaliste, tombait dans un athéisme pratique que l'insuffisance de quelques rites vagues ne suffisait pas à refouler. La religion ne renforçait plus par elle-même le lien social. L'église n'était ni la compagne, ni la servante, ni la collaboratrice de l'État.

Cependant, le catholicisme ultramontain retenait, dans ses cadres, des foules assez nombreuses pour que le pouvoir dût compter avec lui ou, peut-être, le cas échéant, s'appuyer sur lui. Aux élections de mars 1871, un parti catholique « où des aristocrates bavarois, des Junker prussiens, des magnats polonais coudoyaient des nationaux et des libéraux de la vallée du Rhin », se fondait pour la défense des intérêts catholiques.

On sait par quelles vicissitudes il passa dans la période du Kulturkampf ; après des luttes épiques, il eut raison de l'agression bismarckienne.

La paix s'établit et le centre catholique, précisément parce qu'il réunissait dans son sein les aspirations de populations très diverses, précisément parce qu'il gardait le culte de l'autorité, précisément parce qu'il obéissait à un certain idéal, put se rapprocher, sans trop se contredire lui-même, de la politique impériale. Peu à peu, il s'adaptait à ce rôle nouveau. Il devint le groupe le plus influent du Reichstag. Prenant un moyen

LE CHATEAU DE SCHWERIN

terme entre les tendances conservatrices et démocratiques qui se rapprochaient en lui, il se tint à une note progressiste, légèrement teintée de démocratisme.

On s'habitua à gouverner avec lui. Guillaume II multiplia les avances à la Papauté et à l'Église, « se posant en représentant du germanisme chrétien, en souverain à la fois protestant et catholique ». La conception d'un Dieu germain, d'un Dieu national, conciliant au ciel les divergences de la terre, naquit ainsi dans son esprit mystique.

Malgré tout, les antinomies subsistent; un protestantisme de plus en plus conventionnel, un catholicisme borné et trop politique ne suffisaient pas pour satisfaire les aspirations d'un grand peuple. Certaines faiblesses de la politique impériale et germanique viennent de là. La conscience religieuse de l'Allemagne est obligée de se livrer à un débat continuel et à une perpétuelle transaction, pour se trouver d'accord avec elle-même.

Au Reichstag et dans le pays, le centre catholique, qui n'est pas un parti confessionnel, se divise lui-même en une aile droite et une aile gauche, unies par le même idéal, mais dont l'une, la Silésienne, est conservatrice, tandis que l'autre, la Westphalienne et Bavaroise, est assez nettement démocratique.

Dans les derniers temps, cette tendance l'emporte. Mais le centre catholique, parlementarisé à l'excès, se laisse entraîner comme les autres partis vers la considération presque exclusive des intérêts matériels. Un observateur avisé des choses de l'Allemagne, M. Lichtenberger, a pu le définir en ces termes : « Il apparaît aujourd'hui bien plutôt comme un groupement d'habiles opportunistes qui défendent avec une rare maestria les intérêts temporels du catholicisme, que comme un parti purement idéaliste, qui poursuivrait systématiquement la solution, dans le sens chrétien, des grands problèmes internationaux politiques et sociaux de l'heure présente. »

EMBARRAS INTÉRIEURS Donc, si l'on cherche soit dans les institutions, soit dans les partis, le frein qui peut contre-balancer la pression gouvernementale et militaire de l'Empire, on ne l'y trouve pas. Les considérations économiques primant tout, l'antagonisme des classes et des intérêts se dressait devant le pouvoir comme un dilemme sans solution. La politique agrarienne des Hohenlohe, des Bulow, des Bethmann-Hollweg l'emportait encore : elle poussait avec une violence sans égale le gouvernement, au moment où il abordait les redoutables négociations d'un traité de commerce avec la Russie.

Mais le parti agrarien et ses doctrines étaient battus en brèche avec une vigueur non moindre par tous les partis contraires groupés dans le Reichstag. Le gouvernement était obligé de choisir. De toutes façons, le choix était redoutable. On sentait l'heure où la question vitale pour l'Empire lui-même, la question militaire, se poserait devant l'opinion comme le dernier mot du dilemme. Continuer les armements, c'était se prononcer pour le parti agrarien; les arrêter, c'était pencher vers l'Allemagne industrielle et commerciale, celle qui demandait le rapprochement avec l'Angleterre, réclamait l'arrêt des constructions navales et une politique plus modérée.

Tous les éléments de dissociation allaient se grouper, consciemment ou inconsciemment, autour de ce programme. Le Reichstag lui-même les voyait s'agiter dans son sein.

Cette assemblée, qui venait de voter d'un élan et presque sans hésitation douze cents millions de francs en vue d'une guerre prochaine, on la sentait lasse, on l'accusait de vouloir affaiblir l'armée en la modernisant et en réprimant les abus du privilège et de l'esprit de caste. On ajoutait, qu'après cet effort de 1913, le Parlement demanderait à souffler. Tandis que les pangermanistes, allant jusqu'au bout de leur système, réclamaient la militarisation complète du pays, avec l'application intégrale du service obligatoire et universel, un long murmure de mécontentement s'élevait, réveillait les oppositions latentes. La Bavière intervenait pour soutenir cette résistance contre des projets démesurés. Le baron de Hertling disait hardiment : « Il y a des limites aux forces des peuples et il faut en tenir compte. »

Le parti militaire, de plus en plus irrité, poussait sa pointe. Si on laissait faire les éléments de dissociation, ils reviendraient à la charge et, avec le concours du suffrage, irrité par les durs sacrifices que l'on exigeait de lui, ils auraient le dernier mot.

Les chances étaient favorables, l'heure était unique; le pays était prêt, entraîné. Si l'Empire voulait se sauver en sauvant l'armée, en sauvant l'unité allemande, contre tous les périls qui la menaçaient, il ne restait plus qu'une issue, la guerre.

Une alarme justifiée, accrue encore par le scandale des procès qui dévoilaient la démoralisation des sphères dirigeantes (procès Hammerstein, procès Tausch, procès Moltke, procès Eulenbourg, procès Krupp, procès Siemens et Schuckert au Japon, révélations sur les concussions d'un ancien commandant de corps d'armée, révélations d'un ancien chef de la police des mœurs, catastrophes d'argent ou d'amour dans les hautes familles, affaire de Saverne), tout poussait l'empereur à faire un retour violent vers les origines belliqueuses de la race et de l'Empire. Son propre fils, le kronprinz, traduisant le sentiment de ceux qui se donnaient comme les seuls défenseurs de l'unité allemande, de la royauté prussienne, de la dynastie, ne s'écriait-il pas sur un ton qui sentait le reproche : « Y a-t-il une joie supérieure à celle de foncer sur l'ennemi à la tête de ses hussards? »

Ainsi, les causes de dissociation, inhérentes à la constitution même de l'Empire, poussaient, par réaction, vers une issue belliqueuse : or, les éléments d'autorité et de discipline travaillaient, à plus forte raison, dans le même sens.

LES ÉLÉMENTS DE DISCIPLINE

Le trait caractéristique du peuple allemand résultant de ses origines ethniques, d'une tradition interrompue pendant deux mille ans, d'une éducation scolaire fortement organisée, c'est le sens et l'amour du groupement discipliné.

Les Allemands marchent derrière leurs chefs par tribus, par clans, par bandes, par trusts ou par cartels. L'unité, ce n'est pas l'individu, c'est le groupe. L'Allemand aime obéir ; tous marchent au pas de parade, l'escouade derrière le caporal, le régiment derrière le colonel, l'armée derrière l'empereur. Respect de l'autorité, discipline, admirables forces pour un peuple. Disons simplement, pour être exact et complet, que ce goût de la discipline s'accommode, de préférence, des formations restreintes. Dans l'esprit de groupement, tel qu'il existe en Allemagne, il y a un particularisme latent.

Même au sein du parti socialiste qui, selon nos idées françaises, devrait représenter la force de désorganisation la plus agissante,

nous retrouvons ce double besoin, celui d'obéir à quelqu'un et de suivre un groupe particulier. Ceux de Bavière, ceux de Bade ou de Wurtemberg n'entendent pas le moins du monde se confondre avec ceux de Prusse. Ils acceptent leurs excommunications, ou leurs remontrances, sourient et continuent à leur guise. De même, la gent Bebel différait de la gent Bernstein ou Wollmar. Parmi les révisionnistes, ces sectionnements se produisent. Tel qui suit Heine s'écartera à certains moments précis de Franck ou de Indekum.

Un particularisme organisé, telle paraît être la meilleure définition de la société allemande. On sent ce qu'une volonté dominante peut faire de cet admirable mécanisme qui se subordonne, de lui-même, à l'arbre de couche, pourvu que les rouages intermédiaires fonctionnent bien.

La suite psychologique de cette disposition originelle, c'est un admirable esprit de méthode : groupement, discipline, méthode, tout s'enchaîne. L'Allemand est robuste et sérieux; il soumet volontiers sa vigueur physique et morale au travail en commun, il prend sa place et son rang, selon l'ordre accepté pour un but donné; assoupli de bonne heure par un dressage réfléchi, il coordonne et combine l'économie de son existence avec celle du groupe, pour obtenir un résultat dont il ne réclame que sa part légitime; peu de vanité, une grande persévérance, un certain goût de l'anonymat, tout le prépare à n'être qu'un chiffre dans un total, un rouage dans un

DUC ET DUCHESSE DE WURTENBERG

mécanisme, un soldat dans une armée.

Il suit longtemps une même idée, même si elle ne vient pas de lui; sa marche est progressive et lente, mais sûre; il cachera pendant des années, au fond de son âme, un projet qui ne doit réussir qu'à force de patience tenace; l'employé, aux manches de lustrine guettera pendant des mois et des mois l'heure propice pour surprendre le secret d'une invention, d'une fabrication ou d'un commerce; comme le paysan, il pousse son sillon sans bruit, sans tapage, sans repos, jouissant d'avance du succès final et de la moisson plantureuse.

Observateur minutieux, calculateur au millième, mesureur au millimètre, peseur au compte-gouttes, l'Allemand passera maître dans toutes les branches de l'activité humaine qui demandent le soin, l'application, une pratique méticuleuse et tranquille. « Spécialiste avec volupté, » l'agriculture, l'élevage, la chimie, le trouvent levé à l'aube, couché tard, penché sur le sol, sur le bureau ou sur les cornues, toujours pareil à lui-même, toujours fidèle à lui-même, fidèle surtout à la consigne, donnée et reçue avec joie.

Caporalisé dès l'enfance, il passera sans surprise et sans secousse de la famille au régiment. Jamais il n'a le sens plus plein de ce qu'il est, que quand il appartient à une équipe qui « rend » selon que les chefs attendent d'elle. Sa manière lourde et pesante l'éloigne de tout écart, de toute fantaisie, de tout brio personnel, de tout gaspillage de forces ou de paroles; il se sent vivre, quand il fait œuvre de puissance en commun. Sa volonté développe alors, en lui, l'ambition et l'orgueil de servir. Admirable instrument dans la main de ses chefs, tant qu'il a confiance en eux et qu'ils le dirigent bien.

Avec les préoccupations matérielles que créent ses larges besoins et que l'esprit du siècle a exagérées en lui, l'Allemand moderne s'est donné tout entier à ce que les économistes allemands ont appelé « l'esprit de l'entreprise ». Au fond, c'est l'appétit du gain illimité, avec, comme point de départ, un certain risque de capital et de travail : c'est la « spéculation ».

Il faut tenir compte de la pauvreté du sol, de la rigueur du climat, des difficultés originelles de l'existence, pour expliquer cet élan, ce goût du hasard, ce jeu de la vie, le tout pour le tout. Pour aborder l'éden des terres heureuses, des jours ensoleillés, des longs repos savoureux, la mise n'est jamais trop forte, la partie trop aléatoire, l'attente trop longue, pourvu qu'on aboutisse. La vie elle-même, s'il le faut, n'est pas de trop comme enjeu.

L'existence nationale devient ainsi, elle-même, une vaste « entreprise ». On l'expose, on la donne, si elle mène au but, sinon l'individu, du moins la famille, le groupe, le pays. Il est toujours vrai le mot de Tacite : « *Germani ad prœdam* ». Si la paix n'y peut atteindre, va pour la guerre, pourvu qu'on gagne !

Ainsi s'est développé dans la race, par les grands bouleversements, les puissantes transformations, les prodigieux changements des temps modernes, un goût décidé pour l'action, un culte de la force, qu'on a appelé une *volonté de puissance* et qui, si elle ne rencontre pas de limite au dehors, n'en trouvera certainement aucune en elle-même. L'Allemagne n'admet plus d'obstacle : elle veut vivre sa vie.

L'ÉCOLE Cette conception de l'existence nationale, les Allemands la reçoivent avec le jour. Dès la naissance, l'enfant est élevé sous l'autorité de la consigne ou, plutôt, dans le respect de ce qui est défendu, « verboten » ; or, on ne s'imagine pas la quantité de choses qui sont « défendues » en pays allemand.

Quand l'âge vient, tous sont entraînés à marcher en troupe et à sacrifier la volonté particulière à la volonté générale. Après la famille, où le père règne en maître, où la mère sent de bonne heure que ses enfants lui échappent

UNE SÉANCE DU REICHSTAG

et sont mis en garde contre elle-même, où la sœur, même plus grande, obéit au frère, même plus petit, l'Ecole s'empare de l'enfant et le brise. Le mécanisme scolaire, en attendant la mécanisation militaire, devient le plus puissant moyen de dressage national. L'école est, d'avance, une caserne.

La puissance du système scolaire allemand et l'autorité qu'il exerce sur la formation de l'âme nationale est si connue, qu'il est inutile d'y insister : on en connaît les résultats, soit dans la paix, soit dans la guerre. On disait déjà, en 1870, que la Prusse devait ses victoires à ses instituteurs. C'est vrai, dans une certaine limite. Cependant, il y a aussi quelque danger à confier exclusivement la formation d'un grand peuple à une classe d'hommes qui, par métier, est prompte au pédantisme, au formalisme, au mandarinat. Le manuel n'est pas un évangile, pas plus que le magister n'est un homme complet.

Vers 1914, les abus du système se faisaient sentir : maîtres et élèves, gonflés de vanité scolaire, avaient perdu, jusqu'à un certain point, le contrôle sur eux-mêmes ; la fourmilière anonyme des instituteurs vidait la force publique en prétendant la soutenir; en effet, elle lui enlevait le critérium de la vérité.

Un petit livre édité à Breslau et vendu soixante-dix pfennigs, offre un résumé des connaissances usuelles à l'usage des écoles professionnelles. On le donne, dans les provinces rhénanes, aux élèves des *Simultan-schulen*, c'est-à-dire aux élèves des écoles primaires qui reçoivent des jeunes gens de confessions différentes. Il renferme des notions d'histoire, de géographie, d'histoire naturelle, de physique, de minéralogie et de chimie, de langue allemande et de géométrie. C'est le type du « manuel ».

Or, comment cette petite encyclopédie des choses nécessaires à tout Allemand procède-t-elle ? Le premier chapitre est consacré à « Notre maison impériale », et les pages les plus importantes à « Notre Empereur bien-aimé ». Guillaume II est un héros, il n'a que des

vertus magnanimes, il voit tout, sa compétence est universelle ; il aime son peuple et surtout les travailleurs. Donc, il faut l'aimer et prier pour lui. Le reste de l'histoire du monde tient en quelques pages.

Voici pour 1870 : « Les Français ne pardonnaient pas aux Prussiens d'avoir remporté tant de victoires. Ils voulaient humilier le roi Guillaume et, avec lui, tous les Allemands; ceux de la rive gauche du Rhin devaient devenir Français. C'est pourquoi l'empereur Napoléon III déclara la guerre au roi Guillaume. »

Ramassée dans un tel raccourci, l'histoire produit tout son effet d'entraînement nationaliste. Le dernier chapitre est consacré aux « mots » des Hohenzollern. Le grand électeur dit : « Dieu est ma force »; Frédéric Ier : « A chacun le sien »; et Guillaume Ier : « Dieu est avec nous ».

Dieu devient ainsi ce « Dieu allemand », appartenant en propre aux Hohenzollern et qui a décrété, de toute éternité, que le peuple allemand était un peuple élu, à qui le monde devait appartenir. Toute critique et toute impartialité disparaissent. La méthode scolaire allemande, comme toutes les méthodes trop absolues et trop exclusives, aboutit à l'absurde : la fameuse science historique allemande se résume, en somme, dans des manuels à la « Loriquet ».

« Dans son école, l'instituteur allemand apparaît vraiment comme un *initiateur total*. Maître de l'intelligence, il est, en même temps, maître de la morale et de la religion. Avec le calcul et la grammaire, l'histoire et la géographie, la poésie et la littérature, il enseigne le chant, le dessin ; parfois, dans certaines écoles, un métier manuel : modelage, reliure, menuiserie, serrurerie ; il donne l'instruction religieuse, il inculque le respect des pouvoirs publics. Éducation intellectuelle, éducation morale, éducation religieuse, culture physique : son enseignement embrasse tout ce qui, de l'enfant, peut faire un homme et un patriote. » (G. Bourdon.)

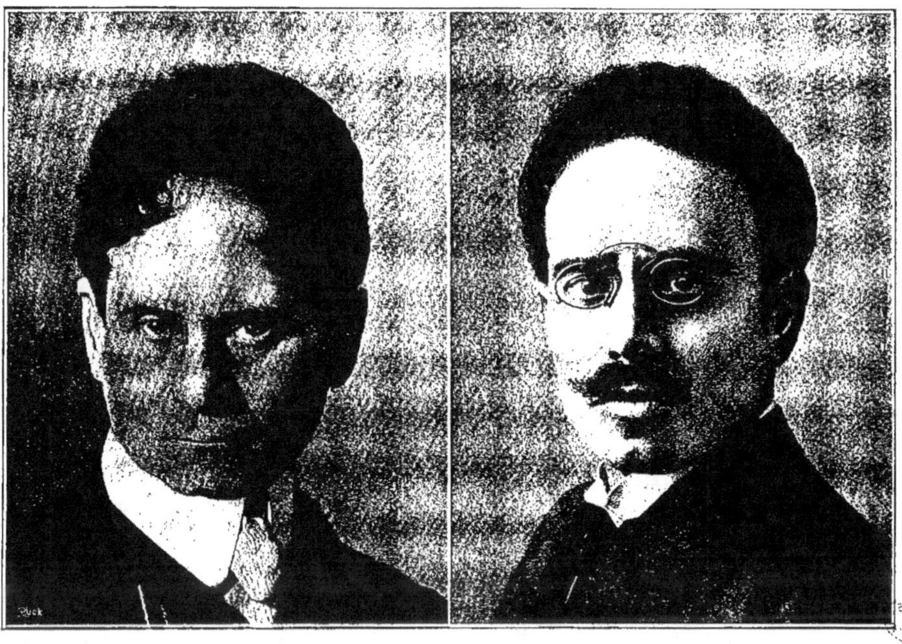

LE POLÉMISTE MAXIMILIEN HARDEN
LE SOCIALISTE GUILLAUME LIEBKNECHT

L'âme allemande est inhérente à la race, mais elle est modelée par l'instituteur.

Il serait tout à fait injuste de ne pas reconnaître les résultats bienfaisants de cette puissante scolarité. Elle développe et assouplit l'aptitude au groupement organisé, qui est un trait frappant du caractère national. Il n'y a pas en Allemagne un pour mille d'illettrés.

Au-dessus, et pour ainsi dire à la suite de l'enseignement primaire, l'instruction professionnelle reçoit l'enfant et l'adapte à la carrière qui doit être la sienne. Il n'est pas un Allemand qui ne reçoive un certain enseignement technique.

Chaque année, les grandes écoles jettent plus de trois mille ingénieurs dans la vie publique; ces ingénieurs, dont la surabondance ajoute à la fébrilité du travail intérieur et de l'expansion au dehors, assurent également à l'armée, en temps de guerre, d'excellents collaborateurs. La pléthore qui résulte des carrières encombrées, aux salaires restreints, a sans doute ses inconvénients, mais les organismes eux-mêmes n'en sont que plus résistants. Une fois de plus, l'individu est sacrifié au groupe.

La puissance de «l'entreprise» allemande tient à ces longues préparations. La hardiesse, l'esprit d'initiative, le perpétuel mouvement et le perpétuel progrès, tout vient de la surabondance des capacités fortement sélectionnées et entraînées. Mais, en même temps, la ruée des ambitions et la mêlée des convoitises donnent lieu à cette instabilité, à ces crises permanentes qui sont le mal, difficilement supportable, de la vie économique allemande.

LES UNIVERSITÉS ET LES INTELLECTUELS L'Allemagne est fière de ses écoles professionnelles; elle est plus fière encore de ses universités : c'est là, en effet, que s'entretient et se surexcite le génie de la race. L'intelligence allemande, avec ses qualités et ses défauts, avec sa vigueur logique, sa puissante faculté d'application, sa patience, son orgueil réaliste et son mépris de la mesure, l'intelligence allemande s'achève là : là se nourrit la gent intellectuelle. Elle est l'orgueil de l'Empire et sera peut-être sa perte.

Avec le manque de nuance et de finesse du spécialiste, le savant allemand érige en doctrine son expérience un peu courte et tourne en passion ses convictions trop souvent mal contrôlées. Dès le début de la guerre de 1914, le manifeste des intellectuels a établi, devant le monde, la faiblesse philosophique de ces philosophes, la médiocrité critique de ces savants, la pauvreté intellectuelle de cette « intelligence ».

Quelqu'un a dit avec raison : « L'Allemagne a ses temples laïques et ce sont ses Universités». Ce sont les universités, en effet, ce sont les professeurs qui ont préparé la grandeur de la Prusse et de l'Allemagne moderne. Après Fichte, Arnim, Hegel, ils ont donné, à l'âme allemande, la formule de sa puissance d'action et de conquête, l'élan de sa volonté ambitieuse, le ressort de son entreprise sur le monde. Le professeur a le sentiment profond de la supériorité de la race et il n'écrit pas une ligne, ne prononce pas une parole qui ne tende à cette glorification, ne serve à cette propagande.

La croyance en « l'Allemagne au-dessus de tout », répandue par tant de voix autorisées, devient une foi, une religion. Maeterlinck définit exactement ce sentiment, lorsqu'il écrit : « L'Allemagne se considère comme la conscience morale du monde ».

Mais un autre observateur, non moins attentif et non moins sagace, dit à son tour : « Les universitaires qui détiennent l'intelligence et se savent des guides, se croient obligés à un patriotisme particulier, d'une forme peut-être bien étroite ». La patrie est leur chose ; ils la contemplent, à travers leurs lunettes cerclées d'or, comme le palladium à jamais sacré de leur gloire, de leur prébende, de leur « spécia-

lité ». Ils la servent, mais elle leur sert. Ils l'honorent, mais elle les honore.

Dans les cérémonies publiques, coiffé du bonnet carré ou du béret de velours, vêtu de la robe rouge garnie d'hermine, ou de la longue robe noire traînante, aux retroussis de soie, barbe blanche ou barbe blonde, l'œil assuré, le geste tranchant, la voix pleine et rauque, admirez le pédagogue dans toute sa splendeur. Quand il n'y aura plus de refuge au monde pour la morgue allemande, on la retrouvera dans l'âme du Herr Professor.

Sa conscience a le pli professionnel si marqué qu'il en devint aigu et cassant; il est convaincu que la pédagogie est une force en elle-même et que l'humanité doit être menée comme une classe d'écoliers ou un cours d'étudiants. Toutes les époques de décadence, pour les peuples, ont été précédées d'une apogée universitaire et scolaire : l'âme libre des hommes finit par rompre avec l'entrave du pédantisme trop longtemps prolongée.

Les intellectuels auront la responsabilité la plus lourde dans les événements auxquels nous assistons, parce qu'ils ont altéré quelques-unes des vertus natives du peuple allemand. Aussi, il était dans la logique des choses que, dans le fameux « appel aux nations civilisées », ils aient poussé à l'extrême la doctrine hostile à l'humanité qui fut incontestablement une des origines morales et intellectuelles du conflit : « Qu'on se souvienne à jamais de ces cruelles litanies : « *Il n'est pas vrai* que l'Allemagne ait provoqué cette guerre... *Il n'est pas vrai* que nous ayons violé criminellement la neutralité de la Belgique (le chancelier Bethmann-Hollweg, intellectuel pourtant, l'avait proclamé sans hésiter devant le Reichstag). *Il n'est pas vrai* que nos soldats aient porté atteinte à la vie ou aux biens d'un seul citoyen belge, sans y avoir été forcés par la dure nécessité d'une défense légitime, etc. *Il n'est pas vrai* que nos troupes aient brutalement détruit Louvain, etc. *Il n'est pas vrai* que nous fassions la guerre au mépris du droit des gens, etc. Enfin, pour mettre le sceau à ces

UN DUEL A LA RAPIÈRE ENTRE ÉTUDIANTS A GŒTTINGUE

négations tranchantes, cette conclusion qui expose la doctrine elle-même dans son étonnante témérité : « *Il n'est pas vrai* que ce que l'on appelle notre militarisme soit dirigé contre notre culture, comme le prétendent nos hypocrites ennemis. Sans notre militarisme, notre civilisation serait anéantie depuis longtemps. C'est pour la protéger que ce militarisme est né dans notre pays ».

L'apologie du militarisme est donc le mot suprême de l'enseignement universitaire. Cette « conscience morale du monde » s'affirme dans un appel aux armes. L'enseignement allemand n'a qu'une devise, celle de Hobbes : *Homo homini lupus.*

Le professeur Lamprecht, un des historiens les plus réputés de l'Allemagne, un des hommes qui représente le mieux cette mentalité à la fois courte et brutale du spécialiste arrivé, a donné l'expression la plus complète du sophisme qui égare toute la nation, quand il a écrit ces phrases, mémorables par ce qu'elles ont d'orgueilleusement diabolique : « L'Empire n'est plus aujourd'hui un corps politique enfermé dans des limites territoriales, il est une puissance vivante agissant dans l'univers. Il est partout où les intérêts économiques allemands étendent leurs ambitions : il est *tentaculaire.*

« *Le culte de la force* est une caractéristique de l'époque de la libre entreprise. Il la continue; car il est devenu *capitaliste.* Ce qui fait la force de l'armée et de la flotte, c'est le *machinisme guerrier créé par le capitalisme.*

« L'expansion nationale n'a pas fait tort à l'unité. Les Allemands, répandus dans le monde entier, ont continué à faire corps avec la nation. Celle-ci, comme aux temps lointains (c'est-à-dire à l'époque des invasions germaniques), est unie par un *lien personnel au lieu d'un lien territorial* ».

En un mot, le *capitalisme* entretient le *machinisme* militaire qui doit saisir le monde partout où s'étendent les *tentacules* allemandes, voilà toute la doctrine : elle est uniquement mécanique. L'humanité n'a plus ni cœur ni âme; son idéal, c'est de l'or, du charbon, du fer.

Si l'on va au fond des choses, la guerre actuelle et ses excès viennent de là. Le militarisme universitaire, ayant pour suite et pour conséquence l'expansionnisme matérialiste, voilà les causes essentielles de la guerre de 1914. L'Allemagne n'a pas su se garder de cette ivresse des forts, et c'est pourquoi elle trébuche au point culminant de son histoire. Plus généreuse, elle eût été invincible.

LE MILITARISME Ainsi, la Kultur allemande, l'intellectualisme allemand aboutissent à la plus étonnante philosophie des sociétés : le militarisme.

Le prodigieux sophisme consiste en ceci : de même que, dans le fait militaire, — ainsi d'ailleurs que dans tous les autres faits de la vie humaine, — l'âme anime le corps, on en conclut que le plus grand office de l'âme est d'entraîner l'homme à la lutte violente.

Pareillement, dans l'ordre social : la société ayant à se défendre contre les adversaires qui l'entourent et devant maintenir constamment sa force militaire, cette préparation devient le but et la société est, avant tout, une troupe en armes : l'organisation militaire est l'aboutissant suprême de la civilisation ; la vie, c'est la guerre.

Même quand la guerre n'éclate pas, on la fait encore, en la préparant ; il faut la faire toujours. Une puissance qui n'a pas atteint son plein développement, est en droit de le chercher, de parti pris, même au détriment des autres.

Si les terres ou les richesses lui manquent, le fait seul de son existence l'autorise à s'en emparer là où elles se trouvent.

Le principal théoricien allemand de la guerre moderne, Bernhardi, appuie, sur cette base, tout son système. Comme c'est le dernier mot de la culture allemande, à la veille de la guerre de 1914, il faut citer largement, pour qu'il ne reste aucun doute dans les esprits; car c'est ici la doctrine franche et avouée de l'*agression* allemande. Tout le reste n'est que simulacre et ménagements sournois :

« Il est impossible que l'agriculture et l'industrie allemande puissent procurer, à la longue, à une masse d'hommes croissant dans de telles proportions, un travail rémunérateur. Nous avons *donc* besoin d'accroître notre empire colonial... Une pareille acquisition territoriale ne nous est possible, avec les partages politiques d'aujourd'hui, *qu'au détriment des autres Etats* ou en nous associant à eux (ceci pour la Hollande, évidemment); et ces solutions ne sont praticables que si nous réussissons d'abord à mieux assurer notre puissance dans l'Europe centrale... C'est nous dont le développement économique, national et politique est entravé et soumis au préjudice, c'est nous qui voyons, menacée, notre situation mondiale, acquise au prix du sang le plus noble... Nous avons reconnu en nous un facteur aussi puissant que nécessaire du développement de l'humanité entière. Cette certitude *nous fait un devoir* d'étendre, le plus loin possible, l'action de notre influence intellectuelle et morale et de rendre partout la route libre, au travail allemand, comme à l'idéalisme allemand.

« Mais nous ne pouvons remplir ces devoirs suprêmes, *imposés par notre degré de civilisation*, que lorsque notre travail pour la civilisation sera porté et soutenu par une puissance politique croissante — puissance qui doit trouver son expansion dans l'extension de nos possessions coloniales, dans l'élargissement de notre commerce, dans l'influence plus considérable des idées allemandes *sur toutes les contrées de la terre* et, avant tout, dans le complet affermissement de notre puissance en Europe ».

PROFESSEURS D'UNIVERSITÉ ALLEMANDE

En débarrassant la doctrine de sa logomachie pédantesque, cela veut dire que l'Allemagne, pour jouir d'un plus grand bien-être, considère comme son droit et comme son devoir de faire la guerre au monde, jusqu'au moment où elle aura dominé *toutes les contrées de la terre.* Toute existence voisine de la sienne est rivale et, par conséquent, hostile.

A cette doctrine de la guerre, les doctrines de la paix sont naturellement antagonistes et odieuses. Bernhardi n'hésite pas à le déclarer et il insiste : « Pour un Etat ambitieux et qui n'a pas encore obtenu le rang dont il est digne, qui a impérieusement besoin d'élargir son domaine colonial et qui ne peut, au fond, obtenir celui-ci qu'au prix d'autres sacrifices, les doctrines pacifistes, les tribunaux d'arbitrage, etc., etc., représentent *à priori* un danger, car ils sont propres à empêcher un déplacement des puissances. En face de la propagande pacifiste qui s'étend d'une manière envahissante, il faut garder les yeux fermement fixés sur ce fait qui la contredit : c'est qu'aucun tribunal d'arbitrage, en ce monde, ne sera capable... *de changer, à notre avantage, par l'art diplomatique, le partage de la terre, tel qu'il est établi aujourd'hui.* »

Voilà donc l'Allemagne bien établie en puissance de rapt : c'est pourquoi le militarisme est sa loi suprême.

Voici la phrase qui résume tout : « Dans notre situation, qui *appelle absolument un accroissement de puissance* dont nous devons venir à bout contre des ennemis supérieurs en nombre, l'instinct de conservation nous ordonne d'augmenter nos armements par tous les moyens possibles, afin de pouvoir jeter, dans la balance décisive, toute la force de nos 60 millions d'hommes ».

De cette doctrine brutale résulte une application plus brutale encore, comme il arrive toujours quand on passe des paroles aux actes. Elle est exprimée par la prescription du règlement allemand donnant pour but au combat, — non pas, comme le prescrit le règlement français, — de briser, par la force, *la volonté* de l'ennemi, mais de *détruire l'ennemi.*

Dans le système français, l'objectif est psychologique et momentané; dans le système allemand, il est matériel et définitif. Ce qu'il prescrit, c'est l'anéantissement complet de l'adversaire. Si les invasions barbares eussent eu un règlement militaire, elles n'en eussent pas adopté d'autres. La force est l'idéal de l'Empire allemand ; il s'agit d'arriver à la destruction de tout ce qui vit auprès de lui et qui, par ce simple fait, lui résiste.

La façon dont la guerre a été conduite en Belgique, en Lorraine, dans le nord de la France est la suite naturelle de ces hautes directions.

Nous y reviendrons, mais il convenait de les signaler à leur origine même, c'est-à-dire dans les conceptions philosophiques qui ont conduit l'Allemagne à l'*agression* inévitable, fatale, avec le choix de l'heure et de l'opportunité.

Que sont les incidents diplomatiques qui ont amené la rupture, si on les compare aux raisons profondes qui les ont provoqués, voulus, à cet étalage impudent de principes sans frein, à cet orgueil pharisaïque qui, se nourrissant de ses propres fumées, croit avoir fondé une philosophie parce qu'il a couvert par des mots emphatiques, les plus basses convoitises !

Les militaires y mettent quelque forme, les professeurs sont plus audacieux encore. Ils ont établi la synthèse complète du système et le docteur Lasson, dans son livre « La Culture idéale et la guerre », réimprimé il y a dix ans à peine, a rédigé, pour la jeunesse, le manuel de la pensée allemande, en ce qui concerne les relations internationales :

« D'Etat à Etat, il n'y a pas de loi... Un Etat ne saurait commettre de crime... Ce n'est pas une question de droit, c'est une question d'intérêt d'observer les traités... Le faible est, malgré tous les traités, la proie du plus fort, aussitôt que ce dernier le peut ou le veut... Cet état de choses peut même être qualifié de moral puisqu'il est rationnel... Entre les Etats envisagés comme êtres intelligents, les

LA CATHÉDRALE DE REIMS APRÈS LE BOMBARDEMENT

LA PORTE DE GAUCHE DU GRAND PORTAIL.

LA CATHÉDRALE DE REIMS EN FLAMMES · 19 SEPTEMBRE

LA CATHÉDRALE DE REIMS APRÈS LE BOMBARDEMENT

LE PARVIS ET LA PORTE DE DROITE DU GRAND PORTAIL.

GABRIEL HANOTAUX
de l'Académie Française

HISTOIRE ILLUSTRÉE
DE LA
GUERRE DE 1914

24 PAGES DE TEXTE ET D'ILLUSTRATIONS

FASCICULE
N° 5

GOUNOUILHOU. ÉDITEUR
PARIS, 8, boulevard des Capucines & BORDEAUX, 8, rue de Cheverus.

PRIX NET
1 franc

**Voir pages 3 et 4 de la couverture
les conditions de souscription.**

Nous devons la plupart des clichés qui illustrent ce
fascicule à la courtoisie des éditeurs, MM. Pierre Lafitte
et Cie, qui ont bien voulu nous permettre de les emprunter à
leur très bel ouvrage : *L'Allemagne Moderne*, de Jules Huret.

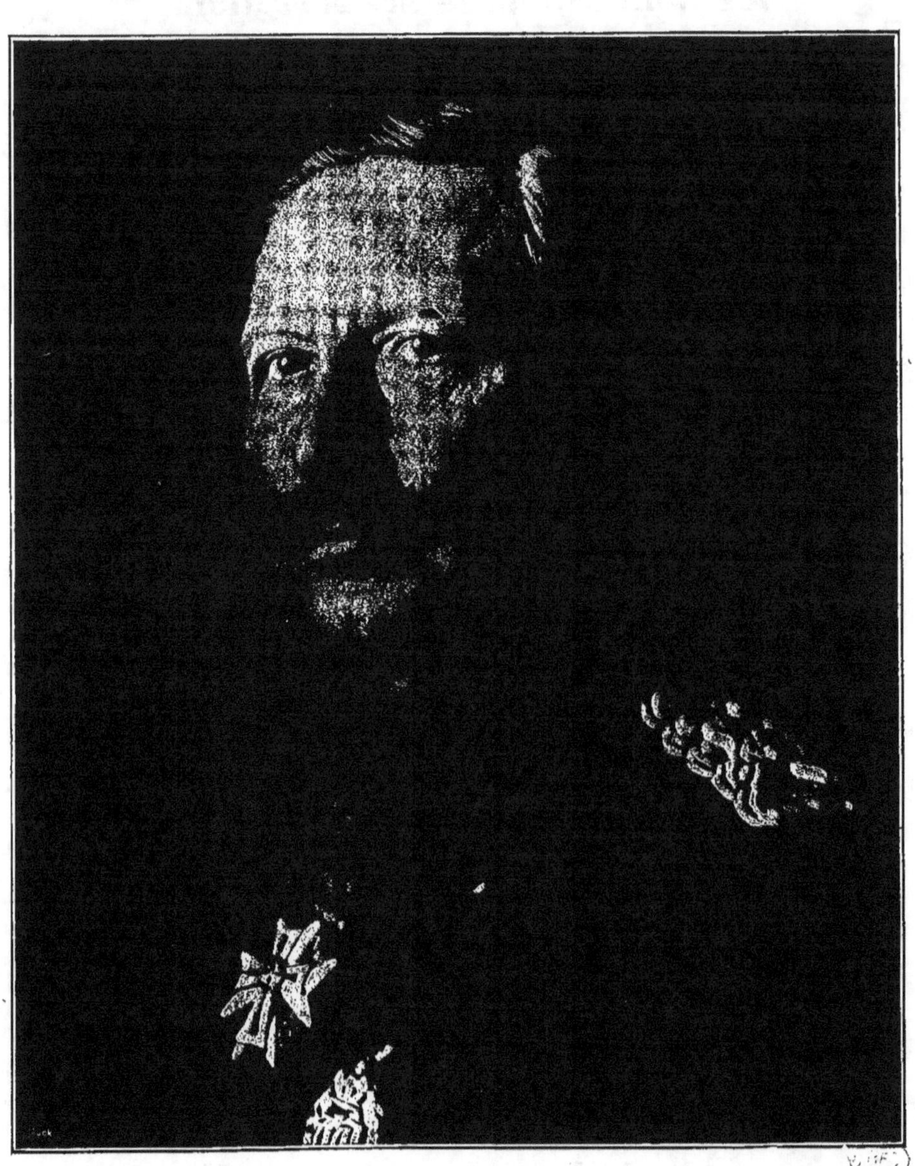

UN DES PLUS RÉCENTS PORTRAITS DE GUILLAUME II

litiges ne peuvent être résolus que par la force matérielle ».

Voici, maintenant, pour le vrai sens de la guerre : « La guerre de conquête est aussi légitime que la guerre de défense. C'est une absurdité de s'indigner contre une guerre de conquête. Le seul point intéressant est l'objet de cette conquête. »

Voici, maintenant, pour les neutres :

« Le droit à l'indépendance n'est pas un droit inné chez un peuple ; il doit être acquis à grand'peine... La valeur morale d'une forme de culture est dans sa force. La culture existe pour se manifester *sous forme de force...*

« Demander un développement paisible des diverses formes de culture (à savoir de développement national), c'est demander l'impossible, renverser l'ordre de la nature, mettre une fausse idole à la place de la véritable moralité. Cet état paradisiaque n'est qu'une phrase dans la bouche des simples ou un mensonge hypocrite et conscient ».

Voici, maintenant, pour la valeur des traités :

L'intervention dans les affaires d'autrui est un droit qui n'est limité que par la force d'autrui. « Si le succès est assuré, elle n'est pas seulement justifiée ; elle peut devenir un devoir de l'État vis-à-vis de lui-même ».

Pour tout résumer, enfin, cette conclusion : « Si l'occasion se présente, que celui qui a la force et se sent prêt, tranche la question par l'épée : c'est pour les grandes questions historiques, la seule solution rationnelle et durable ».

Il importait de démontrer que les déclarations de M. de Bethmann-Holweg devant le Reichstag, déclarations tellement surprenantes qu'elles ont été mal comprises par le public universel, n'ont eu nullement le caractère d'improvisations inopportunes ou malavisées qu'on leur avait, d'abord, attribué. Elles sont, au contraire, l'expression d'une doctrine qui, seule, pouvait donner satisfaction au sentiment et à l'instinct profond du peuple auquel on offrait et qui acceptait, en toute volonté et conscience, la « joie de la guerre »,

c'est-à-dire la réalisation même de son idéal convoiteux.

Quand le chancelier disait que les traités n'étaient que « des chiffons de papier » et, qu'en matière de relation internationale, « nécessité fait loi », il se montrait, non seulement un véritable intellectuel en complet accord avec l'intellectualisme allemand, un apôtre de la véritable culture allemande, c'est-à-dire le militarisme et le culte de la force, mais un homme d'État, conscient de ce qu'il faisait, adhérant à la seule manière allemande de traiter les questions internationales. Le chancelier ne se trouve guère diminué aux yeux de ses concitoyens que par une sorte de timidité et de gaucherie dans la façon de présenter des vérités si évidentes. C'est le reproche que lui fait un publiciste allemand d'une grande notoriété, Maximilien Harden.

Le chancelier a manqué de cynisme ; quant à la volonté, il l'a eue ; la responsabilité lui reste tout entière.

LA MORALE ANTIALLEMANDE Un tel aperçu sur les doctrines allemandes, génératrices de la guerre de 1914, serait incomplet, si l'on ne plaçait, en face de lui, un exposé des principes adverses, des principes au nom desquels les puissances alliées font la guerre à l'Allemagne.

Il y a heureusement, sur la terre, une autre doctrine des relations individuelles et des relations internationales que celle du droit de la force.

En indiquant ce point de vue, nous signalerons aussi les raisons pour lesquelles, *a priori* et en dehors de tous incidents et accidents particuliers, l'offensive allemande est infailliblement vouée à la défaite, nous ferons toucher du doigt le point faible et la lacune *humaine* de cette doctrine erronée et violente, au nom de laquelle une société unique se décrète, d'elle-même, supérieure à l'humanité.

La doctrine opposée à la doctrine allemande est contenue dans cette parole du Christ : *Paix sur la terre aux hommes de bonne volonté.*

Elle recueille les enseignements de la sagesse antique, les éclaire par ceux de l'Evangile et les applique à la vie politique et internationale, selon les enseignements de la Révolut'on française. Ses principes sont que tous les hommes sont égaux devant Dieu, que le Christ est venu pour le salut de tous et que les nations ne sont liées que par leur propre consentement. En un mot, chez les hommes, *la discipline est volontaire.* La contrainte est un mal. La règle exacte de la politique et des mœurs, c'est l'autre parole du Christ : *Ne fais pas aux autres ce que tu ne voudrais pas qu'on te fît à toi-même.*

Par une connaissance profonde de la nature humaine, cette doctrine se persuade que, si l'homme est pétri de bien et de mal, le bien, avec l'aide de la volonté divine, doit finir par l'emporter. Le règne du mal n'a qu'un temps.

Il y a, dans l'homme, fut-il momentanément le plus fort, un appel constant de l'amour, qui s'oppose à cette force et la limite.

GUILLAUME II

Le fort a son obstacle en lui-même : il a besoin d'aimer ; il sait aussi qu'une heure viendra où il ne sera pas le plus fort ; il sent que sa force s'épuiserait à vide s'il en abusait, qu'elle n'a pas pour objet de détruire, mais de créer.

L'appétit particulier (qu'il s'agisse d'un individu ou d'une société) ne trouve pas sa fin en soi-même.

Si la loi d'amour n'intervenait pas, à quoi bon vivre ? Sans sacrifice, il n'y a pas de justice et, sans justice, il n'y a pas de société.

Sur quelle base repose la justice ? Sur cet axiome, emprunté à la nature et au bon sens, que tout individu qui a reçu la vie, a droit à une part de vie et que si sa vie, c'est-à-dire sa liberté, n'est pas respectée, il est en droit de la défendre.

L'état de guerre serait constant entre les hommes, s'il n'y avait pas un consentement universel sur ce point. La justice est un équilibre entre toutes les vies existantes. Il n'est pas conforme à la loi divine qu'une seule vie se substitue à toutes les vies. Si cette vie particulière le tente, elle va contre les lois naturelles et elle doit périr. Celui qui frappe par le glaive, mourra par le glaive. Qui ne sait pas faire, de lui-même, la part des autres, voit se faire, contre lui, la coalition de tous.

On dit que Guillaume II, systématisant la pensée de l'Allemagne, a proféré cette parole : « L'humanité, pour moi, finit aux Vosges ». La conséquence, c'est que, tout ce qui est au delà des Vosges, forme l'humanité *contre* l'Allemagne.

L'exclusivisme allemand, fils de l'orgueil allemand, est, comme tous les exclusivismes, souverainement aveugle et stupide. L'étalage du spécialisme pratique et du mécanisme scientiste des allemands ne doit pas nous en imposer. La pensée allemande est en pleine régression barbare si elle aboutit là; et, — puisque nous en sommes à citer les paroles de Guillaume II, — quand, en 1900, il a dit à ses soldats, partant pour la Chine, « de ne rien laisser subsister derrière eux et de se comporter comme des Huns », il s'est réclamé lui-même de cette régression. La barbarie peut être savante : c'est toujours la barbarie.

Cette guerre de 1914 a été voulue et déclarée par l'Allemagne : il était logique et fatal que l'Allemagne, conformément à l'erreur essentielle de sa *culture*, la déclarât. Mais, il était nécessaire aussi et fatal non moins, que l'humanité, puisqu'elle subissait cette guerre, convoquât à la soutenir, toutes les nationalités libres et qu'elle se décidât à ne mettre bas les armes que quand elle aurait anéanti la puissance de l'Allemagne.

L'Allemagne, selon son principe organique, est antinomique à la paix du monde. Il n'y aurait de « paix allemande » que si « toutes les contrées du globe » étaient réduites en esclavage.

L'Allemagne, par une aberration unique dans le monde depuis l'apparition du Christ et, peut-être, depuis l'origine des temps, se vante de ne croire qu'à la force et au succès : il faut donc que l'humanité lui inculque, par la force, le respect du droit et lève sur elle le glaive de la justice, pour bien établir que c'est la justice, finalement, qui obtient le succès.

PACIFISTES ET MILITARISTES EN ALLEMAGNE Un document confidentiel, écrit en juillet 1913, juste un an avant la guerre, met en présence les forces qui, en Allemagne, luttaient encore, dans l'âme de la nation, soit pour la paix, soit pour la guerre. Il explique aussi les raisons pour lesquelles les partisans de la guerre l'ont emporté. Ce document complète si fortement et avec un sens si ferme des réalités, le trop court exposé qui vient d'être tenté ici, qu'il nous paraît indispensable d'en donner, du moins, la conclusion :

« L'opinion publique allemande est divisée sur la question de l'éventualité d'une guerre possible et prochaine, en deux courants.

Il y a dans le pays des forces de paix, mais inorganiques et sans chefs populaires.

Elles considèrent que la guerre serait un malheur social pour l'Allemagne, que l'orgueil de caste, la domination prussienne et les fabricants de canons et de plaques de cuirassés en tireraient le meilleur bénéfice, que la guerre profiterait surtout à l'Angleterre.

Elles se décomposent ainsi qu'il suit :

La masse profonde des ouvriers, des artisans et des paysans, qui sont pacifiques d'instinct.

La noblesse dégagée des intérêts de carrière militaire et engagée dans les affaires industrielles — tels les grands seigneurs de Silésie et quelques autres personnalités influentes à la cour — et assez éclairée pour se rendre compte des conséquences politiques et sociales désastreuses d'une guerre, même victorieuse.

Un grand nombre d'industriels, de commerçants et de financiers de moyenne importance, dont la guerre même victorieuse, amènerait la banqueroute, parce que leurs entreprises vivent de crédit et sont surtout commanditées par des capitaux étrangers.

Les Polonais, les Alsaciens-Lorrains, les habitants du Schleswig-Holstein conquis, mais non assimilés, et en hostilité sourde contre la politique prussienne, soit environ sept millions d'Allemands annexés.

Enfin, les gouvernements et les classes dirigeantes des grands États du Sud, la Saxe, la Bavière, le Wurtemberg et le Grand-Duché de Bade, sont partagés entre ce double sentiment : une guerre malheureuse compromettrait la Confédération, dont ils ont tiré de grands avantages économiques, une guerre victorieuse ne profiterait qu'à la Prusse et à la prussianisation, contre laquelle ils défendent avec peine leur indépendance politique et leur autonomie administrative.

Ces éléments préfèrent, par raison ou par instinct, la paix à la guerre; mais ce ne sont que des forces politiques de contrepoids, dont le crédit sur l'opinion est limité, ou des forces sociales de silence, passives et sans défense contre la contagion d'une poussée belliqueuse.

Un exemple éclairera cette idée : les 110 députés socialistes sont des partisans de la paix. Pourtant, ils ne sauraient empêcher la guerre,

Guillaume II   Le Kronprinz   Princesse Victoria-Louise   Kronprinzessin   Prince Adalbert

GUILLAUME II ET SA FAMILLE EN UNIFORME DE HUSSARDS DE LA MORT

car elle ne dépend pas d'un vote du Reichstag, et, en présence de cette éventualité, le gros de leurs troupes ferait chorus dans la colère et dans l'enthousiasme avec le reste du pays.

Il faut noter enfin que ces partisans de la paix dans la masse croient à la guerre, parce qu'ils ne voient pas de solution à la situation actuelle. Dans certains contrats, notamment dans les contrats d'éditeurs, on a introduit la clause de résiliation en cas de guerre. Ils espèrent, cependant, que la volonté de l'Empereur, d'une part, et les difficultés de la France au Maroc, d'autre part, sont pour quelque temps des garanties de paix. Quoi qu'il en soit, leur pessimisme laisse libre jeu aux partisans de la guerre.

Les partisans de la guerre se divisent en plusieurs catégories; chacun tire de sa caste, de sa classe, de sa formation intellectuelle et morale, de ses intérêts, de ses rancunes, des raisons particulières qui créent un état d'esprit général et accroissent la force et la rapidité du courant belliqueux.

Les uns veulent la guerre parce qu'elle est *inévitable*, étant donné les circonstances actuelles. Et pour l'Allemagne, il vaut mieux plus tôt que plus tard.

D'autres la considèrent comme nécessaire pour des raisons économiques, tirées de la surpopulation, de la surproduction, du besoin de marchés et de débouchés; ou pour des raisons sociales : la diversion à l'extérieur peut seule empêcher ou retarder la montée vers le pouvoir des masses démocratiques et socialistes.

D'autres, insuffisamment rassurés sur l'avenir de l'Empire, et croyant que le temps travaille pour la France, pensent qu'il faut précipiter l'événement. Il n'est pas rare de rencontrer, à la traverse des conversations ou des brochures patriotiques, le sentiment obscur, mais profond, qu'une Allemagne libre et une France ressuscitée sont deux faits historiques incompatibles.

D'autres sont belliqueux par « bismar-ckisme », si l'on peut dire ainsi. Ils se sentent humiliés d'avoir à discuter avec des Français, à parler droit, raison, dans des négociations ou des conférences où ils n'ont pas facilement raison, alors qu'ils ont la force plus décisive. Ils tirent, d'un passé récent, un orgueil sans cesse alimenté par des souvenirs vécus, par la tradition orale et par les livres, et blessé par les événements de ces dernières années. Le dépit irrité caractérise l'esprit d'association des « Wehrvereine » et autres groupements de la Jeune Allemagne.

D'autres veulent la guerre par haine mystique de la France révolutionnaire.

D'autres enfin, par rancune. Ce sont ces derniers qui amassent les prétextes. Dans la réalité, ces sentiments se concrétisent ainsi : les hobereaux, représentés au Reichstag par le parti conservateur, veulent éluder, à tout prix, l'impôt sur les successions, inévitable si la paix se prolonge. Le Reichstag, dans la dernière séance de la session qui vient de se clore, en a voté le principe : c'est une atteinte grave aux intérêts et aux privilèges de la noblesse terrienne.

D'autre part, cette noblesse est une aristocratie militaire, et il est instructif de comparer l'annuaire de l'armée avec l'annuaire de la noblesse. La guerre seule peut faire durer son prestige et servir ses intérêts familiaux. Dans la discussion de la loi militaire, un orateur du parti a fait valoir, en faveur du vote, la nécessité de l'avancement des officiers.

Enfin, cette classe sociale qui forme une hiérarchie dont le roi de Prusse est le couronnement suprême, constate avec terreur la démocratisation de l'Allemagne et la force grandissante du parti socialiste et considère que ses jours sont comptés. Non seulement ses intérêts matériels sont menacés par un formidable mouvement hostile au protectionnisme agraire, mais encore sa représentation politique diminue à chaque législature. Dans le Reichstag de 1870, il y avait 162 membres (sur 397) appartenant à la noblesse;

GUILLAUME II EN CIVIL

dans celui de 1898, 83; dans le Reichstag de 1912, 57. Sur ce dernier nombre, 27 seulement siègent à droite, 14 au centre, 7 à gauche, un sur les bancs socialistes.

La grande bourgeoisie, représentée par le parti national libéral, parti des satisfaits, n'a pas les mêmes raisons que les hobereaux de vouloir la guerre. Elle est belliqueuse, cependant, sauf exception. Elle a ses raisons d'ordre social.

La grande bourgeoisie n'est pas moins affligée que la noblesse de la démocratisation de l'Allemagne. En 1871, elle avait 125 représentants au Reichstag, 155 en 1874, 99 en 1887; en 1912, 45. Elle n'oublie pas qu'ils jouèrent le grand rôle parlementaire, au lendemain de la guerre, en servant les desseins de Bismarck contre les hobereaux.

Aujourd'hui, mal assise entre les instincts conservateurs et des idées libérales, elle demande à la guerre des solutions que ne trouvent pas ses représentants incapables et pitoyables. En outre, les industriels doctrinaires professent que les difficultés qu'ils ont avec leurs ouvriers ont leur origine en France, foyer révolutionnaire des idées d'émancipation; sans la France, l'industrie serait tranquille.

Enfin, fabricants de canons et de plaques d'acier, grands marchands qui demandent de plus grands marchés, banquiers qui spéculent sur l'âge d'or et la prochaine indemnité de guerre, pensent que la guerre serait une bonne affaire.

Parmi les « bismarckiens », il faut compter les fonctionnaires de toutes carrières, représentés assez exactement au Reichstag par les conservateurs libres ou parti d'Empire, parti des retraités, dont les idées fougueuses se déversent dans la *Post*. Ils font école et souche dans les groupements de jeunes gens, dont l'esprit a été préparé et tendu par l'école ou l'université.

L'Université, exception faite pour quelques esprits distingués, développe une idéologie guerrière. Les économistes démontrent, à coups de statistiques, la nécessité pour l'Allemagne d'avoir un empire colonial et commercial qui réponde au rendement industriel de l'Empire. Il y a des sociologues fanatiques qui vont plus loin. La paix armée, disent-ils, est un écrasant fardeau pour les nations, elle empêche l'amélioration du sort des masses et favorise la poussée socialiste. La France, en s'obstinant à vouloir la revanche, s'oppose au désarmement. Il faut, une fois pour toutes, la réduire à l'impuissance pour un siècle, c'est la meilleure et la plus rapide façon de résoudre la question sociale.

Historiens, philosophes, publicistes, politiques et autres apologistes de la « Deutsche Kultur » veulent imposer au monde une manière de sentir et de penser qui soit spécifiquement allemande. Ils veulent conquérir la suprématie intellectuelle qui, de l'avis des esprits lucides, reste à la France. C'est à cette source que s'alimente la phraséologie des pangermanistes, comme aussi les sentiments et les contingents des « *Kriegsvereine*, des *Wehrvereine* » et autres associations de ce genre. Il convient de noter que le mécontentement causé par le traité du 4 novembre a considérablement accru le nombre des membres des sociétés coloniales.

Il y a, enfin, des partisans de la guerre par rancune, par ressentiment. Ce sont les plus dangereux. Ils se recrutent surtout parmi les diplomates. Les diplomates allemands ont une très mauvaise presse dans l'opinion publique; mais plus acharnés sont ceux qui, depuis 1905, ont été mêlés aux négociations entre la France et l'Allemagne; ils accumulent et additionnent les griefs contre nous, et, un jour, ils présenteront des comptes dans la presse belliqueuse. On a l'impression que c'est surtout au Maroc qu'ils les rechercheront, bien qu'un incident soit toujours possible sur tous les points du globe où la France et l'Allemagne sont en contact.

Il leur faut une revanche, car ils se plaignent d'avoir été dupés. Pendant la discussion de la loi militaire, un de ces diplomates belliqueux déclarait : « L'Allemagne ne pourra causer sérieusement avec la France que quand elle aura tous ses hommes valides sous les armes. » (*Livre Jaune*)

C'est fait; les dés sont jetés. Nous allons voir maintenant qui les relèvera.

L'EMPEREUR — Menacé sans cesse par les diverses forces rivales qui luttent en lui, l'empire allemand se disloquerait, s'il n'était continuellement surveillé, entretenu, entraîné par la vigilance du maître, l'Empereur. La fonction impériale est le rouage suprême. Tant vaut l'Empereur, tant vaut l'Empire.

Ainsi l'avait voulu Bismarck : il comprenait, d'ailleurs, que le maître avait pour principal devoir de choisir un bon ministre, auquel il s'en remettrait du travail et de la charge.

Guillaume II fut d'une opinion différente ; il pensa qu'il suffirait seul à la tâche. Il assuma toutes les responsabilités. Ainsi, sa nature fit son règne. Par lui, l'Allemagne, non guidée, mais plutôt excitée dans le sens de ses qualités et de ses défauts, fut sans frein.

Quel est donc cet homme, ce souverain qui a déchaîné sur le monde la pire des calamités qu'ait connues l'histoire et qui, en déclarant une telle guerre et en donnant des mains à la façon dont ses généraux et ses soldats l'ont conduite, s'est montré le plus barbare et le plus sanguinaire de tous les hommes, ce souverain dont les œuvres ne sont comparables qu'aux ravages d'un Attila, en un temps où la douceur des mœurs et la noblesse des sentiments pacifiques paraissaient l'acquis indiscutable de la civilisation.

Tâchons de ressaisir ses traits, tels qu'ils apparaissaient à l'observateur impartial, avant qu'ils ne fussent révélés dans leur tragique caractère.

L'Empereur, quand il est à pied, apparaît de taille médiocre, d'aspect disgracieux et

GUILLAUME II ET L'IMPÉRATRICE AUGUSTA

presque vulgaire. Si c'était un simple bourgeois, on le verrait comme il est : le crâne en pointe, le front assez bien modelé mais étroit, de petits yeux d'un gris indécis, un regard dur quand il ordonne, caressant quand il veut plaire, la fameuse moustache en croc et le menton fuyant.

Une transformation complète se produit quand il est à cheval et qu'il défile à la tête de ses troupes : grandi par le casque d'argent surmonté de l'aigle d'or, tenant au poing le bâton de maréchal, le verbe éclatant, l'allure noble et grave, il apparaît comme la figure du commandement, le type du héros, sinon légendaire, du moins romantique.

L'Allemagne et l'Europe ont été prises à ces magnifiques apparences ; et l'homme vaniteux et spectaculeux qu'est au fond le monarque, s'y est pris lui-même. Sa nature prompte, mais superficielle, est entrée dans ce rôle, s'y est plu et, peu à peu, s'y est figée. Le surhomme a gâté et altéré l'homme. Enivré par la flatterie, il a perdu complètement le sens des nuances qui n'est déjà pas une qualité allemande. Ainsi, il a rendu moins accessible l'expression d'une physionomie qu'il cachait sous ce masque d'emprunt.

Ne manquant ni d'intelligence, ni d'application, il s'est laissé dominer par le souci de paraître et la crainte d'être méconnu ; ambitieux de tenir les premiers rôles et prétendant les jouer tous, mais le fond solide manquait en lui. Capable de velléités plus que de volontés, il n'avait ni l'ampleur de vue, ni l'énergie nécessaires pour dominer sa propre puissance et encore moins celle d'une nation qui, en pleine croissance et expansion, eût eu besoin pourtant de trouver, dans son chef, un sage, un modérateur.

L'homme qui a décidé d'un des plus grands événements de l'histoire est loin d'être un ignorant : il a des ouvertures sur tout et il en a notamment sur le rôle des princes dans l'histoire. Les uns admirent, les autres critiquent son universelle compétence et le goût qu'il a de l'étaler ; sa mémoire est prodigieuse, son activité sans limites, sa puissance d'assimilation remarquable. Ceux qui l'approchent disent qu'il lit peu, à peine quelques journaux et rapports ; mais, il comprend vite, s'intéresse à tout, saisit au vol et « replace » au bon moment.

Dans la causerie, où il prend tous les avantages, son désir de plaire ajoute à l'impression de vivacité, de promptitude et d'universalité dans les connaissances qu'il veut donner et qu'il donne. Si ce n'était une certaine vulgarité dans les plaisanteries, des éclats de voix trop débridés et trop bruyants, avec des gestes excessifs, les mains tapant sur les cuisses, une affectation de bonhomie, souvent pénible parce qu'elle ne paraît pas sincère, il atteindrait le but qu'il se propose : non pas tant de gagner et de convaincre que de surprendre et d'étonner.

GUILLAUME II ET LA FRANCE — Les sentiments réels de l'Empereur, en ce qui concerne ses relations avec la France, ont donné lieu à des appréciations diverses : peut-être espérait-il, à force d'attention et d'avances, parfois heureuses, le plus souvent inopportunes, faire fléchir l'admirable impassibilité nationale. En cela, il connaissait mal ceux à qui il s'adressait et, véritablement, il n'avait pas une conscience exacte de sa mission de souverain : car il faut aborder gravement les sujets graves.

Comme ces étranges prévenances peuvent jeter un peu de lumière sur les événements actuels, il n'est pas inutile de donner ici le compte-rendu de quelques-uns de ces entretiens familiers de l'Empereur, tel qu'il a été rédigé par des Français sur lesquels Guillaume II a essayé d'exercer, bien en vain, une fascination qu'il croyait irrésistible.

En juillet 1907, un ancien ministre français se trouvait en Allemagne. L'Empereur manifesta le désir de le rencontrer et le Français fut invité à se rendre à bord du *Hohenzollern*. Dîner en tête à tête et en veston, ainsi que l'avait désiré l'Empereur. Après le repas, bierabend (soirée à la bière), dans une brasserie de Kiel. Et là, devant les consommateurs muets de surprise et de respect, la conversation s'engagea.

Déjà, sur le *Hohenzollern*, l'Empereur avait abordé la question des relations entre les deux pays : il y revint tout de suite. « Je suis toujours heureux de voir des Français ». L'interlocuteur le remercia de l'attention avec laquelle il s'intéressait aux détails de la vie publique française : « Oui, dit l'Empereur, j'aimerais à parler à ce peuple ; il me semble que nous nous comprendrions. Mais il y a toujours des malentendus ».

Le Français demanda l'autorisation de parler avec franchise. Elle fut accordée : « Eh bien, nous ne pouvons arriver à comprendre la politique que l'Allemagne suit à notre égard. Tout ce qui émane de l'Empereur est bienveillant, tout ce qui émane du gouverne-ment est hostile. Pourquoi ?... » Suivit un exposé complet de l'œuvre de la diplomatie allemande au Maroc. « Certainement, personne, en France, en tentant de réaliser nos revendications légitimes sur le Maroc, voisin de l'Algérie, n'a eu l'intention de porter atteinte à l'Allemagne ; nul d'entre nous, en obtenant]la reconnaissance de nos droits par les autres puissances, n'a eu l'idée de nuire à l'Allemagne, de l'isoler, de l'encercler... »

L'Empereur relève le mot : « Je sais à quoi m'en tenir sur cela ; rien ne changera mon opinion. Le fond et la forme ont été pitoyables. Je sais que c'est « mon cher oncle » qui mène tout...Croyez que je sais tout ce qui se fait à Londres. Vous n'écoutez que John Bull ». — « Mais, répond l'interlocuteur, Votre Majesté voudra bien admettre que les procédés des deux pays à l'égard de la France ont été bien différents dans cette affaire du Maroc qui est, pour nous, chose si considérable et qui nous tient tant au cœur. »

Sur de nouveaux détails et sur des précisions indiquant le mauvais vouloir de la diplomatie allemande, l'Empereur, un peu nerveux et impatient, coupe : « Tout cela, ce sont des misères, je les arrangerai. Mais ce n'est pas de cela qu'il s'agit et je vous

parlerai très nettement, à mon tour. Entre les deux pays, ce qu'il faut, c'est l'*Alliance*. Alors, les deux pays, s'appuyant l'un sur l'autre, seront les maîtres du monde.

« Prenez garde : l'heure est critique. J'ai annoncé et prévu le *péril jaune* : on m'a traité d'hurluberlu. Eh bien ! les vaisseaux japonais sont maintenant ici, dans les eaux européennes et je vous jure que ce n'est pas moi qui les ai amenés. Il y a deux dangers : celui de l'Asie et celui de l'Amérique. Si nous continuons à nous entredéchirer en Europe, nous serons surpris : il n'y a qu'une issue, c'est l'Alliance. »

L'émotion était grande chez l'interlocuteur ; il laissa la conversation prendre un autre cours. Il devait rencontrer, de nouveau, le lendemain, l'Empereur, à un déjeuner à bord d'un yacht présent aux régates de Kiel ; il s'était décidé à reprendre la suite de la conversation : « Puisque Votre Majesté m'a permis la franchise, qu'elle m'autorise à lui demander si elle a fait ce rêve de conclure une alliance avec un pays démembré ? » Le regard de l'Empereur devint dur comme l'acier et, fixant le ministre français, il lui dit : « Et vous, monsieur, avez-vous fait ce rêve que je pourrais changer quelque chose à ce qui est accompli ? » Et, regardant ailleurs, il aurait repris à mi-voix : « Je vois que nous ne nous comprenons pas. »

LE TZAR ET LE KAISER

L'entretien fut de nouveau rompu, puis il reprit sur des choses insignifiantes, l'Empereur toujours le sourire aux lèvres, plein de bonne humeur et d'attention. Il ne parut pas froissé de ce qui avait été dit, mais ne renonça pas à revenir à son idée de convaincre son interlocuteur.

L'affaire du Maroc qui faisait, alors, l'objet de toutes les préoccupations fut de nouveau sur le tapis. Le ministre français signala à l'Empereur l'intérêt qu'il y aurait à chercher, d'abord, une détente et des relations meilleures sur ce point, par la reconnaissance franche et simple de la situation politique prépondérante de la France au Maroc, celle-ci étant disposée à garantir la situation économique de l'Allemagne. Mais, après beaucoup de bonnes paroles, de promesses de détail, Guillaume II ne céda rien sur le fond... L'Allemagne ne voit jamais que le point de vue allemand et l'Empereur se montra un digne chef de son peuple, dans cette circonstance.

Tout ce qu'on put obtenir de lui, ce fut une déclaration dilatoire : « Le traité d'Algésiras n'est fait que pour cinq ans ; voilà déjà deux ans passés, attendons trois ans ; nous verrons alors ». Après beaucoup de belles paroles et de protestations, l'entretien, voulu et cherché par l'Empereur, ne produisait rien.

Le français qui y avait pris part n'en rapportait que l'écho d'une vague menace : « Réfléchissez bien. Il se prépare des modifications importantes dans les arrangements des puissances en Europe... » C'était une allusion à ces éternelles tentatives de rapprochement avec la Russie, sur lesquelles tabla si fréquemment la diplomatie allemande et qui la trompèrent toujours.

UNE AUTRE ENTREVUE — Deux ans après, au cours de l'année 1909, un homme politique appartenant à la haute aristocratie française prit part à des réunions sportives où se trouvait l'Empereur. Pendant ces rencontres, qui se renouvelèrent plusieurs jours de suite, la personnalité de qui nous tenons ce récit observa que l'Empereur parlait un français extrêmement pur. Il ne releva qu'une seule expression fautive : L'Empereur, à la fin de chaque repas, disait invariablement à ses invités : « Bonne digestion » !

Guillaume II parle très durement à ses généraux et officiers de service. Les ordres sont cinglants et brefs, même brutaux. Quelqu'un raconta qu'en visitant le château de Hof-Kœnigsburg, en Alsace, il s'était aperçu que sa suite s'approchait de lui pour écouter les explications de l'architecte. Furieux, il avait levé son gant en l'air en se retournant vers ses généraux et leur avait crié : « A dix mètres ! »

Par contre, l'Empereur est très attentif à se concilier les inférieurs, les simples soldats, les gens de peu. Sa voix change dès qu'il leur adresse la parole, elle devient affable ; il plaisante familièrement.

Pendant la course du « Météor », deux hommes tombèrent à la mer. L'Empereur les fit repêcher tout de suite et, lâchant la surveillance du bateau, il les reçut lui-même, leur passa les deux mains sur le corps pour faire couler l'eau des vêtements ; il leur dit : « Allez tout de suite vous sécher, mes gaillards, ne vous occupez plus de la manœuvre ».

Le comte Eulenbourg dit au Français qui assistait à la scène : « Quand un général tombe de cheval, l'Empereur ne se retourne jamais ! ».

Le chancelier, prince de Bulow, dit au duc, dans une cabine du Hohenzollern : « L'Empereur n'aime pas les fonctionnaires, il n'est à l'aise qu'avec les gens de naissance et les officiers. J'ai souvent beaucoup de peine à décider Sa Majesté à conférer, même avec les diplomates ». L'Empereur lui-même dit au duc, et cela dans l'évident désir de plaire, — mais ceci indique sa manière — : « Quand Noailles était à Berlin, j'arrivais souvent à huit heures à l'hôtel de l'ambassade. Je montais dans sa chambre sans me faire annoncer ; il était toujours couché à cette heure. Alors, je m'asseyais au bord de son lit et nous causions pendant des heures, comme des camarades. C'était charmant. Mais c'est là un genre de confiance qui s'établit seulement *entre seigneurs, entre gens de même monde* ».

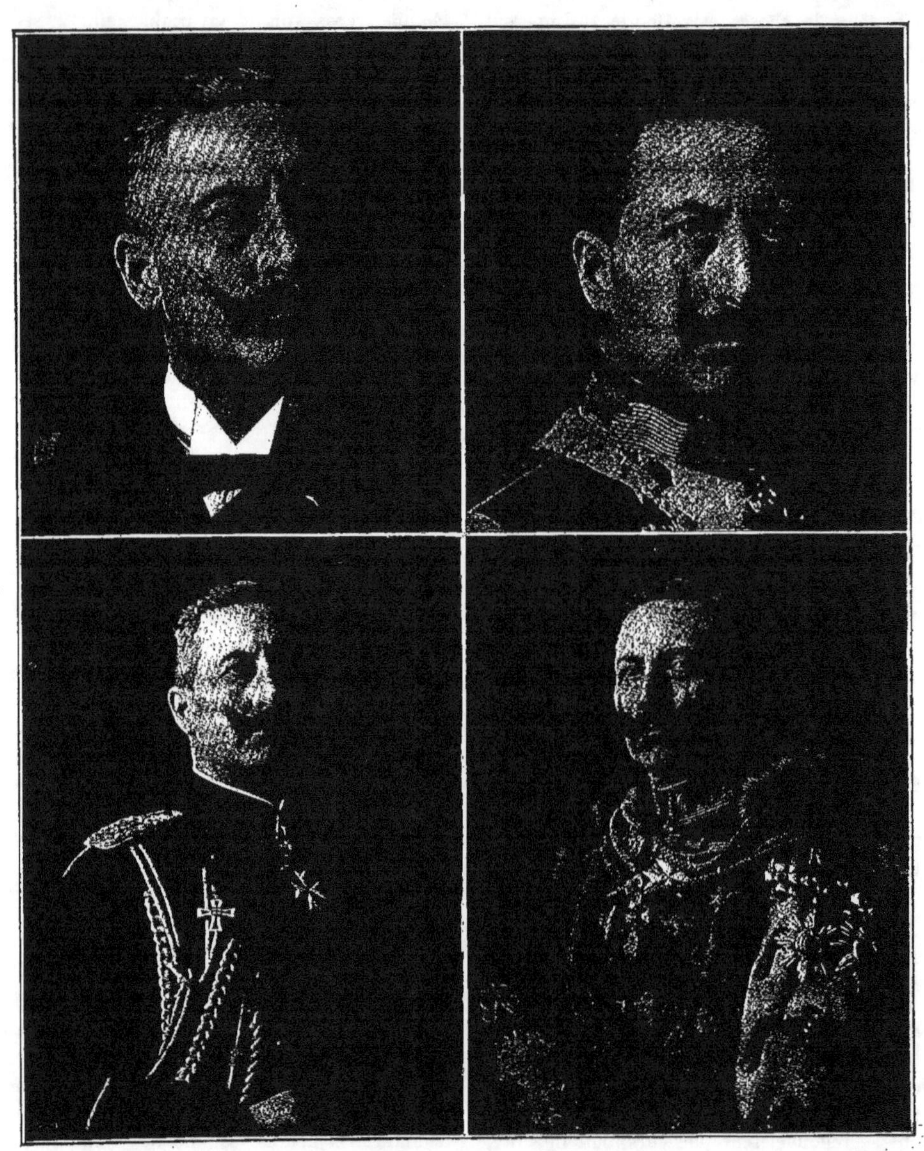

QUATRE UNIFORMES DE GUILLAUME II

L'Empereur parle du roi Edouard ; c'était sa hantise : « Il est incroyable quel prestige mon oncle exerce sur certains hommes d'État chez vous, et la dépendance dans laquelle ils se mettent vis-à-vis de lui, sans se rendre compte des effets qu'elle peut produire. Je ne crois pas, ajouta l'Empereur, qu'il y ait beaucoup de Français m'ayant approché qui soient sortis avec un mauvais souvenir ; il y a peu de gens avec qui les relations soient plus agréables qu'avec vous ; je le déclare en toute sincérité, parce que je le pense ».

Autre conversation.

Ce qu'on dit de l'Empereur à Paris, (c'est l'Empereur qui parle) : « — On dit chez vous que je suis théâtral, c'est un reproche bien démocratique. J'estime que tout renoncement au décor représentatif équivaut, pour un souverain et même pour tout pouvoir, à une abdication morale. Je sais bien que, chez vous, il y a une fraction politique qui désire cette abdication de tout pouvoir et je comprends bien que je déplais à ces gens. Mais, vous avez pourtant un passé récent très décoratif. Ces choses ne disparaissent pas en un jour ». L'Empereur insiste beaucoup sur ce point ; il tient à cœur de se justifier. « Si vous supprimez le « théâtre », dit-il, vous diminuez tout : la religion, le culte, la justice, tout l'appareil de l'autorité ne vit que de « théâtre ». On habille les juges, on habille les prêtres, pour qu'ils fassent impression ».

Enfin, il en vient, de lui-même, à la *question* qui, sans doute, est son éternel souci : « Vous ne m'avez pas encore demandé, monseigneur, (l'Empereur appelle toujours les ducs français « monseigneur »), comment je considérais la question du pays d'Empire (l'Alsace et la Lorraine) ; cela m'étonne ; car c'est la grande préoccupation que je lis sur les lèvres de tous les Français qui m'approchent. « Eh bien ! oui, cela existe. Que voulez-vous que je fasse ? J'avais onze ans pendant la guerre. J'ai trouvé la situation faite, et faite avec le sang de nos soldats et d'innombrables sacrifices. Je voudrais qu'un Français se mette seulement à ma place un jour ».

« J'ai souvent envisagé cette question qui me préoccupe plus que vous ne croyez, dit encore l'Empereur, mais, je n'ai pas trouvé de solution. Vous conviendrez bien, n'est-ce pas, que je suis responsable vis-à-vis de la nation du legs qui m'a été fait, que je ne puis pas agir sans peser tous mes devoirs envers tous ».

A un autre moment :

« J'ai pensé à ériger l'Alsace en duché. J'ai même consulté, à ce sujet, des hommes compétents et quelques autorités des pays annexés. Savez-vous ce qu'ils m'ont répondu ?... « Un duché avec un duc prussien ? Jamais. Même avec un prince allemand, mieux vaut le *statu quo.* » Alors quoi ? Un notable du pays que je ferai duc ? Encore non. On m'a dit qu'un homme élevé à ce rang assumerait très vite la haine de toutes les familles. Cette solution est impopulaire. Moi, personnellement, *je n'aurais jamais annexé* ; j'aurais demandé une indemnité double. Aujourd'hui, nous serions amis ; mais ce n'est pas un coup de chapeau que je veux, c'est une poignée de mains ».

Au cours d'un grand dîner, à bord du *Hohenzollern* : « Qui, aujourd'hui, tenterait raisonnablement de coaliser l'Europe contre nous, sans tomber dans le ridicule ? Pour qu'une idée, en ce moment si utopique, devienne possible, il faudrait que l'Allemagne ait assumé la haine de tous les peuples. Et *je vous demande si elle fait quelque chose pour cela ?...* J'ai fait tout ce que j'ai pu pour m'entendre avec votre gouvernement, mais c'est impossible. Il n'y a rien à faire. Dans dix ans, ce sera trop tard. L'Allemagne aura quatre-vingt millions d'habitants et les situations seront changées. A nous deux, nous aurions été les maîtres du monde... »

Le caractère apparaît dans ces conversations où, sous les formes de l'abandon, le calcul âpre et sans franchise se sent toujours.

LE ROLE DE L'EMPEREUR Si l'on considère le rôle de Guillaume II dans l'histoire de son pays, on le reconnaît à la fois très puissant, très efficace, mais imprudent et dan-

GUILLAUME II ASSISTANT A UNE REVUE DE SES TROUPES

COLOGNE — VUE SUR LE RHIN, PRISE DE DEUTZ

gereux jusqu'à devenir néfaste. Il n'exerce une domination haute et vigoureuse, ni sur ses ministres, ni sur son entourage, ni sur son peuple. Il a été l'homme de *la politique en zig-zag* et le bien qu'il a laissé faire a été altéré par le mal qu'il a fait. Il a trop souvent cherché le moyen, non le but; l'effet, non le résultat·

Il a continué l'œuvre des Roon, des Moltke, des Hoeseler; mais il n'a pas su découvrir de tels hommes ou n'a pas su s'en entourer.

Or, la plus précieuse qualité du souverain est de savoir choisir les hommes et de savoir les soutenir. Si l'Empereur Guillaume a entrepris de tout faire par lui-même, il s'est trompé, et c'est peut-être là sa plus lourde erreur.

Il a poussé jusqu'à l'extrême la préparation et la force offensive de l'armée. Il créa la flotte de toutes pièces, de 1898 à 1914. Il lutta avec succès contre les répugnances de son peuple à ce sujet, il triompha de ses résistances. Puis, il l'emporta d'un élan fougueux vers la « politique mondiale ». Il a prononcé les grands mots *grandia verba*, « le gantelet de fer, la poudre sèche, l'épée aiguisée »; il a essayé d'achever, par le rêve de l'hégémonie, l'œuvre de l'unité.

Mais l'histoire dira si ces espoirs n'ont pas été trop vastes et ces pensées insuffisamment mûries. Souvent, comme à Tanger, le geste de l'action a remplacé l'action elle-même. Aux yeux de ses sujets les plus dévoués et surtout les plus compétents, cette activité universelle et trépidante de l'Empereur fut déréglée et superficielle.

Au pays de la méthode, ce qui lui manque le plus, c'est la méthode. Les résultats sont annoncés plutôt qu'obtenus. L'Empereur fut porté par des courants, bien plus qu'il ne les dirigea; il donnait des impulsions et s'en désintéressait trop vite. Il lui manque le coup d'œil, l'intelligence claire et pratique, le souci d'approfondir, la continuité et, pour tout dire, en un mot, le bon sens tranquille.

« Malgré tous ses dons, il a gaspillé plus encore qu'il n'a produit, entrepris plus que réalisé. Son intelligence est prompte, mais volage. Il a plus de vanité que d'orgueil, plus de violence que d'énergie. Un « valeureux poltron » a dit son oncle, Edouard VII, dans un jour de mauvaise humeur : le jugement est peut-être sévère; on pourrait s'en tenir au diagnostic psychologique d'un grand médecin, le professeur Bergmann : « Toutes les qualités, je les lui accorde, sauf celles qui sont nécessaires à un souverain ». (Ch. Bonnefon.)

La guerre de 1914 prononcera, sur ce souverain, — où il y a du Frédéric-Guillaume IV plus, sans doute, que du Frédéric II, — le verdict définitif. Il s'est jeté de lui-même dans le trou qui sera son tombeau et qui donne sa mesure.

Après avoir gardé la paix pendant vingt-cinq ans, pourquoi cet homme, que certains proposaient pour le prix Nobel, a-t-il donné, tête baissée, dans la guerre ?

Sans doute, il avait cette impulsion en lui, mais, par crainte des résultats, il n'osait s'y abandonner. Il y a de ces neurasthéniques qui se surveillent eux-mêmes.

Il faut tenir compte, aussi, d'un élément qui dut agir sur sa nature inquiète et affaiblie. Le prince de Bulow, au moment où il se défendait contre les pénibles imprudences du souverain, a dénoncé cette plante *exotique* « la camarilla ».

L'Empereur n'a pas su choisir ses serviteurs intimes; comme à tous les princes, les chambres secrètes lui ont été funestes. Il avouait que sa cour, de même que le pays, était rongée « par les puissances des ténèbres ». Malade, découragé, vieilli, il trompait son ennui royal et le sentiment de ses propres défaillances, en faisant le bûcheron volontaire dans le parc de Sans-Souci.

La camarilla cherchait à soutenir sa fortune durant le règne actuel et, en prévision du règne futur, par une violente adhésion aux idées belliqueuses. Par là, on était sûr de conquérir la bruyante popularité des professeurs, des *Vereine*, des militaires retraités, des journalistes.

Les Tchirsky, les Conrad von Nœtzendorf, les Radolin et surtout ce jovial prince de Furstenberg, le tenaient dans les parties de chasse

LE PRINCE DE BULOW   M. DE BETHMANN-HOLWEG

et dans les longues soirées de causeries et de plaisanteries faciles qui avaient suivi les parties de musique des Eulenbourg. Tous, par intérêts, par convoitises, par esprit de caste, poussaient vers les décisions suprêmes qui tentaient sa vanité désespérée.

Lui qui avait tant aimé la popularité, il sentait que la popularité le fuyait et allait à son fils, moins intelligent et moins instruit, mais plus net, plus viril, plus soldat. Cet abandon de tout ce qu'il avait aimé et rêvé le rongeait. Ne serait-il pas un grand homme ? N'était-il pas un grand homme ? Déjà on le reléguait dans le passé. Sa moustache n'était plus de mode. Les jeunes gens avaient le visage glabre : il n'était donc plus jeune ?...

Il ne lui restait que quelques années, s'il ne voulait pas sombrer dans l'anonymat des souverains sans gloire. La guerre était la seule issue pour que le « théâtre », qui lui avait tant été reproché, devint l'action, pour

que le Talma, vieilli, s'achevât en Napoléon.

Le « militarisme » qui était devenu le mot d'ordre suprême de son peuple, ne devait-il pas se réaliser en lui et par lui? Il ajouterait ce rôle à tant d'autres. Comme l'autre empereur, le romain, il se résolut, s'il devait périr, à périr dans une immense tragédie : *Qualis artifex pereo* !

L'EMPEREUR VEUT LA GUERRE Depuis un an au moins, le parti était pris, le rêve pacifique était abandonné. Une lettre de M. Jules Cambon, datée du 22 novembre 1913 et relatant un entretien désormais historique avec le roi des Belges, ne laisse aucun doute : « Je tiens d'une source absolument sûre la relation d'une conversation que l'Empereur aurait eue avec le roi des Belges, en présence du chef d'Etat-Major général, de Moltke, il y a une quinzaine de jours, conversation qui aurait, paraît-il, frappé vivement le roi Albert ; je ne suis nullement surpris de son impression qui répond à celle que je ressens moi-même depuis quelque temps : l'hostilité contre nous s'accentue et l'Empereur a cessé d'être partisan de la paix... Il croit naturellement à la supériorité écrasante de l'armée allemande et à son succès certain...

« Au cours de cette conversation, l'Empereur était, du reste, apparu surmené et irritable. A mesure que les années s'appesantissent sur Guillaume II, les traditions familiales, les sentiments rétrogrades de la Cour et surtout l'impatience du militarisme prennent plus d'empire sur son esprit. Peut-être, éprouve-t-il on ne sait quelle jalousie de la popularité acquise par son fils qui flatte les passions des pangermanistes et ne trouve pas la situation de l'Empire dans le monde égale à sa puissance.

« Peut-être aussi, la réplique de la France à la dernière augmentation de l'armée allemande est-elle pour quelque chose dans ces amertumes : car, quoi qu'on dise, on sent qu'on ne peut guère aller plus loin... S'il était permis de conclure, je dirais qu'il est bon de tenir compte de ce fait que l'Empereur se familiarise avec un ordre d'idées qui lui répugnait autrefois et que, pour lui emprunter une locution qu'il aime à employer, nous devons tenir notre poudre sèche ».

Surprenante vérification de cette observation psychologique qui est le fond de toute l'histoire des hommes, à savoir que, nul, ici-bas, n'échappe à la destinée de son caractère. Le velléitaire de la politique en zig-zag, poussé par sa nature même, aurait fait le prodigieux zig-zag de la paix à la guerre !

LES CHANCELIERS DE L'EMPIRE L'Empereur est le maître de l'Empire, mais il ne dirige pas, à lui seul, la politique impériale. Bismarck avait soigneusement réservé, dans le système, la place de l'organe de transmission qui, dans sa pensée, devait être le principal organe d'action, le chancelier.

L'Empereur Guillaume rompit avec le prince de Bismarck au sujet de cette limite délicate des pouvoirs et des attributions entre le chef et le premier des subordonnés. Il n'avait pu se passer, cependant, d'un homme de confiance, tenant entre ses mains toute la pratique de la politique allemande.

Le chancelier allemand n'est pas le président du conseil des ministres sous le régime parlementaire ; mais il n'est pas, non plus, un simple instrument aux ordres de l'Empereur. Quelle que soit l'activité du souverain, elle ne saurait s'étendre à tout ; en particulier, elle ne peut entrer en relations suivies avec les assemblées politiques et avec les administrations.

En un mot, le monarque dirige la politique, il ne la *fait* pas.

Le chancelier a donc une très haute part de responsabilité dans la conduite des affaires ; selon qu'il les engage heureusement ou malheureusement, elles peuvent mener l'Empereur et l'Empire, soit au succès, soit au revers.

Bismarck fut le premier chancelier de l'Empereur Guillaume : il appartient à l'histoire de prononcer le verdict sur la façon dont le jeune Empereur congédia le fondateur et le plus grand homme de l'Empire.

Le Comte de Caprivi, qui le remplaça, était un soldat, esclave de la consigne ; il mit son esprit adroit et patient au service de la politique personnelle du souverain ; mais, sa loyauté ne sut pas se défendre contre les intrigues de la Cour et ce fut encore l'Empereur qui, subissant l'influence de la coterie des Eulenbourg, se sépara de lui, en 1894.

Le prince de Chodowig de Hohenlohe, cadet de famille souveraine, bavarois, catholique, fut chancelier de 1894 à 1900, après avoir été, pendant dix ans, ambassadeur à Paris et, pendant les cinq années suivantes, statthalter d'Alsace-Lorraine. Fine lame, esprit sec et souple à la fois, diplomate expérimenté, attaché par ses origines, à la fois aux conservateurs du nord et aux libéraux de l'Allemagne du sud, il avait pris le parti d'obéir : mais, sa docilité voulue se vengeait en écrivant, chaque soir, les notes ironiques de ses *Souvenirs*, où personne, pas même l'Empereur, n'est ménagé.

LE YACHT IMPÉRIAL *HOHENZOLLERN* SALUÉ PAR LES FORTS DE MEDWAY

Il disait à celui qui écrit ces lignes que sa principale fonction, en tant que chancelier, était de courir aux quatre coins de l'Allemagne pour réparer les imprudences et les intempérances de langage de son maître.

LE COMTE DE BULOW Le prince de Hohenlohe eut pour successeur le comte Bernard de Bulow, fils d'un des principaux collaborateurs de Bismarck : comme il fut appelé à jouer un rôle prépondérant dans les événements de la guerre de 1914, il n'est pas inutile de rappeler les principaux traits de son caractère et de son activité politique.

Il est né le 3 mai 1849, près de Hambourg, de famille mecklembourgeoise, ayant des origines danoises : c'est plutôt un scandinave qu'un prussien ; il fit ses études dans l'Allemagne du sud et vécut de nombreuses années à l'étranger. Il fut secrétaire d'ambassade à Paris où il connut Gambetta et Jules Ferry, puis ministre en Bulgarie, ambassadeur à Rome où il épousa la comtesse Donhoff, née princesse de Camporeale, fille de Mme Laura Minghetti. Allemand, certes, mais, comme on le voit, Allemand européanisé et humanisé.

Le comte Bernard de Bulow, « le cher Bernard » put se croire, après quelques années de ministère, l'homme du règne. Par la volonté de l'Empereur, une intimité cordiale s'établit entre le maître et le serviteur. L'Empereur voyait son ministre tous les jours, pour le plaisir de bavarder ; il le tutoyait, le cajolait, le comblait, faisait pavoiser la flotte en son honneur. De son côté, il se croyait assuré d'un serviteur si coulant et si souple, sans deviner peut-être, sous les apparences charmantes, l'esprit perspicace qui le jugeait et l'humeur maligne que l'excès même de ses attentions agaçait parfois.

L'ARRIÈRE DU YACHT IMPÉRIAL

Le comte de Bulow,

promu plus tard, par la grâce impériale, prince de Bulow, est certainement un esprit distingué ; il a l'art d'agencer, le sens du possible, l'application constante quoique assez indolente aux affaires, mais il a toujours paru l'homme d'une seule affaire, en cela diplomate plus qu'homme d'État ; élève de Bismarck, mais n'ayant, du maître, ni la largeur des vues, ni l'autorité.

Sa qualité maîtresse peut-être, fut celle qui se révèla en lui, quand, de ministre des Affaires étrangères, il devint chancelier, — l'éloquence. Cet homme, de carrière silencieuse, déploya, devant le parlement, une souplesse oratoire, une abondance, un esprit, une ingéniosité, en un mot, un don de séduction que personne, peut-être dans ce genre, n'a surpassé en Allemagne. Mais on sentait percer, en lui, les défauts du « parlementaire », l'excès dans l'habileté manœuvrière, le sacrifice de l'objet aux moyens, le goût de l'approbation, la préoccupation extrême de la presse, et, surtout, le rabaissement de son objectif à ce qu'il appelait le sens des réalités, ce qui revient à dire au terre à terre et au matérialisme politique.

Dans le procédé de cet homme public, élevé sur les genoux de la Cour, adouci par les longs séjours au dehors, atténué par le scepticisme diplomatique, grisé par les succès oratoires, on ne peut pas ne pas remarquer une certaine absence de vigoureux nationalisme et de ferme attache au simple et au solide. Plus proche de Beaconsfield que de Bismarck, il se définit, en quelque sorte, lui-même, dans un de ses derniers discours : « Rien n'est éternel en politique; le but, c'est-à-dire le bien, la grandeur et la puissance de la patrie subsiste, mais les moyens changent selon l'opportunité. » Un membre distingué de ce parlement et qui me voulait du bien, M. Bamberger, me disait, un jour : « Je crois bien que le secret de la politique étrangère consiste, en réalité, dans une certaine inconséquence audacieuse ».

« Une certaine inconséquence audacieuse », telle est la méthode de cet esprit, méthode que l'on put croire un moment supérieure, mais qui, se heurtant à la capricieuse intempérance du maître, aboutit à clore sa carrière de chancelier par un retentissant échec.

A l'extérieur, le prince de Bulow donna sa mesure dans diverses circonstances qui ne sont pas sans rapport avec les événements de 1914 ; il fut, après l'Empereur Guillaume, l'endosseur, sinon le créateur de la « politique mondiale » ; il eut, avec Chamberlain, un débat retentissant et qui ne contribua pas peu à irriter les esprits, réciproquement, en Allemagne et en Angleterre ; il rencontra, sur sa route, la politique d'Edouard VII et ne sut pas y parer ; dans ses relations avec la France, il connut, d'abord, un succès chèrement payé en épuisant l'autorité de l'Allemagne, pour mettre en échec un ministre français, puis un échec, beaucoup plus grave, en ameutant le monde contre l'Allemagne, à la conférence d'Algésiras. A l'égard de la Russie, ses responsabilités sont plus lourdes encore : c'est lui qui soutint l'Autriche-Hongrie contre la Russie, lors de l'annexion de la Bosnie-Herzégovine et qui, en 1908, dans une situation presque semblable à celle qui se reproduisit en 1914, et alors qu'il s'agissait de savoir si on laisserait écraser la Serbie par l'Autriche, donna à la Russie « l'avis amical » qui devait faire reculer celle-ci, mais qui ne pouvait plus se répéter par la suite.

Dans la politique intérieure, le ministère du comte de Bulow, alternant dans un jeu plus habile qu'efficace auprès des différents partis conservateurs, combattit vigoureusement le socialisme, mais sans en extirper la racine. Il vit se développer les scandales dans l'administration, dans l'armée, dans le monde, dans la cour. Sous ce diplomate indulgent, adroit et superficiel, la vieille Allemagne s'enrichissait et se démoralisait. L'Empereur, toujours adulé et trompé, au fond, par cette insouciance éloquente, s'abandonnait à l'illusion de cette prospérité gangrenée, quand il fut réveillé par les deux coups de foudre du scandale des Eulenbourg et de l'interview du *Daily Telegraph*. Et, pour comble, le chancelier, qui l'avait laissé s'approcher de l'abîme couvert de fleurs, parut

L'EMPEREUR GUILLAUME II EN UNIFORME DE UHLAN

l'y pousser quand l'une et l'autre crise éclatèrent. Il y eut alors, dans cette carrière d'homme politique trop complaisant ou trop aveugle, deux actes qui passeraient pour des actes de courage s'ils n'avaient pas été sans préparation et sans lendemain. Et, dans l'une et l'autre circonstance, c'est l'Empereur qui était visé : le serviteur, le courtisan, l'ami « lâchait » le maître.

Maximilien Harden avait dénoncé, dans la *Zukunft*, les faits qui contaminaient l'Allemagne comme « une nouvelle Sodome ». Le prince impérial avait dû porter à la connaissance de l'Empereur les articles visant personnellement celui-ci. Voici dans quels termes le Chancelier défend l'Empereur, tout en se dégageant lui-même, devant le Reichstag et devant l'opinion : « Messieurs, il s'agit d'assertions générales non prouvées qui ne doivent pas être répétées dans cette chambre et que je repousse avec énergie et résolution. Certes, dans la mesure où le procès Moltke-Harden a établi certains manquements individuels à la moralité, j'ai ressenti de cette démonstration un sentiment de honte, et je ne doute pas que l'administration ne fasse tout son possible pour détruire, par le fer et le feu, de telles abominations. De même que personne n'effleure d'un doute la haute moralité et la belle vie de famille dont notre couple impérial donne l'exemple, de même, personne ne prendra l'Allemagne pour une nouvelle Sodome... Si l'on me demande pourquoi le chancelier ne s'est pas chargé de l'initiative, je répondrai que je n'ai connu de *faits précis* qu'au printemps de cette année, et, si je n'ai pas soumis les articles de la *Zukunft* à l'Empereur, c'est que, Messieurs, une démarche semblable appartenait à celui qui était le plus près du trône. (Cela revient à dire que le linge sale se lave en famille).

« Le Kronprinz a rempli, à l'égard de son père, un acte de *piété filiale*. Il agissait dans l'intérêt du pays ; son intervention n'avait pas un caractère officiel. Un ministre responsable ne peut soulever des accusations aussi graves que lorsqu'il est en mesure de produire des preuves... Lorsque Sa Majesté m'a parlé, pour la première fois, des attaques de la *Zukunft* (donc, cet intime n'eut jamais pris de lui-même l'initiative de porter le fer sur la plaie), je lui ai simplement dit qu'il fallait uniquement songer *à garder de toute souillure son blason, celui du pays et celui de l'armée* ».

Ce sont des conseils qu'un prince, un homme ne doit pas aimer à entendre.

Le chancelier n'était pas moins énergique, on pourrait presque dire moins cruel, dans l'affaire retentissante de l'interview du *Daily Telegraph*. L'incident est connu : Rappelons seulement les paroles du ministre de Guillaume II : « La constatation que la publication de ses conversations n'a pas produit en Angleterre l'effet que Sa Majesté l'Empereur en attendait, mais a fait, dans ce pays, une sensation profonde et une douloureuse impression, — j'en ai dans ces jours difficiles acquis la douloureuse conviction — conduira Sa Majesté l'Empereur à observer *désormais*, dans ses entretiens privés, cette réserve qui est aussi indispensable pour *une politique suivie* que pour l'autorité de la couronne. S'il en était autrement, ni moi, ni aucun de mes successeurs ne pourrait porter le poids de la responsabilité gouvernementale ».

Et l'Empereur était obligé d'accepter cette autre leçon. Que conclure de ce double incident, qui en révélait mille autres cachés avec peine, sinon que le ministre, rendu plus indépendant par un riche héritage, était las, lui aussi, de surveiller les imprudences du monarque et qu'il laissait à d'autres le soin de pallier les fautes impériales ou d'en partager la lourde responsabilité devant l'histoire.

M. DE BETHMANN-HOLWEG Le successeur que le rusé diplomate avait désigné, à l'heure où lui-même se sentait à bout de souffle, était un homme de ressources bornées et même d'ambitions restreintes, mais un serviteur incliné devant l'autorité suprême, fidèle exécuteur de la consigne, en un mot, un fonctionnaire, M. de Bethmann-Holweg.

GABRIEL HANOTAUX
de l'Académie Française

HISTOIRE ILLUSTRÉE
DE LA
GUERRE DE 1914

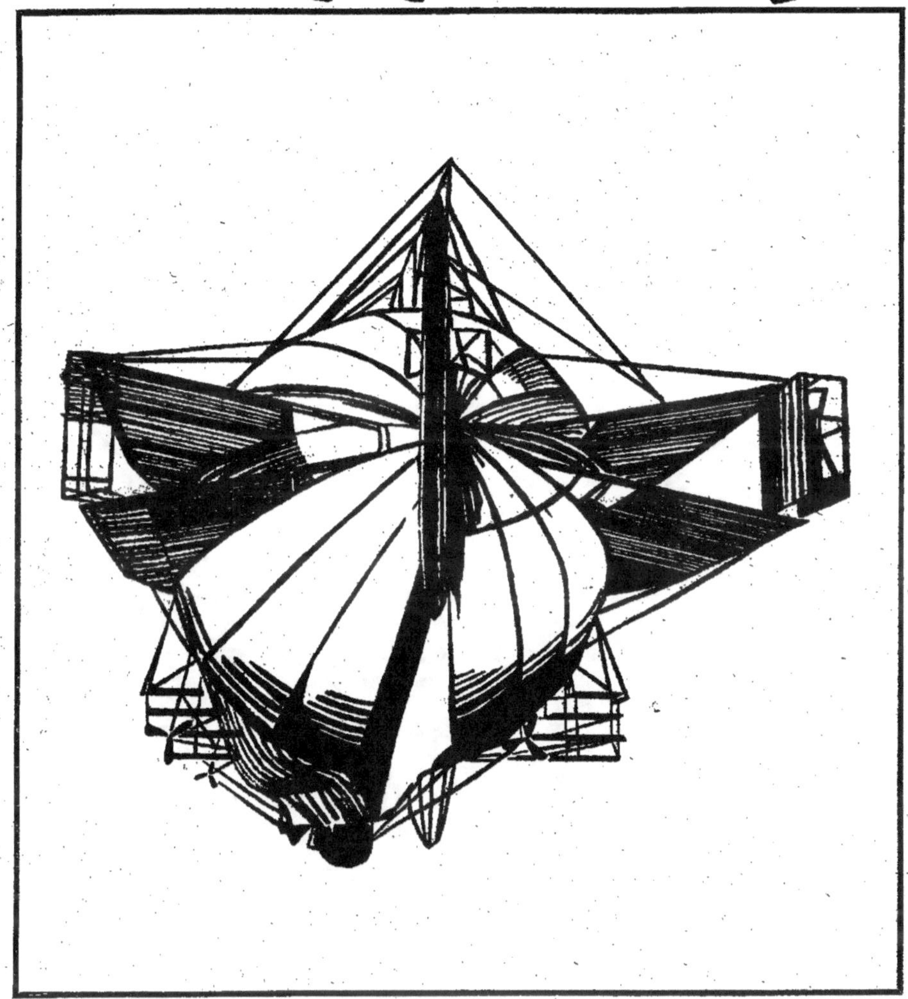

24 PAGES DE TEXTE ET D'ILLUSTRATIONS

FASCICULE N° 6

GOUNOUILHOU, ÉDITEUR
PARIS, 8, boulevard des Capucines & BORDEAUX, 8, rue de Cheverus.

PRIX NET
1 franc

Les premiers chapitres de l'*Histoire Illustrée de la Guerre de 1914*
sont forcément consacrés à un exposé des origines du conflit mondial. Ils comportent, par suite, une illustration rétrospective. Pour
donner plus de variété aux premiers fascicules, quatre pages en seront
réservées à des photographies se rapportant à des faits plus récents.
Ces pages ne seront pas numérotées et, au moment de la reliure,
pourront être placées à l'endroit du volume auquel elles se rapportent.

Voir pages 3 et 4 de la couverture
les conditions de souscription.

LE CANON DE CAMPAGNE ALLEMAND DE 77 MILLIMÈTRES

Gauche et dégingandé, embarrassé de ses mains et de ses jambes, timide et roide au moral, consciencieux et pédant, ce chancelier était l'homme qu'il fallait au monarque qui ne voulait autour de lui ni le génie, ni l'expérience, ni l'indépendance, ni même l'esprit.

Ayant fait de brillantes études, fort en thème, juriste « distingué », ancien secrétaire d'État à l'intérieur, le nouveau chancelier était précédé au pouvoir par une réputation d'honnêteté et de loyauté ; il ne s'était jamais occupé des affaires étrangères, mais ne doutait pas qu'elles ne s'apprissent par application et bonne volonté, puisque tout s'apprend. Il est probable que cet homme qui porte la responsabilité formelle de la plus atroce des guerres et qui s'y prit si mal pour la justifier, se croit, de bonne foi, un pacifiste.

Il s'adjoignit d'abord, comme ministre des affaires étrangères, Kiderlen-Wæchter, qui n'était qu'un réaliste brutal et mal élevé ; c'est avec lui qu'il tenta la double manœuvre d'un rapprochement avec l'Angleterre et d'un rapprochement avec la Russie, mais il ne sut les pousser à fond, ni l'une ni l'autre. Kiderlen-Wæchter mourut, et Schœn le remplaça ; c'est un médiocre, malade imaginaire, détestant les villes et faisant son rêve d'une ambassade à Paris qui se passerait sur la Côte d'Azur ; puis ce fut Tchirsky, Jagow, des sous-ordres, n'ayant qu'un programme, lire dans les yeux du maître sa volonté et la précéder toujours.

Le chancelier, parmi ces changements constants, n'avait toujours pas de politique étrangère. Ne pouvant en trouver une de lui-même, il s'attacha à un dogme d'origine bismarckienne et dans lequel Guillaume II s'entêtait au delà même de la raison, — la fidélité inébranlable à l'alliance autrichienne. Avec ces hommes de second plan, l'audace des d'Ærenthal et de l'archiduc François-Ferdinand devaient mener le jeu.

Pourtant, Bethmann-Hollweg trouva son heure dans cette course aveugle au destin. C'est le jour où, pour justifier le projet de loi militaire de 1913, qui fut l'une des origines de la guerre actuelle, il prononça le discours le plus violemment anti-slave qui soit sorti de la bouche d'un homme d'État allemand. On peut dire que, ce jour-là, il a déclaré la guerre à la Russie, selon le mot de Bismarck, « il a prévenu les desseins de la divine Providence ».

Voici le passage fameux, la première des « gaffes » monumentales du chancelier dont le sort était de mener le monde aux plus affreux désastres, sans le faire exprès et peut-être en se croyant innocent, — comme il l'est en effet : « Un résultat d'une telle guerre, dit ce prophète inconsidéré, ne saurait être douteux ; si, jamais, il se produisait une conflagration européenne qui mette face à face les Slaves et les Germains, il serait pour nous désavantageux que la place occupée autrefois par la Turquie d'Europe dans l'équilibre des forces, fût prise maintenant par des États slaves... Je ne dis point ceci parce que je considère comme absolument nécessaire qu'un choc se produise entre les Slaves et les Germains (*Rires parmi les socialistes*)... Le gouvernement russe, notre grand voisin slave, entretient avec nous des rapports amicaux ; cependant, les courants panslavistes, dont Bismarck se plaignait déjà, ont été puissamment renforcés par les victoires des Slaves dans les Balkans, et ceci peut faire naître un *antagonisme russo-allemand*, puisque cela a déjà fait naître des polémiques de presse austro-russes et que la *fidélité de notre alliance s'étend au delà des ressources de la diplomatie*. »

Servilisme à l'égard de la politique austro-hongroise, menace directe à la Russie, mépris et crainte de l'élément slave dans les Balkans,

tout y est ; pour obtenir les moyens de préparer la guerre, le chancelier décrivait, d'avance, devant le monde, les raisons « allemandes » de la guerre que l'Allemagne devait déclarer.

Entre le vaniteux sans fermeté qu'est l'Empereur et le serviteur, sans malice, qu'est son chancelier, le parti militaire avait beau jeu. Les affaires de l'Empire n'étaient pas menées.

Personne ne se demandait sérieusement si l'Allemagne n'avait pas un intérêt suprême à éviter la guerre à tout prix : l'accroissement de sa population, de son commerce, de sa prospérité lui assuraient l'avenir ; elle n'avait qu'à attendre... Personne ne voulait s'en apercevoir ou n'osait le dire ; on n'écoutait que les gens pressés, courtisans décavés, généraux fatigués, diplomates rancis, monde pourri, « camarilla » sans responsabilité, jeunes ambitions ardentes à se presser dans les avenues du futur règne.

Tout ce monde, en l'absence d'une tête ferme, se groupait autour du prince impérial. Les Dauphins, trop impatients de régner, sont de mauvais meneurs de peuple : celui-ci était le pire de tous.

LE KRONPRINZ Homme de sport et de noce, hautain, violent, tête étroite, le verbe haut, bridé très rudement par son père, il avait eu une jeunesse d'autant plus pénible qu'il enviait la faveur dont jouissait son frère Eitel-Frédéric, qui naufragea, un jour, dans des histoires suspectes.

A l'aîné, on refusait même de l'argent; sans cesse aux arrêts, il était accompagné, toute la journée, par un officier d'ordonnance qu'il considérait comme un espion et qui, de demi-heure en demi-heure, tirait sa montre et lui rappelait ses devoirs, d'un ton sec et respectueux. Un moment, il songea à renoncer au trône, à quitter l'armée, à faire un éclat. Mais, il reprit barre par ses défauts mêmes. Grand trousseur de cotillons, il se sentait un homme, parmi les efféminés dont l'haleine empoisonnait l'atmosphère de la cour.

INFANTERIE ALLEMANDE AUX MANŒUVRES

Il parla tout haut, quand les dénonciations de la *Zukunft* eurent mis la plaie à nu, et c'est lui qui y mit le feu en s'adressant froidement à son père. Celui-ci baissa la tête : de ce jour, il fut subjugué ; le fils qui avait parlé devint le maître du père qui s'était tu. On laissa passer toutes ses incartades ; le prince devint l'homme des partis pris énergiques, des coups de boutoir, des esclandres en plein Reichstag, des menaces retentissantes, en un mot, le chef du parti de la guerre. Tout lui était permis.

L'histoire saura, un jour, les responsabilités de ce jeune homme et de ceux qui ont toléré ses incartades. Peut-être, à l'heure décisive, une parole venue de lui fut-elle la cause déterminante du conflit. Il y a, toujours, une « conjoncture » — pour employer l'expression allemande — dans la suite des générations : c'est l'heure où un choc se produit par la rencontre des pères qui blanchissent sans vouloir vieillir, et des fils qui mûrissent sans vouloir attendre.

CHAPITRE V

LA POLITIQUE DES ARMEMENTS

'IL pouvait y avoir un doute sur la volonté de l'Allemagne de devenir, un jour, la maîtresse des destinées du monde, si le programme de la *Weltpolitik* ne suffisait pas, si les doctrines des maîtres de la pensée allemande ne paraissaient pas assez démonstratives, il resterait un fait qui entraînerait la conviction, c'est la politique des armements, pratiquée méthodiquement pendant de longues années, au milieu d'une paix profonde et qui paraissait pouvoir se prolonger longtemps encore.

Sur ce terrain, l'Allemagne prit toujours les devants, stimula, sans cesse, le zèle de ses alliés, et emporta fatalement le monde tout entier à sa suite. Elle s'imposa des sacrifices énormes et se soumit à un entraînement de tous les instants, pour être toujours prête et se trouver en mesure de choisir son heure. Sur terre et sur mer, elle s'élançait dans cette voie avec une rapidité vertigineuse, décidée à ne se laisser distancer par personne.

Tandis que les autres puissances, l'Angleterre, la France, la Russie, avaient des périodes de détente et risquaient même de compromettre leur sécurité en se laissant bercer au refrain de la romance pacifiste, l'Allemagne y ferma résolument l'oreille. Le militarisme n'était pas seulement une thèse de chaire, de presse ou de tribune, c'était un système actif et réel, encadrant une nation toujours croissante, dans son étreinte toujours resserrée.

« Un peuple uni, une armée forte, puissante, fermement conduite et animée d'une confiance sans réserve », tel était le programme tracé par le général comte de Schlieffen, chef du grand État-major général. L'Empereur parlait sans cesse de « l'épée toujours aiguisée ». Et, si l'on demandait aux hommes d'État de donner la raison de ces armements à outrance, le chancelier répondait par des paroles sybillines : « Ils sont nécessaires pour atteindre le but que l'Allemagne se propose. La prospérité de l'Allemagne, pendant la paix, dépend de sa préparation à la guerre. »

Arracher, par la crainte, aux rivaux des avantages, préparer avec soin le coup décisif, frapper sans hésitation quand tout sera prêt, tel fut, en réalité, le dessein qu'on s'efforça de réaliser. Chaque fois que l'occasion s'en présentait, la diplomatie faisait sonner le sabre sur le pavé, et obtenait toujours quelque profit en raison des appréhensions que la force croissante des armées allemandes répandait dans l'univers.

LE KRONPRINZ EN UNIFORME DE COLONEL DE HUSSARDS ANGLAIS

Les efforts se portaient, avec un esprit de suite remarquable, sur la préparation de l'armée active, celle qui était destinée à donner, le cas échéant, le coup de massue.

« L'armée allemande, disait le général Heeringen, ministre de la guerre, doit être prête à faire face à l'ennemi, en tout moment, sans qu'on ait à compter avec l'incorporation des recrues. »

Et le ministre de la marine, l'amiral von Tirpitz, que les pangermanistes poussaient en avant comme le chef du mouvement, ajoutait, avec plus de précision encore, devant le Reichstag : « Tout peuple doit considérer que les hostilités éclateront probablement à l'improviste. C'est dès le début de la guerre qu'auront lieu les opérations décisives. »

Voyons par quelle suite d'efforts incessants les autorités impériales veillèrent au développement de l'instrument d'agression : l'armée active.

L'ARMÉE ACTIVE En 1874, l'Allemagne comptait, dans son armée active :

> 469 bataillons d'infanterie,
> 300 batteries,
> 465 escadrons.

La loi du 15 juillet 1890 porta l'effectif à :

> 538 bataillons,
> 434 batteries,
> 465 escadrons.

En 1905, une nouvelle augmentation se produit :

> 633 bataillons,
> 574 batteries,
> 510 escadrons.

La force de l'armée allemande est ainsi portée de 401.000 hommes à 487.000 hommes (officiers et sous-officiers non compris), puis à 505.839 hommes.

En 1911, nouvelle augmentation de 2,8 o/o, qui renforce surtout l'artillerie :

> 634 bataillons,
> 592 batteries,
> 510 escadrons.

sont prêts à partir au premier signal.

A peine ce « quinquennat » est-il voté, qu'en 1912, une loi, justifiée « par la concurrence des intérêts matériels entre les nations », affirme le caractère nettement offensif de ces continuelles augmentations.

La loi de 1911 avait prévu un accroissement de 11.000 hommes; elle créait 114 compagnies de mitrailleuses, 18 batteries de campagne, 8 bataillons d'artillerie à pied. S'inspirant des enseignements de la guerre de Mandchourie, elle tendait à renforcer l'artillerie lourde, et tenait compte du fait que « la puissance des moyens d'attaque et de défense *allait donner un caractère de guerre de siège à la campagne future* ».

Pionniers, chemins de fer, aérostiers, télégraphistes, automobilistes, trains des équipages étaient développés.

Ainsi on arrivait aux effectifs suivants :

> 515.000 soldats,
> 71.000 sous-officiers,
> 14.000 volontaires d'un an,
> 6.000 employés ou ouvriers militaires

devant former, en 1915, une armée active de 626.000 hommes.

L'article additionnel de la loi de 1912 tendait « à charpenter solidement, en temps de paix, les corps de premier choc destinés à donner l'effort maximum dans les batailles initiales ».

Cette loi dotait les régiments de frontière d'un troisième bataillon, renforçait l'effectif de 123 bataillons et de 11 batteries, ajoutait aux 626.000 hommes, prévus en 1911, 29.000 soldats, 5.000 sous-officiers et 3.000 officiers. Avec les 40.000 officiers et fonctionnaires militaires, l'armée active s'élevait à 700.000 hommes.

Entrons dans quelques détails :

Le nombre des corps d'armée était porté à 25, dont 21 prussiens, 3 bavarois et la garde. La couverture s'augmentait de 2 bataillons de 9 compagnies de mitrailleuses, de 4 batteries de campagne, de 2 batteries d'artillerie à pied, d'un escadron de cavalerie et de 2 sections de projecteurs.

MITRAILLEUSES ALLEMANDES EN ACTION

A Metz et à Strasbourg, des centres d'aviation s'organisaient en 26 détachements.

Enfin, pour préparer et perfectionner les formations de deuxième ligne, 22 inspections de Landwehr étaient créées en une seule fois. Le nombre des bataillons dépassait de 90 les bataillons français.

En somme, de 1905 à 1914, l'armée allemande comptait, le 1er octobre 1912, 651 bataillons d'infanterie, 516 escadrons de cavalerie, 213 compagnies de mitrailleuses, 633 batteries de campagne à 6 pièces, 48 bataillons d'infanterie à pied, une artillerie lourde, en augmentation de 24 o/o, 33 bataillons du génie, 18 bataillons de troupes de communication.

LA LOI DE 1913 On eût pu croire qu'un tel effort était le dernier. L'Allemagne, avec son allié certain, l'Autriche-Hongrie, était de taille à lutter contre la coalition éventuelle de la Russie et de la France. Si elle n'eût conçu qu'une politique défensive, elle se fût tenue en repos. Sa flotte, incessamment accrue, protégeait ses côtes et son commerce : elle n'avait qu'à laisser le temps et sa natalité croissante travailler pour elle.

Or, c'est le moment qu'elle choisit soudain pour faire un bond prodigieux dans la voie des armements et sur la route dangereuse qui la conduit au maximum de l'effort et au summum du risque.

Le militarisme a posé un nouveau principe : « Tout Allemand doit être astreint au service militaire obligatoire. » M. de Bethmann-Hollweg, docile instrument aux mains du parti, le formule ainsi, dans une déclaration à la Société nationale d'Agriculture : «Le peuple allemand veut que tous ceux qui peuvent être soldats, le deviennent effectivement. »

Pour réaliser, au moins en grande partie, un pareil programme, il fallait un milliard : un impôt exceptionnel portant, à la fois, sur le revenu et sur la fortune et frappant les riches, le fournit.

« L'année 1813, écrivait la *Correspondance politique et militaire*, fut une année de sacrifices. L'année 1913 doit l'être aussi pour chacun ; car les temps ne sont guère moins graves qu'il y a cent ans. »

En conséquence, les souverains confédérés, les hobereaux, la bourgeoisie libérale et catholique, les socialistes eux-mêmes acceptèrent ce sacrifice.

Le projet de loi prévoyait 4.000 officiers en plus des chiffres fixés par la loi de 1912, 15.000 sous-officiers, 117.000 soldats, — ou 126.000 avec les 9 0/0 prévus par l'excédent sur les estimations budgétaires.

Présenté le 7 avril, il fut discuté le 28 avril par la Commission du Budget. Le 30 avril, il était approuvé à l'unanimité des partis bourgeois et voté le 30 juin 1913 ; il devait être appliqué en grande partie dès octobre 1913.

Les causes politiques de cette nouvelle loi, dont le caractère d'urgence avait quelque chose d'impressionnant et presque de terrifiant, se résument en deux mots : augmentation de puissance immédiate pour l'Allemagne ; donc, prévision d'une guerre prochaine. D'ailleurs, un fait patent, depuis les révélations produites par M. Giolitti à la tribune de la Chambre italienne, suffit pour tout expliquer : *dès août* 1913, l'Allemagne faisait sonder l'Italie, pour savoir si cette puissance considérerait une attaque immédiate sur la Serbie comme entraînant le *casus fœderis*. Il y avait donc, dès lors, une volonté d'agression parfaitement consciente et nettement déterminée.

On agitait, à la fois, les deux spectres, le spectre de l'expansion slave et celui de la revanche française. Un article de la *Gazette de Cologne* du 10 mars, sur la « France qui

trouble la paix », était destiné à entraîner l'opinion allemande, anxieuse en présence de tels sacrifices.

Après l'avoir inspiré, le chancelier le désavoua, mais le coup était porté.

La presse allemande tout entière suivait le mot d'ordre, tantôt incriminant les voisins de l'ouest et tantôt les voisins de l'est.

Le 8 mars, la *Germania* avait dit : « Il s'agit de savoir si les Allemands désirent que l'Autriche-Hongrie soit menacée dans son existence ou même s'effondre pour le plus grand bénéfice des Slaves : telle est la question *essentielle* qui se pose, en ce moment, dans la politique extérieure ; toutes les autres sont secondaires. »

A quoi la *Gazette de Cologne* répondait, renvoyant la balle : « Dans quelque coin du monde qu'éclate un incendie, une chose certaine et sûre, c'est que nous aurons à croiser le fer avec les Français. »

Ayant ainsi préparé les voies, le chancelier, défendant la loi devant le Reichstag, prit la parole le 7 avril; il recourut aux mêmes procédés d'affirmations tranchantes et de restrictions mentales qui étaient en usage dans la polémique allemande. Nous avons déjà cité le passage de ce discours qui émut l'Europe tout entière et qui était une véritable déclaration de guerre suspensive à l'adresse de ces « courants panslavistes » dont Bismarck se plaignait déjà et qui ont été puissamment renforcés par les « victoires des Slaves dans les Balkans... »

Et, se retournant vers l'Est, c'est la même façon d'incriminer les soi-disant tendances de l'opinion, tout en reconnaissant les dispositions pacifiques des gouvernements : « Nos rapports avec les Français sont bons. Dans son discours du 11 juin 1887, Bismarck disait : « Si les Français sont décidés à attendre que « nous les attaquions, nous sommes certains « que la paix est assurée pour toujours. » La situation n'a pas changé depuis... » (Et, pourtant, quel est l'ambassadeur qui a réclamé ses passeports en 1914, sinon M. de Schœn ?...)

LA FOULE ENTHOUSIASTE AU PASSAGE D'UN ZEPPELIN

Mais la force de l'opinion s'est accrue de notre temps, et plus les institutions sont démocratiques, plus les minorités ont d'importance dans les périodes de passion. Or, la France se croit aujourd'hui, sinon supérieure à l'Allemagne, du moins égale, grâce à l'excellence de son armée. Dans son illusion, la France a déjà gagné la guerre.

« Dans ces conditions, et étant donné l'alliance franco-russe, il faut que l'Allemagne augmente ses effectifs, non parce qu'elle veut la guerre, mais *parce qu'elle veut la paix* (cela, à la veille du jour où l'on posait la question du *casus fœderis* à l'Italie !) et qu'en cas de guerre, elle veut vaincre. »

Le chancelier ajoutait : « Si le projet devient loi, nous serons prêts, sans exception. »

Et, en effet, l'effort demandé au peuple allemand, pour un objectif dès lors parfaitement déterminé, était le suivant :

La loi votée le 30 juin 1913, venant après le quinquennat de 1911, complété par la loi de 1912 qui avait, on s'en souvient, assuré à l'armée active un effectif de 711.000 hommes, apportait les augmentations comparatives suivantes, sans parler de la majoration prévue pour compenser les déchets :

	Loi de 1912	Loi de 1913
Soldats	544.000	661.000
Sous-officiers	95.000	110.000
Officiers	28.000	32.000
Volontaires	14.000	15.000
Employés d'administration	30.000	38.000
	711.000	856.000

Avec les majorations, l'armée allemande était, au 1er avril 1914, de 880.000 hommes environ. Il n'est pas une circonstance, dans l'histoire, où les chefs d'une nation lui aient imposé de tels sacrifices. Evidemment, on savait qu'ils ne dureraient pas ; le vote de cette loi de renforcement, c'était donc, dans la pensée des chefs, *la guerre tout de suite.*

Les formations nouvelles (18 bataillons dans les 18 régiments à 2 bataillons, 18 compagnies de mitrailleuses dans les 18 bataillons de chasseurs, 16 sections de mitrailleuses dans les forteresses, 6 escadrons de cavalerie en Prusse et 4 escadrons en Bavière, 3 régiments d'artillerie à pied et un bataillon, 11 bataillons de pionniers, 9 sections de projecteurs) révélaient le caractère stratégique et tactique qui allait être donné à la guerre prochaine : on préparait, dès lors, une guerre de positions : les canons lourds, puis les mitrailleuses, doivent y jouer un rôle prépondérant ; dans les combats de nuit, les projecteurs décèleront la présence de l'ennemi et permettront de l'accabler sous une pluie de projectiles.

En même temps, par le renforcement des effectifs de toutes les unités existantes, la loi de 1913 découvre, pour ainsi dire, le plan de campagne de l'État-major général. Il s'agit de briser la force de résistance de la France avant que la Russie ait pu entrer en ligne et menacer les frontières orientales.

Dans ce but, on accélère le passage prochain de l'état de paix à l'état de guerre, en augmentant l'armée active, en achetant, pour l'artillerie, les 26.000 chevaux nécessaires aux batteries à 6 pièces. On porte à 450 millions de marks le trésor de guerre.

La *Gazette de l'Allemagne du Nord*, qui avait déjà une fois résumé la politique allemande en ces mots d'un relief saisissant : « Il faut que l'Allemagne fasse sa trouée, » ne dissimulait pas, le 30 juin 1913, le caractère prochain et certain de la guerre. « La construction des forteresses devra être rapidement terminée... toutes les mesures prévues, dans l'infanterie, la cavalerie et l'artillerie, *étant donné leur caractère d'urgence*, seront exécutées en octobre 1913... Par contre, toutes les mesures prévues par la loi de 1912, qui auraient pu s'échelonner jusqu'en 1914, seront achevées dès l'automne de la présente année. De même, on devra hâter les achats de matériel de guerre de toute nature. »

A la lumière des événements postérieurs, ces déclarations ont force de preuve.

L'EMPEREUR GUILLAUME II SUR LA PASSERELLE D'UN NAVIRE DE GUERRE

L'ARTILLÉRIE LOURDE Quelques observations particulières sont nécessaires pour faire pénétrer dans le secret de la puissante organisation militaire de l'Allemagne ; elles donnent, à la fois, le double caractère de puissance matérielle et de brutalité aveugle qui paraissait, aux maîtres de l'heure, une condition du succès.

L'Allemagne n'ignorait pas l'infériorité relative de son canon de campagne, comparé au 75 français ; mais, pour obvier à cette infériorité, elle avait, de bonne heure, cherché dans un esprit qui, s'inspirant de la guerre de Mandchourie, supposait une guerre moins manœuvrière et plus stable que la guerre prévue par les théoriciens de la guerre napoléonienne.

L'artillerie de campagne, si parfaite soit-elle, a pour inconvénient son tir rasant à la trajectoire trop tendue, qui ne peut atteindre un ennemi tapi dans des tranchées ou caché derrière des abris. Pour obtenir ce résultat, il faut recourir au tir plongeant. En outre, si l'artillerie de campagne a l'avantage de l'évolution rapide, sa portée est limitée à cinq ou six mille mètres ; des canons plus puissants, portant à douze ou quatorze kilomètres, peuvent tenir en respect l'artillerie de campagne, à moins que celle-ci, en allant prendre position sous le feu, ne consente à s'exposer grandement et à combattre à découvert.

Il en résulte que toute attaque de l'infanterie, préparée par le canon de campagne, sans l'appui des pièces lourdes, est coûteuse en hommes. On peut ajouter que le canon de campagne est à peu près désarmé contre l'obusier qui, grâce à son tir plongeant, peut se poster en arrière des maisons ou des crêtes et se soustraire ainsi aux effets de l'artillerie à trajectoire rectiligne.

Il faut bien reconnaître que, sur ce point, les inventeurs et les initiateurs allemands — qui avaient été dépassés de beaucoup par les inventeurs français, initiateurs du canon de 75, du frein hydropneumatique et du canon Schneider-Deport — avaient pris, à leur tour, une réelle avance en ce qui concerne l'artillerie lourde. Sans s'arrêter aux objections, quelque sérieuses qu'elles fussent et dont les plus graves étaient la difficulté des transports et la complexité des moyens de ravitaillement en projectiles, ils avaient marché de l'avant et, par le vote des lois définitives, l'artillerie lourde allemande était constituée ; elle comptait 36 obusiers, sur 144 pièces, par corps d'armée.

Nous indiquerons plus loin les polémiques et surtout les défaillances qui, en France, retardèrent l'adoption des projets de loi déposés devant les Chambres et comportant la création d'une artillerie lourde.

En fait, les obusiers allemands, sans produire un effet considérable sur l'infanterie (ce n'était pas leur but), devaient aider l'armée allemande dans la défense des positions qui la maintinrent sur les falaises de l'Aisne et dans les plaines de Flandre ; ils ont donné trop souvent aux troupes allemandes cet avantage moral, de voir les troupes françaises exposées aux projectiles, tandis que notre propre artillerie de campagne, en raison des distances ou des levées de terre, restait forcément inactive.

AÉRONAUTIQUE Un puissant effort a été fait également en Allemagne pour appliquer les récentes inventions de la science en matière de navigation aérienne. On connaît la carrière illustre de l'inventeur Zeppelin et les concours enthousiastes qu'elle a obtenus en Allemagne.

Finalement, l'État-major allemand poursuivit ses études sur trois systèmes de ballons dirigeables : les souples (type Parseval), les demi-rigides (type Gross), les rigides (type Zeppelin). C'est ce dernier qui a fini par l'emporter.

Composé d'une armature en aluminium, enveloppant des ballons sphériques ou ballonnets, les Zeppelins contiennent de 20 à 27.000 mètres cubes de gaz hydrogène pur, ont une vitesse moyenne de 50 à 65 kilomètres à l'heure, un rayon d'action de 500 à 600 kilomètres. Le type Siemens-Schuckert est construit en bois. Ces dirigeables sont généralement pourvus de trois nacelles communiquantes et portent à l'avant deux canons. Ils peuvent transporter un poids de 1.200 à 1.500 kilogrammes d'explosifs.

Des hangars à Kœnigsberg, Kiel, Hambourg (groupe des côtes), à Francfort, Gotha, Bitterfeld, Berlin, Thorn, Brunswick, Friedrichshafen, au total une trentaine, servent de refuges et de points de départ aux Zeppelins. Une quinzaine de hangars démontables peuvent favoriser leurs incursions sur territoire étranger. Les Zeppelins sont destinés surtout à lancer des projectiles sur les docks, les arsenaux, les forteresses, même sur les vaisseaux, grâce aux appareils spéciaux construits par une maison d'Iéna. On peut les détruire jusqu'à 2.000 mètres par le canon, au-dessus de 2.000 mètres par l'aéroplane.

Leur défaut capital, c'est leur facilité d'explosion, augmentée encore par la formation de gaz détonants dans l'atmosphère qui les entoure ; la surface qu'ils offrent à la tempête, et la surcharge énorme qu'amènent les pluies en tombant sur leur enveloppe, ont aussi provoqué des catastrophes qui paraissent en faire, en somme, un instrument de guerre assez médiocre.

Aussi l'Allemagne, suivant l'exemple de la France, s'est consacrée, depuis quelques années, avec un soin particulier, à la construction et à l'entraînement de sa flotte d'avions. Les monoplans *Taube*, les biplans *Albatros* ou *Aviatik*, blindés pour la plupart, sont des engins redoutables. Une souscription nationale, qui procura plus de six millions de marks,

L'EMPEREUR GUILLAUME II PASSE EN REVUE LES ÉLÈVES DE L'ÉCOLE NAVALE

permit des progrès rapides. On organisa des concours, des circuits, des courses de distance, de durée. La plupart des records français furent attaqués et serrés de près par des pilotes allemands.

AUTRES INSTRUMENTS TECHNIQUES DE LA GUERRE   Le ministère de la Guerre allemand a poursuivi avec une ténacité qui n'hésitait devant aucune dépense l'adaptation de l'automobile au service de l'armée et notamment des approvisionnements ; il institua de nombreuses primes pour la construction de camions automobiles pouvant servir en temps de guerre. A la fin de 1912, l'armée allemande disposait de mille « trains automobiles » (tracteur et remorque). Le nombre s'en est notablement accru en 1913 et 1914.

Bernhardi a étudié avec un luxe de détails qui indique l'application à ne rien négliger, ce qu'il appelle les « instruments techniques de la guerre » : les chemins de fer, — avec l'exploitation en temps de paix et en temps de guerre, — les chemins de fer de campagne, les voies à construction rapide, les lignes électriques, les automobiles et les poids lourds, les locomobiles à vapeur, les motocyclettes et les bicyclettes, les télégraphes de campagne, la télégraphie sans fil, le téléphone, les fanions de signaux, la photographie à distance, les explosifs modernes.

Sur tous ces points, l'organisation allemande ne reculait devant aucun sacrifice. Un journal français écrivait dès 1912 : « L'armée allemande continue à être une puissance formidable, travaillant avec persévérance à progresser, et mettant à profit toutes les découvertes susceptibles d'augmenter son rendement, et dont les

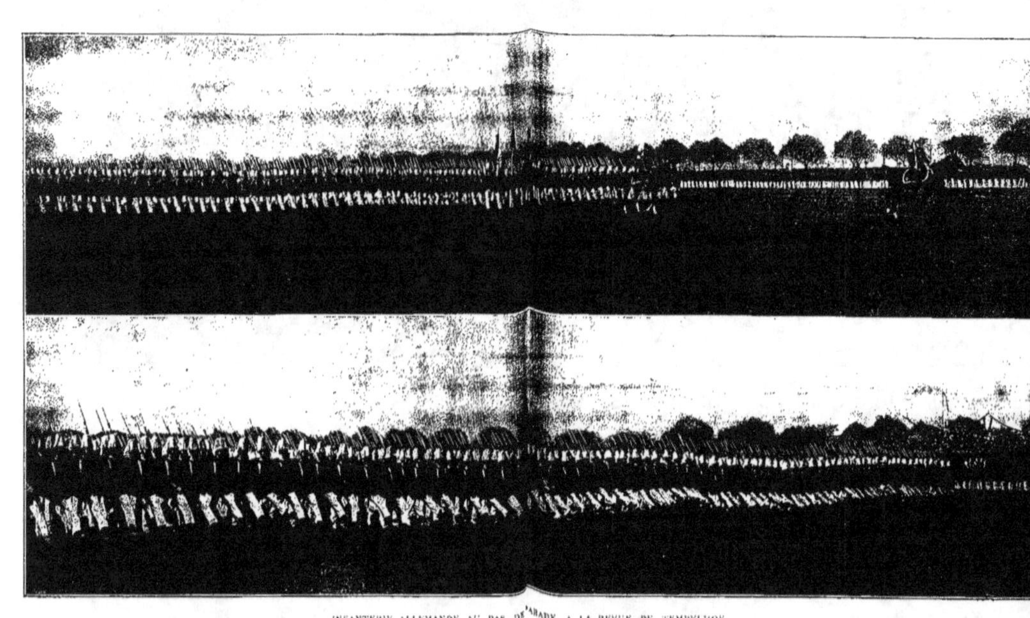

INFANTERIE ALLEMANDE AU PAS DE PARADE, A LA REVUE DE TEMPELHOF

qualités dominantes sont une discipline de plus en plus ferme et de plus en plus appropriée aux exigences de la guerre moderne, et une organisation si minutieuse et si méthodique qu'on peut penser qu'à l'heure décisive, les rouages joueront avec autant de précision que dans le calme de la paix. »

LES MOYENS FINANCIERS DU SYSTÈME DES ARMEMENTS — Sous l'impression de la thèse du militarisme, la nation elle-même était persuadée que cette armée aurait à accomplir bientôt l'œuvre d'agression qui, seule, pouvait assouvir l'esprit de convoitise et de domination universelle qui s'était peu à peu développé en elle. C'est pourquoi elle s'inclina, contrainte par une nécessité supérieure et un instinct profond, devant les mesures draconiennes qui, seules, pouvaient permettre aux finances allemandes de faire face aux énormes dépenses des lois de 1912 et de 1913.

Les moyens financiers nécessaires pour faire face à de pareilles augmentations des forces militaires prirent le caractère d'une véritable contribution en pleine paix.

On recourut au procédé, « pour une fois », d'une taxe exceptionnelle sur la fortune, taxe évaluée, en principe, à environ 1 milliard de marks. Après différentes modifications, suites de transaction entre le gouvernement et la commission du Reichstag chargée d'examiner le projet, cette taxe fut déclarée progressive par tranches, exemptant les petites fortunes inférieures à 30.000 marks et les revenus inférieurs à 4.000 marks ; cette taxe était payable en trois versements : 1914, février 1915 et février 1916 ; elle permettait de faire face, pendant ces trois années, aux dépenses de la loi militaire, estimées à 898 millions de marks.

En outre, le gouvernement demandait au parlement le vote de divers impôts d'Empire, d'un caractère permanent et, notamment, d'un impôt sur l'accroissement de la fortune (*Besitzteuer*) qui prenait le caractère d'une véritable taxe sur les successions. Pour ces deux formes d'impôt, la contribution non renouvelable et la taxe sur la fortune, le gouvernement n'hésita pas à faire alliance avec le parti socialiste ; celui-ci était trop heureux de l'occasion qui se présentait à lui de frapper la richesse acquise, de tenir le capital et l'épargne sous sa coupe et, surtout, d'ouvrir une brèche dans l'alliance du gouvernement et des partis conservateurs.

Le gouvernement eut l'habileté dangereuse d'unir le vote des deux lois, la loi militaire et la loi financière, et, ainsi, il emporta les deux à la fois, en faisant passer la loi militaire par la loi financière et la loi financière par la loi militaire.

On a décrit, dans des termes impressionnants, la séance du Reischtag où le parlementarisme allemand, guidé et presque contraint par ses chefs, fit délibérément ce saut vers l'inconnu. « Des sonneries incessantes annonçaient les votes, et les appels graves des sirènes, obligeant, à chaque instant, les députés à interrompre leurs conversations particulières pour se rendre aux appels nominaux, donnaient à la salle des séances l'aspect de l'entrepont d'un navire au moment du branle-bas de combat. »

Il y eut bien quelques protestations, notamment de la part des États confédérés, qui voyaient, dans le vote de ces impôts d'Empire, une diminution de leur autonomie financière. On remarqua la démission du général von Heeringen, ministre de la Guerre, qui, en 1911 et 1912, avait affirmé, par deux fois, que l'armée était prête. On reconnaissait, à ce dissentiment, que la loi exceptionnelle de 1913 était due à l'initiative du grand État-major et du cabinet personnel de l'Empereur : c'était donc une loi du prince.

Le sacrifice fait au parti socialiste pouvait avoir, sur l'avenir politique et sur la stabilité économique de l'Empire, les plus graves répercussions. Le *Worwaerts* écrivait : « Le peuple allemand sait maintenant que le gouvernement devra céder au Reichstag chaque fois que celui-ci saura vouloir sérieusement...

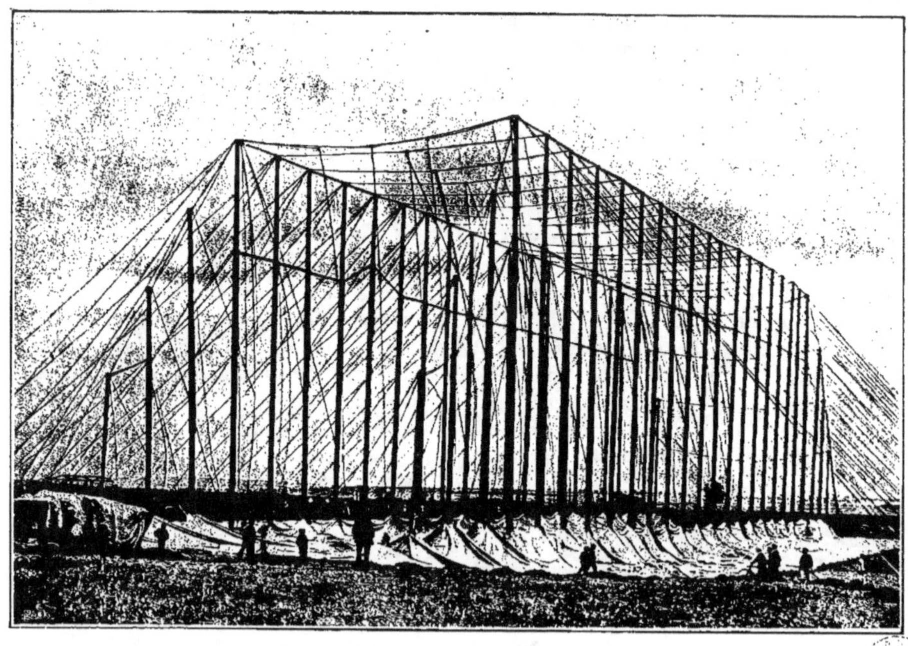

LE MONTAGE D'UN HANGAR DE ZEPPELIN

Le vote d'hier, c'est la fin du régime des conservateurs ; c'est le commencement d'un régime nouveau. » Qu'importait, puisqu'on était décidé à jouer le va-tout ?

Dans la joie du succès, la *Gazette de Cologne* dévoilait cyniquement les plans de conquête mondiale, réservés jusque-là aux programmes militaristes et aux préfaces de Bernhardi : « La nouvelle loi militaire nous assure la paix sur le continent, parce qu'elle augmente infiniment le risque que courraient nos adversaires possibles. Cette sécurité nous rend libre la voie vers une politique mondiale productive. Nous sommes encore tout à ses débuts. De *longs chemins pleins de promesses s'ouvrent à nous en Asie et en Afrique* (cela voulait dire, nous aurons des colonies nouvelles et, si on ne nous les donne pas, nous saurons les prendre). De l'énergie et de l'adresse avec lesquelles nous saurons profiter de ces voies nouvelles, dépend la réponse à la question de savoir *si les sacri-*

fices prodigieux que notre pays s'impose, n'auront pas été inutiles. »

LES RÉSERVES ALLEMANDES Il est inutile de rappeler que l'armée active n'était pas l'unique ressource, ni la seule préoccupation du gouvernement allemand. On a vu, à diverses reprises, dans les projets de loi successifs, apparaître le souci constant de l'organisation des réserves. On sait, maintenant, que ce travail de préparation fut poussé secrètement beaucoup plus loin qu'on ne l'avait pensé tout d'abord, et que l'armée allemande serait en mesure, dans les quelques semaines qui suivraient la déclaration de guerre, d'amener sur le terrain cinquante-trois corps d'armée tout constitués.

Les chiffres sur le papier n'étaient qu'une image affaiblie d'une préparation beaucoup plus développée et plus efficace.

En somme, on constituait un immense

réservoir d'hommes où, selon les besoins, les autorités militaires allemandes n'auraient qu'à puiser : « Tout Allemand en état de porter les armes est soumis à l'obligation du service militaire », c'est-à-dire susceptible d'être appelé sous les drapeaux, à partir de l'âge de dix-sept ans jusqu'à celui de quarante-cinq ans révolus.

Le service comprend deux périodes : à partir de vingt ans accomplis jusqu'au 31 mars de l'année où il a trente-neuf ans accomplis, le sujet allemand est astreint au service effectif ; il l'accomplit successivement : dans l'armée active (3 ans dans la cavalerie et l'artillerie à cheval, 2 ans dans l'infanterie, l'artillerie de campagne ou à pied, le génie et les troupes de communication, 1 an dans le train) ; dans la réserve de 4 ans et demi à 6 ans et demi, suivant l'arme ; dans la landwehr du premier ban, 3 ou 5 ans ; dans la landwehr du deuxième ban, le reste jusqu'à trente-neuf ans révolus.

La deuxième partie s'accomplit dans le landsturm, divisé lui-même en deux bans : le premier comptant tous les hommes de dix-sept à trente-quatre ans, non classés dans les catégories précédentes ; le deuxième, tous les hommes de trente-neuf à quarante-cinq ans provenant du deuxième ban de la landwehr et du premier du landsturm.

En raison de la quantité considérable de recrues livrées, par chaque classe nouvelle, à l'autorité militaire, celle-ci jouit d'une grande latitude pour constituer ses formations d'hommes très valides ou qui présentent une utilité exceptionnelle dans les travaux de la vie civile. Par le système de l'ajournement, on tient en réserve : les soutiens de famille, les fils de propriétaires fermiers ou d'industriels nécessaires à la maison, les jeunes gens destinés à certaines carrières libérales, artistiques ou techniques exigeant un long apprentissage, les jeunes gens résidant à l'étranger.

Ceux qui sont en surnombre, c'est-à-dire en excédent du contingent voulu, les soutiens de famille, les hommes déclarés momentanément inaptes, sont classés dans une catégorie à part, la réserve de recrutement (*Etsatz reserve*)

à laquelle ils restent affectés pendant 12 ans et 6 mois.

Les jeunes gens qui ont subi certains examens civils et militaires et qui s'engagent en prenant la charge de leurs dépenses, forment la catégorie des volontaires d'un an, reçoivent, dans les corps de troupe, une instruction spéciale qui les prépare aux fonctions d'officiers et de sous-officiers de réserve.

En somme, le fait que toute la population virile allemande, de dix-sept à quarante-cinq ans, est mise à la disposition de l'autorité militaire, constitue ce que von der Goltz avait appelé, prématurément, la *Nation armée*. Tout citoyen allemand est soldat et on pourrait presque dire qu'il l'est toute sa vie. Si on applique aux 50 millions d'êtres humains qui composaient le peuple allemand en 1894, le calcul de 10 o/o considéré comme donnant la proportion habituelle de la population virile en état de porter les armes, on peut admettre que l'Allemagne peut, à la rigueur, mettre sous les armes, avec toutes ses ressources, environ 5 ou 6 millions d'hommes.

En tenant compte des causes normales de diminution et en observant que *toute* l'armée ne peut pas être portée réellement sur les frontières, c'est au moins 4 millions de combattants, plus ou moins instruits, plus ou moins aptes au combat, qui peuvent être mobilisés.

Ces chiffres s'accroissant chaque année par le développement régulier de la natalité, l'Allemagne avait de très sérieuses raisons de penser qu'elle était appelée à devenir la maîtresse de l'Univers.

LA FLOTTE ALLEMANDE L'Empereur disait dès 1900 : « Notre avenir est sur la mer. » A partir de cette époque, il conçut le plan d'un développement prompt et régulier des forces navales allemandes, qui, dans sa pensée, répondait à l'avenir mondial de la « plus grande Allemagne ». Souvenirs historiques de la puissance des Ligues hanséatiques, accroissement de la population et de l'émigration allemandes, projetant des « colo-

LE PONT DU CUIRASSÉ RAPIDE ALLEMAND LE *MOLTKE*

nies », dans tous les pays du monde, progression prodigieuse du commerce extérieur, développement d'une flotte de commerce qui gagnait rapidement le premier rang, accroissement de l'Empire colonial allemand, emprises d'avenir sur l'Orient et sur l'Extrême-Orient, — tels étaient les éléments nouveaux qui motivaient un appel de l'Empereur, appel qui parut, d'abord, quelque peu inattendu.

L'Allemagne n'ayant qu'un développement côtier assez restreint, peu de population maritime, peu de ports, se développant surtout au cœur du continent, à l'écart des grandes mers mondiales, pourrait-elle fournir cette course en même temps que celle des armements sur terre ?

En fait, la nation suivit son souverain, et la flotte militaire allemande, avec une rapidité extrême et voulue, dépassa la flotte française et se mit en devoir d'atteindre la flotte britannique.

Se mesurer avec un tel champion, c'était un risque à courir : l'Allemagne le courut.

La marine allemande est régie par une loi organique, due, assure-t-on, à l'inspiration de Guillaume II et exécutée par l'amiral von Tirpitz. Votée en 1900, elle a été modifiée en 1906, en 1908 et en 1912. Elle prévoit 61 grands cuirassés du type dreadnought, 40 croiseurs éclaireurs, 72 sous-marins avoués (sous cette réserve que les augmentations de sous-marins ont toujours été tenues rigoureusement secrètes), et environ 144 contre-torpilleurs de 6 à 800 tonnes.

La même loi navale ordonne que tous les cuirassés ou croiseurs doivent être, au bout de vingt ans, mis hors de service ; elle dresse un plan de construction normal qui comprend trois dreadnoughts, 2 petits croiseurs, une flottille de torpilleurs, contre-torpilleurs et sous-marins, chaque année.

Cette flotte est divisée en flotte « de haute mer », composée de trois escadres, et « flotte de réserve », composée de deux escadres : il serait plus exact de dire que la marine allemande comprend, en temps de guerre, une flotte de la mer du Nord, une flotte de la Baltique, et, en plus, des escadres volantes disséminées sur différents points du globe pour courir sus au commun ennemi.

Le personnel de la flotte atteint, en 1914, 68.000 hommes d'équipage. Les torpilleurs se construisent par série de douze par an, les sous-marins par flottilles de six. On estime à douze ans leur durée d'existence.

En 1914, la flotte allemande comprenait, comme cuirassés de plus de 18.000 tonnes, le « Nassau », le « Westphalen », le « Rheinland », le « Posen », l' « Ost-Friedland », le « Helgoland », le « Thuringen », l' « Oldenburg », composant une escadre ; le « Kaiser », le « Friedrich der Grosse », le « Kaiserin », le « Kœnig Albert », le « Prince Régent Luitpold », qui forment une autre escadre. Il s'y ajoute, comme croiseurs cuirassés de plus de 18.000 tonnes, le « Von der Tann », le « Moltke », le « Gœben », etc. Dix dreadnougths ont été mis en construction, dont quatre devaient être achevés avant la fin de 1914.

Le « déplacement » des forces allemandes était le suivant :

36 cuirassés (avec les anciens)	612.050 t.
15 croiseurs de bataille . . .	111.000
9 croiseurs de bataille . . .	85.000

L'artillerie des unités cuirassés se chiffre ainsi qu'il suit :

136	pièces	de 305	millimètres
126	—	de 280	—
46	—	de 240	—
44	—	de 210	—
140	—	de 150	—
516	—	de 150	—

La comparaison avec les forces navales de l'Angleterre, en ne tenant compte que des *capital ships*, donnait, au 1er septembre 1914, les chiffres suivants :

ANGLETERRE :

	Unités	Tonnage
Mer du Nord.	24	529.800
Méditerranée	4	73.400
Australie	1	49.500
	29	622.700

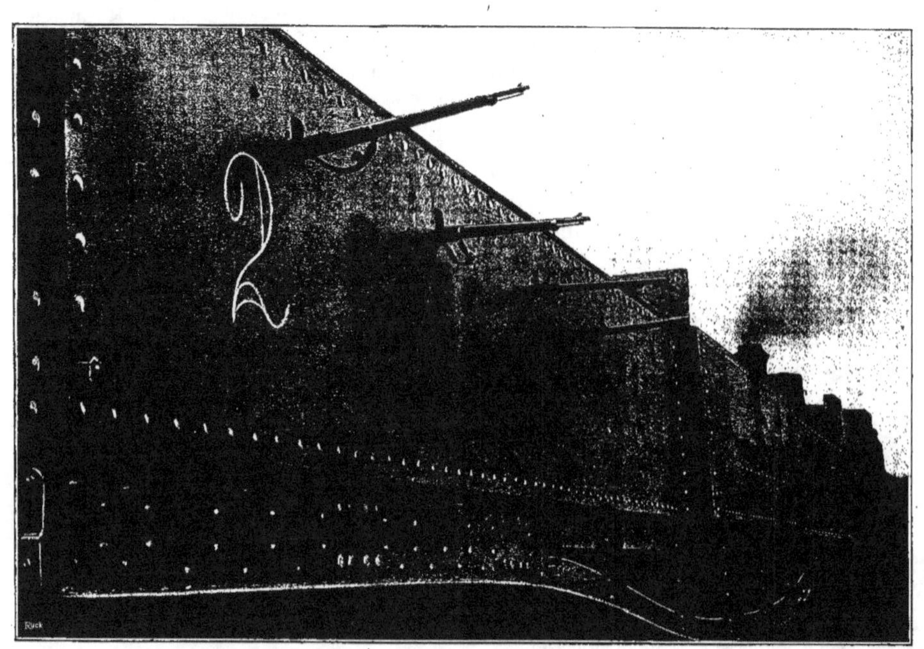

TRAIN BLINDÉ BELGE

CAVALIERS BELGES DÉFENDANT UNE ROUTE

SOLDATS BELGES SE REPOSANT DANS UNE TRANCHÉE

GABRIEL HANOTAUX
de l'Académie Française

HISTOIRE ILLUSTRÉE
DE LA
GUERRE DE 1914

24 PAGES DE TEXTE ET D'ILLUSTRATIONS

FASCICULE N° 7

GOUNOUILHOU, ÉDITEUR
PARIS, 8, boulevard des Capucines & BORDEAUX, 8, rue de Cheverus.

PRIX NET 1 franc

Les premiers chapitres de l'*Histoire Illustrée de la Guerre de 1914*
sont forcément consacrés à un exposé des origines du conflit mondial. Ils comportent, par suite, une illustration rétrospective. Pour
donner plus de variété aux premiers fascicules, quatre pages en seront
réservées à des photographies se rapportant à des faits plus récents.
Ces pages ne seront pas numérotées et, au moment de la reliure,
pourront être placées à l'endroit du volume auquel elles se rapportent.

Voir pages 3 et 4 de la couverture
les conditions de souscription.

ALLEMAGNE :

	Unités	Tonnage
Mer du Nord	21	487.500
Mer Noire.	1	23.000
	22	510.500

Du 1er septembre au 1er avril 1915, l'accroissement prévu par les deux pays, y compris les quatre dreadnoughts étrangers réquisitionnés par l'Angleterre et le dreadnought grec réquisitionné par l'Allemagne, est le suivant :

Angleterre : 13 . . . . . . 364.000
Allemagne : 4 . . . . . . 95.000

Nous verrons comment cette « course au clocher » entre les deux puissances provoqua en Angleterre une émotion qui se traduisit par des tentatives diverses de sages arrangements, toujours écartés ou repoussés dédaigneusement par l'Allemagne. Évidemment, elle entendait prendre la maîtrise à la fois sur terre et sur mer.

QUI ÉTAIT L'AGRESSEUR? Personne ne peut nier que l'organisation et la préparation militaires allemandes n'aient été poussées aussi loin que possible. Soit sur terre soit sur mer, rien n'a coûté au gourvernement et à la nation pour que les choses fussent au point. Pas une invention de la science qui n'ait été utilisée, transformée, appliquée aux besoins de l'armée, pas un progrès accompli qui n'ait été adapté, pas une des ressources de la nation qui n'ait été d'avance mobilisée pour être mise à la disposition des autorités militaires. La nation allemande n'est plus qu'une vaste machine de guerre sur terre et sur l'eau.

Dans quel but un si prodigieux effort ? Pourquoi cette double préparation continentale et navale qui surtend jusqu'à les rompre les muscles et les nerfs d'un peuple immense. Du bout des lèvres, les diplomates disent : pour la défense du pays ; mais ouvertement, les soldats proclament qu'il s'agit de l'attaque.

L'Allemagne est la seule puissance qui ait poursuivi pendant de longues années la création d'une double armée d'offensive. Ce caractère se révèle aux moindres détails de cette organisation systématique. Il ne faut pas craindre d'insister sur les preuves puisqu'elles existent. Bernhardi achève son étude sur la *Guerre d'aujourd'hui* par des déclarations qui s'appliquent aussi bien aux initiatives diplomatiques qu'aux initiatives militaires et que l'Histoire se doit à elle-même d'enregistrer : « C'est dans les opérations offensives que réside la décision de la prochaine guerre européenne. Seul, l'État qui saura engager cette guerre *dans des conditions politiques favorables* et préparer ainsi des circonstances avantageuses à l'action militaire pourra en espérer une issue heureuse. Le groupement des États secondaires (lisez la Belgique et la Suisse) qui est déterminé par la politique, et le *choix du moment* où il faut commencer... peuvent avoir une influence décisive.

« Il n'est pas d'armée qu'on puisse maintenir au même degré de perfection d'une manière permanente... *Qui n'engage pas la guerre à un moment propice* perd son élasticité intellectuelle et, avec elle, sa puissance. La politique doit tenir compte de ces facteurs et savoir *saisir un moment où un système est arrivé à une apogée*, quand une situation mondiale favorable l'y invite, pour assurer au peuple et à l'État des conditions *de vie plus larges et un développement sain*, grâce à l'intervention de la force militaire. » Voilà la guerre pour le bien-être, la guerre pour le confortable, la « guerre pour le ventre », avouée et préparée par ceux qui doivent la diriger.

Qu'on discute maintenant pour savoir qui est l'agresseur !

CHAPITRE VI

LA FRANCE EN FACE DE L'ALLEMAGNE

La préparation militaire française. — La loi de Trois ans.
Le canon de 75. — La nation armée.

E N 1912, l'armée française comptait 30.000 officiers et 530.000 hommes de troupes métropolitaines, 4.130 officiers et 87.000 hommes de troupes coloniales. Quant au total des forces mobilisables (sans faire acception de l'instruction et des cadres), il était évalué à 4 millions et demi d'hommes.

C'est cet état de choses qu'il faut prendre comme la base de nos institutions militaires, au moment où la série des dernières mesures prises en Allemagne commença à ouvrir les yeux.

Sous le régime de la loi du 23 décembre 1912, l'*infanterie* comptait 163 régiments à 3 bataillons de 4 compagnies, 30 bataillons de chasseurs à pied à 6 compagnies, 4 régiments de zouaves à 5 bataillons de 4 compagnies, 4 régiments de tirailleurs algériens, dont 3 à 6 bataillons, 2 régiments étrangers, ayant chacun un nombre variable de bataillons de 4 compagnies. A chaque régiment, sont attachées 2 ou 3 sections de mitrailleuses.

En temps de mobilisation, les corps de l'armée active complètent les régiments par les réservistes des plus jeunes classes ; les réservistes des classes plus âgées forment aussi des régiments de réserve. A ces corps actifs, s'adjoindraient, en outre, en cas de mobilisation, 145 régiments territoriaux d'infanterie (un par subdivision de région) ; le nombre de leurs bataillons varie selon les ressources du recrutement, 7 bataillons de chasseurs territoriaux et 12 bataillons de zouaves.

L'infanterie française est armée du fusil à répétition modèle 1886-1893 (fusil Lebel, calibre de 8 m.m, avec magasin contenant 8 cartouches).

La *cavalerie* se compose de 91 régiments, savoir 12 régiments de cuirassiers, 32 de dragons, 23 de chasseurs, 14 de hussards, 6 de chasseurs d'Afrique, 4 de spahis.

Les régiments français comptent 4 escadrons actifs et 1 escadron de dépôt. Les régiments de spahis comptent 5 escadrons actifs. Les brigades de cavalerie sont pourvues de sections de mitrailleuses sur roues.

La cavalerie française est armée de la carabine modèle 1890 (du même système que le fusil Lebel), du sabre et de la lance modèle 1890 pour une partie des régiments de dragons.

L'*artillerie* comprend 62 régiments d'artillerie de campagne à 3 ou 4 groupes de 3 batteries de 4 pièces, au total, 634 batteries montées, dont 15 en Algérie, 16 batteries à cheval

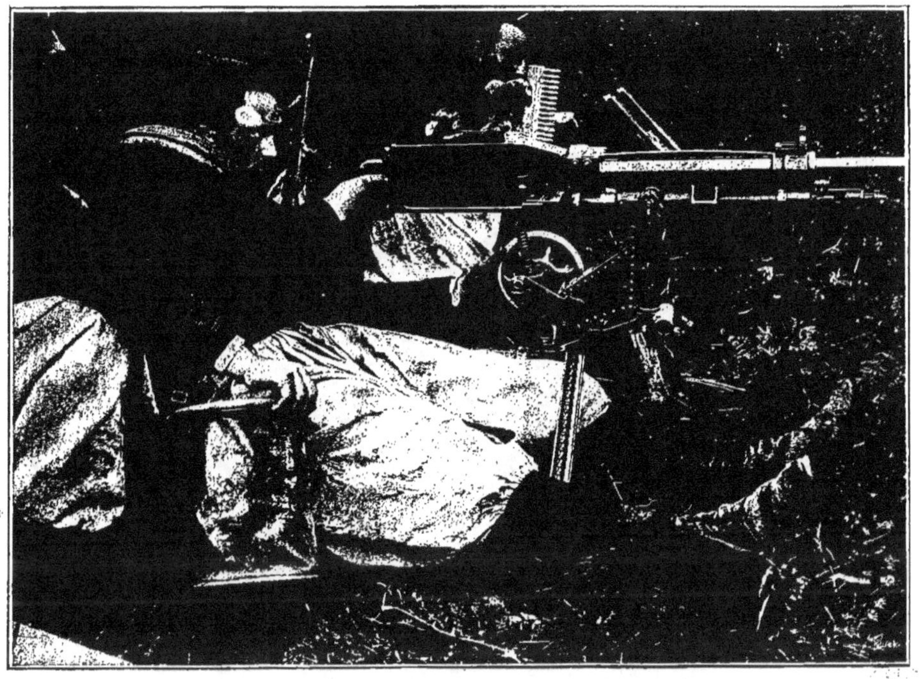

ZOUAVES FAISANT FONCTIONNER UNE MITRAILLEUSE

et 21 batteries lourdes ; 2 régiments d'artillerie de montagne comptant 18 batteries, dont 4 en Algérie, 11 régiments d'artillerie à pied comprenant 89 batteries, dont 57 de place et 32 de côte.

L'artillerie de campagne est armée du canon à tir rapide, modèle 1897, de calibre 75 m/m, à recul sur affût, frein hydraulique, muni d'un bouclier en acier chromé. L'artillerie lourde est armée du canon de 120 court et de 155 court, à frein hydraulique et répercuteur pneumatique. Nous reviendrons sur l'importante question du matériel d'artillerie.

Le *génie* avec les pontonniers, les aérostiers, les employés de chemin de fer, les télégraphistes, les radiotélégraphistes, compose 8 régiments.

Le *train* : 20 escadrons à 8 compagnies. Il faut ajouter les *services divers* : secrétaires d'État-major, commis et ouvriers, infirmiers, plus 27 légions de gendarmerie, 1 légion de garde républicaine, 1 régiment de sapeurs-pompiers.

Les *troupes coloniales* se composent de : 16 régiments d'infanterie coloniale (12 en France, 2 en Tunisie, 1 en Cochinchine, 1 en Chine), 1 régiment de tirailleurs annamites, 4 régiments de tirailleurs tonkinois, 4 régiments de 8 bataillons de tirailleurs sénégalais, 3 régiments de tirailleurs malgaches, 2 escadrons de spahis sénégalais ; 3 régiments d'artillerie coloniale (36 batteries en France), 4 régiments aux colonies.

Le territoire français (Algérie et Tunisie comprises) est divisé en 2 gouvernements militaires (Paris et Lyon), plus 21 régions de corps d'armée. En outre, il existe 8 divisions de cavalerie à 3 brigades.

NOUVEAU RÉGIME Une ère nouvelle pour la défense nationale s'ouvrit avec l'arrivée au ministère de la guerre de M. Millerand.

On pourvoit à la difficulté la plus grave qui devait se poser en temps de guerre et qui était restée sans solution, parce qu'elle touchait aux fibres les plus délicates des susceptibilités démocratiques, — l'organisation du haut commandement en temps de guerre et le passage de la nation du pied de paix au pied de guerre.

A la suite d'une série de longs tâtonnements, on avait fini par déterminer assez logiquement la préparation du haut commandement pour le temps de guerre en temps de paix. Le vice-président du conseil supérieur de la guerre était le généralissime désigné; il avait pour collaborateurs immédiats les membres du conseil supérieur, désignés comme inspecteurs d'armée.

Mais l'autorité du futur généralissime, en vue de la préparation de la guerre, était bornée par celle des bureaux de la guerre, ou, pour parler avec plus de précision, de l'État-major de l'armée.

Un décret du 28 juillet 1911, rendu sur la proposition de M. Messimy, avait mis de la lumière et de la clarté dans cette situation confuse. En nommant le futur commandant en chef ou généralissime, chef de l'État-major général, il avait confié la préparation de l'instrument militaire au chef appelé à s'en servir.

Par cette mesure, la situation du haut commandement était la suivante : Le futur commandant en chef, désigné dès le temps de paix, 1º préside le *Conseil supérieur de la guerre* où siègent, auprès de lui, ses collaborateurs d'aujourd'hui et de demain, les commandants éventuels d'armées ;

2º préside les travaux du *Comité d'État-major*, où, sous son impulsion, les officiers supérieurs et généraux, qui seront demain les auxiliaires directs de nos commandants d'armée, préparent avec lui la mission qu'ils auront à remplir ;

3º enfin, le futur commandant en chef a pour devoir (selon les propres paroles du ministre) de surveiller de haut et l'enseignement du centre des hautes études militaires créé, il y a un an, et aussi l'enseignement de cette école supérieure de guerre d'où est sortie l'armée nouvelle. « Car, c'est là, dit M. Millerand, que se sont formés ces jeunes officiers qui, chaque année, vont répandre dans l'armée les méthodes nouvelles et la flamme sacrée, allumée à l'École de Guerre. »

A cet organisme, il manquait un pouvoir essentiel : le généralissime, « chef d'État-major général », n'avait pas d'autorité directe sur le personnel ; un « chef d'État-major de l'armée »

LE LIEUTENANT-COLONEL DEPORT

UN CANON DE 75 EN BATTERIE

restait auprès de lui, chargé, entre autres attributions, de ce soin et de cette responsabilité.

M. Millerand comprit qu'il n'y a pas de commandement sans action sur les personnes ; il avait assez de confiance en sa maîtrise propre pour ne pas prendre ombrage de l'autorité agrandie du généralissime et, en supprimant l'emploi de chef d'État-major de l'armée, il confia au généralissime la haute main sur le personnel dans les limites des règlements militaires. Un système parfaitement organisé constitua, près du général en chef, les deux corps qui doivent l'aider de leur concours, en temps de paix comme en temps de guerre : un échelon mobile de l'État-major qui partira au moment de la mobilisation avec le commandant en chef et qui sera sous les ordres du major général de l'armée, et un échelon sédentaire qui restera à Paris, auprès du ministre.

Ainsi, le passage de l'état de paix à l'état de guerre était assuré et les choses étaient mises à leur place. Ce résultat était obtenu après quarante années d'hésitations et d'incertitudes. Il suffisait d'avoir de la décision pour résoudre le problème : il l'était à l'heure la plus opportune.

M. Millerand complète cette mesure organique par un choix qui fait honneur à son sens psychologique : parmi des compétitions diverses, il confia l'autorité suprême sur l'armée au général Joffre, en qualité de généralissime et de chef d'État-major général.

Ces heureuses initiatives attiraient l'attention sur une question d'un ordre connexe : quels seraient les rapports entre l'autorité gouvernementale civile et l'autorité militaire en cas d'hostilités générales ; en un mot, comment la République parlementaire s'adapterait-elle à l'état de guerre ? Sans chef dynastique, avec des pouvoirs dont l'origine exclusive est dans le vote populaire, comment la démocratie laisserait-elle s'affirmer la discipline nécessaire non seulement à l'armée, mais à la nation ?

Le ministre fut interrogé, à ce sujet, par M. Maxime Lecomte, sénateur. M. Millerand déclara qu'il lui était impossible de révéler les mesures prises pour le temps de guerre, mais qu'un ensemble des règles portant « sur tous les aspects de la vie nationale » venait d'être mis au point par le cabinet dont il faisait partie ; et il indiquait l'esprit qui animait ces dispositions : « Ce que je tiens à déclarer, parce que cette idée résume et commande tout ce qui a été envisagé en vue de la mobilisation, c'est qu'à ce moment-là, tout, absolument tout, devra être subordonné à l'unique pensée qui sera celle de l'unanimité des Français : « A tout prix et, par tous les moyens nous assurer la victoire », et, pour l'obtenir, laisser à *l'autorité militaire, chargée et responsable de la guerre, sa pleine et entière liberté d'action.* »

Les problèmes les plus ardus s'éclaircissaient, par le simple fait qu'ils étaient abordés franchement. La France et l'armée reprenaient confiance.

Cet état d'esprit nouveau se manifestait aux populations par le rétablissement des sonneries militaires, par la reprise de l'obligation de la table commune pour les officiers du grade de lieutenant, par une considération renouvelée pour l'uniforme et ceux qui le portent. Il passait dans l'air un souffle plus vif ; on assistait à un réveil d'entrain et de crânerie.

Le ministre apportait en même temps ses soins à des mesures plus importantes et plus efficaces encore : c'était l'heure où l'Allemagne, par les lois de 1912, entrait, avec une résolution formidable, dans la voie des armements à outrance. Qu'allait-on lui opposer ? Le ministre avait-il, à ce sujet, un système, un programme, des vues d'ensemble, des initiatives prêtes ?

La question lui fut posée à la Chambre des députés, à propos de la discussion générale du budget de la guerre et du projet de résolution de M. Joseph Reinach, député, insistant sur la dangereuse réduction, après la libération de la classe, des effectifs susceptibles d'être mis utilement en ligne (on était encore sous le régime de la loi de deux ans) et préconisant, pour y remédier, le « retour au système

LE GÉNÉRAL JOFFRE EXAMINANT UN AVION MILITAIRE

napoléonien des troupes d'extrême-frontière ».

M. Millerand s'expliqua, dans la séance du 12 juin, sur ses vues en tant que ministre de la guerre, pour répondre aux lois militaires allemandes de 1912. Analysant le caractère de ces mesures, il fit remarquer qu'elles constituaient moins un accroissement numérique des forces mobilisées qu'un perfectionnement certain de l'outil de guerre allemand.

Et, en écartant le retour à la loi de Trois ans, même pour la cavalerie et l'artillerie à cheval, il indiqua les précautions qui lui paraissaient nécessaires et suffisantes pour améliorer, par contre, l'outil de guerre national. Il rejetait la proposition Reinach qui aurait pour inconvénient de séparer, pour ainsi dire, l'armée nationale en deux parties, celle de la frontière et celle de l'intérieur ; et il établissait son propre programme sur les données suivantes : 1º accroissement du nombre des soldats et des sous-officiers à long terme, par une amélioration constante des conditions de l'engagement ; 2º utilisation des ressources en hommes que nous offrent nos possessions africaines ; 3º passage de 20.000 hommes réservistes ou territoriaux du contingent de la marine au contingent de la guerre ; 4º utilisation meilleure et plus adaptée des réserves. Voici le passage du discours consacré à ce dernier point si important : « A l'heure actuelle, sur treize classes de réserves, il n'en est que six employées dans les régiments de l'armée active. Est-ce que, par hasard, nous pourrions renoncer à utiliser, et de la manière la plus intensive, les sept autres classes. Quelle est donc leur valeur ?... Nous les avons vues au camp de Sissonne. L'impression est unanime ; ce sont des troupes d'une solidité admirable et qui peuvent fournir, l'heure venue, un secours décisif, à une seule condition, *c'est qu'elles soient encadrées*; c'est que ces forces de réserve, composées d'hommes dans la force de l'âge qui, au bout de huit jours passés dans les rangs, ont retrouvé tout leur esprit militaire, aient, pour les guider, non seulement les lieutenants-colonels à la tête des régiments, des commandants à la tête des bataillons, des capitaines à la tête des compagnies, mais surtout, dans l'intérieur de chaque compagnie, des sous-officiers de l'active qui en constituent vraiment l'armature. Ainsi encadrées, ces troupes sont, je ne crains pas de le dire, des troupes de premier ordre. »

Les diverses réformes préconisées par ce discours d'ensemble furent, en partie, réalisées par les lois et décrets suivants : lois des cadres de l'infanterie (3 décembre 1912) ; loi des cadres de la cavalerie (20 décembre 1912) ; loi des cadres de l'aéronautique militaire (29 mars 1912); loi des cadres de la télégraphie militaire (30 mars 1912) ; ensemble des décrets relatifs à l'emploi des troupes indigènes et de l'armée coloniale (janvier-novembre 1912). La carrière ministérielle de M. Millerand, interrompue par un incident secondaire (la réintégration du colonel du Paty de Clam dans un emploi de la réserve) ne laissa pas au ministre le temps d'achever son œuvre ; mais l'armée et la nation ne devaient pas oublier l'homme qui avait eu leur confiance.

LA LOI DE TROIS ANS Avant de quitter le ministère de la guerre, M. Millerand avait obtenu du parlement 500 millions pour compléter l'outillage militaire. Mais, en février 1913, quand le nouveau projet de loi militaire allemand fut connu et, qu'en face des 850.000 hommes prévus par le programme allemand, l'armée française apparut avec ses 5 à 600.000 hommes et ses « compagnies-squelette », la

nécessité d'une réforme fondamentale s'imposa au cabinet Briand.

Un excellent livre, dont le retentissement fut immense et l'influence salutaire au premier chef, *les Frontières de l'Est*, par le général Maitrot, concluait ainsi la comparaison qu'il faisait entre les deux puissances militaires, même avant le nouveau projet de loi allemand :

« Les armées française et allemande sont, à des titres divers, de bons outils de guerre, sur l'emploi desquels chacune des deux nations peut fonder des espérances.

« S'il nous fallait, d'une manière précise, évaluer la valeur réciproque de leurs différentes parties, nous dirions qu'il y a, *quant à la qualité :*

« Pour l'infanterie, égalité.

« Pour l'artillerie montée, supériorité pour la France.

« Pour l'artillerie à cheval et la cavalerie, supériorité pour l'Allemagne.

« Pour l'ensemble du machinisme de guerre, égalité.

« Reste pour l'Allemagne, quant à la quantité, une énorme supériorité de 130.000 hommes dans l'armée active.

« La balance semble donc pencher en faveur de nos voisins. Pour rétablir l'équilibre, il nous faut des hommes et, seul, un retour à la loi de Trois ans peut nous les donner.

« Il n'y a pas d'autre solution, tout le reste n'est que verbiage et mirage.

« La France le comprendra-t-elle à temps ?

« L'opinion publique n'est pas, nous dit-on, suffisamment préparée à cette idée d'un retour à la loi de Trois ans, elle n'en discerne pas encore la nécessité.

« Quand la discernera-t-elle ?

« Quand les armées allemandes seront sur la Meuse ?... »

D'autre part, le comte de Mun, qui poursuivait alors la plus belle campagne de son ardente carrière militaire ou civile, écrivait :

« Que faut-il, pour que nos unités soient fortement constituées ? Tous les hommes du métier sont d'accord, même ceux qui avaient,

CANON DE 120 LONG ET OBUSIER DE CAMPAGNE

14

en 1905, accepté la loi de deux ans. Il faut par compagnie, pour les troupes de couverture, au moins 175 hommes en permanence, ce qui, en tenant compte des déficits inévitables, en exige environ 190 à l'incorporation des recrues. Pour les troupes de l'intérieur, il faut au moins 125, et, à l'incorporation, 140. »

La loi des cadres, récemment votée, n'en a, il est vrai, prévu que 160. Pourquoi ? Justement parce que les termes du problème étaient inversés et qu'au lieu de calculer le recrutement d'après l'effectif, il a fallu subordonner celui-ci à celui-là.

Donc, voilà les chiffres reconnus comme indispensables : 190 hommes dans les corps de couverture, 140 à l'intérieur. Pour la cavalerie, il faudrait un effectif initial de 170 hommes par escadron. Je n'ai pas le chiffre exact de l'effectif actuel, mais tout le monde sait que nos escadrons, dans la période où nous sommes, ne sont que des squelettes...

Nous ne savons pas encore ce que donneront les nouveaux projets allemands. Mais, si le service obligatoire est, comme le demande le gouvernement impérial, rigoureusement appliqué, alors ce sera 850.000 hommes au moins que l'Allemagne mettra sur pied.

Si la France hésite devant une telle menace à se mettre en état de défense, si elle laisse ses compagnies et ses escadrons dans l'état où je viens de les montrer, c'est le suicide...

Ainsi, bon gré mal gré, si nous voulons, sérieusement, être en état de combattre, « être prêts à la guerre » suivant le mot de M. Poincaré, il faut accepter le remède intégral, la loi de trois ans, qui nous donnera 200.000 hommes de plus, et constituera, avec la portion permanente, les engagés et les rengagés, une armée active de 700.000 hommes, solides, exercés, avec quoi la France peut regarder l'avenir sans trembler. » (L'*Heure décicive*.)

L'opinion, que l'on disait indifférente, suivait avec un vif sentiment des nécessités de la survie nationale cette polémique passionnante. Si elle n'était pas prête, elle se préparait.

Le Conseil supérieur de la guerre, consulté, se prononça à l'unanimité pour le service de trois ans. Le gouvernement adopta son avis et le pays, cette fois, témoigna par un frémissement que son instinct et sa réflexion se prononçaient.

Le *Times* a dit que « jamais libre démocratie n'a donné un plus splendide exemple ». Et cela est vrai. Si, seulement, cet exemple eût été suivi, dès lors, par l'Angleterre !

Le message du président de la République du 20 février 1913 posait, en ces termes, le problème militaire :

« La paix ne se décrète pas par la volonté d'une seule puissance, et jamais l'adage que nous a légué l'antiquité n'a été plus vrai qu'aujourd'hui ; il n'est pas possible à un peuple d'être efficacement pacifique qu'à la condition d'être toujours prêt à la guerre.

« Une France diminuée, une France exposée par sa faute à des défis et à des humiliations ne serait plus la France.

« Ce serait commettre un crime contre la civilisation que de laisser déchoir notre pays, au milieu de tant de nations qui développent sans cesse leurs forces militaires. »

Le ministre de la guerre du cabinet Briand était M. Étienne, que le souvenir de l'amitié de Gambetta et une longue carrière de vigilance et de dévouement à la grandeur du pays, inspiraient. Il déposa sur la tribune de la Chambre le projet de loi « ayant pour objet de modifier la loi du 21 mars 1905, notamment en ce qui concerne la durée du service dans l'armée active » et il le fit précéder d'un « exposé des motifs » où le patriotisme le plus ferme faisait appel à l'esprit de sacrifice de la nation ».

Pendant que la Commission de l'armée étudiait le projet et que la majorité favorable luttait pied à pied contre la tactique dilatoire des socialistes et des radicaux-socialistes, le cabinet Briand fut renversé ; le cabinet Barthou le remplaça.

Le nouveau ministère résolut de tout subordonner au vote de la loi de Trois ans : c'est l'honneur du chef de ce cabinet d'avoir compris sa haute responsabilité d'homme d'État. Il l'assuma tout entière quand, au mois de mai 1913, estimant que la sécurité du pays était en jeu par l'accroissement des forces allemandes, il décida de conserver sous les drapeaux, le 1er octobre 1913, la classe libérable à cette date. Décision véritablement divinatoire et qui prit, par la suite, le caractère d'une mesure de salut public ! La Chambre approuva, par 322 voix contre 155, l'initiative du gouvernement.

A la commission de l'armée, le projet du gouvernement fut modifié. Comme le nombre d'hommes prévu par l'application rigoureuse de la loi de Trois ans et par le principe de l'égalité de tous devant le service militaire, était trop considérable, en raison des nécessités budgétaires, une heureuse proposition de MM. A. de Montebello et Joseph Reinach substitua à ces deux principes celui de la fixité des effectifs, c'est-à-dire qu'on se résolut à livrer à l'armée, grâce au service de trois ans, les ressources en hommes, nécessaires pour que les cadres fussent toujours au complet. Le surplus des contingents pouvait être renvoyé en congé, par anticipation, le 15 novembre et le 15 avril de chaque année. Les soldats, pères de deux enfants légitimes ou ceux qui appartenaient à des familles comptant plus de huit enfants,

bénéficiaient du renvoi ; s'il restait encore du surnombre, les congés étaient attribués par le tirage au sort. Le gouvernement fit sienne cette contre-proposition.

Devant la Chambre, la loi de Trois ans fut combattue par MM. Chautemps, Augagneur, Thomas, Thalamas, le général Pédoya ; elle fut défendue par MM. Le Hérissé, président de la Commission, Paté, rapporteur, Joseph Reinach, de Montebello, Raiberti, André Lefèvre : et, avec une éloquence souple et forte, par le président du Conseil : « Nous sommes menacés, répétaient les défenseurs de la loi, d'une « attaque brusquée », et, faute de couverture suffisante, notre concentration devra se faire à plus de 100 kilomètres de la frontière. »

M. Jaurès, M. Augagneur, M. Paul Boncour, M. Messimy présentèrent des contre-projets. M. Jaurès, son fameux système des milices avec une zone de « concentration en arrière de la frontière », M. Messimy, le projet de service porté de deux ans à trente mois.

Ce dernier projet se présentait, avec l'autorité d'un parlementaire qui avait été ministre de la guerre, et qui allait le redevenir : il fut repoussé cependant, par 312 voix contre 266. Même, dans le parti radical, des hommes comme

M. MILLERAND AUX GRANDES MANŒUVRES

M. Léon Bourgeois, Clemenceau, s'étaient prononcés pour le service de trois ans.

La cause semblait gagnée. Mais les défenseurs du régime de deux ans intervinrent. Un député, M. Vincent, proposa en séance la formule « démocratique » : « Tous les hommes reconnus aptes au service militaire sont tenus d'accomplir *effectivement* la même durée de service militaire. » Au nom du principe d'égalité, on risquait d'altérer le caractère militaire de la loi ; l'auteur du projet ne cachait pas son intention de couper court aux libérations anticipées ; or, c'était la soupape indispensable de la « fixité des effectifs », les ressources budgétaires ne permettant pas d'enrôler tout le contingent.

Une autre atteinte, non moins grave, allait être portée au projet du gouvernement. Pour ne pas retenir sous les drapeaux la classe libérable en octobre 1913 (classe qui avait été convoquée, il est vrai, sous le régime de la loi de deux ans), le gouvernement, faisant une concession suprême en vue de sauver, à tout prix, le principe du service de trois ans, accepta un amendement Escudier, décidant l'incorporation de la classe à 20 ans au lieu de 21 ans.

On ne vit pas que l'on mettait ainsi le pays en présence d'un risque terrible et l'Allemagne en face d'une tentation à laquelle, peut-être, elle ne résisterait pas.

L'instruction de deux classes au lieu d'une était un problème très difficile à résoudre, en raison de l'insuffisance des cadres. Après le départ de la classe 1910, la classe de 1911, seule, gardait sa pleine valeur ; les soldats de 1912 et 1913 ne pourraient être utilisés qu'au mois de juin 1914.

N'était-il pas à craindre que l'Allemagne, ayant pris désormais son parti de frapper, à l'heure qui lui paraîtrait la plus opportune, le coup qui devait établir son hégémonie en Europe et dans le monde, choisît, pour déclarer la guerre, le printemps ou l'été de 1914, et n'attendît pas, en tous cas, l'année 1916, époque à laquelle la loi de trois ans devait avoir son plein effet ? Cette éventualité était d'autant plus à considérer que la Russie, également en pleine transformation militaire, n'aurait pas achevé, avant cette même date, la complète réorganisation de son armée.

Malgré les avertissements venus du dehors, on passa outre. La loi de Trois ans, ainsi modifiée, fut votée, le 19 juillet 1913, par 358 voix contre 204, après une protestation solennelle de M. Caillaux, au nom du parti radical-socialiste, protestation tendant au maintien de la loi de deux ans, avec une organisation de la « nation armée », qui eût exigé, de l'aveu même de ses partisans, une préparation de quinze années.

Au Sénat, la loi de Trois ans fut votée le 7 août, par 244 voix contre 36.

Elle augmentait de 220.000 hommes environ les effectifs de l'armée française, portait à près de 800.000 hommes le total de nos forces en temps de paix, nous mettait à l'abri d'une attaque brusquée, et nous permettait de préparer une armée homogène, bien instruite et bien entraînée.

LA LOI DE TROIS ANS ET L'ALLEMAGNE En face des paroles du général Maitrot qui établissaient, avant 1912, le bilan des deux armées allemande et française, on peut mettre celles du général de Bulow constatant la réalité des choses, après l'épreuve de la guerre, dans son entretien avec le maire de Reims : « Votre cavalerie ne compte pas ; elle ne sait pas son métier (et comment faire, en effet, un cavalier en un an) ; votre infanterie est bonne, mais elle n'a pas appris encore l'art de se battre ; dans les guerres modernes, le courage ne suffit pas : il faut voir sans être vu ; vos hommes se montrent sans voir. Quant à votre artillerie, je ne veux pas vous en parler, je la hais ! »

Pourrait-on affirmer que ces appréciations, très répandues en Allemagne, même avant la guerre, n'ont pas pesé de leur poids dans la résolution prise par le parti militaire d'en finir et de se jeter sur la France, avant qu'elle n'eût mis au point l'outil puissant que la loi de Trois ans avait forgé.

DRAGONS ET CHASSEURS AUX MANŒUVRES

Le vote de la loi de Trois ans n'en produisit pas moins en Allemagne une violente irritation. L'attaché militaire, colonel Serret, écrivait, de Berlin, le 15 mars 1913 : « Le mouvement patriotique qui s'est manifesté en France a causé, dans certains milieux, une véritable colère ; depuis quelque temps déjà, on rencontre des gens qui déclarent les projets militaires de la France extraordinaires et injustifiés. Dans un salon, un membre du Reichstag, et non un énergumène, parlant du service de trois ans, en France, allait jusqu'à dire : « C'est une provocation, nous ne le permettrons pas ! » De plus modérés, militaires ou civils, soutiennent couramment la thèse que la France, avec ses quarante millions d'âmes, n'a pas le droit de rivaliser ainsi avec l'Allemagne. En somme, on est furieux. C'est du dépit... Au moment où la force militaire allemande est sur le point d'acquérir cette supériorité définitive qui nous forcerait à subir, le cas échéant, l'humiliation ou l'écrasement, voici que, soudain, la France refuse d'abdiquer et qu'elle montre, comme disait Renan, son pouvoir éternel de renaissance et de résurrection !... »

Et l'attaché naval, M. de Faramond, achevait de dépeindre cet état des esprits en Allemagne : « Lors du dernier serment des recrues de la garde à Potsdam, j'ai été frappé d'entendre l'Empereur prendre pour thème de son discours aux jeunes soldats, « le devoir d'être plus courageux et plus discipliné dans la mauvaise fortune que dans la bonne ». Et c'est parce qu'une première défaite allemande aurait, pour l'Empire, une portée incalculable que l'on trouve, dans tous les projets militaires élaborés par le grand État-major, l'objectif d'une offensive foudroyante contre la France. » (*Livre Jaune.*)

A égalité de nombre, il ne restait plus aux Allemands qu'à s'en rapporter à la supériorité de leur organisation ; c'était l'avis du vieux prince Henckel de Donnesmarck, se référant, en 1914, à une conversation qu'il avait eue en 1870 sur la valeur comparée des deux armées : « J'ai la conviction que vous serez battus pour la raison que voici : en dépit des brillantes qualités que je reconnais aux Français et que j'admire, vous n'êtes pas exacts. Par exactitude, je n'entends pas le fait d'arriver à l'heure à un rendez-vous, mais j'entends la ponctualité dans toute l'étendue du mot. Le Français, qui a une grande facilité de travail, n'est pas aussi ponctuel que l'Allemand dans l'accomplissement de ses devoirs. Dans la prochaine guerre, la nation victorieuse sera celle dont tous les serviteurs, du haut en bas de l'échelle, seront exacts à remplir leur devoir, si important ou si infime que soit ce devoir. » Et le prince de Donnesmarck ajoutait : « La ponctualité, quand il s'est agi, il y a quarante ans, de mouvoir une armée de 500.000 hommes, aura une importance encore bien plus grande au cours de la prochaine guerre, où l'on devra mettre en action des troupes autrement nombreuses. » Sous cette forme, le vieux prince a exprimé la confiance qu'ont les Allemands dans la supériorité de leur organisation militaire.

Les Allemands devaient apprendre, bientôt, à la façon dont s'accomplit en France la mobilisation et le ravitaillement, que le Français avait appris à mettre sa montre à l'heure.

Il n'en restait pas moins que, dans son ensemble, l'organisation allemande, poussée à fond pour un objet déterminé et avec une résolution avertie, présentait une grande avance sur l'organisation française.

Signalons un autre point qui avait aussi son importance.

Malgré que la visibilité de l'uniforme français fût déplorée depuis longtemps, on consacra de longues discussions en 1912 à ce sujet si important, et on ne sut pas aboutir.

LE CANON DE 75 La France avait toute raison de se confier en la qualité du canon de 75. C'est une arme admirable. Il fut conçu dès 1892, perfectionné lentement par les soins du colonel Deport et du commandant

L'AMIRAL BOUÉ DE LAPEYRÈRE SALUÉ PAR UN SOUS-MARIN

Sainte-Claire Deville; patronné par le général Langlois et le général Deloye, directeur de l'artillerie, le canon de 75 fut, aussitôt qu'il fut au point, mis en construction par les soins du ministre de la guerre, le général Billot, M. Méline étant président du Conseil. La France était, alors, dans une période d'ascendant, de prospérité et d'apaisement qui lui permettait d'aborder résolument de telles œuvres.

Il s'agissait d'une dépense de 300 millions, et il était du plus haut intérêt national de les obtenir sans éveiller l'attention de l'Allemagne. Le président du Conseil de 1896, M. Méline, par une initiative aussi courageuse que patriotique, soutenu efficacement par son ministre des finances, M. Cochery, s'entendit avec les président et rapporteur de la commission du budget, M. Delombre et M. Krantz. Le président Félix Faure n'hésita pas à engager sa signature et celle de tous les membres du cabinet.

Les 300 millions furent trouvés sans qu'aucune indiscrétion fut commise et le canon était entre les mains de nos artilleurs, quand on apprit son existence au dehors.

Voici comment le colonel Deport s'explique lui-même au sujet des origines de l'invention.

Montluçon, 13 janvier 1915.

Comme vous l'exposez, l'origine du 75 remonte à 1892.

Vers le mois d'avril, le général Mathieu, directeur de l'artillerie, avait communiqué pour avis, à tous ses établissements constructeurs, un dossier relatif à un brevet pris par un ingénieur allemand nommé Haussner, au sujet d'un matériel de campagne à recul du canon sur l'affût, avec quelques renseignements sur des essais effectués en Allemagne, puis abandonnés.

Ce recul du canon sur l'affût était obtenu par l'emploi combiné de longs guidages et d'un frein hydraulique, caractérisé par deux cylindres télescopiques devant, d'après l'auteur, assurer la rentrée en batterie automatique par le vide, disposition au moins étrange de la part d'un ingénieur.

Comme il existait déjà depuis longtemps des canons à recul sur l'affût, l'inventeur ne pouvait revendiquer le principe du recul plus ou moins long, mais simplement les dispositifs qu'il avait imaginés.

En fait, aucun des établissements consultés ne vit la possibilité d'utiliser ces dispositifs qui, d'ailleurs, en dehors des essais infructueux tentés en Allemagne, n'ont jamais été employés nulle part.

C'est donc à tort que votre informateur, se faisant l'écho d'une assertion assez répandue, dit que l'Allemagne, mieux avisée, eût put réaliser ainsi un canon à tir rapide.

C'est à l'occasion de ma réponse au général-directeur, que j'ai indiqué par lettre du 10 mai 1892, avec avant-projet à l'appui, la possibilité d'établir un canon de 75 à tir rapide, sans recul de l'affût, ni dépointage, comme le mentionne la réponse du général Mathieu, en date du 3 juillet 1892, qui, débute ainsi :

« Mon cher commandant,

« Dans la lettre que
« vous avez adressée
« au ministre le 10
« mai dernier, con-
« cernant les affûts
« Haussner, vous
« aviez indiqué la
« possibilité de réa-
« liser un matériel
« de campagne sans
« recul ni dépoin-
« tage, en reliant la
« pièce à l'affût par
« un frein de 1m40 de course. Je vous prie de me
« faire connaître dans quels délais l'atelier de Pu-
« teaux pourrait être en mesure de livrer un spé-
« cimen...»

Cet intervalle de trois mois entre ma proposition et la réponse du général directeur s'explique ainsi :

Depuis l'année 1890, la fonderie de Bourges était appliquée à la création de matériels de campagne nouveaux, dont deux de 75 à tir accéléré du capitaine Becquet, et un de 52 à tir rapide du capitaine Sainte-Claire Deville.

Le général pouvait donc espérer que les auteurs de ces matériels, grâce à leur haute compétence, pourraient, en combinant au besoin leurs dispositions avec celles d'Haussner, établir le matériel à tir rapide de 75 de la puissance demandée.

En l'absence de toute proposition, l'étude du 75 à tir rapide m'incomba.

Telle est l'origine de ce matériel.

Dans une brochure éditée par Lavauzelle, il y a quelques années, j'ai exposé que *mon spécimen d'essai fut établi en dehors de tout programme du comité de l'artillerie et achevé en 1894, qu'il se composait du même canon et du même affût qu'actuellement, avec la même puissance, la même rapidité de tir, les mêmes fonctions des servants, la même immobilité de l'affût dans le tir.* Je rappelais qu'il avait été soumis à des tirs très nombreux à Puteaux, notamment à un tir à outrance de 240 coups en 24 salves rapides, puis expérimenté par la commission de Bourges en 1894, mais démuni de son bouclier sur la demande de la 3e direction. Les propriétés de ce matériel comme canon à tir rapide étaient donc bien établies. Restaient à opérer la mise au point final qui s'impose toujours, surtout pour des constructions si nouvelles, et que ma demande de mise à la retraite, motivée par ma non-inscription au tableau d'avancement du Comité en 1894, et par des raisons de famille, ne me permit pas d'achever. Ce soin fut confié au capitaine Sainte-Claire Deville, classé à cet effet à Puteaux en 1895 et secondé ensuite par le capitaine Rimailho. Comme je l'ai exposé dans ma brochure précitée, cet officier distingué apporta à l'organisation intérieure du frein hydropneumatique de l'affût d'heureuses modifications, ainsi qu'au dispositif de mire. Il créa le caisson à renversement et le débouchoir automatique qui complètent si bien le service du canon en batterie. En outre, il eut la lourde charge de préparer les essais en grand dans les corps de troupe, *à la suite desquels le matériel fut adopté en 1897, grâce à l'inlassable ténacité du général Deloye, alors directeur de l'artillerie,* secondé par le commandant Gaudin, qui, dans toute cette création du matériel de 75, a joué le

LE GÉNÉRAL LANGLOIS

COLONNE D'INFANTERIE TRAVERSANT UN VILLAGE

rôle d'éminence grise. Le capitaine Sainte-Claire Deville eut enfin à assurer la fabrication intensive dans les établissements de l'artillerie.

A. DEPORT,
Chef du service de l'artillerie de la Cie des Forges de Châtillon et de Commentry.

Le génie des inventeurs du canon de 75 fut véritablement précurseur.

Le canon de 75 ainsi conçu réalisait d'emblée l'idéal de la pièce de campagne : légèreté suffisante (quoiqu'il y eût quelque amélioration possible sur ce point), rapidité du tir (vingt ou vingt-cinq coups à la minute) et, surtout, réglage parfait sans le moindre dépointage pendant le tir. Grâce au frein hydropneumatique, — c'est-à-dire à l'air comprimé, — qui, comme on l'a dit, « forme la beauté secrète de notre canon », le recul est annihilé.

« Le projectile tiré, la force génératrice du recul cesse d'agir, mais la pièce continue à reculer, en vertu de la vitesse acquise, jusqu'à l'extrémité de la glissière ; à ce moment, l'air comprimé réagit pour ramener le canon en avant, et, comme cet air possède une surpression initiale suffisante pour lui permettre de triompher des frottements, la remise en place est assurée ; deux secondes après la mise de feu, le canon est retourné à son poste, tout prêt pour un nouveau tir. » (L. Houllevigue).

Cet admirable triomphe sur la matière fut complété par une série de détails qui assurèrent la supériorité absolue du canon de 75 : simplification des culasses, cartouches complètes unissant la gargousse et le projectile, hausse indépendante permettant un réglage rapide et sûr, bouclier protégeant les servants ; adaptation du caisson au service rapide du canon.

Le canon de 75 devait être le roi de la guerre de 1914. L'Allemagne avait dû mettre à l'écart, avec une perte sèche de plusieurs centaines de millions, son canon modèle 1896, commencé un an avant la réfection de notre artillerie ; et même le canon de campagne allemand de 77 m/m, établi en 1906, avec la collaboration des maisons Krupp et Ehrhardt, quoiqu'il présentât, à l'imitation du nôtre, les avantages du tir rapide, du long recul sur l'affût, ne répondit pas à la vantardise du colonel Goedke : « Enfin ! nous avons réparé l'erreur de 1896 ! »

L'ARTILLERIE LOURDE Mais, sur un autre point, les Allemands prirent de l'avance avant la guerre : il s'agit de l'artillerie lourde. Nous avons déjà signalé les raisons qui avaient porté l'État-major allemand à développer ses formations d'artillerie lourde : tir plongeant, portée plus grande, meilleur défilement. Un projet de crédits pour la construction d'une artillerie lourde, complétant nos Rimailho, fut déposé devant le Parlement français.

M. Clémentel, rapporteur du budget de la guerre de 1912, se prononça en faveur des dépenses nécessaires à cette construction.

Une discussion très vive s'engagea dans la presse technique à ce sujet.

Le général Percin, qui s'était déjà montré opposé au service de trois ans, combattit la création d'une artillerie lourde ; le général Langlois, patron du canon de 75, se prononça dans le même sens ; les esprits étaient incertains.

« En toutes choses, il faut prévoir le pire, disait, avec raison, un des défenseurs de la création ou plutôt du développement de notre artillerie lourde, et, si peu que doive faire l'artillerie lourde allemande, il nous paraît inadmissible qu'on ne cherche pas à l'empêcher et qu'on laisse en définitive les artilleurs à pied allemands tirer sur les nôtres et sur notre infanterie *comme à la cible* (et c'est ce qui devait arriver, en effet). Toute la question est là. On peut discuter à perte de vue sur l'utilité des matériels de gros et de moyen calibres dans la guerre de campagne, dire que les Allemands se sont fourvoyés, enferrés, dans la « mégalomanie » et le « colossal », les voir d'avance empêtrés et s'en réjouir, peut-être à tort. Mais, en fait, leur artillerie lourde existe et ils s'en serviront. Voilà ce qu'il ne faut pas perdre de vue, et cela seul suffit à justifier les appréhensions des nombreux artilleurs et aussi des nombreux officiers des autres armes à cet égard. » (Capitaine Glück).

TOURELLE DE 220 MILLIMÈTRES D'UN CUIRASSÉ FRANÇAIS

Au moment où le Parlement français était appelé à se prononcer sur les crédits nécessaires pour la construction d'une artillerie lourde, le débat fut influencé par la découverte du procédé Malandrin : celui-ci adapte, sur la fusée, un dispositif, une *plaquette* qui, par la résistance qu'elle oppose à l'air dans le déplacement du projectile, le fait tomber plus vite. On obtient, ainsi, un effet qui a quelque analogie avec le tir plongeant, mais il est loin d'assurer tous les avantages de l'artillerie lourde. Satisfait de ce léger perfectionnement, le Parlement français renonça, pour le moment, à cette réforme

On ne crut pas devoir aborder la coûteuse reconstruction du fusil de l'infanterie. Le fusil Lebel a 28 ans ; il était incontestablement, lors de sa création, la meilleure des armes en usage dans les armées européennes. Cependant, il a vieilli. Son principal défaut consiste dans le passage du tir à coup isolé au tir à répétition, qui est laissé au jugement du soldat et qui entraîne parfois le gaspillage des munitions. Le Lebel est un fusil à magasin, le fusil allemand est un fusil à chargeur, de système simple, commode, facile à manier et « qui ne permet qu'un seul genre de tir et de chargement ». Heureusement, l'adaptation, au fusil Lebel, de la balle D qui est d'une grande puissance, a rétabli, jusqu'à un certain point, l'équilibre, en améliorant beaucoup la force balistique de l'arme française.

L'AÉRONAUTIQUE ETC. L'aéronautique militaire donna lieu à une discussion au cours de laquelle, le 30 janvier 1914, le Sénat, sur la proposition de M. Reymond, vota l'ordre du jour suivant : « Le Sénat, regrettant les vices d'organisation de l'aéronautique militaire et confiant dans le ministre de la guerre pour réaliser l'autonomie des services et les réformes nécessaires, passe à l'ordre du jour. »

A la Chambre, M. le député Girod avait

exposé la situation, le 2 janvier 1914, dans les termes suivants : « Si nous avons 54 avions mobilisables, nous avons dû, malheureusement, constater, dans l'enquête, que pas une escadrille n'était complètement mobilisable, faute d'appareils de rechange, tracteurs, etc... »

Depuis, de grands perfectionnements sur ce point, comme dans l'aéronautique, ont été accomplis.

N'insistons pas sur certaines lacunes de notre préparation militaire : pour y parer, il a fallu l'habile tactique de nos chefs et la vaillance de nos soldats. *Civis murus erat.*

COMPARAISON DES EFFORTS ACCOMPLIS EN ALLEMAGNE ET EN FRANCE On peut dire que les mesures prises par l'Allemagne, dans les années 1912 et 1913, nous révélaient ses intentions belliqueuses immédiates et sa volonté de vaincre à tout prix. On lisait dans son jeu ; on connaissait ses desseins. Qu'a-t-on fait pour y parer ? La comparaison est instructive.

D'avril 1912 à avril 1914, l'Allemagne a dépensé, pour son armée et pour sa flotte, la somme de 2.800 millions de francs, inscrite au budget, en dépenses ordinaires et extraordinaires, et la somme de 1 milliard de francs, produite par la contribution militaire. La loi de 1913 stipulait, en effet, que les sommes votées en 1911 et en 1912 seraient dépensées avant le mois d'octobre 1913. Quoique l'impôt de guerre ne dût être perçu que par échelons, le gouvernement impérial avait licence d'en disposer, au moyen de crédits à recouvrer.

Galvanisées et surexcitées par la presse, la bourgeoisie et la noblesse allemande accroissaient encore, par l'initiative privée, l'effort de l'État et créaient des corps d'automobilistes et d'aviateurs volontaires qui, liés par contrat, avec l'administration, devaient, moyennant certaines primes, apporter à l'armée, au jour de la déclaration de guerre, leur concours bien organisé.

La loi de 1913 a été entièrement appliquée

en octobre et, au lieu de 63.000 soldats nouveaux, on en a incorporé 107.000. En 1914, cette loi avait donc sa pleine application, aussi bien au point de vue de l'enrôlement des recrues que de l'armement et de l'organisation.

La couverture est renforcée contre la France : le nouveau corps d'armée de Sarrebruck, 21e corps, est intercalé entre le 15e corps de Strasbourg et le 16e corps de Metz.

On dispose, en outre, comme forces de première ligne, du 14e corps (Mulhouse), du 8e corps (Trèves), du 2e corps bavarois (Landau). On peut évaluer à cinq corps d'armée et demi, après la loi de 1912, la force totale de la couverture allemande. La loi de 1913 porte de 190 à 200 hommes les compagnies d'infanterie de frontière ; les escadrons de cavalerie sont fixés à 150 hommes ; on augmente, en même temps, de 26.000 les chevaux de l'artillerie qui, désormais, peut mobiliser la totalité de ses batteries.

Dans ces mesures prévues et votées des lois de 1912 et 1913, se dessine, par avance, tout le plan de l'État-major allemand.

Elles révèlent son intention de procéder à une attaque brusquée par la Belgique ; elles établissent le dessein de l'État-major d'écraser la France, d'abord, sous une avalanche d'hommes et de matériel, pour se retourner ensuite vers la Russie. Les dernières manœuvres de l'armée allemande, qui eurent lieu en Saxe, sur les bords de l'Elbe, avaient pour thème la donnée suivante : « Une armée allemande victorieuse revient de France, pour se porter au-devant d'une armée russe qui a occupé, entre temps, les provinces orientales de la Prusse. »

Voyons maintenant, du côté français. La France avait le canon de 75.

Elle avait la loi de Trois ans qui, du moins, lui donnait le nombre ; elle avait l'élan rendu aux organismes militaires, par les ministères qui s'étaient succédé depuis 1912 ; elle avait, surtout, un admirable corps d'officiers — pas assez nombreux malheureusement.

FANTASSINS HINDOUS SE RENDANT AU FRONT

LES CAVALIERS HINDOUS QUI COMBATTENT AUX CÔTÉS DES TROUPES ALLIÉES

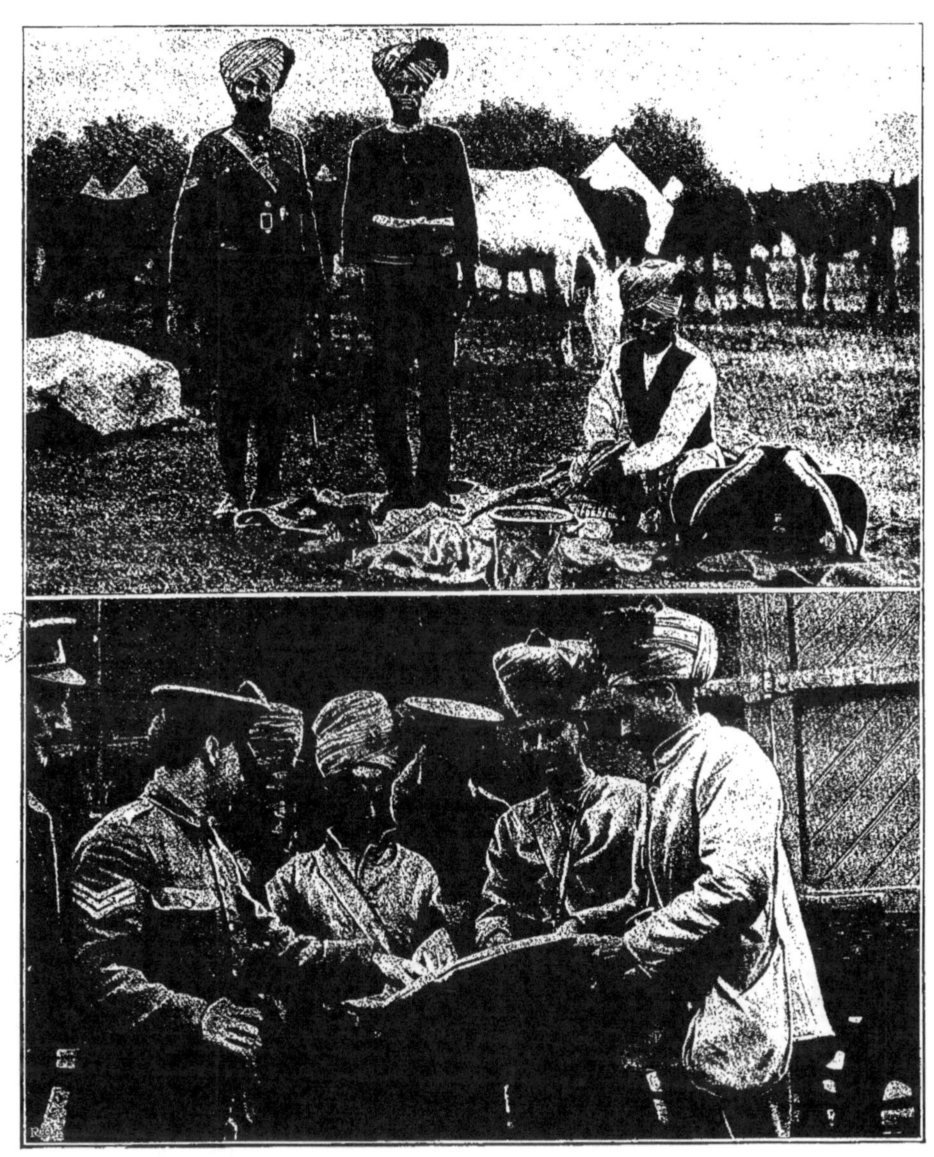

TYPES DE SOLDATS HINDOUS

GABRIEL HANOTAUX
de l'Académie Française

HISTOIRE ILLUSTRÉE
DE LA
GUERRE DE 1914

24 PAGES DE TEXTE ET D'ILLUSTRATIONS

FASCICULE N° 8

GOUNOUILHOU, ÉDITEUR
PARIS, 8, boulevard des Capucines & BORDEAUX, 8, rue de Cheverus.

PRIX NET 1 franc

Les premiers chapitres de l'*Histoire Illustrée de la Guerre de 1914*
sont forcément consacrés à un exposé des origines du conflit mondial. Ils comportent, par suite, une illustration rétrospective. Pour
donner plus de variété aux premiers fascicules, quatre pages en seront
réservées à des photographies se rapportant à des faits plus récents.
Ces pages ne seront pas numérotées et, au moment de la reliure,
pourront être placées à l'endroit du volume auquel elles se rapportent.

**Voir pages 3 et 4 de la couverture
les conditions de souscription.**

EXERCICE DE POINTAGE A BORD D'UN VAISSEAU FRANÇAIS

Elle avait le dévouement de toutes les classes de la nation figurant sans distinction dans l'armée nationale. Pour le reste, on « se débrouillerait ».

Et, en effet, la France s'est débrouillée.

Comment l'étonnante organisation de l'Allemagne n'a-t-elle pas assuré la victoire à cette puissance ?

Comment, après Charleroi, les armées françaises ont-elles pu se ressaisir et courir sus à l'ennemi sur l'Aisne et dans les Flandres ?

Cette reprise merveilleuse de la fortune tient du miracle... Miracle de résolution et d'énergie de la part des chefs, miracle d'endurance et d'entrain de la part des troupes, et, au-dessus de tout, miracle dû à la force des âmes, miracle de la France qui ne voulait pas périr, miracle de la loi immanente des choses et de la volonté divine qui ne voulait pas que la France pérît.

LA MARINE FRANÇAISE La politique navale des grandes puissances a profondément varié depuis un demi-siècle. L'introduction de la vapeur, les progrès de l'artillerie, la force donnée aux navires de guerre par la cuirasse qui en a fait, peu à peu, de véritables forteresses mouvantes, a transformé le caractère de la guerre maritime. Les vaisseaux de haut bord ont pris des proportions telles et se sont chargés d'un matériel si considérable que leur prix s'accroît dans des proportions énormes ; en même temps, se développait l'intérêt que l'ennemi pouvait avoir à les détruire, coûte que coûte.

L'eau se prête merveilleusement à cette entreprise de destruction des grandes unités navales : les torpilles et les torpilleurs, les mines sous-marines, les sous-marins, devinrent les instruments de l'attaque, égaux ou supérieurs aux moyens de la défense.

Les cuirassés allaient toujours s'agrandissant, tandis que les procédés de l'offensive allaient se multipliant. Les dépenses s'accroissaient en raison des efforts concurrents et, de ce côté, les ressources budgétaires opposaient, à leur tour, une barrière aux exigences nouvelles de la politique navale. C'est entre ces difficultés diverses que les gouvernements étaient obligés de trouver leurs voies.

Pour un pays comme la France, dont les rivages se développent sur trois mers, qui possède des colonies nombreuses, une population côtière importante, des traditions navales illustres, mais qui, d'autre part, était obligé de consacrer la plus grande partie de ses ressources à la protection de sa frontière continentale, le problème était particulièrement ardu. Aussi, les solutions les plus diverses furent prônées simultanément ou successivement, avec la même ardeur. Le personnel des officiers de vaisseaux a l'esprit ouvert, l'œil attentif, la réflexion prompte,.... et il a le temps ; dans les longs loisirs du banc de quart, les discussions furent infinies et elles se répercutèrent aux échos du rivage et des ports de guerre. Se compliquant à l'infini de questions de groupements et de personnes, elles multiplièrent encore les raisons d'hésiter provenant de la nature des choses.

L'opinion et le parlement assistaient à ces querelles, sans bien les comprendre, et sans oser prendre parti. On peut dire que, depuis la guerre de 1870, la France a eu une politique navale pleine d'incertitude et d'hésitation.

Cependant, elle s'est tenue à peu près à flot et a suivi le courant.

Pendant de longues années, la France envisageait la possibilité d'une guerre navale contre l'Angleterre : son objectif se limitait à la défense de ses ports et de ses côtes, à la protection de la Manche par les escadrilles de torpilleurs et de sous-marins, à la constitution d'une force suffisante pour protéger ses communications avec ses colonies d'Afrique.

Mais quand l'Allemagne se fut donné pour but la domination des mers, les choses chan-

gèrent. Un rapprochement se fit naturellement avec l'Angleterre, et les deux puissances, liées par l'Entente cordiale, combinèrent leur action sur terre et sur mer, la France devant porter son effort sur la guerre continentale, tandis que l'Angleterre continuerait à exercer la maîtrise sur la mer.

La France n'en restait pas moins fidèle à son ancien objectif, spécialement méditerranéen. Ses forces furent, en grande partie, concentrées à Toulon ; elles avaient toujours pour principal devoir d'assurer le transbordement de nos troupes d'Algérie sur le territoire métropolitain.

La politique navale se compliquait d'un autre problème dont la guerre de 1914 allait montrer l'importance. Les hostilités devaient mettre aux prises, non seulement deux armées, mais deux nations ; par conséquent, les conditions économiques de la vie des peuples, pendant la durée de la guerre, étaient appelées à jouer un rôle qui pouvait devenir prépondérant. La lutte pour le ravitaillement, — qu'il s'agisse de l'alimentation ou des matières premières nécessaires au travail national, — était un des caractères futurs des prochaines guerres; or, à ce point de vue, la maîtrise de la mer devait avoir une efficacité décisive : couper les vivres de l'ennemi, l'isoler commercialement et économiquement, c'était le réduire à merci.

Le général Verdy du Vernois dit : « La grande difficulté des guerres futures sera d'assurer l'alimentation des masses armées. La production du territoire national sera insuffisante pour assurer la vie, non seulement aux troupes, mais encore à l'ensemble de la population. Il faudra bien avoir recours aux importations de l'étranger et l'on ne pourra compter avec certitude sur les voies de terre. En cas d'un conflit avec la France et la Russie, il ne restera à l'Allemagne que les voies maritimes et, par conséquent, nous avons besoin d'une flotte puissante pour en devenir maître. »

On comprend la hâte mise par l'Allemagne à la construction de sa flotte de guerre, et l'on voit, par contre, de quelle importance il était,

L'EMBARQUEMENT DES BESTIAUX SUR UN BATEAU DE GUERRE FRANÇAIS

pour les puissances alliées, de garder leur avance et de la maintenir dans une situation telle que la flotte allemande ne pût jamais dominer l'union des deux flottes anglaise et française.

Quelle que soit la puissance qui verrait ses communications maritimes définitivement interceptées, elle serait rapidement réservée au sort dépeint par le lieutenant de vaisseau Hache : « Des milliers de malheureux privés de travail et de pain se tourneraient vers le gouvernement, impuissant à leur en procurer. Il suffit de songer, un instant, à la crise que déchaînerait dans le pays une pareille détresse intérieure, pour comprendre combien la liberté de la mer est nécessaire à tout peuple combattant dans les conditions de la guerre moderne. » Le commandant ajoutait, songeant à la France : « Une telle détresse amortirait les résultats de nos premiers succès (sur terre) ou bien rendrait impossible toute velléité de résistance en cas de premier revers. »

Le raisonnement n'en est que plus fort pour l'Allemagne, plus retirée encore au cœur du continent.

Nous dirons bientôt ce que l'Angleterre a fait pour garder, vis-à-vis de l'Allemagne, l'empire de la mer. Voyons ce que la France fit pour ne pas perdre tout à fait son rang :

En 1914, la France, après avoir longtemps tâtonné sur le plan de ses constructions navales et avoir, de ce chef, subi des retards déplorables, perdait le deuxième rang parmi les puissances.

Cependant, sa force, appuyée sur celle de l'Angleterre, n'était pas à dédaigner :

On lui attribuait sur les annuaires officiels :

25 cuirassés	déplaçant	346.180 tonnes
19 croiseurs-cuirassés	—	200.640 —
9 croiseurs protégés		
83 destroyers		
118 torpilleurs		
72 sous-marins		

L'artillerie comporte les données suivantes :

110	pièces de	305	millimètres
4	—	274	—
72	—	240	—
96	—	190	—
198	—	164	—
157	—	134	—
88	—	100	—

Toutes les unités de premier rang qui figurent sur ces tableaux ne sont pas d'égale valeur. Il convient de considérer surtout la formation de la flotte française, en tant que pouvant être d'une réelle utilité dans un combat moderne.

Nos forces navales étant partagées entre l'océan Atlantique (y compris la Manche) et la mer Méditerranée, se présentent ainsi : Nous possédons : 1°, dans la mer du Nord, 4 cuirassés (dont un de plus de vingt ans d'âge), 7 croiseurs-cuirassés de 7.700 à 10.014 tonnes et 22 contre-torpilleurs ; 2°, dans la Méditerranée, 19 cuirassés (dont un de plus de vingt ans d'âge), 11 croiseurs cuirassés (dont trois de plus de vingt ans) et 35 contre-torpilleurs.

La flotte française possède deux dreadnoughts, le « Jean-Bart » et le « Courbet, » et six cuirassés, d'une valeur presque équivalente, le « Voltaire », le « Condorcet », le « Danton », le « Mirabeau », le « Diderot », le « Vergniaud ».

En 1914, doivent être achevés les cuirassés le « Paris » et la « France ».

Les cuirassés « Bretagne », « Provence », « Lorraine » les suivront.

La proportion des canons de fort calibre était à l'égard des canons de la flotte allemande comme 18 est à 22.

Il faut ajouter, à ces indications, l'existence d'un certain nombre d'unités réparties en divers points du globe : 10 croiseurs de valeur inégale, une flottille de 35 contre-torpilleurs et 5 sous-marins, une flottille de sous-marins et de torpilleurs à Bizerte.

CHAPITRE VII

LES PUISSANCES EUROPÉENNES : L'AUTRICHE-HONGRIE

Ce qu'est l'Autriche. — Nationalités diverses. — Le dualisme.
Les Slaves de l'Empire. — L'Empereur.

APRÈS avoir essayé de mettre en présence l'Allemagne et la France dont l'antagonisme, en cas de guerre européenne, était inévitable, nous allons passer en revue les puissances qui devaient être, un jour, à peu près fatalement entraînées dans le conflit : du côté de l'Allemagne, l'Autriche-Hongrie et la Turquie ; de l'autre côté, la Russie, l'Angleterre, puis la Serbie, la Belgique, le Japon, enfin les principales puissances neutres, l'Italie, la Roumanie, la Bulgarie, la Grèce.

Quand nous aurons indiqué leur situation, leurs tendances, leurs forces, nous envisagerons la situation internationale en Europe et hors d'Europe, au moment où s'ouvre le grand drame européen.

Une telle guerre n'est pas un accident, c'est une résultante. L'humanité était sans doute arrivée à une heure où, du fond de son instinct et de sa conscience, elle devait risquer, sur elle-même, cette opération sanglante, pour aborder avec une force régénérée ses nouvelles destinées.

Je dirai, d'abord, les puissances alliées de l'Allemagne, celles qui sont appelées à partager son sort et qui l'entraînent dans l'abîme où,
même avant la guerre, leur place était déjà marquée : la Turquie et l'Autriche-Hongrie.

On a souvent cité le mot d'Albert Sorel : « Voilà un siècle que l'on travaille à résoudre la question d'Orient. Le jour où l'on croira l'avoir résolue, l'Europe verra se poser inévitablement la question d'Autriche. »

Albert Sorel n'allait pas jusqu'à prévoir que les deux questions se poseraient simultanément.

CE QU'EST L'AUTRICHE Je n'étonnerai personne en disant que la situation de l'Autriche-Hongrie est le nœud actuel de l'histoire européenne.

Bien entendu, toute l'histoire européenne n'est pas renfermée dans les limites de l'empire des Habsbourg. Mais, selon les solutions qui seront obtenues sur ce domaine, la stabilité de l'Europe sera confirmée ou continuera à être indéfiniment ébranlée.

Krones, en terminant son importante *Histoire de l'Autriche*, dit : « L'Autriche n'est rien autre que l'Autriche, une neutralisation d'éléments divers par et au moyen de la dynastie et de la puissance des intérêts. »

Cet état de choses trouve sa force et sa durée dans la souplesse. Aussi, a-t-on dit avec raison que les monarques austro-hongrois sont des «artistes-nés»; ils doivent recourir sans cesse aux ressources de la combinaison et du compromis.

La diversité des peuples austro-hongrois résulte à peu près exactement du tableau suivant : L'empire compte environ 41 millions d'habitants qui se décomposent ainsi :

Allemands	10.500.000
Magyars	7.500.000
Slaves (Tchèques, Polonais, Serbo-Croates, etc.)	19.500.000
Italiens.	700.000
Roumains.	2.500.000

Le reste comprenant les races diverses, musulmans, etc.

Pour ceux qui voient les choses du dehors, l'empereur est le souverain commun des trois grandes races qui se partagent son empire, les Allemands-Autrichiens, les Magyars ou Hongrois, les Slaves, sans parler des autres fractions de populations, encore très considérables, mais qui n'ont pas leur centre principal dans l'empire : Roumains, Italiens, Musulmans, et races mélangées.

LE COMTE GOLUCHOWSKI

manifestée au cours de la récente histoire.

Le dualisme est donc, relativement à la masse des intérêts réunis sous le sceptre des Habsbourg, une formule très étroite : c'est un vêtement qui ne couvrirait que certaines parties du corps et non le corps tout entier. M. H. W. Steed emploie une autre image : « Le dualisme est, par sa nature même et par son origine, un édifice branlant, instable, singulièrement exposé aux attaques. Il ne correspond pas et ne peut correspondre aux intérêts permanents de la dynastie, ni à ceux des peuples des Habsbourg qui ne sont ni magyars ni allemands. »

LE PROBLÈME SLAVE DANS L'EMPIRE

Cette situation a quelque chose de si singulier, de si contraire aux conditions de la vie normale des peuples, que l'empereur lui-même l'a senti et que, rompant en quelque chose avec sa situation de souverain bicéphale, il s'est incliné parfois vers les revendications de ses autres sujets, et, notamment, des populations slaves, dont le nombre égale presque la moitié de la population totale de l'empire. Si ces velléités d'élargissement du pacte constitutionnel eussent été suivies d'effet, elles eussent, sans doute, sauvé l'Autriche et changé la face de l'Europe. ·

Mais ce titre de souverain ou monarque commun ne correspond pas à une situation constitutionnelle précise. En fait, le statut de la monarchie des Habsbourg comporte un seul prince qui, comme empereur d'Autriche, gouverne les « royaumes et territoires représentés dans le Reichsrath», et comme roi de Hongrie «gouverne les territoires de la couronne de saint Étienne ».

Il y a, au fond de ce dualisme, une tendance à la dissociation qui s'est souvent

C'est ainsi que, dans la période qui s'écoule de la bataille de Sadowa à la paix de Francfort,

SCÈNES DE LA RUE A SARAJEVO

le cabinet Hohenwart, soutenu par l'empereur, se montra disposé à reconnaître à la Bohême une constitution fédérale, sanctionnée par un serment de l'empereur, lors de son couronnement à Prague comme roi de Bohême.

C'eût été, peut-être, le point de départ d'un fédéralisme à trois têtes. Mais les éléments magyar et allemand se coalisèrent contre une telle politique et Hohenwart disparut.

En 1896, le comte Badeni, grand seigneur polonais, appelé aux affaires, à la chute du ministère Taaffe, travailla de nouveau à fortifier la position des Slaves dans l'empire et publia les fameuses ordonnances pour établir l'égalité de la langue tchèque et de la langue allemande.

Badeni avait cru pouvoir compter sur l'appui de François-Joseph qui, une fois encore, paraissait assez disposé à se libérer de l'exigence magyare pour chercher son point d'appui sur l'ensemble de ses sujets. Mais, ni Badeni, ni l'empereur François-Joseph ne purent résister au formidable courant du *Los von Rom*, dirigé au moins autant contre les Slaves que contre l'élément ultramontain, et la tentative échoua par la chute d'un des hommes les plus distingués qu'ait connus l'empire austro-hongrois.

Sauf ces courtes interruptions, l'élément hongrois, dirigé par les Andrassy, les Koloman Tisza, s'entendit avec l'élément allemand, pendant la longue période qui s'écoule de la guerre de 1870 à la guerre actuelle. Bismarck encouragea et exploita le chauvinisme particulariste hongrois et on a pu dire, avec raison, que « la Hongrie gouvernait l'Autriche par l'intermédiaire de la dynastie ». C'est à peine si l'élément slave parvenait à se glisser dans les conseils de la couronne et à s'y maintenir par des services précieux et infiniment dévoués comme ceux du sage Goluchowski.

La question slave était en sommeil. Ces populations s'accroissaient, s'enrichissaient, prenaient conscience de leur nombre et de leur puissance. Peuples hier encore dédaignés, ils prenaient, au dedans et au dehors, le caractère

de nationalités fortes qu'il n'était pas possible de tenir dans l'oubli ou de traiter par le mépris.

Vers la fin du XIX\ siècle, un député germanophile, effrayé de leurs progrès, posait la question en ces termes : « Il ne s'agit plus de palliatifs, il ne s'agit plus des ordonnances sur les langues ni d'un accord à établir entre Allemands et Tchèques, accord impossible à cause de la différence des idées. Il s'agit de savoir si l'Autriche sera une grande puissance politique et sociale, sous une direction allemande, ou un État fédéral, tchèque-polonais-allemand, qui fera une politique slavo-cléricale *et se tournera plus tard contre l'alliance avec l'empire allemand-protestant.* »

Ce fut la première de ces deux politiques qui prévalut. La Hongrie en profita pour développer son intransigeance dans les affaires communes. De 1903 à 1906, il semblait, qu'en raison de ces exigences, le gouvernement intérieur devenait impossible.

En Autriche, les institutions parlementaires ne fonctionnaient plus ; en Hongrie, le parlement se montrait soupçonneux à l'égard de tout ce qui pouvait concourir à l'accroissement de l'autorité impériale et refusait même les crédits nécessaires au développement de l'armée. Des tiraillements sans nombre disloquaient à petits coups une monarchie qui était loin d'être la plus solide de l'Europe. L'idée s'accrédita peu à peu que seule, une politique extérieure hardie pourrait rendre du prestige à la couronne et refouler les revendications croissantes des diverses nationalités.

Les pangermanistes du dehors agissaient avec une audace inconcevable. La gradation est la suivante : d'abord, on demande simplement le rappel des ordonnances de Badeni, puis, on refuse toute entente avec les Slaves de la couronne ; enfin, on réclame, sans ambage, la réunion des pays cis-leithaniens au *Zollverein* allemand : « Je tiens une réconciliation avec les Slaves pour un effort inutile, écrit le brutal leader de cette politique intransigeante, Schœnerer ; il s'agit simplement de savoir si notre suprématie ou celle des Slaves s'implantera

VUE DE BUDAPEST SUR LE DANUBE

en Autriche... On parle toujours d'égalité entre les Allemands et les Slaves ; c'est comme si on comparait un lion à un pou, parce que tous les deux sont des animaux. Dans les affaires nationales, je ne puis me placer sur le terrain de l'égalité. » Aux commerçants autrichiens, on adresse des appels réitérés, on tâche de les séduire par la tentation de voir s'ouvrir pour leurs affaires le vaste débouché allemand. « Une fois que le *Zollverein* sera établi, vous aurez toute l'Allemagne comme débouché pour vos produits et, quant à vous, industriels et commerçants, vous profiterez largement de l'expansion commerciale de l'empire allemand. Tous vous devez donc demander l'entrée de la Cis-Leithanie dans l'union douanière allemande... »

Un pas nouveau est franchi. Le Reichstag voit se fonder un groupe de députés pangermanistes qui, selon les vers de M. Liebermann, demande au « Dieu allemand » *deustcher Gott*, de « rester fidèlement uni à la Pangermanie, là où flottera notre bannière, depuis le Belt jusqu'à l'Adriatique ».

L'effort principal du comte Goluchowski paraît avoir été de résister doucement aux excès de cette politique. Slave d'origine, il garde toujours les yeux fixés sur la Russie : En décembre 1902, en février 1903, en septembre 1903, à Muersteg, il établit les bases d'un accord avec cette puissance. Jamais peut-être, les affaires autrichiennes, les affaires européennes ne furent plus proches d'un arrangement équitable. Le comte Goluchowski informait les délégations qu'on avait trouvé une base pour un accord austro-russe et que

« les deux puissances principalement intéressées dans les Balkans répudiaient toute idée de conquête et étaient déterminées à maintenir le *statu quo* ».

Au cours des négociations, le comte Goluchowski avait indiqué à son collègue russe l'intérêt que l'Autriche-Hongrie verrait à l'annexion de la Bosnie et Herzégovine. C'était là le point sensible, ou, mieux, la pierre de touche : sur une observation de l'empereur Nicolas, le ministre austro-hongrois n'avait pas insisté.

Dans le développement des grandes affaires européennes, l'entente de Muersteg fut un temps d'arrêt, une oasis, — ou plutôt un mirage qui devait se dissiper bientôt. L'Allemagne veillait.

Poussée par le parti pangermaniste, elle craignait de voir un certain relâchement dans

PAYSANS SLAVES D'AUTRICHE-HONGRIE

l'alliance à laquelle elle avait tant sacrifié. On reprochait au comte Goluchowski de ne pas profiter des embarras de la Russie au cours de la guerre japonaise et des grosses difficultés intérieures qui en avaient été la suite (1905-1906). L'Allemagne frappait au même moment le coup de Tanger ; or, la diplomatie austro-hongroise ne suivait que mollement.

A la conférence d'Algésiras, les efforts mesurés de la diplomatie austro-hongroise parurent faibles. Et, finalement, l'empereur Guillaume asséna sur la tête du ministre Goluchowski le télégramme où il faisait compliment à l'Autriche-Hongrie « d'avoir été un brillant second sur le terrain ». Ces félicitations insultantes amenèrent le départ du comte Goluchowski ; il se retira sans bruit. Son système, si prudemment combiné, succombait avec lui.

Toute œuvre de conciliation avec l'élément slave, si atténuée fût-elle, cédait devant l'impérieuse volonté du « puissant premier ».

Nous dirons, plus tard, comment la rupture avec la Russie suivit la disparition du comte Goluchowski et comment les fers furent mis au feu, aussitôt, par le comte d'Ærenthal, pour l'annexion de la Bosnie et Herzégovine.

Mais il importait de signaler à larges traits les phases par lesquelles avait passé, depuis quarante ans, la question slave à l'intérieur de l'empire, puisque toute la difficulté austro-hongroise, et par suite internationale, qui mena l'Europe à la guerre de 1914, peut se résumer en ces termes : quelle part sera faite aux nationalités slaves, dans leurs relations avec l'Autriche-Hongrie, soit au dedans, soit au dehors de l'empire?

LE DUALISME — Les diverses tentatives d'union constitutionnelle des trois grands groupements de populations ayant échoué, l'empire austro-hongrois resta attaché, jusqu'à la guerre de 1914, à la combinaison « dualiste », remontant à la pragmatique sanction austro-hongroise de 1722-1723, successivement modifiée, à la suite d'événements connus, par une série de mesures et d'accommodements se recouvrant les uns les autres en 1848, en 1849, en août 1851, en 1861, et enfin en 1867. Le *compromis austro-hongrois* est un nid de difficultés dans son interprétation et dans son application.

On pourrait comparer le régime à une accolade réunissant deux sous-accolades et for-

PAYSAN EN PRIÈRE DANS LA CAMPAGNE DE HONGRIE

mant ainsi une unité de superposition. La Hongrie, d'une part, l'Autriche, d'autre part, possèdent, l'une et l'autre, tout un système de gouvernement parlementaire et responsable; et, au-dessus de ces deux systèmes séparés, existent trois départements communs, le ministère de la guerre, le ministère des affaires étrangères et le ministère des finances qui ont, eux-mêmes, au-dessus d'eux la personne de l'empereur d'Autriche, roi de Hongrie.

Les ministères communs n'ont affaire ni au parlement hongrois, ni au parlement autrichien, mais aux « délégations », formées de soixante membres choisis dans chaque parlement et qui se réunissent alternativement à Budapest et à Vienne.

C'est la complexité de ce système, — sur lequel je n'insisterai pas davantage, — qui fait que la politique autrichienne est asservie à la politique hongroise : car ce « cheval d'attelage », étant le plus vif et le plus rétif, l'autre est toujours obligé de se régler selon ses caprices. De là, les interventions poussées jusqu'à l'obstruction et à l'émeute qui, malgré certains sentiments manifestés par l'empereur, malgré les conseils des ministres les plus sages, Deak, Hohenwart, Badeni, Goluchowski, ont toujours fait pencher la balance du côté antislave, jusqu'au jour où, l'équilibre étant rompu, la crise des Balkans et la prétention d'écraser la Serbie ont déchaîné les événements.

LES FORCES UNITAIRES J'ai dit la principale force de dissociation de l'empire austro-hongrois, à savoir la diversité des nationalités et l'étroitesse du pacte constitutionnel. Il faut énumérer, maintenant, les éléments d'union et de stabilité qui font durer l'empire et lui assurent une place considérable, quoique « secondaire », dans la constellation européenne.

Ces éléments sont : la situation géographique de l'Autriche-Hongrie et le caractère même du peuple austro-hongrois, l'organisation de l'empire par la bureaucratie et la police, l'autorité de la dynastie représentée par François-Joseph et, enfin, l'instrument de la domination et de la guerre, l'armée et la marine.

Ce n'est pas en quelques pages que l'on peut donner l'idée des infinis problèmes que l'existence de l'Autriche-Hongrie pose en Europe.

On a souvent répété le mot : « Si l'Autriche n'existait pas, il faudrait l'inventer. » Cela revient à dire que l'existence de l'Autriche au centre de l'Europe est un fait géographique : ni les lieux, ni les peuples ne disparaîtront jamais. Toute la question est de savoir s'il appartient à d'autres puissances de décider du sort de ces régions ou si les nationalités qui les habitent en décideront d'elles-mêmes.

On ne peut pas dire qu'il y ait un peuple austro-hongrois ; il y a des peuples divers en Autriche-Hongrie; l'empereur dit « mes peuples ». Première difficulté.

Seconde difficulté : l'Autriche n'est pas franchement européenne, sa formation et son intelligence ont déjà quelque chose de demi-oriental. Quand on va d'Europe en Asie, les premiers turbans apparaissent avant qu'on ait passé la frontière de l'empire ; et ce fait n'est que la manifestation pittoresque d'un état de choses qui comporte des conséquences politiques et morales d'une importance considérable.

Il faut laisser un Autrichien s'expliquer à ce sujet : « Ce qui est incompréhensible pour quiconque n'est pas autrichien, écrivait en 1871, Ferdinand Kurnberger, c'est ce qu'il y a d'asiatique en elle. L'Autriche n'est pas réellement inintelligible : il faut la comprendre comme une espèce d'Asie. « Europe » et « Asie » sont des termes très précis. Europe signifie : loi, Asie veut dire : arbitraire. Europe signifie : respect des faits, Asie veut dire : caprice pur. L'Europe est l'homme fait, l'Asie est à la fois le vieillard et l'enfant. »

« Le peuple austro-hongrois, reprend-il, est, à la fois, un vieillard et un enfant. Aimable, léger, changeant, il a une façon de s'approcher en dansant de toutes choses qui fait penser à un bal d'enfants roses. Mais, remarquez bien que, dans toute cette vivacité sud-allemande et cette versatilité slave, dans tout ce tourbillon de personnes, la chose elle-même reste asiatiquement dure, inerte, conservatrice, morte comme un sphinx ou comme un spectre, chenue, n'ayant pas bougé d'un pouce depuis les temps bibliques. »

Ce tableau si vivant expose toutes les figures du singulier quadrille et en découvre les complexités.

Les Austro-Hongrois n'ont pas ou ont peu d'aptitudes à la liberté qui est la virilité des peuples, précisément parce que le lien forcé qui les unit, entrave leur indépendance. L'art du monarque est de les opposer les uns aux autres, pour dominer les uns par les autres : *Divide ut impera.*

Ne parlons donc pas de peuple austro-hongrois. Considérons les formations actuelles très diverses et très divisées dans leur rapport avec la guerre qu'elles ont subie et avec la paix qui décidera de leur sort.

La population, dans son ensemble, est composée d'agriculteurs et d'industriels. Les agriculteurs l'emportent en nombre, surtout en Hongrie. Absorbés par les travaux de la terre, penchés sur le sillon dans les immenses plaines où l'homme semble perdu, ils n'ont

presque aucune vie politique commune et n'ont guère d'autre sentiment, à ce point de vue, que l'instinct qui sourd en eux et qui les jette comme appoint dans la balance des partis.

Le paysan, solide, endurant, tranquille et doux, prie le Dieu de ses pères, paye comme contribuable et sert comme soldat. Du reste, il se tait.

Une certaine organisation a, dans ces derniers temps, par l'organe du socialisme, pénétré le peuple des villes, ce que l'on appelle les classes laborieuses ; une atmosphère nouvelle s'est répandue. Le socialisme autrichien, avec son journal l'*Arbeiter Zeitung*, a eu pour tendance de réchauffer la masse froide du peuple, de changer les courants, de s'élever au-dessus du plat marécage de la vie journalière, de rompre avec la domestication imposée par l'administration et la police ; s'il est dans le peuple une certaine force d'unification au-dessus des rivalités de races, elle pourrait se trouver là. Mais la tâche est au-dessus des forces d'un seul parti. Elle ne pourrait être abordée, avec quelque chance de succès, que si ce parti, comme du temps de Joseph II, devenait, par l'empereur, maître de l'État et des forces dont il dispose.

L'EMPEREUR FRANÇOIS-JOSEPH

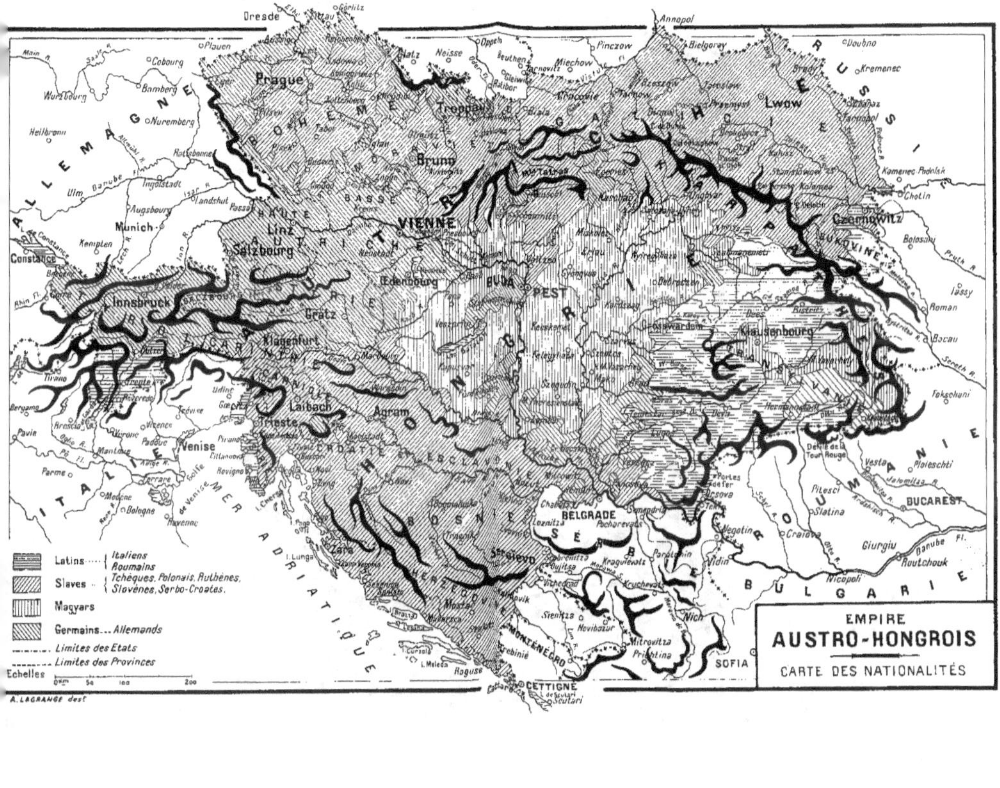
Dresde
Görlitz
Zittau
Cobourg
Plauen
Neisse
Oppeln
Pinczow
Annopol
Bielgoray
RUSSIE
Doubno
Bamberg
Nuremberg
Beuthen
Tarnowitz
Miechow
Tarnow
Jaroslaw
Lwow
Kremenec
Wurtzburg
Prague
POHÊME
Troppau
Cracovie
Przemysl
CARPATHES
Kamenec Podolsk
Heilbronn
ALLEMAGNE
Ulm
Ingolstadt
Isar R.
Landshut
Passau
Brünn
Tarnow
Czernowitz
BUKOVINE
Chotin
Munich
HAUTE
Linz
BASSE
Salzbourg
VIENNE
BUDA
PEST
HONGRIE
Clausenbourg
Constance
Rhin Fl.
AUTRICHE
Edenbourg
Innsbruck
Gratz
Klagenfurt
Laibach
Agram
Trieste
TYROL
CARINTHIE
CROATIE-ESCLAVONIE
Temeswar
Hermannstadt
ROUMANIE
BUCAREST
Venise
ITALIE
MER ADRIATIQUE
BOSNIE
BELGRADE
SERVIE
Sarajevo
Mostar
MONTÉNÉGRO
CETTIGNÉ
Raguse
SOFIA
BULGARIE
Giurgiu
Nicopoli
Jassy
Roman
Bacau
Fokschani
Latins ..... Italiens
Roumains
Slaves Tchèques, Polonais, Ruthènes,
Slovènes, Serbo-Croates.
Magyars
Germains... Allemands
Limites des Etats
Limites des Provinces
Echelles
0km   50   100   200
A. LAGRANGE dest.
EMPIRE
AUSTRO-HONGROIS
CARTE DES NATIONALITÉS

Il est impossible de faire abstraction, dans le répertoire des forces qui animent l'Autriche et peuvent influer sur son avenir, de l'élément juif. Les juifs ne sont pas dénombrés à part, en Autriche-Hongrie, et ne forment pas, à proprement parler, une nationalité ni une race ; mais ils sont deux millions et ils ont leur formation propre, leur vie à part, leurs aspirations particulières ; ils exercent sur l'esprit public, sur la presse, sur l'administration, une influence considérable ; et, soit par les passions qui les animent, soit par celles qu'ils provoquent, ils peuvent devenir, un jour, l'explosif déterminant, dans un empire où les puissances de résistance sont déjà compromises.

La question juive n'est pas uniquement austro-hongroise ; son caractère est d'être éminemment international, car le juif, qui ne peut s'assimiler complètement nulle part, est chez lui partout.

L'EMPEREUR FRANÇOIS-JOSEPH
EN COSTUME DE CHASSEUR TYROLIEN

surance mutuelle avec Dieu ; son esprit est toujours dans l'avenir : *spéculateur*, mais nullement mystique, il est, au contraire, pratique et réaliste, car il combine toujours son propre salut ou le salut de sa race. Pour alléger son bagage, il a créé, d'instinct, la valeur mobile ou « mobilière » qu'il peut cacher facilement et emporter avec lui. Inquiet, nerveux, il s'attache peu et se retrouve, facilement et par goût, le nomade originaire. Là où il passe, il agite, il excite, il anime : mais il passe. Il y a un dicton : « Le juif est le sel de la terre »; on ne vit pas exclusivement de sel.

Les pays allemands sont, pour le juif venu de l'Est, la première étape ; il s'y fixerait volontiers, s'y assimilerait aisément, mais l'élément germanique, en Autriche surtout, ne se laisse pas gagner à de trop intimes familiarités.

Né dans la souffrance, il la fuit toujours et pourtant n'a su, nulle part, saisir le repos. Le juif est nomade, il appartient à une tribu, il agglomère ses tentes les unes contre les autres aux portes des cités, mais il les lève au premier signal. Sa religion est un pacte d'as-

Malgré tout, dans l'empire, les chefs du mouvement d'idées sont, le plus souvent, des juifs. Il en est ainsi en Bohême, en Hongrie, même en Croatie. A la fois bienfaisant et délétère, libéral et conservateur, initiateur et corrupteur, l'élément juif pourrait avoir un jour sur les destinées de l'Autriche-Hongrie

LE CARROSSE DE L'EMPEREUR FRANÇOIS-JOSEPH, AU CONGRÈS EUCHARISTIQUE DE VIENNE
(SEPTEMBRE 1912)

une grande influence parce que son intelligence, à la fois spéculative et pratique, peut s'élever au-dessus du localisme et que son internationalisme naturel est capable de saisir et de faire comprendre à des populations réfractaires la dose d'intérêt général qui doit pénétrer l'étroitesse d'esprit des nationalités, au moment où elles tendent à s'organiser.

Au-dessus de la masse flottante du peuple laborieux, agricole, industriel, animé dans les centres urbains par l'élément socialiste et par l'excitant juif, mais tenu en bride par la police et l'administration, vit une noblesse qui, sans avoir conservé d'autorité féodale, garde une certaine habitude d'être à sa place et chez elle, à la cour et dans le gouvernement ; elle s'attend aussi au respect traditionnel qui lui est dû par le reste de la société.

On n'imagine pas la confiance en soi, la hauteur naturelle et presque bonhomme, la béatitude possédante de cette classe, persuadée qu'elle se suffit à elle-même.

On a dit que la « première » société, en Autriche, est une société de « cousins ». Cela veut dire que ces familles ont les mêmes intérêts, les mêmes privilèges, presque les mêmes biens et que tout le mécanisme de l'État leur paraît destiné uniquement à les leur conserver. Ces aristocrates ne sont pas odieux, ils seraient plutôt encombrants, par la place que tient leur inutilité satisfaite. On raconte que, comme le comte Czernin était à la mort, son serviteur l'entendit murmurer : « Et quand le Seigneur me demandera : « Qu'as-tu fait de ta vie ? » il faudra répondre : « O ! Seigneur ! J'ai tué des « lièvres, tué des lièvres, tué des lièvres !! »

Et, en effet, la chasse et le jeu sont leur principale occupation. Il faut distinguer, pourtant, entre les grands seigneurs autrichiens et les grands seigneurs polonais ou galiciens ; ceux-ci ont un sens plus exact et plus précis des réalités. Ils ont joué déjà un rôle remarquable dans les destinées de l'empire ; les Goluchowski, les Potocki sont des noms illustres, répondant à une conception spéciale du rôle de l'aristocratie parmi les peuples sur cette

« frontière de l'Europe et de l'Asie ». L'empereur François-Joseph, faisant récemment appel à la fidélité de sa noblesse galicienne disait : « Je vois dans les paroles qui m'ont été adressées et qui sont inspirées par un véritable patriotisme, une nouvelle preuve du loyalisme envers moi et envers ma maison (il ne dit pas envers l'Empire) par lequel s'est distinguée la noblesse de mon royaume de Galicie... Vous voudrez bien, vous, représentants de la noblesse de Galicie, faire savoir partout que mon royaume de Galicie peut compter sur mon intérêt le plus vif dans cette période d'afflictions. » L'Empereur peut-être suivait, du fond de sa vieillesse accablée, le vieux rêve, tant de fois refoulé, d'une coopération plus étroite des éléments slaves au salut de la monarchie.

L'EMPEREUR L'empereur, en Autriche-Hongrie, a un tout autre caractère traditionnel que l'empereur d'Allemagne et les autres souverains qui portent le même titre dans le monde : il est le fils des temps, héritier direct du saint empire romain ; sa fonction impériale n'est pas née au cours d'événements récents, selon la volonté des hommes ou les alternatives de l'histoire.

S'il reste un pays au monde où le souverain puisse prononcer la parole : « L'État, c'est moi », c'est en Autriche-Hongrie. Non pas que le prince soit un monarque absolu, mais parce que, sans lui, il n'y aurait pas d'État : l'Autriche n'existe que par lui. Supprimez la dynastie, vous supprimez l'empire. Dans ce sens, l'empereur d'Autriche est encore « de droit divin », puisqu'il est prédestiné à être le lien suprême entre tous ses peuples.

Ce caractère de « l'empereur » lui assure un rôle très actif dans la vie politique et ce rôle consiste à se sauver lui-même constamment pour sauver l'empire. Aussi, le monarque austro-hongrois peut être et doit être constamment égoïste, mobile et ingrat, car il ne doit lier sa cause à aucune cause particulière ; s'il était trop longtemps à un homme, à un parti ou à une cause, il manquerait à son devoir.

M. Steed dit : « La politique des Habsbourg est un opportunisme exalté à la poursuite d'une idée dynastique immuable. » Tiraillé entre les intérêts divers et rivaux qui convoitent l'influence, il est comme un père de famille au milieu d'enfants qui se disputeraient son autorité et son cœur ; ne voulant et ne pouvant sacrifier ni les uns, ni les autres, il alterne dans ses préférences et dans ses sévérités, pour laisser à ceux qui lui survivront la fortune sauve et le foyer intact.

Pour faire comprendre ces nécessités que le monarque a dû subir, rien n'est plus frappant que l'attitude de François-Joseph à l'égard des « Allemands » de l'empire. Depuis quarante ans, la politique impériale, au dehors, a été exclusivement allemande ; or, au dedans, les Allemands de l'Autriche sont restés en état de défaveur constante et n'ont, pour ainsi dire, pas pu approcher le prince.

Celui-ci craignait-il, qu'appuyés sur l'alliance ils ne devinssent trop prépondérants, ou bien, la nécessité de ménager la Hongrie lui imposait-elle les apparences d'une rancune d'autant plus prolongée qu'elle était plus voulue et plus politique? En fait, l'empereur a pour devoir de parer toujours au plus grand mal ; d'où sa

FRANÇOIS-JOSEPH ET GUILLAUME II

versatilité, à la fois réfléchie et inquiète, qui ne l'a fait céder que devant l'émeute et la révolution.

FRANÇOIS-JOSEPH Dans une personnalité aussi intimement adaptée à ce rôle que l'est celle de François-Joseph depuis soixante-cinq ans, il est, pour ainsi dire, impossible de distinguer l'homme du monarque. Ce vieillard tragique, élevé sur le trône en pleine révolution, qui subit les tourmentes de 1849, de 1859, de 1866, qui vit disparaître, autour de lui, tous les siens, qui resta debout, énigmatique et froid, et qui, après avoir assuré à ses peuples les bienfaits d'une paix de quarante-six ans, a fait, au déclin de sa vie, le geste qui compromet tout, ce vieillard est-il un homme éminent ou seulement supérieur ? n'est-il qu'une médiocrité tenace, livrée au caprice des événements et des camarillas ? On ne sait.

Grand chasseur, d'habitudes régulières, un peu maniaque, reclus dans une étroite intimité qui le sépara de l'impératrice Elisabeth, il passe pour bonhomme et on le dit bon… mais, dans la limite où ces mots peuvent s'appliquer à un monarque profondément égoïste. On ne lui refuse pas une qualité vraiment souveraine : le désintéressement.

Renfermant dans le secret de son âme une

illustre tradition, il paraît n'avoir eu d'autre pensée que celle de reprendre les territoires que sa couronne avait perdus ou d'en acquérir de nouveaux. Il ne pardonna jamais à Napoléon III la double diminution de 1859 et de 1866 ; on disait que, si on lui ouvrait le cœur, on y trouverait gravé le mot *Vénétie*. Tout plutôt que de renoncer à une nouvelle province; car il sait que si la souveraineté suit la race, c'en est fait de l'Empire.

Il ne pardonna pas à Andrassy, qui pourtant avait fondé la Triple-Alliance, de n'avoir pas annexé la Bosnie et l'Herzégovine, en 1878 ; il en voulut à tous ceux qui contrarièrent cette mesure; il se refusait à en voir les dangers; c'est par là que devaient le prendre ceux qui poussèrent sa vieillesse affaiblie vers la faute suprême. Le mystère de ses résolutions est enfoui pour longtemps dans les archives autrichiennes. Et, même, il est possible qu'il n'ait pas dévoilé sa pensée à personne et qu'il n'en subsiste nulle trace ; car ce monarque incertain est voué au silence.

Dans les traits du vieillard cassé et ridé, appelant la mort, — mais pour la ruer sur le monde, — qui reconnaîtrait le jeune homme vêtu de blanc, au teint rose, à l'œil clair, qu'une vague de libéralisme porta au pouvoir en 1848, pour survivre à tous ses contemporains, après les avoir tous abandonnés ?

Ceux qui ont tenté de définir son caractère n'ont trouvé sous leur plume que des expressions comme celles-ci : « prudence temporisatrice, cynisme plein de bonhomie, plasticité de l'esprit, faculté d'adaptation ». C'est peu, s'il s'agit de définir un souverain qui se survécut à lui-même pour montrer, dans l'extrême vieillesse, le grandissement effroyable de ses défauts jusqu'au point où ils ne se contiennent plus et déchaînent les catastrophes.

L'ARMÉE L'empereur, maître des territoires qui composent l'Autriche et la Hongrie, aux confins de l'Europe et de l'Asie, responsable de la sécurité et de la prospérité de 50 millions d'hommes, chargé d'une des plus hautes fonctions européennes, allié fidèle de la redoutable et convoiteuse Allemagne, ne peut remplir ces divers devoirs que par la force de son armée.

Il faut considérer l'armée austro-hongroise comme un appoint prévu de l'armée allemande; c'est la seule manière d'apprécier exactement la situation militaire de l'Allemagne, au centre du continent européen.

L'alliance franco-russe mettrait l'empire des Hohenzollern dans une très mauvaise posture s'il n'avait à lui opposer l'alliance austro-allemande. Bismarck avait pris les devants, quand il fondait cette combinaison diplomatique et militaire et quand il la complétait par l'adhésion de l'Italie, qui, d'ailleurs, était en droit de faire défaut à ses alliés, en cas d'offensive de leur part, dans le conflit européen.

L'Autriche-Hongrie, dont la population se décompte ainsi : Autriche, 28 millions 500.000 habitants, Hongrie, 20 millions 840.000, Bosnie et Herzégovine, 2 millions, représente un total de plus de 51 millions d'habitants.

L'Empire, s'il appelait toutes ses forces disponibles, pourrait réunir plus de cinq millions d'hommes sous les drapeaux. Mais, la diversité des races et les conditions budgétaires ont singulièrement compliqué ici l'application du principe de la « nation armée ». En fait, des éléments très disparates contribuent à la constitution de l'armée austro-hongroise et l'affaiblissent.

En raison du fait que l'Empire se compose de deux parties bien distinctes : les pays « représentés au Reichsrath » (Autriche) et les « pays de la couronne de Hongrie », il existe trois armées différentes : « *l'armée commune* » ou armée impériale et royale, relevant du ministère de la guerre « commun » ; la *landwehr* impériale-royale autrichienne (ou cisleithane) et son *landsturm* relevant du ministre de la « Défense du pays de Vienne » ; la *landwehr* royale hongroise et son *landsturm* (*Honvèd*) dépendant du ministre de la Défense du pays de Budapest. Chacune de ces armées a son budget spécial voté : pour l'armée commune, par les « Délégations » des deux Parlements

CAMP DE TIRAILLEURS ALGÉRIENS

SPAHIS ALGÉRIENS CONDUISANT DES PRISONNIERS ALLEMANDS

DÉTACHEMENT DE SPAHIS ALGÉRIENS

GABRIEL HANOTAUX
de l'Académie Française

HISTOIRE ILLUSTRÉE
DE LA
GUERRE DE 1914

24 PAGES DE TEXTE ET D'ILLUSTRATIONS

FASCICULE
N° 9

GOUNOUILHOU, ÉDITEUR
PARIS, 8, boulevard des Capucines & BORDEAUX, 8, rue de Chevérus.

PRIX NET
1 franc

Les premiers chapitres de l'*Histoire Illustrée de la Guerre de 1914*
sont forcément consacrés à un exposé des origines du conflit mondial. Ils comportent, par suite, une illustration rétrospective. Pour
donner plus de variété aux premiers fascicules, quatre pages en seront
réservées à des photographies se rapportant à des faits plus récents.
Ces pages ne seront pas numérotées et, au moment de la reliure,
pourront être placées à l'endroit du volume auquel elles se rapportent.

Voir pages 3 et 4 de la couverture
les conditions de souscription.

(autrichien et hongrois), puis par chacun de ces derniers pour leur landwehr respective.

On voit comme tout cela est compliqué. L'armée austro-hongroise n'en présente pas moins une force réelle, en raison surtout de la caste presque héréditaire où se recrutent ses officiers. Ce trait est trop caractéristique pour qu'on ne le signale pas ; selon une parole souvent répétée : « L'armée, c'est l'Autriche ».

L'attachement à la dynastie étant la grande force d'union dans un Empire fait de pièces et de morceaux, l'armée, et notamment le cadre des officiers et sous-officiers, sont les défenseurs nés de l'unité impériale, et ce sentiment mal défini mais tenace va jusqu'à inquiéter même les ambitions particularistes.

« Quoique de nombreux officiers soient fournis par la noblesse et même la haute aristocratie, la masse du corps des officiers se recrute dans les classes moyennes et la petite bourgeoisie et se compose d'hommes de mince fortune... La naissance n'apporte avec elle que peu ou point de privilèges... Il existe, en Autriche, une noblesse militaire, une sorte de caste des Samouraï, juste comme il existe une noblesse bureaucratique ; nombre de familles de modeste fortune ont été « militaires » pendant des générations, envoyant tous ou presque tous leurs fils dans l'armée et la marine. Ce fonds de familles militaires est une des grandes réserves de la dynastie. Porter la casaque de l'Empereur est devenu pour elles une seconde nature ; on ne se contente pas d'y être violemment « noir et jaune » (les couleurs autrichiennes), mais on y est aussi ce que l'Empereur appelle « patriote pour moi ». Leur esprit sert de levain à l'ensemble de la masse militaire, gagne les camarades dépourvus de traditions de famille et s'infiltre jusqu'aux simples soldats. C'est dans leur camp qu'est « l'Autriche ». (H. W. Steed.)

Si solide que soit ce corps d'officiers, sa tâche n'en reste pas moins difficile et son action nécessairement restreinte, dans une armée où les soldats appartiennent à tant de races différentes, parlent des langages ou des dialectes divers, ont des aspirations souvent contraires à l'existence même de l'Empire. L'auteur qui vient d'être cité dit avec raison que le maintien du sentiment militaire et d'une organisation à peu près effective dans ce « labyrinthe » est un miracle.

La réorganisation des armées austro-hongroises résulte de lois récentes, notamment la loi générale du 5 juillet 1912.

L'armée active compte, en temps de paix,

INFANTERIE AUTRICHIENNE

34.000 officiers et 390.000 hommes avec 90.000 chevaux. Ces forces se répartissent en : armée commune (2 ans de service) et landwehr active (2 ans de service) ; c'est par le tirage au sort que les conscrits sont classés dans l'une ou dans l'autre partie de l'armée active. En temps de guerre, l'armée active et de réserve comptent 1.800.000 hommes instruits ; la territoriale, 1 million et demi d'hommes, comprenant deux bans (de 19 à 37 ans, de 37 ans à 42 ans) et *l'ersatz reserve*, 500.000 hommes, ces derniers et une bonne partie du landsturm n'ayant qu'une éducation militaire très insuffisante et des cadres à peu près inexistants.

La Bosnie et l'Herzégovine fournissent, depuis la loi du 11 août 1912, un contingent à part, calculé d'après le chiffre de sa population et dans la même proportion que les autres pays de la monarchie.

Par l'application de la loi de 1912, les forces austro-hongroises doivent s'élever, (sans tenir compte des distinctions entre les trois) aux totaux suivants : *Infanterie* : 683 bataillons, avec 483 détachements de mitrailleuses ; *cavalerie* : 353 escadrons; *artillerie de campagne* : 348 batteries de canons (canon à tir rapide, en bronze forgé, modèle 1905, de 76 m/m 6), 132 batteries d'obusiers légers, modèle 1899, du calibre 104 m/m, 30 batteries à cheval. *Artillerie de montagne* : 62 batteries de canons et 30 batteries d'obusiers. *Artillerie lourde* : 56 batteries d'obusiers lourds ; le reste, dans les différents services actifs ou auxiliaires. En 1913, on a expérimenté un mortier de 30 c/m, transportable en 3 parties, et une pièce à tir rapide, de 10 c/m 5, à recul sur l'affût, destinés à rendre de grands services aux armées de la coalition.

L'infanterie est armée du fusil Mannlicher, modèle 1895, avec poignard-baïonnette. A chaque bataillon est adjoint un détachement de 2 mitrailleuses Schwarzlose.

L'armée austro-hongroise est répartie en 16 corps d'armée, plus 14 brigades de montagne. La cavalerie compte 10 divisions ; le tout, réparti sur les frontières infiniment étendues de la monarchie et devant faire face à la fois à l'Est, au Sud, au Sud-Ouest.

M. Steed donne des renseignements précis sur la cacophonie des langues dans l'armée austro-hongroise : L'Allemand est employé dans l'armée commune et dans la landwehr autrichienne comme langue officielle et comme langue du commandement; mais les langues « régimentaires » diffèrent suivant les races auxquelles appartiennent les divers régiments. Les régiments purement polonais, tchèques, ruthènes et serbo-croates, sont instruits dans leurs langues respectives, quoique commandés en allemand ; les minorités, au-dessus de 20 o/o dans l'ensemble du régiment ayant droit à l'instruction dans leur propre langue. Dans les régiments magyars, le magyar est la langue d'instruction ; dans la Honvéd, formée des recrues de la Hongrie, le magyar est la langue officielle ; mais, dans les régiments de la Honvéd recrutés en Croatie-Slavonie, le magyar cède la place au serbo-croate.

C'est pour se conformer à cet étrange amalgame de peuples que l'Empereur disait, le 16 septembre 1903, dans le fameux ordre du jour de Chlopy qui fut considéré presque comme un abus d'autorité dans le sens unitaire : « Une et indivisible comme elle l'est, mon armée restera forte et puissante pour défendre la Monarchie ; elle restera pénétrée de cet esprit d'union et d'harmonie qui respecte tous les caractères nationaux, en utilisant les qualités spéciales de chaque race pour la prospérité du grand tout. »

LA FLOTTE AUSTRO-HONGROISE La flotte austro-hongroise, qui fut longtemps réduite, de parti pris, à un rôle secondaire, limité à la mer Adriatique, a pris soudain un réel développement, sans doute sous l'impulsion de l'allié, Guillaume II.

Les programmes de construction s'accrurent peu à peu et comprenaient en 1912, 12 cuirassés d'escadre, 5 de seconde classe, 6 de

LE MINISTÈRE DE LA GUERRE A VIENNE

3e classe, 19 contre-torpilleurs et 83 torpilleurs.

L'effectif réel est le suivant :

	1911	1912	1913	1914
Dreadnougths.		1	2	4
Pree-Dreadnougths . .	12	12	12	12
Croiseurs-Cuirassés. .	3	3	3	3
Croiseurs.	6	6	9	9
Canonnières.	7	7	7	7
Destroyers	12	12	18	—
Torpedos.	57	69	81	—
Sous-marins.	6	7	13	—

Le tonnage des fortes unités représente :

15 cuirassés	déplaçant. .	179.000 tonnes
2 croiseurs-cuirassés	—	13.700 —

L'artillerie des unités cuirassées :

48 pièces de 305 millimètres		
61	—	240 —
41	—	190 —
66	—	150 —
36	—	140 —
60	—	100 —

En 1910, la flotte était montée par 817 officiers et cadets, 671 mécaniciens et autres officiers et environ 13.400 marins.

Les principaux types des fortes unités sont le « Tegethoff », le « Franz-Joseph », et le « nº VII ». Le grand port militaire est Pola, avec quelques autres établissements militaires sur la mer Adriatique.

CONSTANTINOPLE ET LE BOSPHORE

CHAPITRE VIII

LES PUISSANCES EUROPÉENNES :
LA TURQUIE

*Grandeur et décadence de la Turquie. — La question d'Orient. — Les États balkaniques.
La Révolution turque.*

'HISTOIRE récente de la Turquie est le tableau d'une décadence. On savait, depuis longtemps, que l'empire des Ottomans était frappé à mort ; mais on ne savait pas comment il disparaîtrait. Nous assistons à cette agonie.

DÉCADENCE DE LA TURQUIE Les Turcs, originaires de l'Asie et du Turkestan chinois, parents des Huns, des Hongrois, des Mongols, fondent un empire asiatique, sur les ruines de l'empire des Seldjoucides, à la fin du XIIIᵉ siècle. Ils étendent leur domination sur les territoires de l'empire grec ; En 1360, Amurat prend pied à Andrinople ; à la bataille légendaire de Kossovo, il triomphe des Bulgares, des Serbes, des Bosniaques et des Albanais, ligués contre lui. En 1453, Mahomet II s'empare de Constantinople et les Asiates musulmans s'installent au cœur de l'Europe ; leurs avant-gardes poussent jusqu'à Belgrade, même jusqu'à Vienne qu'ils assiègent. Leurs flottes dominent la Méditerranée et balancent l'autorité de Venise, de Gênes, de l'Espagne, de la France, dans l'Adriatique, dans l'Archipel et même le golfe du Lion.

La bataille de Lépante les arrête sur mer, tandis que leur expansion se prolonge sur terre, jusqu'à la fin du XVIIᵉ siècle.

C'est alors que l'Europe commence à se ressaisir et réagit contre la présence, dans sa chair, d'un corps étranger. La fièvre agite les populations locales ; puis, elle gagne, par sympathie, les nations lointaines.

L'esprit des croisades s'est insinué dans les calculs des politiques. La liquidation de l'empire turc devient la grande affaire des diplomates. Ils comprennent que le sort des territoires occupés par la conquête ottomane donnera lieu, d'abord, à des luttes âpres pour la conquête et, ensuite, à des rivalités profondes entre les conquérants.

Ces territoires ne sont pas seulement, par eux-mêmes, vastes et fertiles ; sur leur immense étendue, on trouve les lieux qui ont disposé dans le passé et qui disposeront dans l'avenir du progrès humain : les terres mères de la civilisation, l'Égypte, les vallées du Tigre et de l'Euphrate, la Syrie, qui nous apprit les lettres et les nombres, la Palestine, qui vit naître le judaïsme et le christianisme, l'Arabie, centre du mahométisme, Constantinople, héritière de toutes les grandeurs antiques, les îles de l'Archipel et de l'Adriatique qui ont été les étapes de la civilisation vers l'occident médi-

LA SUBLIME-PORTE

terranéen. En outre, les grands passages, éternellement convoités et disputés : le Danube et les fleuves qui, par les Balkans, rattachent l'Europe centrale à la Méditerranée ; le Bosphore et les Dardanelles, l'isthme de Suez, la mer Rouge, le golfe Persique, c'est-à-dire les voies de terre et les voies de mer qui relient les trois continents.

LA QUESTION D'ORIENT Tous ces problèmes étaient inclus dans ce qu'on appela, dès le XVIIIᵉ siècle, « la Question d'Orient », et en plus, le grand problème moral et religieux qui agite le monde, la lutte ou la conciliation entre le monothéisme asiate, le culte sans intermédiaire et sans image, du Dieu solitaire, d'une part, et, d'autre part, la large et humaine doctrine du christianisme, héritière de la sagesse antique, avec

la consolation éternelle du Verbe se faisant chair, la perpétuité de l'Église, la communion des . fidèles, la vigilance attentive de la Divinité sur les choses humaines ; en un mot, la balance entre le pessimisme résigné de l'Orient, l'optimisme actif de l'Occident : depuis la guerre de Troie et les invasions des Perses, l'histoire n'avait pas assisté à un duel plus grave et plus émouvant.

L'Europe ne touchait à ces questions qu'en tremblant : elle savait qu'il y allait de son repos pendant de longues années et peut-être pendant de longs siècles, quand la crise s'ouvrirait ; elle la retardait autant que possible. D'autre part, des nécessités, plus fortes que la volonté humaine, la précipitaient.

L'empire ottoman se dégradait de lui-même ; les territoires occupés tombaient dans l'abandon et la stérilité ; les plus beaux pays du monde étaient devenus déserts. Enfin et surtout, les communautés chrétiennes ne pouvaient plus supporter le joug : animées par le souffle d'indépendance que les temps nouveaux répandaient sur le monde, elles se soulevaient et s'offraient en holocaustes pour prendre le monde par la pitié.

La politique était intéressée à ne pas laisser les choses se faire d'elles-mêmes : une répression violente et victorieuse eût confirmé l'établissement des Turcs en Europe avec toutes les complications qu'il provoque; une révolte heureuse des populations locales eût résolu les questions d'équilibre sans tenir compte des intérêts des puissances. La diplomatie intervenait donc, parfois heureusement, parfois maladroitement. Les révoltes, les guerres, les pa-

DAMES TURQUES DE CONSTANTINOPLE

cifications provisoires et le malaise permanent, tout s'enchevêtrait dans les complexités infinies du problème.

En somme, les puissances européennes, qui furent et se crurent longtemps maîtresses des événements, hésitaient entre deux partis à prendre : le maintien de l'intégrité de l'empire ottoman qui reportait les solutions au lendemain ; l'intervention en faveur des peuples et des communautés balkaniques.

Les diplomates furent toujours pour la première solution et les peuples pour la seconde.

On sait comment la politique des peuples l'emporta le plus souvent, comment l'intervention européenne courut à l'aide des populations révoltées, pour libérer graduellement la Grèce, la Roumanie, la Serbie, le Monténégro, la Bulgarie ; on connaît le rôle de la France (dont le protectorat sur les catholiques maintenu en Orient assurait une certaine survivance de la civilisation occidentale),de l'Angleterre, de la Russie, fille de la Byzance orthodoxe, sœur aînée des populations slaves des Balkans.

C'est à l'intervention de la Russie en 1877-78 qu'est due la plus récente crise de l'empire d'Orient, avant les événements actuels. Au congrès de Berlin, Bismarck prétendit régler, au nom de l'Europe, une des phases de la question d'Orient.

Il est inutile d'ajouter qu'il se préoccupait surtout des intérêts de l'Allemagne.

D'accord avec l'Angleterre et avec l'Autriche-Hongrie, il se mit en travers de la victoire russe et, en se refusant, autant qu'il était en lui, à prêter l'oreille aux revendications des communautés balkaniques, il remit le sort de la Turquie aux Turcs eux-mêmes ; mais, il introduisit, dans le débat, un élément nouveau, les ambitions de l'Autriche-Hongrie, qui se posait, sous son égide, en copartageante de la péninsule des Balkans ; du même coup, il faisait le chemin à l'influence germanique.

C'était un nouveau et puissant facteur qui se glissait ainsi dans les affaires orientales. La grande Germanie, cimentée par les victoires de 1866 et de 1870, par la constitution de l'alliance entre Berlin et Vienne, cherchait son expansion en Orient. La Turquie devenait la protégée des deux empires; son territoire n'était plus vers l'Asie que la traîne du magnifique manteau impérial taillé en plein drap par la Prusse, héritière de

LE PONT DE GALATA

l'empire d'Allemagne et de l'empire romain.

Ce système, imposé avec une habileté suprême, avait rencontré, d'abord, toutes les faveurs de l'Angleterre, qui, comme compensation de son adhésion, avait obtenu Chypre et l'Égypte; la France, réduite au silence, avait agrandi son empire africain par la conquête de la Tunisie. La Russie, battue, s'était réfugiée dans l'isolement et avait travaillé à son développement vers l'Asie.

Tout paraissait tranquille. Mais le profond calculateur n'avait pas tenu compte des deux données essentielles du problème : d'une part, l'état de déliquescence de l'empire turc lui-même, et, d'autre part, la force croissante des revendications balkaniques, tenues avec soin à la porte du congrès de Berlin.

On avait cru les réduire au silence : elles feraient parler d'elles. On avait résolu de les subordonner à l'Autriche et, indirectement, à l'Allemagne : elles prouveraient qu'elles avaient du sang dans les veines, — et un autre sang que celui qui coulait dans les veines des Turcs et des Allemands.

L'erreur de Bismarck, élève de Frédéric le Grand et des copartageants de la Pologne, était de croire que l'on dispose des territoires sans l'aveu des populations qui les habitent. Vue régressive, vue féodale, où s'attardait le génie allemand, après avoir dégagé lui-même l'unité allemande au nom du principe des nationalités.

LES ÉTATS BALKANIQUES — Malgré tout, les sacrifices qui avaient précédé la guerre de 1877-78 et l'intervention de la Russie n'avaient pas été vains. Un nouveau progrès avait été accompli et sanctionné par le traité de Berlin lui-même dans le sens de la libération des peuples.

Le *Monténégro* avait reçu quelques marques de la haute protection russe et notamment le port d'Antivari lui donnant accès sur l'Adriatique ; il est vrai qu'on avait refoulé rudement ses aspirations, en le plaçant, en quelque sorte, sous la haute surveillance de l'Autriche ; mais il attendrait.

La *Serbie*, qui avait été une des causes initiales de la guerre, fut abandonnée par la Russie et sacrifiée à l'Autriche qui, en lui faisant attribuer les districts de Tern et de Pirot, affecta de la prendre sous sa protection.

La *Roumanie*, dont l'indépendance fut reconnue, perdit la Bessarabie et n'obtint, en retour, que des concessions assez maigres dans la région de la Dobroutcha ; concessions que la France put accroître un peu au dernier moment.

La *Grèce*, soutenue également par la France, obtint, après une longue et pénible négociation, une rectification de frontière dans les provinces de Thessalie et d'Epire.

La grande œuvre du congrès de Berlin et la seule qui pût être considérée comme le paiement de la victoire russe, fut la création de la *Bulgarie*. Les délégués bulgares traçaient, en ces termes, le programme de son action future dans la péninsule balkanique, si on lui permettait seulement de s'affranchir et de s'organiser : « Le peuple bulgare demande sa propre autonomie avec un gouvernement national garanti par les grandes puissances protectrices des chrétiens d'Orient, unique moyen de pouvoir vivre paisiblement et se développer graduellement. L'autonomie du peuple bulgare, dans ces conditions, pourrait seule le rendre capable de devenir, par ses propres lois et ses propres forces, l'un des agents les plus actifs et les plus persévérants du progrès et de la civilisation dans l'Europe occidentale ; elle serait, en même temps, la garantie la plus sûre d'une paix durable, dans la plus grande partie de la péninsule des Balkans. Et il n'y a qu'elle qui puisse empêcher, dans l'avenir, le retour des atrocités qui ont justement soulevé l'indignation du monde civilisé. Il arrive à croire, qu'après les cruelles épreuves auxquelles il a été soumis par ses maîtres, l'Europe ne voudra plus mettre derechef ces derniers en état de la pousser à des actes de déses-

UN CAFÉ DANS LE VIEUX STAMBOUL

poir, au sacrifice même de son existence. »

Le peuple bulgare s'attribuait, ainsi, d'avance, un rôle messianique. La Bulgarie renaissante, c'était la première manifestation formelle du panslavisme dans les Balkans.

Le traité de San Stefano avait créé un royaume bulgare, comptant quatre millions et demi d'habitants et s'étendant du Danube à la mer Égée. Le congrès de Berlin refoula les revendications bulgares ; il fit, de la Bulgarie, une principauté autonome, mais toujours tributaire du sultan ; elle ne s'étendait plus que du Danube aux Balkans.

Quant aux débris de la grande Bulgarie du traité de San Stefano, leur sort fut réglé, ainsi qu'il suit : une province de *Roumélie Orientale*, avec Philippopoli, restant sous l'autorité directe du sultan, mais obtenant certaines garanties d'autonomie administrative et un gouverneur chrétien ; une autre province, contenant la *Thrace et la Macédoine*, continuant à faire

partie de l'empire, mais devant obtenir, sous le contrôle de l'Europe, certaines réformes administratives : combinaison pitoyable, combinaison de diplomates !

Six ans ne s'étaient pas écoulés, que la Bulgarie occupait la Roumélie Orientale. Quant à la Macédoine et à la Thrace elles devenaient un foyer de désordres qui devait, conjointement avec l'affaire de Bosnie et Herzégovine, allumer l'incendie général en Europe.

Si la création de la Bulgarie fut la grande satisfaction donnée à la Russie, le règlement du sort de la *Bosnie et Herzégovine* fut une satisfaction beaucoup plus grande et beaucoup plus réelle donnée à l'Autriche-Hongrie. Le traité de Berlin, sur la proposition des plénipotentiaires anglais et allemand, attribuait à cet empire le droit d'occuper et administrer *sine die* la Bosnie et l'Herzégovine ; cette concession établissait l'Autriche-Hongrie en maîtresse au cœur des Balkans, au cœur des pays slaves, c'était une route ouverte sur le chemin de Salonique. L'Autriche-Hongrie, d'ailleurs, ne se déclarait pas satisfaite ; elle réclamait l'annexion de ces provinces. Seule, la résistance de la Hongrie empêcha cette solution radicale et c'est une restriction que l'empereur François-Joseph ne pardonna jamais au comte Andrassy.

Résumons les résultats du congrès de Berlin : demi-mesures à l'égard de la Turquie ; demi-satisfactions aux principautés chrétiennes ; échec à l'élément slave, entrée en ligne de l'élément germanique. La péninsule balkanique restait, pour un prochain avenir, un nid de graves difficultés.

Le traité de Berlin embrouillait tout, ne réglait rien.

De 1880 à 1908, l'histoire de la péninsule n'est rien qu'un long effort, de la part des peuples balkaniques, pour achever ce que le congrès de Berlin avait laissé en suspens.

La position de ces peuples et de l'Europe reste réciproquement la même. Les premiers ne songent qu'à développer leur indépendance ou leur territoire libéré ; l'Europe n'a qu'une pensée : éviter, si possible, et, en tous cas, retarder le cataclysme prévu, si la moindre rupture d'équilibre se produit en Orient : « L'avis général des puissances, déclarait lord Salisbury, à propos de l'affaire arménienne, est que l'empire turc doit être soutenu, attendu qu'aucun arrangement destiné à le remplacer ne peut être suggéré sans entraîner le risque sérieux d'un conflit européen » ; et M. G. Hanotaux, à propos de l'affaire crétoise : « Les puissances ne veulent pas risquer d'ouvrir un gouffre d'hostilités, vers lequel non seulement les peuples rivaux des Balkans, *mais d'autres aussi et plus éloignés*, se trouveraient peut-être invinciblement entraînés. » (22 février 1897.)

Mais l'empire ottoman se refusait, pour ainsi dire de lui-même, à la vie nouvelle que l'appréhension de sa mort aurait voulu lui insuffler. La Turquie, après un effort sous le règne d'Abd-ul-Hamid, s'abandonnait et arrivait peu à peu à une véritable déliquescence.

MAHMOUD CHEFVKET

LA TURQUIE A LA VEILLE DE LA RÉVOLUTION

A la veille de la révolution qui préparait l'avènement d'un régime nouveau, le tableau de la Turquie mourante était le suivant : « Depuis 1878, la Turquie s'est enfoncée dans l'anarchie et souffre de plus en plus de la difficulté d'être. Les populations sont épuisées ;

L'ENTRÉE DU BOSPHORE

elles n'en peuvent plus. Le procédé gouvernemental issu de la conquête — c'est-à-dire, la violence à froid avec, en perspective, la répression par le sabre — n'a fait que se dissimuler en partie sous une méthode plus souple et peut-être plus détestable : on ne sait quelle apparence de procédure légale, quelle œuvre de justice et de police mêlées, quel embrigadement astucieux de toutes les méfiances et de toutes les délations, la surveillance exercée par un espionnage continuel de la vie de tous par tous, dans un pays affreusement divisé. Ainsi, une terreur pâle règne sur des peuples muets.

« L'œuvre administrative se borne à la perception des impôts d'une part et, d'autre part, à l'entretien des fonctionnaires publics, mais cela, par un unique moyen, la concussion. Les agents de l'autorité étant mal rétribués et n'ayant aucune ressource que l'argent extorqué au contribuable, cette rétribution, c'est-à-dire le profit illicite dissimulé sous la forme d'un cadeau plus ou moins volontaire, le *rouchwet*, est devenu une institution.

« Tout est *rouchwet* et, à obtenir le *rouchwet*, le fonctionnaire travaille uniquement. Une œuvre de persécution et d'intimidation plus ou moins hypocrite s'accomplit incessamment et rend la vie publique insupportable.

« Un président du tribunal civil de grande ville touche (quand il les touche) 276 francs par mois. Étant donné les mœurs assez dispendieuses de l'Orient, c'est une somme tellement infime qu'elle représente à peine le quart de ce qui est nécessaire à un magistrat de cet ordre. Que voulez-vous ? Le magistrat se paye de ses propres mains et il en est ainsi du haut en bas de l'échelle. Le contribuable n'est pas content ; le fonctionnaire pas davantage ; mais, il faut vivre.

« Résultat final, un universel mécontentement, mécontentement qui n'est contenu que par l'espionnage et la violence à haute pression. La machine broie ainsi à vide, en usant ses propres ressorts, jusqu'à l'heure où elle se sera brûlée elle-même et où elle éclatera. »

Ceux qui ont vu Constantinople à cette époque ont connu un des spectacles les plus singuliers que puisse présenter une fourmilière humaine ; sur chacune des rives reliées par le pont de Galata, deux mondes sont en présence : d'une part, Péra, la ville levantine ou européenne ; d'autre part, Stamboul, la ville orientale ou turque.

Stamboul, entouré de ses vieilles murailles construites avec les pierres sculptées ou gravées, débris des monuments byzantins, est dominé par les dômes d'or des mosquées et les blancs minarets, d'où tombe la voix des muezzins. Péra, tortueux et sale, avec ses ruelles aux maisons de bois et aux balcons surplombants, se serre aux pieds de quelques églises et s'anime à la voix des cloches appelant aux cérémonies les fidèles des divers cultes chrétiens.

De l'une à l'autre ville, c'est un mouvement perpétuel de cortèges hâtifs, de piétons aux costumes bigarrés, un va-et-vient de foule multicolore, où le turban alterne avec le fez et le chapeau haut de forme, où la stambouline et le pantalon se croisent avec la fustanelle et la culotte aux larges plis.

De rares voitures circulent parmi la foule pressée ; dans de riches carrosses, ou même dans des chaises à porteur, les rideaux baissés laissent entrevoir les dames de la cour et de la société, aux longs yeux noirs perçant les blancheurs du yachmach ; tandis que, sur les pavés pointus, les femmes du peuple trottinent péniblement, une main serrant le voile sur la figure, l'autre tenant sur la tête ou sur l'épaule une cruche pleine ou un enfant.

Tout ce monde vit en bonne harmonie, use de tolérance et de respect mutuel : les processions se déroulent, les cortèges des morts passent en courant, une escouade de pompiers fend la foule, des fonctionnaires graves vont au bureau, des marchands sont accroupis à la devanture des boutiques où luisent, sur des fonds à la Rembrandt, les ors des citrons et des oranges, les coraux des tomates ; les chiens à tête de renards circulent doucement : une

ARTILLEURS TURCS EN TENUE DE CAMPAGNE

odeur de graisse frite emplit les narines ; la boue vous prend aux pieds, l'odeur de la boue vous prend à la gorge.

Un indéfinissable relent de vie très ancienne, l'arome du désert avec la puanteur du ghetto, je ne sais quel affaissement de la vie nomade dans la pouillerie citadine, les parfums fades des roses et des confitures, une atmosphère où tous les siècles respirent depuis les plus anciens jusqu'aux plus modernes, l'oppression d'un passé toujours présent, le sentiment que ces foules humaines ont toujours vécu là, ainsi, pareilles à elles-mêmes, que cette agitation et cette boue sont la fin et la déliquescence d'une agitation et d'une boue séculaires, tout cela produit une émotion, à la fois profonde et pénible, cause une curiosité mêlée de lassitude où se renouvellent sans cesse l'amusement et le désenchantement.

Seule, la vieille ville des Césars et des califes pouvait offrir de tels spectacles à la veille du jour où la Révolution, phase initiale de l'agonie définitive, s'accomplit.

LA JEUNE TURQUIE   A la place de la Vieille-Turquie branlante et croulante, voilà que surgit une Turquie nouvelle, une Turquie régénérée, la « Jeune-Turquie ».

La Jeune-Turquie fut la fille de la « Réforme ». Il y a toujours eu une « réforme » à l'ordre du jour dans l'empire ottoman : et quel pays, en effet, avait plus besoin de se « réformer » ?

Sans remonter aux temps trop anciens, en 1876, à la veille de la guerre russe, Midhat Pacha avait annoncé que l'empire allait se renouveler ; le plan de Midhat est exposé, ainsi qu'il suit, par l'ambassadeur d'Angleterre, Henry Elliott : « Midhat Pacha est, à n'en pas douter, le plus énergique et le plus libéral des hommes d'état turcs.

« Il a toujours soutenu *l'égalité des musulmans et des chrétiens* et désire une *autorité constitutionnelle* au-dessus du pouvoir du grand-vizir, aussi bien qu'au-dessus de celui du sultan... Il m'a parfois parlé de son opposition énergique *contre l'établissement d'institutions spéciales dans les provinces slaves...* Il n'est pas aimé du vieux parti musulman, mais il est regardé comme l'espoir des *réformateurs mahométans et chrétiens...* »

En un mot, les traits caractéristiques de la « réforme » en Turquie ont toujours été les suivants : tendance à l'européanisation, gouvernement constitutionnel, égalité des musulmans et des chrétiens, hostilité aux communautés chrétiennes indépendantes, surtout aux slaves.

C'est sur ces bases que s'accomplit la réforme de 1908. Elle fut l'œuvre des militaires, et notamment de l'armée de Salonique, ayant à sa tête Mahmoud Chefvket. Ces hommes croyaient avoir une préparation européenne suffisante pour assumer l'autorité gouvernementale ; affiliés aux loges, ils se disaient libéraux ; mais ils étaient avant tout, par instinct et par tradition, des centralistes et des autoritaires. Ils voulurent garder Abd-ul-Hamid, disant : « Il sera notre mikado »; mais ne tardèrent pas à le renverser en nommant à sa place un mannequin : Mehmed V. Ils essayèrent alors de remettre en marche la vieille machine, après avoir porté une main novice sur les rouages les plus délicats.

On crut d'abord aux dispositions raisonnables de ces hommes nouveaux. On les voyait attentifs à satisfaire les désirs des puissances européennes, notamment des puissances libérales. On écrivait : « Le nouveau gouvernement turc est plein de bonne volonté; il accepte les remontrances et ne ferme l'oreille à aucune des paroles aimables qui lui sont prodiguées : il proteste de sa déférence pour les avis qu'on lui donne ; il confie ses finances à un Français, M. Laurent, son armée à un Allemand, le général von der Goltz ; ses émissaires parcourent l'Asie pour y prêcher la concorde et d'autres parcourent l'Europe pour y implorer des leçons de bon gouvernement... » Mais cela ne s'apprend pas du premier coup. En somme, personne ne commandait, personne n'obéissait. Ces hommes, de l'*Union et Progrès*, se donnaient comme libéraux et humains. En réalité, ils ne voulaient qu'une chose, comme tous les hommes politiques du monde : rester au pouvoir.

Bientôt, les abus du despotisme militaire

ENVER PACHA

FANTASSINS ET OFFICIERS DE L'ARMÉE TURQUE

parurent non moins insupportables que ceux du despotisme hamidien. Mahmoud Chefvket, officier distingué, mais n'ayant guère d'autre directive politique que sa fidèle admiration pour l'Allemagne, fut le mannequin dont se servit la violence de ses partisans. Il eût voulu quitter le pouvoir, on ne lui laissait même pas la liberté de la retraite.

Nous n'avons pas à faire le relevé des spasmes de l'agonie : la lutte des partis, d'un côté, le Comité *Union et Progrès*, d'autre part, le parti libéral et le parti modéré; les ministères tombant les uns sur les autres et épuisant à la fois le personnel hamidien et le personnel nouveau ; les révoltes en Albanie, en Macédoine, en pays arabes; les troubles en Macédoine et l'intervention des puissances; la pénurie des budgets; les chemins de fer et les travaux publics à l'encan; la main-mise par les financiers sur les dernières ressources de l'empire, les fluctuations hypocrites de la politique extérieure, tandis, qu'au fond, tout était vendu à l'Allemagne.

Un fait capital s'était produit, au jour même de la révolution: l'annexion de la Bosnie et Herzégovine.

En même temps, la Bulgarie se déclarait indépendante, le prince Ferdinand se proclamait tsar, son gouvernement mettait la main sur la ligne de chemins de fer qui relie Constantinople au reste du monde. De telles humiliations auraient dû ouvrir les yeux aux gouvernants turcs : ils les tenaient hermétiquement fermés. A peine élevaient-ils la voix pour réclamer, de l'Autriche-Hongrie, en échange des droits de souveraineté du sultan, une somme de 150 millions, bientôt engloutie dans les gaspillages du comité.

Dès ce moment, la crise est ouverte pour l'Europe ; il est possible de la prévoir et de lui assigner une très prochaine échéance.

La situation, pour la Turquie en particulier et pour l'Europe en général, était, dès lors, décrite en ces termes : « A Constantinople, le mouvement révolutionnaire prend peu à peu plus d'extension. Le cabinet Hilmi Pacha est renversé. Ahmed-Riza, président de la Chambre, a démissionné.

« Révoltes dans les casernes. Batailles dans les rues. Chocs des partis, des comités, des nationalités. L'Albanie est en armes. Le monde arabe est soulevé. Que va-t-on faire de la Macédoine ? Quelles seront les répercussions sur Athènes, sur Sofia, sur Belgrade ?

« L'Autriche et l'Italie se mettent d'accord pour se tailler la part qu'elles s'attribuent dans l'empire ottoman... Si le monde germain, entraîné par son propre poids, se laisse glisser sur la pente, les autres puissances ne vont-elles pas essayer d'arrêter l'avalanche ?

« La Russie est affaiblie, mais elle n'est pas isolée. L'avenir du monde slave est en cause à Constantinople. Sur le Caucase, dans la Mer Noire, dans les Balkans même, cet empire, robuste et vigoureux malgré tout, retrouve son maximum de puissance et d'élan. Il est inadmissible que le sort de l'Orient se décide sans que le vainqueur de 1878 ait voix au chapitre.

« Derrière la Russie, il y a le slavisme, il y a la puissance « amie et alliée » et, enfin, par un phénomène bien surprenant, il y a l'Angleterre.

« L'Angleterre, assurée de la coopération de la Russie et de la France, puissances de contrepoids contre les empires germaniques, ne saurait être délogée des rivages méditerranéens. L'Italie se trouverait même dans un singulier embarras, si elle était obligée de se prononcer...

« Donc, la partie est au moins égale. Personne ne pourrait dire quelle serait l'issue d'un conflit qui doit éclater, presque fatalement, si on laisse les événements à eux-mêmes. Mais, ce que personne ne peut mettre en doute, c'est que, par le fait de ce conflit, la prospérité européenne et, peut-être, la civilisation moderne seraient en grand péril. Une Europe secouée par de telles convulsions ne pourrait sans doute résister à ses maux intérieurs. Comme au temps de la décadence de l'empire romain, le dedans retentirait de tout ce qui ébranlerait le dehors. Une guerre générale

FANTASSINS TURCS

serait probablement le signal d'une révolution générale... » (*La Politique de l'Équilibre*, p. 195.)

Ces paroles étaient écrites en 1909 quand, au lendemain de la révolution turque, l'Autriche-Hongrie, rompant le pacte d'équilibre, réclamait l'annexion de la Bosnie et Herzégovine.

La diplomatie européenne était avertie : la liquidation ottomane ne se produirait pas sans un vaste ébranlement européen.

Quant à la Turquie, elle se hâtait vers sa fin. Ne trouvant pas les financiers français assez souples, le gouvernement turc s'était retourné vers l'Allemagne et avait, pour la première fois, mis son existence financière à la discrétion d'un empire qui devenait ainsi son protecteur patenté.

Les forces militaires de l'empire étaient confiées aux officiers allemands et, par l'extension des conventions antérieures, notamment celles relatives au chemin de fer de Bagdad, l'avenir économique de la Turquie était aliéné. L'impuissance du gouvernement s'aggravait en Macédoine, en Arménie, en Albanie, en Arabie. Tout s'écroulait. Restait-il du moins, une armée ? On y croyait encore ; mais, c'était la suprême ressource.

Cette ressource, si elle existait, allait être mise à l'épreuve. Le 20 septembre 1911, l'Italie, suivant l'exemple de l'Autriche, réclamait sa part de l'empire ottoman : elle commençait l'expédition sur la Tripolitaine qui ne devait prendre fin que le 15 octobre 1912, à la veille de la guerre en Turquie d'Europe.

Voyez dans quel ordre logique les événements évoluent : l'annexion de la Bosnie détermine l'entreprise sur la Tripolitaine, l'occupation de la Tripolitaine déterminera les hostilités balkaniques. La Turquie paye ses fautes intérieures et devient une proie désignée aux convoitises des puissances voisines.

La Tripolitaine, mal défendue par d'impuissantes garnisons ottomanes, opposa, du fait de sa population autochtone, appuyée sur les Snoussis, une vigoureuse résistance aux armées italiennes. Un jeune officier, appelé à un brillant avenir, Enver Bey, tint tête au général Reisoli, notamment dans l'affaire de Csar-el-Leben.

L'Italie dut recourir à sa flotte pour frapper au cœur la puissance ottomane et l'amener à composition. Elle occupa les îles de l'Archipel, menaça Constantinople, suscita les éléments de désordre et de révolte dans l'empire. On reconnut, dès lors, que la force militaire de la Turquie n'était plus qu'une apparence. Quand le cabinet Mouktar Pacha, qui avait succédé au cabinet Saïd, se décida à traiter, il était trop tard.

Les premiers pourparlers commencèrent à Lausanne, vers le 12 juillet, et les préliminaires furent signés dans la même ville, le 15 octobre; mais les événements étaient déjà déchaînés par ailleurs et la crise finale commençait.

LA GUERRE DES BALKANS Le 8 octobre 1912, le Monténégro avait déclaré la guerre à la Turquie.

En raison des relations de famille existant entre les deux familles souveraines, on put croire, d'abord, que le Monténégro obéissait aux suggestions de Rome : mais on comprit bientôt qu'il s'agissait de tout autre chose.

Les États balkaniques, Serbie, Bulgarie, Grèce et Monténégro avaient le sentiment que leur existence indépendante ne pouvait plus être sauvegardée que par eux-mêmes.

L'Autriche-Hongrie avait, par l'annexion de la Bosnie et de l'Herzégovine, fait un pas vers Salonique ; les désordres en Macédoine, l'insurrection en Albanie, la perte de la Tripolitaine, étaient autant de signes de la pro-

chaine ruine de l'empire ottoman. Chacun prenait des gages.

Les États balkaniques, de leur côté, se préparaient depuis longtemps : leur organisation militaire était beaucoup plus avancée qu'on ne le pensait généralement ; un pacte, dont on attribue l'initiative à M. Venizelos, les liait contre la Turquie d'abord, et, subsidiairement, contre l'Autriche-Hongrie. La formule nouvelle était : « Les Balkans aux Balkaniques. » Pour la guerre contre la Turquie, les prétextes ne manquaient pas : l'initiative prise par le Monténégro était l'exécution d'un des articles de ce pacte.

L'Europe essaya, une fois encore, de s'interposer : mais elle croyait à la victoire des Turcs et son effort pour « localiser » le conflit se heurta à la force des faits : la tempête emportait les digues fragiles des diplomates.

Il est impossible de présenter ici un exposé, même succinct, des phases rapides du drame. Les victoires des Bulgares à Kirk-Kilissé, à Lule-Bourgas, leur épuisement rapide, le siège d'Andrinople traînant en longueur et laissant quelque répit aux forces ottomanes qui paraissaient anéanties au premier choc ; les victoires serbes à Koumanovo et à Uskub, la prise de Salonique par les Grecs, et la « cueillette des îles » par leur flotte, Janina assiégée par eux, Scutari assiégée par le Monténégro, tels sont les faits les plus notoires.

Les puissances, surprises d'abord, tentent de s'interposer à nouveau, dès que l'épuisement se fait sentir chez les belligérants. Mais, seule, l'Autriche-Hongrie, secondée par l'Allemagne, a un plan bien établi ; elle s'est mise d'accord avec l'Italie pour empêcher l'expansion des Slaves vers l'Adriatique et, pour cela, le comte Berchtold a lancé l'idée d'une Albanie indépendante.

Une conférence pour la paix s'ouvre à Londres en décembre 1912. La trouvaille des diplomates, c'est donc une « Albanie indépendante ». Piège tendu par les convoitises austro-hongroises, mais que l'Europe ne voit pas, ou plutôt ne veut pas voir.

LES SOLDATS ANGLAIS SUR LE PONT DU BATEAU QUI LES AMÈNE EN FRANCE

LE REPOS DU SOIR DANS UN CAMP ANGLAIS

ARTILLEURS ANGLAIS CHARGEANT UN CANON

GABRIEL HANOTAUX
de l'Académie Française

HISTOIRE ILLUSTRÉE
DE LA
GUERRE DE 1914

24 PAGES DE TEXTE ET D'ILLUSTRATIONS

FASCICULE
Nº 10

GOUNOUILHOU, ÉDITEUR
PARIS, 8, boulevard des Capucines & BORDEAUX, 8, rue de Cheverus.

PRIX NET
1 franc

Les premiers chapitres de l'*Histoire Illustrée de la Guerre de 1914*
sont forcément consacrés à un exposé des origines du conflit mondial. Ils comportent, par suite, une illustration rétrospective. Pour
donner plus de variété aux premiers fascicules, quatre pages en seront
réservées à des photographies se rapportant à des faits plus récents.
Ces pages ne seront pas numérotées et, au moment de la reliure,
pourront être placées à l'endroit du volume auquel elles se rapportent.

Voir pages 3 et 4 de la couverture
les conditions de souscription.

Le moindre défaut de cette combinaison c'est, en diminuant la part de chacun des alliés, de jeter entre eux des germes de zizanie que l'Autriche-Hongrie cultive avec soin. Les puissances balkaniques passent outre aux conseils de l'Europe.

La conférence se sent impuissante. Les hostilités reprennent : Janina, Andrinople, Scutari succombent. La Turquie n'a plus d'autre chance de salut que les dissensions entre les vainqueurs. L'Autriche veille : en mettant le marché en main à l'Europe, elle arrache Scutari au Monténégro, par la menace d'une guerre générale ; la Bulgarie, arrêtée aux portes de Constantinople, se retourne vers les provinces de l'intérieur; elle réclame une compensation en Macédoine ; mais la Serbie, refoulée de l'Adriatique, refuse de céder des territoires qu'elle a conquis. La guerre éclate entre les alliés de la veille.

La Roumanie qui, jusque-là, s'est tenue sur la réserve, entre en scène. Elle prend partie contre la Bulgarie ; celle-ci, attaquée à la fois par la Grèce, la Serbie, la Roumanie, est vaincue et envahie. Elle rend les armes. Les Turcs ont profité des circonstances pour reprendre haleine et se glisser dans Andrinople.

Les pourparlers s'engagent entre les puissances balkaniques à Bucarest et, cette fois, c'est l'Europe qui est tenue à l'écart des négociations. La conférence de Londres ne tient plus qu'à une seule de ses décisions, la fameuse création d'une Albanie indépendante : c'était la pire de toutes. Cette exigence allait prolonger la crise balkanique jusqu'à l'heure où elle se transformerait en crise européenne.

En ce point, comme en ce qui concerne le point initial, c'est-à-dire l'annexion de la Bosnie et Herzégovine, toutes les responsabilités incombent à l'Autriche-Hongrie.

A la faveur de ces dissentiments, soutenue par le puissant appui des deux empires germaniques, la Turquie survivait au désastre -- mais combien affaiblie! — Elle gardait Constantinople et même Andrinople ; les rivalités des grandes et des petites puissances l'avaient sauvée.

Mais elle avait perdu presque toutes ses provinces des Balkans et il ne lui restait plus qu'un pied sur le continent européen : au premier effort des États coalisés, elle serait chassée définitivement en Asie.

En somme, ses anciens sujets, ses rivaux nés de sa dépouille, ses vainqueurs d'hier, grandissaient de sa ruine. La Roumanie obtenait de la Bulgarie une région riche et bien peuplée (353.000 habitants) ; par son intervention à l'heure opportune, elle prenait, en quelque sorte, l'arbitrage des affaires balkaniques. La Serbie gagnait 1.800.000 habitants nouveaux, avec Novi-Bazar, Uskub et Monastir ; elle devenait véritablement une « grande Serbie » ; la Grèce recevait 1.624.000 âmes avec Salonique, Cavalla, la Crète et la plupart des îles de l'Archipel. Seule, la Bulgarie était bien mal payée de ses victoires; subissant la peine de sa fâcheuse rupture du contrat d'alliance, elle n'obtenait qu'une partie de la Thrace avec le port de Dédéagatch sur la mer Egée, en somme, une seule province occupée par 400.000 habitants. L'irritation fut

L'AMBASSADE DE FRANCE A CONSTANTINOPLE

grande en Bulgarie, et ce fut encore un germe pour des complications prochaines. Le roi de Bulgarie disait, dans sa proclamation à l'armée : « Aucun patriote bulgare ne peut renoncer de bon gré et sans lutte à Monastir, Ochrida, Dibra, Prilep, Salonique, Serès et autres terres bulgares où vivent nos frères. »

Le sort de la péninsule des Balkans n'était pas réglé. La Turquie survivait, mais, liée désormais aux deux empires protecteurs, elle devait partager et suivre leur destinée.

Quelle force représentait-elle encore, au cas où des événements nouveaux réclameraient son concours armé ? Il est assez difficile de l'évaluer.

L'ARMÉE TURQUE La guerre des Balkans et la perte de plusieurs provinces, — la Tripolitaine, la Macédoine, une partie de la Thrace, les Iles, ont sensiblement réduit les ressources militaires de la Turquie. Cependant, elles étaient en pleine voie de réfection et de réorganisation, sous les ordres du général Liman von Sanders, quand les hostilités éclatèrent.

Le service obligatoire a été organisé en Turquie par les lois de 1880, 1886, 1888 et 1904. Le contingent est divisé en deux portions, dont la première est incorporée dans le *nizam* ou armée active pour 3 ans, puis dans l'*iptiat* (réserve) pour six ans, puis dans les *rédifs* (landwehr) pour 9 ans ; enfin, le *muhstafiz* (armée territoriale ou milice) prend les hommes au-dessus de cet âge, dans des conditions assez arbitraires. La cavalerie *hamidieh*, recrutée parmi les Kurdes, est l'objet d'un régime spécial.

La population actuelle de la Turquie doit monter, malgré les dernières réductions, à environ 18 millions d'habitants dont 1.800.000 seulement en Europe. Au point de vue militaire, il faut défalquer les non-musulmans, les Arabes de l'Yémen, une quantité énorme d'indemnes pour mille raisons variées, notamment le paiement, en une fois, de 50 livres turques.

Il est possible que l'armée turque, avec ses réserves, puisse monter à un effectif de 6 à 800.000 hommes, plus ou moins instruits ; mais dans quelle condition d'encadrement, d'armement, de ravitaillement, d'habillement, ces troupes marchent-elles au combat ?...

L'infanterie est armée du fusil à répétition Mauser, ou du Martiny-Henry ; le canon est fourni par la maison Krupp ; les batteries doivent former un ensemble qui est loin d'être négligeable.

La flotte turque se composait, en 1914, de :

3 cuirassés	déplaçant . .	27.250 tonnes	
1 croiseur de bataille	—	23.000	—
3 croiseurs protégés	—	11.550	—
12 destroyers			

portant une artillerie de :

22 pièces de	280 millimètres	
2	—	240 —
28	—	152 —
16	—	120 —
28	—	105 —

LA CORNE D'OR ET LA FLOTTE TURQUE

CHAPITRE IX

LES PUISSANCES EUROPÉENNES :
LA RUSSIE

*L'âme russe. — La Russie moderne. — La Russie et l'Allemagne. — La question d'Orient.
La question de Pologne. — L'Empereur Nicolas. — La Serbie et le Monténégro.*

A Russie, immense, multiforme, énorme, mais souple et agile dans ses proportions massives, apportera à l'Europe la plus précieuse des collaborations quand elle aura réduit à l'impuissance l'élément allemand qui s'efforce, depuis des siècles, de dénaturer son caractère et son rôle devant l'opinion et de lui barrer le chemin.

L'AME RUSSE La Russie est indéfinissable : cependant, ses écrivains, psychologues raffinés, anatomistes incisifs, ont dégagé certains traits caractéristiques que nous leur emprunterons pour tâcher de mieux faire comprendre « l'énigme blanche », l'âme russe.

Klutchewsky définit ainsi le peuple dominant, celui qui occupe le pays de Saint-Pétersbourg jusqu'à Moscou et au delà, le Grand-Russien : « La Grande-Russie des XIIIᵉ et XVᵉ siècles, avec ses marais, présentait à la colonisation, à chaque pas, de menus dangers, des ennuis et des difficultés imprévus qui nécessitaient une grande présence d'esprit, une lutte continuelle contre les éléments. Cela habitua le Grand-Russien à scruter la nature, à

avoir toujours, suivant sa propre expression, les yeux grands ouverts, à ne s'avancer qu'avec précaution, à palper le sol et à ne jamais passer la rivière sans en avoir trouvé le gué, et cela développa en lui une grande souplesse devant la difficulté et une remarquable patience en face des échecs et des privations. En Europe, il n'y a pas un peuple moins gâté et exigeant, moins habitué à attendre de la nature et de l'avenir, plus endurant que celui des Grands-Russiens...

« Des particularités de la contrée ont déterminé la distribution des Grands-Russiens à travers le pays. La vie dans les villages isolés ne put habituer le Grand-Russien à agir en grandes unions, en masses amies, comme le fait l'habitant de la Russie du Sud. Aucun peuple d'Europe n'est capable de l'intensité de travail que peut déployer un Grand-Russien en un temps restreint. Mais, nulle part, nous ne trouverons une telle incapacité de se livrer à un travail modéré et régulier comme en cette Grande-Russie.

« Le Grand-Russien est, en général, renfermé et prudent, même timide, toujours sur ses gardes ; peu sociable, il ne se trouve à l'aise qu'en compagnie de lui-même. La nature et le destin ont appris au Grand-Russien à suivre les chemins de traverse et les sentes aux mille détours. Le Grand-Russien pense et agit comme il marche. Qu'est-ce qu'on peut trouver de plus sinueux qu'un chemin vicinal de la Grande-Russie ? Pas de grande route droite et rectiligne, il faut toujours retomber dans les vieux sentiers contournés. Ainsi se manifeste l'action de la Grande-Russie sur le caractère du Grand-Russien. »

Ce particularisme de la civilisation russe est admirablement mis en lumière par un passage de Tolstoï, dans *Anna Karénine* : « Lévine voyait que la Russie possède d'excellents travailleurs et que, dans certains cas, les travailleurs et la terre rendent beaucoup. Mais, la plupart du temps, quand le capital et la terre étaient exploités à la manière européenne, les travailleurs et la terre rendaient peu. Cela provient uniquement de ce que les paysans ne désirent travailler et ne peuvent travailler fructueusement qu'à leur manière propre. Ce fait n'est pas accidentel, mais permanent et l'explication s'en trouve dans l'esprit même du peuple. »

Voici un portrait physique du Russe, peint par Tchekhov ; il ressemble à mille visages : « Le nez, les joues et les sourcils, tous les traits de son visage, pris séparément, étaient vulgaires et lourds. Mais la physionomie avait quelque chose d'harmonieux et même de beau. Telle est la figure russe : plus les traits sont simples et rudes, plus elle semble douce et pleine de bonhomie. »

Et voici, d'après Gorki, « l'intellectuelle » russe, dont le caractère, depuis un demi-siècle, a révélé si souvent les profondeurs cachées de la race : « Sonia parlait distinctement, mais comme à contre-cœur, en serrant les dents ; elle marchait vite, la tête haute, en ayant l'air de se glorifier de son visage sans beauté. Ses grands yeux sombres avaient un regard sérieux et sévère et, dans ses traits comme dans toute sa personne, haute et svelte, il y avait quelque chose de singulier, de loyal et de ferme. Elle intimidait Ilia, il la croyait fière. » On se demanderait si ce n'est pas la Russie elle-même que Gorki a voulu peindre.

POPE RUSSE FAISANT LA SEMAILLE

Korolenko n'a pas vu les paysans comme les a vus Tchekhov. Certes, il les trouve ignorants et grossiers, mais il reconnaît en eux une énergie puissante, capable de lutter et d'agir dans les conditions les plus difficiles. Il ne dissimule aucun des vices, aucune des tares de la campagne russe. Mais il met en évidence une qualité qui relève le paysan : « la dignité quand même, une sorte de paradoxal et bel orgueil qui le sauve de l'abjection ». (Yvan STRANNIK. *La Pensée russe*.)

Et voilà bien, en effet, ce caractère profond

de la Sainte Russie qu'une puissante campagne allemande a fini par voiler à l'Europe, caractère si différent, d'ailleurs, de tout ce que l'Allemagne pourrait comprendre et expliquer.

Ce dénigrement systématique était d'autant plus facile que l'âme russe, « affamée du divin », éprise d'idéalisme et qui, jusque dans la débauche, se voudrait pure, ne cesse de se frapper elle-même. La noblesse de ses aspirations la rend d'autant plus sévère pour des vices qui, chez les voisins de l'Est, seraient prônés comme des vertus.

La Russie, dans ses hautes directions intellectuelles et morales, donnera, sans doute, l'impulsion d'un élan sublime à l'œuvre commune de la fraternité européenne; une plus étroite union avec la Russie servira de contre-partie à la « culture » germanique, car elle développera, dans le cœur humain,

HABITANTS DE MOSCOU

une spontanéité, une sincérité presque enfantine, le culte des choses de l'âme, je ne sais quel dégoût des petits calculs allant, trop souvent, jusqu'au désenchantement.

Tandis que l'âme allemande est opprimée par la matière, esclave du gain, asservie au travail, mais en vue d'une prompte jouissance, l'âme russe, fille des steppes, est individualiste, abandonnée au rêve, soumise à la nature, patiente, résignée, plaintive et chantante comme ces touchantes mélopées populaires qui s'achèvent en une éploration étouffée, où l'on entend un sanglot.

Parmi leurs défauts (qu'ils ne nient pas et qu'ils nous ont eux-mêmes appris à connaître), il en est un qu'on n'a jamais songé à reprocher aux Russes, c'est d'être vulgaires : par là, ils

sont dignes de l'avenir ; car l'avenir appartiendra aux hommes qui se seront dépouillés de l'épaisse croûte matérielle que l'économisme moderne a étalée sur le monde, à ceux qui sauront, d'une science certaine, que le progrès ne se confond pas avec le profit; que les grandes découvertes de la science ne doivent pas s'avilir et servir de réclame à une officine de pharmacien; que les recherches de la philosophie ont un autre objet que de pallier et d'autoriser les ambitions ou les convoitises ; voilà ce que les Allemands ne comprendront jamais et ce que les Russes ont compris de tout temps. Qui a mieux défini le vrai sens du progrès, c'est-à-dire de la conduite morale et pratique de l'humanité que Gorki, quand il écrit : « Les hommes vivent pour s'améliorer. Prenons, par exemple, les menuisiers. Chacun d'eux est peu de chose. Mais, voici que, parmi eux, naît un menuisier, comme la terre n'en a jamais vu… Il transforme le métier… et le fait avancer de vingt ans d'un seul coup… Il en est ainsi des autres gens, des serruriers, des cordonniers et de tous les artisans, et des paysans et des riches aussi ! Ils vivent *pour le mieux* chacun s'imagine que c'est pour lui-même qu'il vit, tandis que c'est *pour le mieux*. Ils vivent *pour de meilleurs hommes.* »

Un peuple qui pense ainsi (et rien n'exprime mieux la pensée russe) a devant lui les plus belles réalisations; lui aussi, il travaillera *pour le mieux* et pour *que les hommes soient meilleurs.*

Les raisons qui ont tenu, jusqu'ici, la Russie

PAYSANS ET PAYSANNES RUSSES

dans une sorte d'isolement par rapport à l'Europe disparaîtront, à la suite de la grande guerre qui va donner une nouvelle face à l'humanité.

LA GRANDEUR RUSSE Ces raisons ne tiennent pas seulement à la savante entreprise de quarantaine sournoise, poursuivie avec une ténacité extrême par l'Allemagne, elles tiennent aussi à des faits permanents qu'il faut indiquer maintenant, puisqu'ils expliquent les conditions dans lesquelles la Russie a pris part à la guerre de 1914.

La grandeur même de la Russie est, pour elle, un obstacle. L'immense variété de ses peuples et de sa civilisation en est un autre. Il faut tenir compte aussi de la longue misère de la Russie, qui tendait, à peine, à se transformer, depuis quelques années, en une féconde prospérité. Il faut tenir compte de sa situation continentale qui étend cet immense empire d'un seul tenant, à la fois sur l'Asie et sur l'Europe, mais qui ne lui laisse, ni en Asie, ni en Europe, un seul débouché assuré vers la mer et vers les grandes voies du monde. Par contre, il ne faut pas oublier cette large dispersion des peuples slaves qui a semé, hors la grande Slavie emmurée, une quantité de petites Slavies dont les revendications servent d'amorce à la politique à la fois fraternelle et active de la plus grande Russie et donnent naissance au *panslavisme.*

Nous indiquerons comment chacune de ces données a eu son coefficient d'action et comment elles ont pesé, les unes et les autres, sur les desseins du moteur suprême de l'empire russe, le souverain autocrate de toutes les Russies, l'empereur Nicolas.

La Russie compte 22.556.520 kilomètres carrés et 166.107.700 habitants, dont, pour la Russie d'Europe, 118.690.600 habitants n'occupant que 4.889.060 kilomètres carrés. La Sibérie a une étendue immense de 12.393.870 kilomètres carrés qui ne sont occupés encore que par 8.220.100 habitants, c'est-à-dire que ces immenses contrées sont vides : les espaces à franchir pour que ces peuples se mettent seulement en contact les uns avec les autres sont tels, que leur unité n'est encore que nominale ou plutôt gouvernementale. La Russie est surtout une domination, un « empire ».

De cette disposition géographique provient un des plus grands reproches faits au gouvernement du tsar de n'avoir eu, pendant des siècles, qu'une politique étrangère et non une politique intérieure. Quand il s'agit d'un État « sur lequel ne se couche pas le soleil », la question des frontières passe au premier plan, parce qu'il n'est pas une heure, pour ainsi dire, où elle ne soit posée par la force des choses. Le vieux proverbe : « Qui terre a, guerre a », s'applique surtout aux empires. Comme la Russie présente un vaste *imperium* à peine nationalisé, il n'est pas étonnant que la constitution et la défense de cet *imperium* aient été son principal souci. Nous verrons d'autres raisons qui expliquent des tendances d'ailleurs si naturelles.

La grande variété des peuples et de la civilisation russe est une autre cause de lenteur qui va parfois jusqu'à l'encrassement rétrograde dans l'évolution de la civilisation russe. Les chefs font comme le commandant d'une escadre obligé de régler la marche de ses bateaux sur celle des plus lents.

Les peuples de l'empire appartiennent, comme l'empire lui-même, aux deux continents ; deux grandes familles, les Aryens d'Europe, les races ouralo-altaïques de l'Asie les composent et, au premier rang, le grand rameau aryen des Slaves, avec ses diverses branches russe, polonaise, lithuanienne, etc.

Les provinces se teintent des mélanges divers de ces descendances primitives, et la civilisation elle-même a compté d'autres éléments, puisqu'à l'origine de la nationalité russe, apparaît un Normand ou Scandinave, compatriote de notre Rollon, Ruric, que la tradition antique est transmise par Byzance et la vieille métropole Kief, tandis que la Pologne fut évangélisée par Rome.

PROCESSION RELIGIEUSE EN RUSSIE
(D'APRÈS UN TABLEAU DE RÉPINE)

L'empire russe est donc, non seulement un vaste domaine, mais un colossal héritage. Il réunit dans son sein, non seulement les races, mais les civilisations.

Ses provinces sont des royaumes : la *Grande-Russie*, véritable corps de l'empire, plaine aux ondulations lentes, aux formes inarticulées, dont la monotonie immense révèle un ancien régime océanique ; la *Russie blanche*, plus proche de l'Allemagne, qui oppose à la conquête germanique la pauvreté de son sol et la pénurie de ses hameaux isolés ; la *Petite Russie* qui, au sud de Moscou, est, à proprement parler, le midi russe ; avec cet admirable bassin de la Volga, grand trois fois comme la France et peuplé de quarante millions d'hommes : c'est la *terre noire*, l'humus inépuisable qui jette désormais sur le monde ses récoltes surabondantes en céréales et en betteraves et qui nourrit « un peuple rêveur, passionné de musique et de poésie, plus brun

et plus indolent que ses voisins, les Grands-Russes, plus avancé socialement aussi, et leur disputant la pureté de la race slave » ; le pays *cosaque* où les hommes naissent soldats, la région du *Caucase* où les mines et le pétrole ont développé une autre richesse inattendue ; la *Georgie* aux fertiles moissons... et nous avons à peine quitté l'Europe !

Rien qu'à ces énumérations, on s'aperçoit que la variété de la vie russe ne tient pas seulement à la diversité des sangs et des langages, mais aussi à l'infinie complexité dans les conditions historiques du rattachement de chaque province à l'empire.

Certaines parties appartiennent au souverain de toute antiquité, certaines autres sont, pour ainsi dire, restées autonomes et se souviennent encore de leur indépendance. Il est nécessaire, cependant, que toutes acceptent de se soumettre à une même discipline de vie commune et d'équilibre harmonieux. Quel problème !...

Il suffira de rappeler quelques indications précises pour évoquer des difficultés d'être qui, de prime abord, paraissent presque insurmontables.

La Finlande, aux portes de Saint-Pétersbourg, a 3.015.000 habitants de race teutonne ou lette : c'est la question *finlandaise*.

La Pologne a 12.129.200 habitants, rien qu'en Russie, mais qui se sentent frères avec les Polonais d'Allemagne et d'Autriche-Hongrie : c'est la question *polonaise*.

Il y a 11.735.000 habitants au Caucase et leur degré d'assimilation est aussi une très grave difficulté.

Il serait aisé d'accroître l'énumération de ces faits d'insuffisante assimilation : Arméniens, Musulmans, Baskirs, Mongols, Samoyèdes, Chinois, Cosaques, sans parler des Juifs, il y a toujours quelque part un royaume, une province, un district, un groupement qui se sait russe mais qui ne sait pas exactement pourquoi ni comment : remarquable facilité, pour qui prétend entretenir la désaffection ou la discorde au sein de l'empire ! Les troubles intérieurs de la Russie ont eu souvent leurs causes profondes dans la lente et pénible émergence d'un fond si énorme et si inégal !

S'il ne fallait craindre les longs développements, il ne serait pas inutile de montrer comment les grandes mesures qui ont changé la face de la Russie, depuis cinquante ans, à commencer par l'abolition du servage sous Alexandre II jusqu'aux essais de règlement de l'administration provinciale par la décentralisation et la réglementation progressive de la question agraire sous Nicolas II, représentent un effort admirable du gouvernement et du peuple russes pour dégager du passé une formule d'existence commune pour l'avenir.

Un Montesquieu saurait seul expliquer la complexité du problème et l'art un peu inquiet des solutions successives.

Il convient d'observer, toutefois, que ces solutions ne touchent pas seulement à la politique intérieure ; elles ont leur contre-coup dans la politique extérieure : par exemple, l'exten-sion des mesures de décentralisation administrative aux « provinces de l'Ouest » a soulevé, dans les derniers mois du ministère Stolypine, toute la difficulté polonaise. Cet effort magnifique, avec ses alternatives et même ses incohérences inévitables, coïncidait, dans l'esprit du tsar et du gouvernement impérial, avec les graves préoccupations venant de l'expansion du slavisme dans l'empire et hors de l'empire ; et ces corrélations, ces rapports du dedans au dehors et réciproquement, compliquaient encore la tâche. Le bruit ne s'était-il pas répandu que le tsar *se décidait à céder la Pologne à l'Allemagne*, à la veille du jour où il allait la proclamer libre et autonome ?

PROGRÈS DE LA RUSSIE La difficulté d'être de la Russie a tenu aussi, longtemps, à sa grande misère, mais, dans les années qui précèdent le conflit, on pouvait se demander si elle n'allait pas résulter de son trop rapide enrichissement.

La transformation économique de la Russie est un événement non moins considérable que sa transformation politique et elle a eu, elle aussi, son contre-coup sur les événements de 1914, car, certainement, les relations entre l'Allemagne et la Russie ont pris, à l'occasion du renouvellement des traités de commerce, un caractère de tension que la morgue allemande rendit rapidement insupportable.

La Russie est, surtout, un pays agricole ; sur mille habitants, il y a 771 paysans ; 13 1/2 0/0 seulement des Russes habitent les villes un peu importantes.

La Russie tend à devenir le grenier du monde, non seulement pour les céréales, mais pour le sucre. La Pologne, à elle seule, produit plus d'un milliard de francs de valeurs agricoles. Le rendement des plaines fertiles du centre est presque illimité.

Mais ce n'est pas la seule cause d'enrichissement de la Russie : en grande partie, grâce à l'afflux des capitaux français, elle s'est reconnue une puissance industrielle de premier ordre : les usines de toutes sortes abondent ;

PAYSAN RUSSE CONDUISANT UN TRAINEAU

la métallurgie russe gagne à grands pas l'un des premiers rangs ; la fabrication du coton se développe avec une intensité prodigieuse ; les gisements de naphte, employé comme combustible par l'industrie, créent encore une autre source de richesses.

Que fallait-il pour mettre un pareil sol en valeur? Des moyens de transport, c'est-à-dire, outre les admirables rivières qui sillonnent l'empire, des voies ferrées pénétrant jusqu'au

COLON ALLEMAND INSTALLÉ EN RUSSIE

point de départ du produit ; toute voie ferrée, en Russie, est payée au centuple.

Ici encore intervinrent les capitaux français : car les lois politiques ont souvent un caractère providentiel : il était juste que les deux pays, séparés par l'Allemagne, fissent un effort commun pour secouer simultanément et de toutes les façons son joug insupportable.

La Russie tarda un peu à s'engager dans cette voie, mais, dès qu'elle eut pris conscience des grands avantages que présentaient ces dépenses, elle n'hésita plus. Un plan parfaitement combiné, ayant Moscou comme centre, rayonnant de là en étoile sur toute la Russie, et complété, d'ailleurs, par des lignes concentriques, fut mis à exécution. A la veille de la guerre, le réseau russe atteignait 65.000 verstes ; 5.000 autres verstes étaient en construction.

L'accroissement du commerce suivait ces vigoureux efforts. En 1910, le commerce russe s'élevait à 6.213 millions dont 3.700.000 à l'exportation et 2.513 millions à l'importation. Dans ce commerce, l'Allemagne tenait le premier rang, avec 1 milliard d'achats (céréales, etc.), l'Angleterre le second, avec 838 millions, et la France, infiniment distancée, avec 250 millions. Par contre, l'Allemagne vendait à la Russie 1.200 millions de machines et produits fabriqués.

Par une combinaison très habile de tarifs, obtenue de la Russie dans la période d'affaissement qui suivit les affaires de Mandchourie, elle avait disposé du marché russe au mieux de ses intérêts, et c'est, comme nous l'avons vu, parce que la Russie ne voulait plus subir ce joug, que le parti hobereau poussa follement la politique allemande à une mise en demeure ou à une rupture.

Géographiques, historiques, économiques, ces diverses raisons travaillent dans le même sens ; elles accroissent la force de la Russie moderne, mais, en même temps, la poussent à ramener l'Allemagne à quelque modération.

LA POLITIQUE EXTÉRIEURE Et, parmi ces raisons, nous n'avons pas indiqué les plus puissantes de toutes, à savoir d'une part, la nécessité pour une grande puissance de s'ouvrir les voies d'accès vers la mer, d'autre part, le sentiment qui porte un peuple idéaliste, comme le peuple russe, à écouter la voix du sang et à voler au secours de ses frères.

Qu'on y réfléchisse un instant, et l'on admettra que ce sont là les deux moteurs principaux de l'action diplomatique européenne, depuis près d'un siècle : ils déterminent les deux champs d'opération où s'exerce l'art des diplomates : la question d'Orient et la question de Pologne.

La Russie, malgré ses immenses territoires, est comme renfermée en elle-même et bloquée dans ses frontières ; sa prison est vaste, mais c'est une prison. La Russie est et reste éloignée, après des siècles d'efforts, des grandes voies internationales.

Le testament de Pierre le Grand les cherchait, dit-on, du côté de Constantinople ; nous dirons pourquoi cette solution fut impossible ; une autre conception du même empereur visa les mers du Nord et déplaça, dans ce but, l'axe de l'empire, de Moscou vers Saint-Pétersbourg : mais la Baltique et ses détroits seront toujours, en fait, aux mains des puissances scandinaves, et la récente expansion maritime de l'Allemagne enlevait, de ce côté, toute chance à l'espoir russe, à supposer qu'il subsistât.

Vers l'Extrême-Orient, la guerre contre le Japon avait fermé l'autre débouché vers le Pacifique, d'ailleurs si lointain.

Quant à la voie du golfe Persique, de la part de la Russie, un esprit extrême d'accommodation y avait renoncé, tout récemment (aux arrangements de Potsdam, 1911) en laissant la place libre aux ambitions allemandes excitées par la concession du chemin de fer de Bagdad.

En somme, la Russie, longtemps combattue par l'Angleterre, trouvait, maintenant, partout, l'Allemagne devant elle. Renoncerait-elle à tout espoir de respirer ? Après des luttes si longues, laisserait-elle le débat se clore sans elle et contre elle, au moment où les nouvelles ambitions germaniques se dévoilaient et où l'Allemagne et l'Autriche, combinant leurs efforts, mettaient la main sur la péninsule des Balkans ?

Le testament de Pierre le Grand s'achèverait-il par un codicille dirigé uniquement contre la Russie ?

Constantinople aux Allemands, voilà donc le

TRAINS DE BOIS DE CHAUFFAGE SUR LA NEVA

résultat de la politique de réserve suivie, avec une sorte de résignation fataliste, par la politique russe. Telle était, en tous cas, la conséquence de cette politique bismarckienne qui, au congrès de Berlin, sans avoir l'air d'y toucher, avait attribué à l'Autriche-Hongrie la Bosnie et Herzégovine comme fruit des victoires que la Russie avait remportées sur les armées turques, à Plevna, et qui l'avaient conduite à San Stefano!

Donnons aux choses leur nom : par l'annexion de la Bosnie et Herzégovine, la « question des Détroits », avec toutes ses conséquences, était mise sur le tapis.

M. Serge Goriainow, l'auteur réputé d'un livre presque officiel, sur la politique russe en Orient, a dit : « Pour la Russie, toute la fameuse question se résume dans ces mots : de quelle autorité dépendent les détroits du Bosphore et des Dardanelles? qui en est le défenseur ? »

Ce point de vue est peut-être un peu exclusif, un peu étroit. La Russie a prouvé, par trois siècles de son histoire, qu'elle s'attache, non seulement à la liberté des passages, mais aussi à la libération des peuples slaves dans ces régions.

Disons, pour être plus exacts et plus complets, que la Russie ne peut admettre que le sort de la Turquie, territoires ou populations, soit réglé sans qu'elle ait voix au chapitre.

Enfermée au fond de la mer Noire, elle a besoin de trouver la porte ouverte devant ses flottes pour lui permettre de communiquer avec la Méditerranée. Mais, comment concilier cette revendication légitime avec le fait que les deux détroits sont aux mains d'un maître, le Turc? Celui-ci n'est-il pas en droit de fortifier sa terre comme il lui plaît ?

D'autre part, si la Russie réclame l'ouverture des Détroits, ne doivent-ils pas être ouverts à tous, et alors, la Russie ne doit-elle pas accepter la perspective de voir les flottes des puissances non riveraines de la mer Noire, pénétrer dans les eaux de celle-ci, comme dans une mer libre quelconque ? « Il faut qu'une porte soit ouverte ou fermée... » Voilà tout le problème.

Tant qu'il ne s'agit que de la Turquie, l'état de choses qui a duré jusqu'ici, eût pu se prolonger encore ; mais la Russie devait-elle accepter qu'il s'aggravât par le fait que l'Allemagne mettait la main sur Constantinople, tandis que l'Autriche, en écrasant la Serbie, tiendrait Salonique et dominerait les Balkans ? La question des passages serait donc résolue contre elle insidieusement ? Il est de toute évidence qu'un tel péril étant vital, elle ne pouvait laisser l'Autriche faire son coup impunément, à la fois contre la Serbie et contre les Balkans, au moment précis où l'Allemagne installait ses généraux à Constantinople.

Les origines historiques de la question des Détroits remontent à Pierre le Grand et sont relatées dans un document publié par M. Goriainow : « Après avoir conquis le littoral de la mer d'Azow et créé la flotte militaire russe, l'empereur Pierre équipa, pour Constantinople, le premier navire russe : *Kriépost*, sur lequel débarqua à Tsargrad (Constantinople) le premier envoyé extraordinaire de Russie près des sultans, le diak de douma, Émilien Oukraïntzow. Il avait reçu pour mission de conclure un traité de paix, par lequel, entre autres privilèges, serait accordée à la marine russe la libre navigation de la mer Noire, depuis Azow, Tarangog, jusqu'à Constantinople. Mais le secrétaire intime du sultan, Alexandre Mavrocordato, transmit à Oukraïntzow la déclaration irrévocable de la Porte que la mer Noire porte chez eux le nom de « Vierge chaste et pure », *car personne n'a le droit à son accès et la navigation y est interdite à tout bâtiment étranger.* »

Le débat était ainsi ouvert ; il s'est prolongé à travers les siècles, avec des alternatives diverses, selon que la Russie était faible ou forte, selon que la Turquie était abandonnée à elle-même ou soutenue par les puissances occidentales.

Celles-ci, en effet, et notamment l'Angleterre,

considéraient la liberté des détroits exclusivement en faveur de la Russie, comme contraire à leurs intérêts, l'intervention des flottes russes pouvant rompre l'équilibre de la mer intérieure. Aussi, la Turquie a rencontré, jusqu'à ces derniers temps, dans sa résistance contre la Russie, l'appui de l'Angleterre. Seule, l'extension de l'influence allemande a fini par changer, sur ce point, les vieilles résolutions britanniques.

Quoi qu'il en soit, à la veille de la guerre, les choses se présentent ainsi qu'il suit. Elles sont réglées par l'article 2 de la convention de Londres, convoquée en 1871, sur la demande de la Russie, pour la révision du traité de Paris :

« *Le principe de la clôture* des détroits du Bosphore et des Dardanelles, tel qu'il a été établi par le traité séparé du 30 mars 1856, est maintenu, avec la *faculté*, pour le sultan, d'*ouvrir* lesdits détroits, *en temps de paix*, aux flottes des puissances amies et alliées, dans le cas où l'exécution des stipulations du traité de Paris du 30 mars 1856 l'exigerait. » C'est en somme, pour la Russie, la clôture à peine mitigée, car la faculté laissée au sultan doit, de toutes façons, se retourner contre elle. Et

TYPE D'HOMME DU PEUPLE RUSSE

combien, à plus forte raison, si les conseils du sultan ne sont pas libres !

La question de Constantinople et de la navigation des Détroits, avec cette aggravation que les armées turques sont entre les mains des généraux allemands, c'est là, certainement, un des motifs profonds de la guerre actuelle.

Il faut indiquer, dès maintenant, comment le fait accidentel de Serajevo se rattache non moins étroitement aux raisons profondes de l'équilibre des forces dans les Balkans et en Europe.

La Russie est l'héritière de Byzance ; le nom de Sainte-Sophie dort au fond de l'âme russe. C'est un remords latent. Comment admettre que la souillure de la croix ne soit pas, depuis des siècles, effacée ? J'ai vu les yeux bleus des femmes moscovites se mouiller de douleur, ou s'allumer de colère, rien qu'à l'énoncé de ce nom : Sainte-Sophie !

Faut-il conclure de là que la Russie poursuit le rêve de Constantinople capitale ?... Franchement, je ne le crois pas. Un homme d'État russe, le prince Lobanoff, m'exposa longuement, il y a quelque vingt ans, les raisons pour lesquelles la Russie aurait tout à craindre d'un tel déplacement d'équilibre : « Notre siège est fait, disait-il ; nous sommes un empire du Nord. Constantinople n'est pas une ville indifférente ; l'annexer à la Russie, c'est l'adopter pour capitale. Voici donc la Russie devenue, soudainement, un empire méditerranéen avec tous les risques et les périls que cette situation suppose. Lisbonne, sur la mer, peut convenir au Portugal ; Constantinople, sur la mer, exposera-t-elle le sort de toute la Russie, comme Byzance a exposé jadis le sort de tout l'empire grec ? Et puis, Constantinople a une influence morale : Byzance sera toujours Byzance ; vous savez le relent de vieilles déliquescences qu'on respire à ce carrefour des eaux. Nous aimons mieux nos vastes plaines où souffle le vent du Nord.

« Ce Nord immense, cette Asie qui est maintenant notre pays d'avenir, cette Sibérie qui est le profond réservoir des richesses futures et fraîches, les sacrifierons-nous à ces terres épuisées ? Et puis, irons-nous nous installer au centre de toutes vos querelles européennes, face au canal de Suez que nous serions obligés de considérer, le lendemain, comme notre corridor sur le monde ; nous asseoirons-nous sur ce fagot d'épines que représentent ces vieux rivages et ces vieilles histoires ? Non, vous dis-je, notre parti est pris. Nous ne réclamerons pas Constantinople. Seulement, nous prétendons qu'on ne dispose pas de Constantinople sans nous... »

— « Oui, reprenait le sage ministre, sur une objection, il y a Sainte-Sophie. C'est vrai !... Et cela, nous ne le nions pas. Nous voulons Sainte-Sophie rendue au culte chrétien. Nous voulons aussi que nos frères slaves soient libérés. Mais, cela, ce n'est plus de la politique, c'est du sentiment. Ici, nos diplomates vont à la remorque de notre peuple. Ce n'est pas de conquête qu'il est question : il s'agit d'une croisade que nous ne pousserons que jusqu'au point où les grandes violences seront empêchées ; quant au reste, il suffit que nos intérêts soient satisfaits ; car, de faire notre politique avec notre sentiment, ce n'est nullement notre intention. Nous savons combien les deux choses sont dif-

férentes et nous avons aussi, selon le mot de Bismarck, que les peuples libérés sont ingrats. »

Ces traits suffisent pour définir nettement le sens de la politique russe dans les Balkans : pour les peuples slaves, le mouvement populaire sera toujours prompt, mais il se bornera à réclamer une franche et loyale libération ; pour la péninsule des Balkans, la Russie menacée dans sa vie politique et commerciale, ne la laissera jamais dominer par une puissance étrangère et surtout par les puissances centrales, maîtresses déjà de ses autres débouchés continentaux ; pour Constantinople, aucune ambition de conquête, un beau rêve d'émotion religieuse, la croix sur Sainte-Sophie ; pour les Détroits, le passage libre.

Il est vrai que le mot prête à double entente : la liberté des passages exclut évidemment toute idée de fortification sur les doubles rivages ; mais, faut-il conclure, de là, que les bateaux de guerre de toutes les puissances seront admis à pénétrer, en tous temps, dans la mer Noire ?

La mer Noire doit-elle être, pour toutes les puissances maritimes (sauf, bien entendu, pour la Russie) une « vierge chaste et pure » ? Cette difficulté fut, longtemps, la pierre d'achoppement de la paix méditerranéenne.

Il paraît à peu près acquis, maintenant, que la liberté pleine et entière, à la montée et à la descente des Détroits, est la solution la plus simple et la plus heureuse, même aux yeux de la Russie. La Russie est assez forte pour laisser les peuples de l'univers s'approcher en pleine confiance de la mer Noire, partie relativement secondaire de sa vaste domination ; et l'Europe, par contre, est assez forte et assez confiante en la Russie pour ne pas lui marchander l'entrée dans la Méditerranée, parce que l'avenir du monde n'est plus renfermé désormais dans cet étroit renfoncement de l'Archipel, mais qu'il est dispersé sur l'immense espace de tous les océans, auquel le canal de Suez, véritable *détroit mondial*, donne désormais accès.

La solution de la question d'Orient, par le

REPAS DE POPES RUSSES

dénouement que paraît devoir lui apporter la guerre de 1914, doit donc apporter à la Russie un grand apaisement : elle doit lui assurer ce qu'elle désire, Constantinople libre, les Balkans libérés, les Détroits ouverts.

LA QUESTION DE POLOGNE Mais il reste, à l'empire du tsar, une autre tâche à remplir qui s'impose également à lui, par suite de sa situation géographique et de toute son histoire, tâche non moins grave, non moins difficile, non moins haute que la question d'Orient, c'est la question de Pologne. Celle-là aussi est une des raisons profondes de la guerre de 1914.

La Russie est barrée vers la mer, par la domination que la Turquie exerce sur les Détroits; elle est barrée vers la terre, par la domination que les peuples germaniques exercent sur les provinces polonaises.

Le partage de la Pologne fut la grande faute commise par la Slavie sous l'influence germanique. La destruction de la Pologne fut, de la part de l'Autriche, le début de cette célèbre campagne d'ingratitude qu'elle devait pousser ensuite à fond contre la Russie ; le partage de la Pologne fut à la fois la grande manifestation de la boulimie conquérante de la petite Prusse. Par le partage de la Pologne, la Germanie continuait la campagne de refoulement du slavisme, commencée depuis des siècles et que, seule, la Slavie, en se divisant contre elle-même, pouvait couronner de succès.

Il faudrait un volume pour exposer la question polonaise : je me bornerai à dire rapidement les conclusions auxquelles sont arrivés les historiens, les hommes d'état impartiaux, les amis du progrès humain préoccupés à la fois du passé et de l'avenir ; ces conclusions se résument en deux mots : réparation, restauration.

La Pologne doit revivre, mais elle doit revivre slave. Slave, elle n'est plus à craindre pour la Russie, et la Russie n'a plus à craindre une sœur associée à son empire.

Le sage Dmowski, député de Varsovie à la deuxième et à la troisième Douma, président du cercle parlementaire, du *Kolo* polonais à Saint-Pétersbourg, a, le premier, dégagé nettement cette proposition capitale et qui décide de tout : « Le principal danger qui menace l'existence nationale de la Pologne réside dans l'accroissement disproportionné de la puissance allemande, sous la direction de la Prusse et dans le progrès de la conquête pacifique allemande à l'est. Seule, la nation polonaise est capable d'écarter ce danger, d'arrêter la marche du flot allemand. »

Après une pareille déclaration de loyalisme à l'égard de la famille slave, comment la Russie ne comprendrait-elle pas que ces paroles, écrites à la veille de la guerre, sont un gage d'union éternelle, offert par la Pologne à la Russie :

devant le péril commun, enfin découvert, les dissensions antérieures doivent s'effacer,

Suivons, cependant, l'exposé de Dmowski. Le principe posé, il envisage les conditions dans lesquelles l'action anti-germanique de la Pologne peut se produire.

« La nation polonaise ne parviendra à écarter le danger allemand que par un travail intensif dans toutes les branches de l'activité humaine ; elle doit développer toutes ses forces nationales pour qu'elles puissent se mesurer avec les forces du germanisme. Le terrain naturel de ce développement et de ce travail est le royaume de Pologne. »

Ici, le vigoureux publiciste se retourne vers la Russie et c'est à elle qu'il s'adresse : « Malheureusement, dans le royaume de Pologne, le développement de la Pologne, nécessaire contre l'Allemagne est entravé, en Pologne même, par la politique russe. Cette politique n'est que l'imitation maladroite de la politique anti-polonaise de la Prusse ; elle ne trouve rien qui la justifie dans les intérêts de la Russie elle-même, ni dans les desseins qu'elle peut se proposer de poursuivre en Pologne. Son seul résultat, c'est de profiter à l'Allemagne et *de préparer la domi-*

MENDIANT RUSSE

L'ÉGLISE DU SAUVEUR A MOSCOU

nation allemande dans toute l'Europe orientale.

« Renverser ce système politique russe, obtenir un *changement radical dans les rapports* de la Russie avec les Polonais, est donc, non seulement l'intérêt de la nation polonaise, mais celui de tous les peuples menacés par les progrès de la conquête allemande, et, par là même, également, l'intérêt de la Russie. »

Ainsi, le judicieux auteur allait, sans le savoir, exactement au-devant de la pensée du tsar Nicolas. Au moment où des doutes pouvaient subsister sur les intentions de la Pologne, la Pologne s'expliquait par la voix d'un de ses chefs ; et, au moment où un doute subsistait sur les intentions de la Russie, la Russie s'expliquait par la voix du père de toutes les Slavies ; les deux paroles s'étaient croisées et harmonisées.

La grande guerre contre l'Allemagne, la rupture de fond avec l'Allemagne devait avoir, pour premier acte, la proclamation, par le souverain russe, de l'autonomie de la Pologne : la réparation et la restauration !

Portée immense de cette guerre fatidique : elle transforme et élucide à la fois les questions les plus obscures, ou, mieux, elle les éclaire et signale, par la puissance des rayons qui perce les chairs, la présence, partout, du même corps étranger.

Pour que la Turquie disparaisse, pour que la question d'Orient, longtemps insoluble, se résolve d'elle-même, pour que les vieux désaccords européens cessent, que la difficulté méditerranéenne s'arrange, que les grands passages s'ouvrent, une seule nécessité s'impose : l'enkystement de l'élément allemand qui a tout faussé, tout gâté, tout compliqué.

La chute de la Pologne était un remords, un cauchemar pour l'Europe. Pour que la Pologne renaisse au moment où la Turquie va disparaître, il suffit que l'Allemagne soit abattue.

Les empires germaniques ont lié leur corps au cadavre de la Turquie ; l'empire russe lie son âme à celle de la Pologne surgie du tombeau.

La Pologne a déjà oublié ses longs martyres ; elle a reconnu ses vrais ennemis ; elle s'est retournée récemment, doucement, vers la grande sœur russe, et, à ce moment, elle aperçoit, sur le trône, l'empereur au doux regard qui, par la souffrance des empereurs, a connu la souffrance des peuples et qui n'a pas oublié la parole dite par lui au moment de son avènement : « Je sais ce que je dois à mes sujets polonais qui souffrent depuis trop longtemps. »

Ces rencontres sont providentielles et il en est une plus haute encore dans l'histoire de la Russie, c'est que cette guerre ait été imposée au souverain qui avait été l'initiateur de la conférence de La Haye, et que cette guerre, qui présente ce caractère unique de devoir être essentiellement la « Guerre de la Paix », ait été jugée nécessaire et inévitable, pour l'honneur de la Russie et du monde, par cet empereur Nicolas qui désira et qui méritera, malgré cela et à cause de cela, plus que jamais, le beau nom d' « Empereur de la paix ».

L'EMPEREUR — La fonction impériale en Russie est d'un caractère tout autre que celle de l'empereur d'Autriche-Hongrie ou de l'empereur d'Allemagne. Celui-ci est un chef de guerre, celui-là est un héritier, le premier est un père.

On ne comprendrait rien à l'histoire gouvernementale russe si on n'adoptait ce point de vue. Le mot *autocrate* n'explique pas exactement les choses, à nos oreilles d'occidentaux. Le pouvoir absolu en Russie est éminemment familial ; il repose sur un sentiment réciproque. L'empereur aime son peuple et le gouverne comme on règle un foyer. Le Russe obéit, d'une discipline volontaire, parce qu'il a confiance et qu'il aime. Si ce pacte venait à se rompre, le sujet révolté serait un fils insoumis, et son insubordination serait la pire de toutes.

De là vient que tout mouvement politique, en Russie, aboutit à un appel au cœur du tsar « mieux informé » ; de même qu'en France, sous l'ancien régime, les rébellions des grands avaient lieu, non contre le roi, mais au nom du roi et contre ses conseillers.

LA CATHÉDRALE SAINT-MARTIN D'YPRES
APRÈS LE BOMBARDEMENT

L'INCENDIE DES HALLES D'YPRES APRÈS LE BOMBARDEMENT

LA CHAPELLE DU DOYEN DANS LA CATHÉDRALE SAINT-MARTIN D'YPRES
APRÈS LE BOMBARDEMENT

GABRIEL HANOTAUX
de l'Académie Française

HISTOIRE ILLUSTRÉE
DE LA
GUERRE DE 1914

FASCICULE N° 11

GOUNOUILHOU, ÉDITEUR
PARIS, 8, boulevard des Capucines & BORDEAUX, 8, rue de Cheverus.

PRIX NET
1 franc

Les premiers chapitres de l'*Histoire Illustrée de la Guerre de 1914* sont forcément consacrés à un exposé des origines du conflit mondial. Ils comportent, par suite, une illustration rétrospective. Pour donner plus de variété aux premiers fascicules, quatre pages en seront réservées à des photographies se rapportant à des faits plus récents. Ces pages ne seront pas numérotées et, au moment de la reliure, pourront être placées à l'endroit du volume auquel elles se rapportent.

Voir pages 3 et 4 de la couverture les conditions de souscription.

Dans cette triste journée du 9-22 janvier 1905, où le pope Gapone conduisit le peuple jusqu'aux portes du Palais impérial, c'était toujours le même *mythe* qui poussait ces foules confiantes et débonnaires. La délégation des ouvriers, envoyée par l'agitateur, déposait au palais, la veille de la grande journée, une pétition exprimant la pensée de confiance dans l'Empereur qui, seule, pouvait ébranler ces foules : « Souverain, ne crois pas que tes ministres t'ont dit toute la vérité sur la situation actuelle. Le peuple entier a confiance en toi ; il a résolu de se présenter demain à deux heures de l'après-midi devant le Palais d'hiver pour t'exposer ses besoins... » Et le ministre, prince Sviatopolsk Mirsky recevait cette autre adresse habilement émouvante : « Qu'il vienne comme le véritable tsar, d'un cœur vaillant, vers son peuple ; qu'il reçoive de nos mains notre pétition. Cela est réclamé pour son propre bien, pour celui des habitants de Saint-Pétersbourg et pour celui de la patrie. Autrement, pourrait survenir la rupture *du lien moral* existant jusqu'à présent entre le tsar russe et le peuple russe. »

En somme, l'empereur est la haute personnalité terrestre représentant, au-dessus de tous les incidents de la vie quotidienne, l'affection mutuelle qui doit lier les uns aux autres ces membres d'un même corps, ces peuples lointains, ces fils épars d'une même famille, dont les regards ne peuvent se croiser que parce qu'ils convergent vers ce regard unique. C'est l'icone élevée sur l'autel du pouvoir et représentant cette chose indéfinissable, inexprimable, adorée et priée dans la dernière des isbas plus encore que comprise et réalisée dans les esprits : la sainte Russie.

Les immenses espaces asiatiques sont habitués à ces vénérations ancestrales pour l'être inaccessible que des prêtres ou des hiérophantes cachent au fond d'un palais ou d'une tente de nomade. Il est assez difficile de s'imaginer une autre procédure politique quelconque, emportant avec elle l'idée de l'unité et la discipline et pouvant couvrir ces immenses domaines. Serait-ce, par exemple, un de nos parlements ? L'empereur est l'expression, nécessaire et intangible, de cette Russie qui est la totalisation de toutes *les Russies*.

Ceci dit, il faut ajouter immédiatement que l'empereur de Russie n'est pas un monarque

LE TZAR ET LA TZARINE

asiatique. La force des choses et la volonté de la dynastie des Romanoff en ont fait un monarque européen. Il gouverne effectivement ses peuples, il met la main aux affaires, il agit par lui-même, il est mêlé directement et efficacement à l'administration journalière ; en un mot, il est un souverain dans le sens européen du mot. Mais il ne peut pas tout faire par lui-même ; il est obligé de recourir à des intermédiaires ; de si haut et de si loin, il retombe ainsi dans le train-train de nos démarches quotidiennes et se soumet fatalement à la critique des exigences particulières.

Il gouverne et il agit ; des agents, des hommes, gouvernent et agissent par son autorité et en son nom. En d'autres pays, la délégation traditionnelle ou constitutionnelle de l'autorité souveraine se fait entre les mains d'un vizir, d'un clan, d'une caste héréditaire. En Russie, il n'existe ni ministre prépondérant, ni aristocratie, ni système constitutionnel ; par la pratique des siècles, la délégation du pouvoir souverain est confiée à une *bureaucratie*.

LE TZARÉVITCH

La bureaucratie, telle est la grande force et la grande faiblesse gouvernementale de la Russie. Il est de toute impossibilité qu'il n'y ait pas un réseau enserrant les peuples dans les mailles infinies d'un filet qui les rattache à l'unité impériale ; mais, si ce réseau est trop serré, trop encombrant, trop lourd, s'il blesse les chairs qu'il rassemble, il devient obstacle et c'est là l'un des côtés les plus difficiles du problème gouvernemental moscovite.

D'autre part, les contacts nécessaires de la Russie avec l'Europe ont donné lieu à une transfusion, plus ou moins complète, plus ou moins nette de certaines idées européennes dans les têtes russes.

Il s'est formé, surtout dans la partie intellectuelle de la nation, un libéralisme dont les doctrines, les sentiments, les aspirations, le tout assez confus, ont ramassé à la fois le dégoût et la haine souvent trop justifiée des abus de la bureaucratie, la défense légitime des besoins populaires et les revendications des classes supérieures aspirant, comme dans les autres sociétés européennes,

DÉFILÉ DE SOLDATS DEVANT LE PALAIS DU TZAR

à prendre leur part dans l'exercice du pouvoir.

Les grandes réformes *impériales* ne suffisaient pas, il fallait de grandes réformes *libérales*.

En un mot, on tirait l'icone par le pan de son manteau hiératique, pour lui faire descendre les marches de l'autel et la mêler aux familiarités et aux promiscuités du forum.

La grande difficulté du règne de Nicolas II se trouvait là ; il arrivait en un temps où toutes ces questions étaient soulevées à la fois, — sans parler des « questions » spéciales : finlandaise, polonaise, circassienne, arménienne, etc., etc., et sans compter, enfin, l'éternelle question extérieure qui a toujours dominé et dominera toujours la politique de la grande et de la plus grande Russie.

NICOLAS II Qu'était Nicolas II pour répondre à de telles exigences de la Destinée, ramassées en ce point unique de l'histoire moscovite et soumises à la décision impériale ?

J'ai dit dans quelles circonstances brusquées il est arrivé au pouvoir, à quel père il succédait, cet inflexible Alexandre III, quelles influences il subissait, notamment celle de sa mère, la fille de la dynastie danoise, et de quel cœur tremblant il abordait sa tâche quand il montait sur le trône, le 1er novembre 1894.

Son premier mot fut « la paix » ; il crut qu'il serait « l'empereur de la paix ». Ainsi, il s'exprimait quand il disait à ses peuples, dans sa première proclamation, « que toutes les forces de sa vie seraient consacrées au progrès et à la gloire *pacifiques* de sa chère Russie et au bonheur de ses chers sujets ». Rarement, résolution à l'égard de soi-même et promesse à l'égard des autres ont été plus sincères et plus cruellement démenties. Tant les volontés des hommes sont soumises aux injonctions de la Destinée. Cet homme de la paix est à peine à la moitié de sa carrière et il est l'homme de deux grandes guerres !

Personne ne nie les qualités du cœur impérial, personne ne nie la finesse et le tact de son intelligence, ce dévouement absolu au bien de ses peuples, cette constante préoccupation du mieux obéissant au serment intérieur de cette nature émotive et dévouée, le jour où elle prenait possession du pouvoir. Mais on incrimine sa volonté, on la trouve faible et soumise à l'influence qui s'exerce sur elle, à l'énergie ou même au savoir-faire du « dernier qui parle ».

Il ne paraît pas douteux que le principe gouvernemental directeur de l'empereur Nicolas n'ait été le maintien de l'autocratie ; il l'a dit et répété dans toutes les grandes circonstances ; il ne paraît pas douteux non plus qu'il ait eu le sentiment que les grandes réformes nécessaires au bien du peuple devaient être accomplies par l'empereur lui-même *proprio motu*, et que le tsar du nouveau cours, devait être, s'il le fallait, le « réformateur », de même qu'Alexandre II avait été le « libérateur ». Il ne paraît pas douteux, par contre, que l'empereur Nicolas n'ait été souvent trompé, aveuglé dans ses bonnes intentions, par le complot constant de la bureaucratie et de la cour autour de lui, par la lassitude de certains efforts vains, par le découragement d'être mal compris et puis, par l'infinie difficulté de toute initiative et entreprise, quand il s'agit d'un pays si vaste et d'intérêts si complexes.

Si l'on tentait seulement un court résumé de ce qui s'est accompli pendant les vingt ans de règne de ce jeune homme, si l'on rappelait la reconstitution, sans cesse à recommencer, de l'armée, celle plus stable et plus durable, mais plus lente et plus difficile, du système financier, sous l'impulsion du comte Witte et du comte Kokovtzoff, la consolidation de l'alliance avec la France, l'apaisement des querelles séculaires avec l'Angleterre, la réconciliation avec la Bulgarie et une reprise d'influence sur l'ensemble des peuples slaves, l'extension prodigieuse de la puissance russe vers l'Asie, par l'achèvement du transcaucasien et du transsibérien, y compris cette colossale

LES GRANDES DUCHESSES OLGA, MARIE ET TATIANA DE RUSSIE

erreur politique de « Port-Arthur », et l'issue fatale de la guerre russo-japonaise ; si on considérait l'effort que l'empire et l'empereur ont dû faire pour survivre à l'immensité du désastre, suivi d'une révolution intérieure où tous les éléments s'étaient associés contre la puissance impériale; si l'on relevait les actes de sagesse qui ont, peu à peu, sauvé et relevé un corps qui paraissait expirant; la paix « ni onéreuse, ni humiliante », signée avec le Japon, grâce à la ferme autorité du comte Witte et sous le haut arbitrage du président Roosevelt ; l'application patiente de l'entente de Muersteg avec l'Autriche-Hongrie permettant de gagner du temps, après la crise intérieure de 1904-1905, où les jours du tsar, de sa famille, de ses ministres furent sans cesse menacés, les sages concessions d'octobre 1905, les tentatives « libérales » portant atteinte bien moins à l'autorité monarchique qu'au despotisme bureaucratique, les difficultés inhérentes à la mise en train de cet appareil nouveau, l'inconsistance juvénile des partis, l'insuffisante adaptation des hommes, la série des ministères Sviato-polsk-Mirsky, Boulyguine, Witte, — celui-ci, de si puissante technique, mais de caractère si altier — enfin, le ministère Stolypine, qui fut peut-être le plus proche de la pensée impériale et qui fut véritablement le remanieur et l'adaptateur du système des doumas; si on remémorait, après cette suite si laborieuse des doumas qui ne laisse guère d'abord que dégoûts et désillusions, les grandes réformes de nouveau abordées par la volonté souveraine et, notamment, cette large révolution agraire qui fut, en quelque sorte, imposée à la douma et qui, à la veille de la guerre, avait fait de 2.600.000 paysans russes des propriétaires, transformé l'aspect de la campagne russe, si bien qu'un observateur impartial a pu écrire : « Un travail colossal que même le fonctionnarisme le plus actif n'aurait pu accomplir avec tant de rapidité a été accompli en un laps de temps très court, on ne peut qu'être pénétré d'un respect profond pour la réforme agraire et pour ses artisans; que d'hommes remarquables se sont révélés ! que de volonté et d'esprit de décision ! voilà les hommes dont la Russie avait besoin »; si donc l'on récapitulait cet ensemble, et tant d'autres événements considérables qu'il faut nécessairement laisser dans l'ombre, on ne pourrait que reconnaître, dans ce règne, tous les caractères d'une époque qui, pour avoir été troublée, et même parfois tragique, n'en a pas moins eu quelque chose de grand.

Pourquoi, de ce caractère, n'attacherions-nous pas quelque chose à la personnalité même de l'empereur Nicolas ?

Il a su apaiser, il a su durer, il a su évoluer. La fidélité de son cœur et la plasticité de son esprit sont empreintes sur son œuvre.

Nous n'avons pas relevé certaines parties qui lui sont propres : les bénéfices de la confiance peu à peu renaissante, la réfection nouvelle de l'armée et de la marine, le développement de l'instruction publique et surtout de l'enseignement primaire, le prodigieux accroissement du budget quadruplant en trente ans sans qu'il y ait eu à proprement parler d'augmentation des impôts (3 milliards 558.000 roubles en 1913 — le rouble à 2 fr. 66), et, surtout, la prospérité développée sur toute la surface du pays jusque dans les retraites des montagnes et le fond des forêts qui commencent à voir arriver les rails des chemins de fer d'exploitation, les exportations russes montant à 901 millions de roubles en 1910, au lieu de 382 en 1900, les importations gagnant dans le même laps de temps 73 pour 100. En un mot, plus de richesse, plus d'air, plus de liberté, plus de lumière!

Tous ces faits sont indiscutables. Encore une fois, peut-on dire que le règne de l'empereur Nicolas ait été soit impuissant, soit stérile ?

Pour rester fidèle à cette méthode de haute impulsion venant du cœur, l'empereur Nicolas, qui a proposé la réunion de la Conférence de la paix, qui a été le fondateur de la Douma, l'instigateur de la réforme agraire, l'initiateur de la prospérité agricole et industrielle a, par un *proprio motu*, accordé à son peuple, quelques semaines avant la guerre, le bienfait, non imploré, mais imposé, de la suppression de la vente de l'alcool.

C'était une des principales ressources du budget russe; l'empereur l'a résolument abandonnée, et, répondant aux observations des calculateurs, il a dit: « Dieu y pourvoira! »

Le même tsar, enfin, a accepté, au nom de la grande famille slave, la vieille lutte ancestrale contre les tribus germaniques; il a entrepris de soulager ses peuples et l'Europe de cette oppression écrasante de la conquête par l'élément allemand. Et, le jour où il a pris un tel parti, — puisqu'on ne lui en laissait plus d'autre à prendre, — il a déclaré, conformément à un vœu tacite formé en lui-même, « la libération de la Pologne ».

Par cette triple résolution : suppression de l'alcool, guerre contre l'Allemagne, autonomie de la Pologne, l'année 1914 donnera, sans doute, sa haute physionomie historique au règne de Nicolas II.

Faut-il tenter, sur les données insuffisantes d'un règne si traversé, une étude psychologique de l'homme lui-même ? L'histoire ancienne observait qu'on ne peut dire d'un prince s'il fut heureux avant d'avoir connu sa fin. Celui-ci eût mérité le bonheur, si le bonheur était dans la destinée des hommes et des princes.

Sa taille courte, quoique bien prise, sa physionomie délicate et noble, si souvent illuminée par un sourire de bonté, sa manière avenante et douce, je ne sais quelle timidité qu'accompagne le plus souvent une sorte d'indécision et de modestie ne le rattachent pas ostensiblement à la famille altière des Romanoff; son étonnante ressemblance avec son cousin, le roi George d'Angleterre, révèle, au contraire, le sang des princes de

LE TZAR NICOLAS, LE ROI ÉDOUARD VII. LA REINE ALEXANDRA ET LA TZARINE

la maison de Danemark. Son intelligence est prompte et grave, ses goûts renfermés, sa vie familiale tendre et cachée; il est secret, sait taire longtemps une impression qui, peu à peu, se transforme en dessein et en résolution éclatant brusquement, comme si elle avait peur d'elle-même avant de se produire : c'est un sentimental, mais le sentiment blessé en lui ne pardonne pas. Il ne paraît pas qu'il se soit donné jamais à aucun de ses serviteurs; en tous cas, s'il se donne, il se reprend. On le lui reproche : le devoir des princes ne les condamne-t-il pas trop souvent à être ingrats ?

On a raconté la scène de rupture, le heurt entre sa volonté douce et la volonté rude du comte Witte. Après Moukden, le jeune souverain sortit de son silence habituel pour faire à ses ministres, en plein conseil, le reproche de lui cacher la vérité. Sous la critique, Witte se redressa et regarda l'empereur en face : « Sire, à vos paroles, il y a une conclusion, c'est la démission du comité des ministres, je l'offre à Votre Majesté. — Eh ! monsieur, fit l'empereur, vous n'avez jamais que cet argument, votre démission ! Quand j'en aurai besoin, je saurai bien vous la demander. » Et il retomba dans son silence timide.

On a cherché sa ligne politique : en fait, il vit sous la loi des doctrines que lui a léguées son père. Celui-ci, au lit de mort, lui avait répété : « Sache toujours te tenir ferme sur les principes fondamentaux de l'empire. » Cette leçon, vivante devant lui sous les voiles de deuil de l'impératrice mère, il ne l'a jamais oubliée, et c'est, dans la mesure de ce que cette leçon autorise, qu'il a pu consentir aux sacrifices que les temps nouveaux et la raison d'État exigeaient de lui.

Sous ces apparences réservées, sa sensibilité est profonde ; il garde le long souvenir des heures tristes et des heures heureuses. Il engage rarement sa parole, mais il la tient.

Son premier voyage à Paris a laissé, dans son cœur, un souvenir ineffaçable. Quand il partit, il dit à quelqu'un : « Je n'oublierai pas ! » Et il n'a pas oublié. Il est revenu en France, quelques années après. Cette fois, on le conduisit seulement à Compiègne. Dans l'assemblée qui s'empressait autour de lui, il distingua la personne qui avait recueilli ses paroles, lors du premier voyage. Il s'approcha et dit : « Je regrette que les circonstances ne me permettent pas de revoir Paris, cette fois. Vous vous souvenez de ce qui a été dit à cette époque ? L'impératrice et moi, nous n'oublierons jamais. » Et il ajouta : « Tout nous a ravis. Il n'est pas jusqu'à vos gamins de Paris, comment dites-vous ? vos « gavroches »... J'ai un souvenir précis. Près du palais du Luxembourg, comme l'officier qui m'accompagnait était descendu de la voiture, j'étais seul au fond du coupé ; un de ces gamins s'approcha avant qu'on eût pu l'empêcher ; il me regarda en face, me reconnut et dit : « Tiens, c'est Nicolas ! » Et il cria : « Eh bien alors,

vive Nicolas ! » J'étais enchanté, car j'avais eu, moi aussi, mon petit événement « bien parisien ».

Comme la plupart des souverains de l'Europe, il n'a jamais eu de sympathie réelle pour son bruyant cousin, l'empereur Guillaume ; il suffit de les voir l'un auprès de l'autre, dans une cérémonie de cour, pour remarquer combien les deux natures sont réfractaires, et pour apercevoir de quel côté est la finesse, la délicatesse, le tact. Les façons protectrices, le ton de cousinage familier de Guillaume à l'égard de « Nicky », la manière de lancer l'appellation, une poignée de main trop forte et en quelque sorte ostentatoire, ce je ne sais quoi qui prétend faire dire aux choses du protocole beaucoup plus qu'elles ne contiennent,

LE COMTE WITTE

tout cela gêne et embarrasse le timide cousin qui s'efface, se tait... et se souvient.

L'échange des télégrammes entre les souverains aux dernières heures qui précédèrent immédiatement la guerre, suffit pour marquer les deux caractères, l'un cherchant à faire le bien et l'autre à prendre l'avantage.

Les publications officielles allemandes ont soigneusement écarté la dépêche si courte et si émouvante par laquelle l'empereur Nicolas demandait de soumettre le litige à la conférence de La Haye.

SOLDATS RUSSES SUR UN CHARIOT D'APPROVISIONNEMENTS

« Merci pour votre télégramme conciliant et amical. Attendu que le message officiel présenté aujourd'hui par votre ambassadeur à mon ministre était conçu dans des termes très différents, je vous prie de m'expliquer cette différence. Il serait juste de remettre le problème austro-serbe à la conférence de La Haye. J'ai confiance en votre sagesse et votre amitié.

« NICOLAS. »

Cette démarche, — outre qu'elle indiquait une issue, si elle eût été acceptée dans l'esprit où elle se produisait, —· était conforme aux initiatives et aux sentiments de l'empereur Nicolas. Celui-ci cherchait la paix, l'autre voulait la guerre ; il ne répondit pas.

La guerre était inévitable et, puisqu'elle était inévitable, la Russie et son empereur l'abordèrent résolument et avec toutes les ressources militaires dont ils pouvaient disposer.

L'ARMÉE ET LA MARINE RUSSES Au lendemain des désastres de la guerre de Mandchourie, la Russie comprit qu'il fallait réformer son armée et sa marine, de façon à répondre aux besoins de la guerre moderne et aux nécessités de la défense de l'immense empire. Le ministère Stolypine s'est mis au travail et, en joignant ses efforts à ceux d'une commission de la Douma, il conçut et accomplit une œuvre véritablement nationale. Une commission de la Défense Nationale fut constituée sous la présidence de M. Goutchkoff, président du groupe octobriste, et la plupart des grands partis de la Chambre y furent représentés. C'est donc en pleine conformité de vue avec les représentants de la nation que les importantes réformes destinées à refondre complètement l'armée et la marine russes furent élaborées.

Dans le ministère même, cette refonte fut l'œuvre de deux ministres de la guerre successifs, le général Rœdiger et, surtout, le général Soukhomlinoff, général de cavalerie né en 1849, ancien aide de camp du général Dragomiroff,

et chef d'état-major général depuis le mois de décembre 1908. Sur l'ensemble de la réforme, veillait la haute compétence du futur généralissime, le grand-duc Nicolas Nicolaïévitch et, cela va sans dire, la vigilance attentive de l'empereur lui-même.

Sans nous attarder au détail des lois de 1901 et de 1906, il suffit d'indiquer les lignes générales de la loi fondamentale actuelle, celle du 23 juin 1912. La population totale de la Russie étant de 166 millions d'habitants, tous les Russes sont astreints au service militaire, sauf les membres du clergé, les musulmans du Caucase, les habitants de certains districts de l'Asie centrale ou sibérienne : les Cosaques sont régis par une loi spéciale de 1909. Sur les bases des calculs approximatifs habituels, la Russie pourrait mettre sur pied quinze ou seize millions d'hommes. En fait, le contingent de la classe 1910 s'est élevé à 1.192.712 hommes, plus 115.920 ajournés des classes précédentes ; il s'agit donc d'environ 1.300.000 hommes par an. Sur ce total, on n'a pris que 456.000 hommes (pas même la moitié du contingent).

A leur libération du service actif, les hommes passent dans la réserve et ils y restent jusqu'à l'achèvement de la dix-huitième année de service ; ils sont appelés au moins deux fois, pendant ce laps de temps, pour des périodes d'exercices de six semaines chacune.

La dix-huitième année révolue, ils passent dans l'*opoltchénié* ou armée territoriale, où ils restent encore de 39 à 43 ans.

Les Cosaques sont astreints à dix-huit ans de service en tout, dont douze années d'activité effective, un tiers du temps sous les drapeaux les deux autres tiers dans les foyers, sauf le cas de levée en masse, où tous les Cosaques mobilisables doivent le service.

L'*infanterie* russe contient les troupes de la garde et les troupes de la ligne, 13 régiments de la garde, plus un régiment des gardes du corps à 4 bataillons et 4 régiments de tirailleurs à 2 bataillons. L'infanterie de ligne, 16 régiments de grenadiers à 4 bataillons et 208 régi-

SOLDATS D'INFANTERIE RUSSE PRÉSENTANT LES ARMES

ments de 4 compagnies, également à 4 bataillons ; en plus, 106 régiments de tirailleurs, généralement à 2 bataillons. Total : 355 régiments et 1.288 bataillons.

L'infanterie russe est armée du fusil modèle 1891, du calibre de 7 m/m 62, utilisant un chargeur de cinq cartouches et toujours muni de sa baïonnette ; à chaque régiment est affecté un groupe de 2 à 4 mitrailleuses Maxim.

La *cavalerie* comprend la garde et la cavalerie de ligne. Dans la garde, 4 régiments de cuirassiers, 2 régiments de dragons, 2 de uhlans, 2 de hussards, 4 régiments de cosaques à 4 *sotnias*. La cavalerie de ligne comprend 21 régiments de dragons, 17 de uhlans, 18 de hussards, 1 de Tartares de Crimée, tous à 6 escadrons ; en outre, 50 régiments de Cosaques, la plupart à 6 *sotnias*. En tout, 122 régiments avec 739 escadrons ou *sotnias*

qui, en temps de guerre, peuvent être portés à 1.545 escadrons. Armement : carabines et sabres, les uhlans et les Cosaques ont la lance. Chaque régiment de cavalerie possède un groupe de 6 mitrailleuses.

L'artillerie comporte l'artillerie montée de campagne (59 brigades), l'artillerie à cheval (1 brigade et 25 groupes), l'artillerie lourde (35 groupes à 2 batteries d'obusiers et 7 groupes à 2 batteries lourdes proprement dites).

Au total, 449 batteries d'artillerie montée, 51 de montagne, 69 batteries à cheval, 71 batteries de mortier et 21 d'artillerie lourde, sans parler de l'artillerie de forteresse.

L'artillerie de campagne dispose d'un canon à tir rapide, modèle 1902, très supérieur au canon qui a fait la campagne de Mandchourie : celui-ci est affecté aux batteries de montagne. L'artillerie lourde est munie d'obusiers et de canons de 10 cm. 5, qui étaient en voie de remplacement au moment où la guerre a éclaté. Les munitions pour les différentes armes, et notamment pour l'artillerie, sont fournies par les manufactures, soit de l'Etat, soit privées, réparties sur le territoire national.

Le *génie* compte 40 bataillons, 11 bataillons de pontonniers, 17 bataillons de troupes de chemins de fer, 16 compagnies d'aérostiers, 7 compagnies de télégraphie sans fil et 1 compagnie d'automobilistes. Le génie des forteresses comprend un certain nombre de sections consacrées à ces différents services et, notamment, des stations de télégraphie sans fil et de colombiers militaires. On compte, en temps de guerre, 25 bataillons du train.

Toutes ces armes techniques, ainsi que l'*intendance*, ont été l'objet de perfectionnements et de « mises au point » lors de la grande refonte de l'armée, en 1910-1912. Mais, d'une façon générale, l'ensemble de la réforme ne devait être achevé qu'en 1915, et il n'est pas impossible que la connaissance de cette situation n'ait poussé le gouvernement allemand à précipiter les événements.

Les traits caractéristiques des réformes accomplies en 1910-1912 sont les suivants : l'expérience de la guerre de Mandchourie avait appris que la mobilisation antérieure était de nature à provoquer les plus grands désordres.

Le but de la réforme fut de refondre toute l'organisation régionale, de façon à permettre d'arriver au résultat suivant. *Des troupes de couverture* furent massées en quantité suffisante (9 corps d'armée) pour permettre de défendre la frontière contre une offensive combinée des forces austro-allemandes, mais de manière aussi à éviter une ligne brisée, projetant trop en avant les troupes de Pologne exposées à une attaque de flanc par la Prusse-Orientale.

Le centre de ces troupes de couverture fut reculé derrière la Vistule, tandis que l'invasion de la Prusse-Orientale devait permettre de disposer une ligne soit offensive, soit défensive, en ligne droite.

En outre, à l'intérieur, on constituait une puissante *armée de réserve centrale*, pouvant être transférée sur l'une quelconque des frontières, soit la frontière polonaise, soit le Caucase, soit la Turquie, la Perse, la Chine, etc. Cette réserve centrale était formée de 7 corps d'armée.

Ce dispositif eût été parfait, si les lignes de chemins de fer eussent été en nombre suffisant pour permettre une rapide mobilisation des armées russes et, surtout, un prompt ravitaillement. Plusieurs des lignes, décidées de concert avec notre état-major, furent achevées ou entreprises, mais personne n'ignore que la densité du réseau de chemins de fer en territoire allemand donna aux chefs des armées allemandes un grand avantage dans les offensives par masses qu'ils tentèrent contre les armées russes.

Les plus puissantes forteresses russes, sur le front occidental, sont Kovno, au confluent du Niémen et de la Vilia, Novo-Georgiesk, au confluent de la Narewa et de la Vistule, couvrant Varsovie, Brest-Litovsk, sur le Bug, réduit de la défense de Pologne, en face de la Galicie. Toutes les autres places fortes, notamment Varsovie et Ivangorod, sont de moindre importance.

La *marine russe*, sous les hautes directions de l'amiral Grigorovitch, était également entrée dans les voies d'une reconstitution complète, quand la guerre éclata. On avait décidé de pousser de front, simultanément, la constitution de deux escadres, l'une dans la Baltique, l'autre dans la mer Noire. La flotte russe devait avoir, en vingt ans, à partir de 1910, 24 cuirassés et 17 grands torpilleurs. Au moment où la guerre fut déclarée, ce plan était à peine ébauché.

En 1914, la Russie possédait, dans la Baltique, une flotte de 8 cuirassés, de 7 croiseurs cuirassés et de 83 contre-torpilleurs, 12 torpilleurs, 14 sous-marins.

Les cuirassés ne comportent que 4 dreadnoughts, le *Poltawa*, le *Petropolowk*, le *Sébastopol* et le *Hangest*, déplaçant en moyenne

LA GARDE IMPÉRIALE ET LES COSAQUES

23.000 tonnes chacun et ayant une puissance de 42.000 chevaux; trois autres étaient en construction : le *Catherine II*, l'*Empereur Alexandre III*, l'*Impératrice Marie*. Ils sont destinés à la mer Noire.

L'artillerie comporte :

16 pièces de 305 millimètres		
4	— de 254	—
50	— de 203	—
92	— de 150	--

LA SERBIE Dans l'immense tourmente de peuples provoquée par la chute de l'empire romain, des soldats slaves enrôlés dans les troupes byzantines appelèrent leurs compatriotes et commencèrent, en Orient, comme les Germains en Gaule, une lente pénétration.

D'autre part, des tribus importantes, attirées sans doute par la richesse de la proie, quittèrent la Galicie, traversèrent la Hongrie, franchirent le Danube et ne s'arrêtèrent qu'au moment où elles se heurtèrent aux vieilles populations autochtones, les « Skipetars » d'Albanie.

La phrase qui précède résume les origines principales de la question balkanique, dans ce sens qu'elle rappelle les points de départ ethniques; mais il faut tenir compte, en plus, de la conquête de Constantinople par les Turcs et de l'établissement de leur domination sur la péninsule.

Les Grecs sont les héritiers de Byzance, les Roumains sont les héritiers de Rome, les Bulgares sont les survivants des garnisons et des tribus slaves, les Serbes et les Croates représentent les Galiciens envahisseurs, les Albanais résistent toujours dans leur montagne, et la domination turque qui, longtemps, les submergea tous, disparaît peu à peu comme une marée qui recule et découvre le tuf inaltéré des populations antérieures à la conquête.

Il y eut toujours une concurrence entre les deux grandes branches de la famille slave balkanique : tantôt ce sont les Bulgares qui l'emportent, tantôt ce sont les Serbo-Croates.

La haine commune du Turc infidèle ou du Grec, maître de la mer, les rapproche momentanément; mais, presque fatalement, les querelles de famille reprennent leur cours dans le succès; tantôt, l'une des deux branches l'emporte et, tantôt, l'autre. L'une et l'autre se réclament alternativement de la sympathie du chef et aîné de la famille, l'autocrate de toutes les Russies.

Krum fut, au IXe siècle, un très grand prince bulgare. En 811, il vainquit et tua l'empereur Nicéphore et, du crâne impérial, fit une coupe à boire la *zdravitsa* (la santé). Krum mit le siège devant Constantinople et il périt au moment où la ville était sur le point de succomber.

Le résultat de cette expansion, pareille à celle de notre Clovis, fut l'évangélisation des Bulgares. Les « apôtres slaves » Cyrille et Méthode, rattachèrent le pieux Boris à la religion orthodoxe. Ce prince cruel devint doux comme un mouton; il fréquentait les églises et distribuait son argent aux pauvres; il est le père du grand Siméon.

Les Slaves de l'Ouest, les Serbo-Croates, furent, d'abord, des bergers pacifiques. Les uns, orthodoxes attirés vers Byzance, les autres, catholiques attirés vers Rome par l'Adriatique. Il y eut une époque où cette fédération assez tranquille des *Krals* et des *Joupans* ou *Archontes* fut aussi sur le point de jouer un grand rôle : c'est au moment où l'empire grec était à demi ruiné par la croisade de 1204 et où la Bulgarie périclitait dans l'anarchie. Alors, se leva, en Serbie, un personnage considérable qui parut destiné à jouer, dans la péninsule, le rôle de conquérant et d'organisateur, Étienne Douchan (1331-1355).

Trouvant le titre de *Kral* insuffisant, il se proclama *tsar* (ainsi que fit récemment le prince Ferdinand de Bulgarie), et il conçut le projet de conquérir la péninsule balkanique au moment où l'approche des Turcs la menaçait d'une autre conquête : « Pour atteindre ce but suprême, il imposa son alliance aux Bulgares ; mais il fallait que le nouveau tsar des Slaves

L'EXERCICE DU FUSIL A BORD D'UN NAVIRE DE GUERRE RUSSE

et des « Romains » pût s'introniser dans Byzance, chassant du trône impérial l'héritier dégénéré de Constantin. Sans doute, alors, la péninsule serait devenue un grand empire serbe; le tsar-basileus, Étienne Douchan, se fût installé à Constantinople en interprète des lois de Justinien et de Basile le Grand, en défenseur de la foi orthodoxe contre le schisme latin et l'invasion de l'Islam, peut-être en restaurateur de la civilisation. Aux Ottomans, déjà prêts à franchir le Bosphore, il eût, comme il le disait, opposé ce que la race hellénique était, maintenant, impuissante à leur montrer : « une vraie nation et une vraie armée ». Peut-être le sort de l'Europe orientale eût été modifié profondément au grand profit de l'humanité tout entière. (Remarquez cette constatation de l'historien ; elle explique les dessous et les profondeurs de la politique actuelle.) Mais,

l'année même qui précéda celle de la descente des Turcs à Gallipoli, Étienne Douchan, campé avec un matériel de siège sous les murs de Constantinople, périt de mort subite (20 décembre 1355). On dit que ses *voïévodes* s'écrièrent : « A qui l'empire ? » (RAMBAUD.)

Et c'est le cri que l'histoire de la péninsule pousse depuis près de six siècles.

La Serbie, la Bulgarie, la Grèce virent leurs destinées retardées de cinq siècles par l'arrivée des Turcs.

Je n'aurais pas achevé le croquis de cette très vieille histoire, — avec ses traits prolongés jusque dans le présent, — si je ne rappelais que, durant les longues querelles des peuples balkaniques, souvent, les uns ou les autres firent appel aux puissances du dehors. C'est ainsi qu'au Xe siècle, l'empereur byzantin Nicéphore Phocas implora le secours du tsar des

Ross ou Russes, Sviatoslav ; celui-ci traversa la mer Noire et le Danube sur ses longues barques effilées creusées dans un tronc d'arbre. Le Russe se tourna bientôt contre ceux qui l'avaient appelé et, s'alliant aux Slaves des Balkans, se crut, un instant, maître de Constantinople. Mais, la vaillance de Jean Tzimiscès, le héros de « l'épopée byzantine », refoula la conquête russe.

Les Hongrois et les gens d'au delà le Danube firent aussi, maintes fois, sentir le poids de leur présence aux populations des Balkans. Venise, enfin, eut affaire aux Serbo-Croates, aux Monténégrins, aux Uskoks, et les tint en respect sur les rivages de l'Adriatique qu'elle occupa. Ainsi, nous voyons entrer en scène successivement tous les acteurs du drame qui se joue aujourd'hui : tant il est vrai que l'histoire se répète toujours et que le passé nourrit dans ses flancs l'avenir qui lui ressemble.

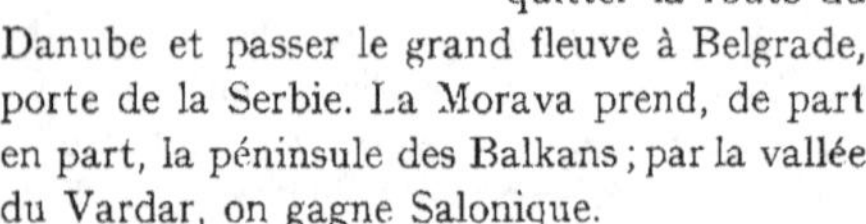

GRENADIER DE LA GARDE DORÉE

merce, dessinées par les fleuves et les chaînes de montagne, influent naturellement sur le cours des invasions et sur l'établissement des dominations.

Constantinople, après avoir été byzantin, est resté turc jusqu'à nos jours. L'Archipel est grec, l'Adriatique est italienne avec deux portes ouvertes au germanisme et au slavisme. Quant aux lignes intérieures : celle qui mène à Constantinople est dominée par l'élément bulgare, celle qui mène à Salonique est dominée par l'élément serbe. « La grande voie mondiale de Vienne à Constantinople, Bagdad et l'Inde, par Sofia, est si nettement marquée que l' « Orient-express » suit encore à peu près exactement la route où passèrent, l'une après l'autre, les armées des croisés. »

Mais, si l'on prétend gagner plus rapidement la Méditerranée, il faut quitter la route du Danube et passer le grand fleuve à Belgrade, porte de la Serbie. La Morava prend, de part en part, la péninsule des Balkans ; par la vallée du Vardar, on gagne Salonique.

Mais la véritable mère de l'histoire, c'est la géographie. La position de Constantinople est telle qu'elle est vouée, sans doute, à être un sujet de querelles éternelles ; la péninsule balkanique tournée vers trois mers, la mer Noire, l'Archipel et l'Adriatique, hésite, sans cesse, entre ces trois attractions ; les voies du com-

Ces belles plaines sont riches et fécondes, mais étroites. Toute l'histoire balkanique est le tableau des efforts faits par les habitants de

LES NATIONALITÉS DANS LES BALKANS

chacune de ces provinces fluviales pour sauter d'une vallée dans l'autre et gagner le plus rapidement possible la mer.

La conquête turque a imposé le silence pendant des siècles à ces querelles intestines ; elles renaissent dès que la main du conquérant se fait moins lourde ; leur concurrence réclame, comme par le passé les interventions extérieures, tantôt celle des Russes, tantôt celle des Hongrois ou des Germains, tantôt celle des Latins d'Italie, et même, plus lointaine, celle des Normands et des Francs de l'Europe occidentale.

Aujourd'hui, par suite des circonstances qui ont accompagné la décadence de la Turquie (v. le chap. VIII), les Serbes semblent appelés à jouer un rôle prépondérant. Comme au temps d'Étienne Douchan, ils ont fait craquer les limites trop étroites où ils étouffaient. Alliés aux Bulgares et aux Grecs, ils ont menacé Constantinople. Mais, à peine le succès obtenu, la querelle intestine traditionnelle a repris de plus belle. Les Germains et les Hongrois ont profité de ces zizanies pour se glisser entre les deux familles slaves. Tandis que les Russes se montraient favorables aux Serbes et aux Monténégrins, les Italiens s'efforçaient d'accroître leur autorité adriatique.

La querelle serbe est devenue ainsi une des causes initiales de la grande guerre européenne.

Avant les événements récents, la situation de la Serbie et des populations voisines était définie ainsi qu'il suit : « Au point de vue ethnique et linguistique, les Serbes ne forment qu'une seule nationalité avec les Croates ; la principale différence qu'il y ait entre eux et les Croates, c'est que ceux-ci sont, en général, catholiques et emploient l'alphabet latin, tandis que les Serbes proprement dits sont orthodoxes et emploient l'alphabet cyrillique, identique à l'alphabet russe. D'après les récentes recherches du professeur Florinsky de Kiev, le chiffre total des Serbo-Croates dépasse aujourd'hui neuf millions. Ils sont répartis entre quatre groupes politiques : 2.500.000 appar-

tiennent au royaume de Serbie, 250.000 au Monténégro, 1.861.000 à la Bosnie et Herzégovine, 779.000 à la Cisleithanie autrichienne (en Istrie et en Dalmatie) et, près de 3 millions à la Hongrie ; plus de 500.000 étaient sujets de l'empire ottoman dans la vieille Serbie, la Macédoine, le vilayet de Scutari. » (LOUIS LÉGER.) A ces chiffres, — d'ailleurs sujets à discussion, — il faut ajouter l'accroissement que la Serbie a obtenu à la paix de Bucarest et qui lui a attribué une population nouvelle qui dépasse probablement 1.300.000 habitants.

La délivrance de la Serbie remonte aux premières années du XIXe siècle.

Georges Pétrovich, dit Karageorges ou Georges le Noir, réunit, au fond des forêts de la Choumadia, quelques pâtres et prit avec eux le parti de secouer le joug des janissaires qui, révoltés contre la Sublime-Porte, terrorisaient le pays.

L'insurrection se transforma bientôt en une révolte contre la Turquie ; elle fut réprimée, mais, un nouveau chef, Miloch, de la famille des Obrénovitch, reprit les armes en 1815. Une lutte s'engagea, dès lors, entre les deux familles. Elles devinrent deux dynasties rivales.

En 1830, la Serbie obtint du sultan une autonomie intérieure complète. Les Obrénovitch se maintinrent jusqu'en 1842. A cette époque, la Skoupchtina élut un Karageorgevitch, fils de Georges le Noir ; en 1856, le traité de Paris plaça la Serbie sous la protection des puissances chrétiennes.

Le pays s'organisait peu à peu, une certaine prospérité s'y développait. Mais la principauté restait sans avenir, parcequ'elle était sans débouché vers la mer. La Turquie avait toujours la main dans les affaires de la Serbie. En 1858, son influence substitua de nouveau un Obrénovitch, Miloch, au prince Alexandre Karageorgevitch.

Notre génération a connu Milan Obrénovitch IV, proclamé prince à 14 ans, en 1868, à la suite de l'assassinat de son cousin, Michel.

VUE DE BELGRADE

Il gouverna effectivement son royaume à partir de 1872. C'est sous son règne mouvementé que se posa le dilemme redoutable qui devait décider de l'avenir du pays : la Serbie subirait-elle le joug autrichien, ou courrait-elle le risque de faire, d'elle-même, sa propre grandeur, en dépit des difficultés inouïes que son expansion au dehors devait rencontrer ?

Milan était un prince aventureux, à la fois brutal, corrompu et besogneux. Il avait le tempérament d'un joueur.

L'audace de son petit peuple le suivit quand il se jeta, tête baissée, contre la Turquie, à la suite des insurrections de Bosnie et Herzégovine, en juillet 1876, et qu'il déchaîna la guerre russo-turque. Il faut bien reconnaître que, peu de temps avant cette guerre, à l'entrevue de Reichstadt, la Russie avait abandonné la Serbie à son sort et avait laissé la place libre à l'influence austro-hongroise, réservant toutes ses faveurs à la Bulgarie naissante. Milan, sacrifié au traité de Berlin, assista impuissant à la mesure qui attribuait la Bosnie et l'Herzégovine à l'Autriche-Hongrie ; il s'inclina devant l'hégémonie autrichienne ; en 1882, il fut, pour prix de sa docilité, autorisé à prendre le titre de roi.

La Bulgarie profitait de toutes les faveurs de la Russie. Fondée au traité de Berlin, elle se jetait sur la Roumélie-Orientale, en 1885, et annexait cette province, et l'Europe devait bientôt la lui reconnaître à la conférence de Top-Hané. Milan, fou de rage, déclara la guerre à la Bulgarie. Il fut battu à Pirot et à Slivnitza. La Bulgarie devenait décidément la puissance d'avenir dans les Balkans.

Milan recourut encore une fois à l'Autriche ; il se donna à elle ; mais, son impopularité croissante, ses violences, ses fautes le rendaient insupportable. Il passa la main à son fils, ce pauvre enfant, Alexandre Obrénovitch, dont il espérait faire un instrument de règne (1889).

Le roi Alexandre subit la volonté de son père. Une fois seulement, il fit acte de volonté : c'était pour épouser Mme Draga Machin, ancienne dame d'honneur de sa mère, la reine Nathalie. Quelque temps après, il fut assassiné dans son palais, à Belgrade. C'en était fait de la dynastie des Obrénovitch.

Pierre Karageorgevitch était rappelé et montait sur le trône, le 15 juin 1903.

Milan s'était donné à l'influence autrichienne. Pierre Ier se retourna vers la Russie. Cependant, de graves dissentiments étaient nés entre la Russie et la Bulgarie ; une certaine partie du monde politique bulgare trouvait la main du libérateur un peu rude.

Le prince Alexandre de Battenberg avait, contre la volonté de la Russie, risqué l'aventure de la Roumélie-Orientale et s'était émancipé de la tutelle moscovite ; il n'était pas de taille à soutenir une telle querelle : il tomba.

Le prince Ferdinand de Saxe-Cobourg lui succède. Celui-ci, ambitieux et fin, mais émotif et timoré, n'avait pas assez de résolution pour choisir entre la Russie et l'Autriche ; il les flattait alternativement, tirant toujours quelque avantage par soumission ou promesse. L'Autriche, appuyée sur l'Allemagne, prenait pied résolument dans les Balkans.

Elle s'assure la Roumanie, puis la Bulgarie; il semble qu'elle n'ait plus qu'à laisser tomber la main pour écraser la Serbie. Ce furent des heures difficiles pour le roi Pierre. Mais, soldat, officier élevé à l'école de Saint-Cyr, il consacra toutes ses ressources à la constitution d'une bonne armée et, quand l'Autriche songea à en finir avec le petit royaume, elle trouva à qui parler. Pierre et son peuple tinrent tête résolument.

L'Autriche-Hongrie, avec sa manière brutale, songea à prendre la Serbie par la famine. Ce fut « la guerre des cochons ». Les Serbes s'ingé-

nièrent et firent passer leurs porcs par Salonique ou par Antivari. Toujours l'Autriche les trouvait sur son chemin. En somme, la Serbie, par sa ténacité, gagnait toutes les parties, tant qu'il n'était pas question de recourir à la force. Même le comte d'Ærenthal consentit à signer un traité de commerce sortable (1908).

Mais ce même comte d'Ærenthal assénait à la Serbie le coup le plus terrible le jour où il décida l'annexion de la Bosnie et Herzégovine.

Cette fois, ce n'était plus seulement le petit royaume de Serbie qui était atteint, c'était « la grande Serbie », celle qui, dispersée entre les différentes souverainetés balkaniques, caressait, en silence, le vieux rêve d'Étienne Douchan. Du jour où l'Autriche eut pris ce parti, — et nous indiquerons bientôt les conséquences européennes de cet acte décisif — la Serbie était arrachée à sa pénible obscurité ; elle était tirée au premier plan ; elle prenait rang de champion du slavisme dans les Balkans.

Les conséquences probables étaient, dès lors, indiquées en ces termes : « Même si cette « grande Serbie » s'incline devant le fait accompli, elle subsistera dans les Balkans, — dangereusement pour elle-même et dangereusement pour ses agresseurs. On pourra la comprimer, non la détruire ; car il faudrait détruire tout un peuple. S'il s'agit seulement de remplacer la tyrannie turque par la tyrannie autrichienne, l'opération est médiocre, et, s'il s'agit de faire une Pologne dans les Balkans, elle est pire. Cette Serbie est un corps difficilement assimilable dans l'empire austro-hongrois et plus difficilement réductible hors de l'empire. A supposer même qu'aucun conflit immédiat ne se produise (ceci était écrit en octobre 1908) M. d'Ærenthal aura perpétué indéfiniment les causes de trouble en Europe... La Serbie est une force ou, pour être plus exact, une réalité ; elle n'a pas perdu l'espoir, elle ne perdra jamais l'espoir ; elle se lèverait au cri de guerre d'un Czerni-Georges ou d'un Miloch. » (G. HANOTAUX, *La Politique de l'Equilibre.*)

APRÈS LA BATAILLE DE LA MARNE. — CADAVRES D'ALLEMANDS

CADAVRES DE SOLDATS ALLEMANDS SUR UN CHAMP DE BATAILLE DE LA MARNE

UN CONVOI AUTOMOBILE ALLEMAND DÉTRUIT PAR UN 75

DANS LA FORÊT DE VILLERS-COTTERETS

GABRIEL HANOTAUX
de l'Académie Française

HISTOIRE ILLUSTRÉE
DE LA
GUERRE DE 1914

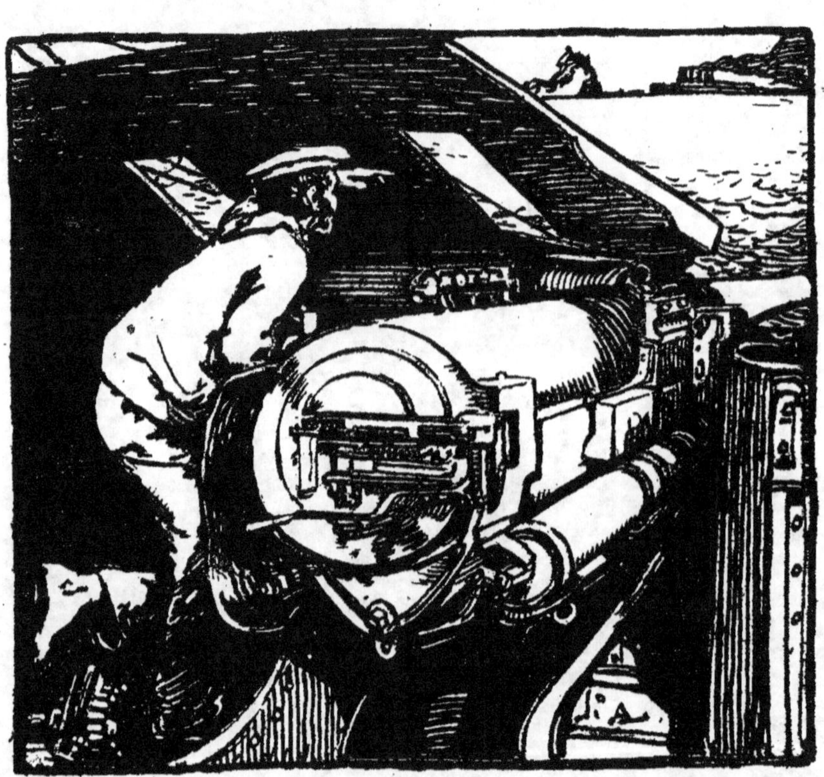

24 PAGES DE TEXTE ET D'ILLUSTRATIONS

FASCICULE
N° 12

GOUNOUILHOU, ÉDITEUR
PARIS, 8, boulevard des Capucines & BORDEAUX, 8, rue de Cheverus.

PRIX NET
1 franc

Les premiers chapitres de l'*Histoire Illustrée de la Guerre de 1914*
sont forcément consacrés à un exposé des origines du conflit mondial. Ils comportent, par suite, une illustration rétrospective. Pour
donner plus de variété aux premiers fascicules, quatre pages en seront
réservées à des photographies se rapportant à des faits plus récents.
Ces pages ne seront pas numérotées et, au moment de la reliure,
pourront être placées à l'endroit du volume auquel elles se rapportent.

Voir pages 3 et 4 de la couverture
les conditions de souscription

INSPECTEURS DE L'ARMÉE AUTRICHIENNE
DANS UNE BOUCHERIE PORCINE DE BELGRADE

Dès lors, les événements se déroulèrent avec une logique inexorable. La Serbie avait mis en état son armée ; elle s'appuyait sur la Russie, et, sous les auspices de cette puissance, nouait des relations de plus en plus étroites avec le Monténégro. Sa diplomatie eut l'art de se rapprocher de la Grèce, bientôt même de la Bulgarie. La « confédération balkanique » parut un fait accompli. Les événements des Balkans des années 1911-1912 se déroulèrent. (V. ci-dessus, p. 188.)

Dans la guerre contre la Turquie, la victoire se prononça pour les alliés balkaniques. Bientôt, dans une lutte fratricide, la Serbie et la Grèce, appuyées par la Roumanie, l'emportèrent sur la Bulgarie.

Le territoire serbe s'accrut dans des proportions inespérées. Le rêve d'Étienne Douchan se réalisait.

Mais l'Autriche ne pouvait admettre, à ses portes, la grandeur soudaine d'un peuple pour lequel elle n'avait que haine et mépris.

Dès août 1913, elle prévenait l'Italie que sa résolution était prise de tomber sur la Serbie. C'était la guerre en perspective.

L'ARMÉE SERBE Il convient d'indiquer, maintenant, quelles étaient les forces militaires de la Serbie, à la veille du jour où, dans le conflit généralisé, elle se plaçait avec le Monténégro, et à la suite de la Russie, du côté des puissances alliées.

La Serbie avait, avant la guerre des Balkans, une superficie de 48.300 kilomètres carrés et une population de 2.950.000 habitants. Le traité de Bucarest lui ayant attribué 35.500 kilomètres carrés et 1.290.000 habitants, elle compte maintenant 83.800 kilomètres carrés et 4.240.000 habitants.

La loi du recrutement du 13 novembre 1886,

modifiée par la loi du 27 janvier 1901, institue le service personnel obligatoire de 17 à 50 ans. La durée légale du service actif est de deux ans dans les armées à cheval et dix-huit mois dans les autres armes. En fait, les deux tiers du contingent ne font que six mois.

D'après les calculs habituels, la Serbie peut mettre sur pied au moins 400.000 combattants.

Officiellement, le contingent annuel est de 17.000 hommes ; l'effectif budgétaire s'élève (1913) à 2.394 officiers, 2.313 sous-officiers, 2.489 caporaux, 31.121 soldats, 11.124 chevaux, 304 canons et 96 mitrailleuses. Certainement, les troupes de réserve sont insuffisamment instruites et encadrées, mais l'entraînement vigoureux de toute la population virile, composée presque uniquement de paysans, permet d'escompter des résultats supérieurs à la moyenne, dans un pays qui lutte pour l'existence et qui est résolu à se défendre jusqu'au dernier souffle.

Dès le début de la guerre contre la Turquie, la Serbie avait mis sur pied 160.000 hommes environ, dont 75.000 opérant dans la vallée de la Morava vers Uskub, 32.000 par la vallée de la Toplitza et 35.000 ont coopéré avec les Bulgares, vers Kustendil.

Depuis la fin de cette guerre, les cinq divisions qui formaient antérieurement l'armée serbe ont été doublées (5 sur l'ancien territoire et 5 sur le territoire annexé). A la suite de cet accroissement, de nouvelles unités ont été formées dans toutes les armes. L'effectif de l'armée a été doublé.

L'infanterie serbe est armée du fusil à répétition, modèle 1899, système Mauser, calibre 7 $^m/_m$; le 2e ban et le 3e ban sont armés avec des fusils de modèles plus anciens. La cavalerie a la carabine à répétition Mauser et le sabre courbe.

L'artillerie comprend l'artillerie de campagne, l'artillerie de montagne et l'artillerie de forteresse. Le nouveau canon de campagne et le nouveau canon de montagne sont à tir rapide, système Schneider-Canet, le premier du calibre 75 $^m/_m$, le second du calibre 70 $^m/_m$; l'obusier et le mortier sont également du système Schneider. Un canon système de Bange sert aux régiments de réserve.

Le génie comporte pionniers, pontonniers, télégraphistes, équipages, compagnies de chemins de fer.

En 1912, on créa un inspectorat général de l'armée, confié au prince héritier Alexandre, on décida l'installation d'un parc aéronautique, près de Nisch. En même temps, l'État-Major général élabora un projet de réorganisation des institutions militaires du pays, destiné à augmenter la durée du service actif et qui entra en application dès la déclaration de guerre.

LE PRINCE LOBANOW

S. M. PIERRE Iᵉʳ, ROI DE SERBIE

LE MONTÉNÉGRO Ethnographiquement, historiquement, politiquement, le sort du Monténégro est lié à celui de la Serbie, mais ce petit domaine montagnard a cet avantage de tremper le pied de ses gradins dans les eaux de la mer Adriatique.

Deux chaînes de hauteurs, l'une le long de la mer, *Tcherna Gora* (la montagne Noire) et l'autre, s'élevant en retrait vers le continent, la *Berda*, enserrent, à elles deux, la vallée de la Zeta parallèle à la côte; et c'est, en somme, tout le Monténégro. Petit pays, grande fortune. La retraite de ses montagnes le protégea contre la conquête turque; le voisinage de la république de Venise fut souvent sa ressource suprême.

D'Orient en Occident, pour la péninsule balkanique, le débouché se trouve là.

De 1687 à 1851, le Monténégro est gouverné par ses évêques qui, tous, appartiennent à la famille de Niegosch et se succèdent d'oncle en neveu; le dernier prélat, prince et poète, est Pierre Petrovich Niegosch qui, en 1851, laisse l'héritage au premier des princes laïques, Danilo, auquel a succédé, en 1860, son neveu, actuellement roi, Nicolas ou Nikita.

L'histoire de la vaillante petite principauté est résumée dans ce long règne qui sut unir, pour sa défense et son accroissement, les deux influences qui l'ont protégé dans le passé, l'influence russe et l'influence italienne.

C'est Pierre le Grand qui étendit la main moscovite jusqu'à ces lointaines contrées. Préoccupé de s'assurer des alliés contre la Turquie, il apprit, par des émigrés serbes, l'existence de ces Slaves de l'Adriatique et envoya vers eux le colonel Miroladovich pour consolider les liens de la parenté et combiner une action simultanée contre l'ennemi commun. Depuis cette époque, le Monténégro est entré dans le giron russe : l'avenir slave de l'Adriatique était entrevu.

Les circonstances devaient révéler bientôt l'importance de ces réserves slaves des bords de la mer; mais le prince Nicolas ne pouvait pas, d'autre part, négliger ce voisinage italien qui, de tout temps, avait été l'autre pôle de l'indépendance monténégrine. En octobre 1896, sa fille, la princesse Hélène, épousa le prince de Naples, héritier présomptif de la couronne d'Italie, actuellement le roi Victor-Emmanuel. Ainsi, l'équilibre des forces se trouve habilement maintenu.

Les hautes ambitions de la petite principauté

S. M. NICOLAS Iᵉʳ, ROI DE MONTÉNÉGRO

S. A. R. LE PRINCE ALEXANDRE DE SERBIE, HÉRITIER DE LA COURONNE
ENTOURÉ DE SON ÉTAT-MAJOR

s'affirment aux différentes époques de son histoire. En 1848, un des vladikas, prédécesseurs du prince Nicolas, adressait cet appel au fameux Jellacchi : « Cher Ban ! la terre gémit d'une hideuse injustice ; les âmes des Slaves qui ont des pensées généreuses sont affligées d'une hideuse injustice : les âmes des Slaves qui ont des pensées généreuses sont affligées d'un tourment éternel. Elles ont honte devant le monde, à cause de cet état inférieur où nous sommes réduits vis-à-vis de nos frères européens. Nous sommes habitués à servir. Nous ne connaissons pas nos forces. Nous nous jetons de nous-mêmes dans les chaînes. A la vérité, moi et mon petit peuple, nous sommes libres, mais qu'est-ce que cette liberté, quand je vois, autour de moi, des millions de mes frères qui gémissent dans les chaînes de l'esclavage ? »

Cette posture de révolté perpétuel fut celle qu'adopta décidément le vaillant petit peuple et son entreprenante dynastie. C'est ainsi qu'en 1876, ils déchaînèrent, par l'insurrection de la Bosnie, les événements qui devaient amener la guerre turco-russe de 1877-78. Peu satisfait des résultats obtenus au Congrès de Berlin, le prince Nicolas garda la volonté farouche de renouveler l'aventure dès que l'occasion s'en présenterait.

Il fut un des fondateurs de la confédération balkanique, et c'est lui encore qui déclara la guerre à la Turquie, en octobre 1912. Son initiative est donc décisive dans les origines du drame actuel. On pensa d'abord que la cour du Monténégro était d'accord avec la Russie et avec l'Italie, pour achever la Turquie. Mais les événements ont prouvé que la Slavie adriatique se sentait de taille à *fara da se*.

En avril 1913, la prise de Scutari par l'armée monténégrine faillit amener la guerre européenne. Le roi Nicolas tint tête à l'Autriche-Hongrie et même à l'Europe. On put deviner, dès cette époque, que les événements les plus graves seraient déchaînés par les exigences autrichiennes. On écrivait alors : « Le cas de

Scutari n'est qu'un des accidents d'une dia-
thèse dont souffre la politique autrichienne,
telle qu'elle est engagée depuis longtemps,
Quoi qu'elle décide ou qu'elle exige, elle est
prise à revers dans les Balkans et dans l'Adriatique si elle cherche, malgré les faits acquis, à
pousser son expansion vers l'Adriatique et dans
les Balkans... Si cette politique d'expansion
ne s'arrête pas d'elle-même, il n'y aura pas
d'autre issue à la crise actuelle que le choc
et le conflit. (Ecrit en mai 1913.) Et alors,
quelles conséquences ! Quelles catastophes ! A
l'heure présente, tout le monde est averti, tout
le monde est sur ses gardes : aucune puissance
ne se laisserait surprendre. En cas de conflagration générale, toutes donneraient et de
toutes leurs forces jusqu'à complet épuisement.
De telles luttes une fois engagées seraient
inexpiables et inextinguibles. On peut battre
des armées, on ne tue pas des peuples. »
(G. HANOTAUX. *La Guerre des Balkans et l'Europe.*)

Mais l'Autriche-Hongrie était résolue, dès
lors, à passer outre.

Dès août 1913, elle prévenait l'Italie de sa
volonté arrêtée d'écraser les Slaves indépen-
dants de l'Adriatique. Quand, en juillet 1914,
elle mit ses projets à exécution, le petit Monténégro se rangea bravement aux côtés de
la Serbie.

L'ARMÉE Le Monténégro, érigé en
royaume depuis le mois d'août
1910, comptait alors une population de
285.000 habitants dont 14.000 musulmans.
La paix de Bucarest doubla son étendue et le
nombre de ses habitants. On lui attribue, maintenant, une population de 500.000 habitants
environ.

Tous les Monténégrins valides sont soldats,
de 18 à 62 ans. Seuls, les musulmans sont
exemptés, moyennant le paiement d'une taxe
militaire. Le jeune homme de 18 ans reçoit
d'abord l'instruction des *recrues*; il entre, à
20 ans, dans l'*armée active*, dont il fait partie
de 20 à 52 ans ; il passe ensuite dans la *réserve*.
Tous les hommes enrôlés doivent assister aux
exercices de tir qui ont lieu chaque dimanche :
c'est vraiment « la nation armée ».

L'ensemble des effectifs peut fournir cinquante mille hommes d'armée active, plus une
douzaine de bataillons de réserve.

L'infanterie est armée du fusil Werndl, l'artillerie du canon Krupp des calibres de 8 cm.
et de 7 mm. 5, d'obusiers et de canons lourds
(une quarantaine) qui peuvent servir d'artillerie de position. Les cadres permanents ne
comprennent guère que les États-Majors, la
garde du roi et les services spéciaux. Les officiers de troupes sont des officiers de milice,
étroitement unis avec leurs soldats qu'ils
tiennent dans la main, en temps de paix comme
en temps de guerre.

La position du Monténégro, sur les bords
de la mer Adriatique, avec son petit port
d'Antivari, en fait un allié précieux pour la
Serbie et expliquerait, à elle seule, l'importance, dans l'histoire universelle, de ce dernier venu des royaumes européens.

GRAVOSA ET LE LAC DE SCUTARI

CHAPITRE X

LES PUISSANCES EUROPÉENNES :
L'ANGLETERRE

L'Angleterre voulait la paix. — Les Négociations anglo-allemandes avant la guerre.
La Concurrence pour les armements navals.
L' " Homme anglais ". — Ressources et puissance militaire de l'Angleterre.

Nous n'avons pas à revenir sur l'exposé de la politique britannique pendant les années qui se sont écoulées depuis la guerre de 1870 jusqu'à la mort d'Édouard VII.

Nous avons dit comment la transformation radicale qui s'est produite dans cette politique — faisant de l'associée de l'Allemagne que fut longtemps l'Angleterre, l'initiatrice de la Triple-Entente, — a modifié, du tout au tout, la balance des choses européennes.

Je voudrais, dans l'espèce de revue que je tente, des puissances, à la veille de la guerre, indiquer de quel poids pèse l'Angleterre dans les affaires du monde, les dispositions du peuple anglais à l'égard de l'Allemagne, les dispositions du peuple allemand à l'égard de l'Angleterre et les forces dont l'Angleterre disposait pour prendre part au conflit ; en un mot, je voudrais dire quel adversaire était l'Angleterre pour l'Allemagne, tandis que l'Allemagne la provoquait si imprudemment.

Le rôle de l'Angleterre, ou plutôt de la Grande-Bretagne, dans les affaires générales du monde, est si considérable qu'il a fallu, chez l'Allemagne, ou un véritable aveuglement ou une nécessité inéluctable, pour ne pas ménager cette force, au moment où elle se décidait à soutenir son alliée, l'Autriche-Hongrie, dans ses ambitions balkaniques. Ce n'était pas chose impossible : l'Angleterre et l'Autriche avaient de vieilles camaraderies et collaborations balkaniques, toutes deux étant liées, depuis de longues années, par une même opposition à l'expansion slave dans les Balkans.

Quoique l'Angleterre eût pris, depuis l'avènement d'Édouard VII, le parti de se rapprocher de la France et de surveiller de près l'accroissement de la puissance allemande, quoiqu'elle eût été mise en méfiance par le fameux « Notre avenir est sur l'eau », il n'est pas douteux que ce grand pays craignait d'en arriver à une rupture avec l'Allemagne.

Les restrictions qu'il apportait à la mise en pratique de l'Entente cordiale, le soin avec lequel il s'appliquait à éviter le mot *alliance*, le souci de ne pas perdre le contact diplomatique avec Berlin, tout confirme ce jugement. Les déclarations des ministres anglais marquent toujours une grande réserve quand ce sujet délicat est abordé. Sir Edw. Grey, M. Asquith ne cessent de répéter « qu'il n'y a, entre la France et l'Angleterre, aucun engagement secret obligeant l'Angleterre à rendre un service militaire ou naval » (déc. 1911).

L'Angleterre avait, en effet, à prendre en considération l'ensemble de ses intérêts mondiaux, avant de se résoudre, et elle était décidée à attendre, pour se prononcer, les ultimes circonstances.

L'ANGLETERRE VOULAIT LA PAIX L'Angleterre est, par sa nature même, une puissance essentiellement pacifique. Les peuples marchands ont toujours eu, dans l'histoire, ce caractère. La prodigieuse importance des intérêts britanniques expose aux risques de guerre des richesses énormes, au moindre péril qui les menace. La prospérité accumulée, par des siècles de travail et de bien-être, dans l'archipel britannique et dans les autres pays de domination anglaise, appréhende le moindre trouble venu du dehors. La jouissance profonde de cet acquis séculaire, pénétrant des classes nombreuses de la société, cette vie, plantureuse et grasse, ces parcs aux arbres centenaires, ces villes puissantes aux rues actives, aux longs faubourgs pleins de repos, ces cottages aux vérandas fleuries, ces rivières lentes et ombreuses, ces plaines fécondes où se meut la tache errante des troupeaux, ces aubes éclatantes et pures, ces beaux soirs dorés, avec la fumée s'attardant en volutes au-dessus des maisons claires, tout ce qui caractérise la nature britannique, respire la paix.

Le peuple anglais qui avait été, jadis, un peuple de soldats, avait, peu à peu, délaissé le métier des armes. Il n'en voyait plus l'emploi. Les sports et les exercices corporels n'étaient qu'un jeu, tout au plus bon à entretenir la robustesse physique et la vivacité morale. L'Anglais ne se sentait aucun goût pour verser le sang et il considérait l'apprentissage du meurtre comme tout à fait inutile. Personne n'admettait, sérieusement, que la Grande-Bretagne pût avoir, un jour, besoin d'une puissante armée. Malgré les avertissements de quelques hommes clairvoyants, on était d'accord sur ce point, dans tous les pays anglo-saxons, que le service militaire obligatoire était affaire aux continentaux, livrés aux dissensions des pays dans le devenir.

Arracher des millions de bras aux travaux du commerce ou de l'industrie pour les asservir aux exercices de la caserne paraissait, à tous les Anglais sages, une grande folie.

LE ROI GEORGE V ET GUILLAUME II

S'il y avait, contre la vieille politique d'intervention ou d'agression de la part de l'Angleterre, un parti pris bien établi dans la masse de la nation, il se personnifiait, pour ainsi dire, dans le parti radical. A la veille des élections qui devaient le porter au pouvoir, un de ses chefs les plus écoutés, sir Henry Campbell-Bannerman, « gardien en titre de l'idéalisme radical », définit parfaitement le principe gouvernemental, hostile à toute politique belliqueuse, qui anime son parti.

Il se montre absorbé uniquement par le souci des misères populaires et par la nécessité des réformes sociales. Au fort de la lutte électorale (4 juin 1904), parlant à Alexandra-Palace, devant 10.000 radicaux, il caractérise, ainsi, les deux systèmes : « Nous sommes, aujourd'hui, à l'embranchement de deux routes. L'une, large et facile, conduit au protectionnisme, au *service militaire*, à l'abaissement de nos libres institutions. L'autre route conduit vers l'extension de la liberté et le développement de la justice dans notre pays, *aux traités d'arbitrage et d'amitié*, à leur conséquence naturelle, *à un arrêt et à une réduction ultérieure des dépenses militaires*, à une diminution des impôts qui pèsent sur notre commerce et pâlissent les visages des pauvres... » Et encore : « Nous avons lutté contre l'*esprit agressif, fanfaron, envieux, qui animait notre diplomatie dans les diverses parties du monde* ; contre l'esprit réactionnaire dans la législation et l'administration, *contre l'esprit militaire* dont on a essayé, dont on essaye encore de saturer le peuple anglais, alors que *la paix est seule conforme à ses intérêts, à ses désirs, à ses nécessités...* »

Et Lloyd George, avec son esprit incisif et son éloquence chaleureuse où les souvenirs de la Bible sanctifient les chiffres du matérialisme social, n'avait-il pas cent fois promis au monde la paix avec le bien-être ? « Le jour viendra, où la nation qui tire l'épée contre une autre sera mise au banc des félons comme un frère qui frappe son frère dans un mouvement de colère. Je ne sais pas combien de générations, combien de siècles passeront avant que les glaives soient forgés en socs de charrue et les lances en serpes pour émonder; mais, ce dont je suis sûr, c'est que, lorsque l'aurore de ce jour se lèvera, on considérera comme l'un des exploits les plus grands et les plus nobles dont fasse mention la merveilleuse histoire de la race humaine que les hommes et les femmes qui habitent cette petite île aient seuls, contre le monde, défendu avec succès le libre échange, cette voie par laquelle l'humanité a gagné le royaume dans lequel le Prince de la paix règne à toujours et pour toujours. »

Ce mysticisme économique apparaissait comme le dernier mot de la civilisation. On entendait le chant d'allégresse du parti radical, sur le point de pénétrer dans la Terre Promise. Il acceptait même, pour réaliser ce mythe, de porter une atteinte, peut-être décisive, à l'unité anglaise en accordant, malgré vents et marée, le *home rule* à l'Irlande... quand les événements tournèrent subitement. Un vent se lève ; et ce même parti radical accepte l'inévitable et se résout à la guerre.

Comment, par suite de quelles circonstances, un tel changement s'est-il produit ?

Un livre paru en 1907 a exposé avec force les raisons de l'évolution qui s'est produite peu à peu en Angleterre, en présence du danger apparu du côté de l'Allemagne. Nous avons indiqué, plus haut, les conséquences de la campagne du *made in Germany* qui éveilla l'attention de tout ce qui pensait et réfléchissait dans le monde britannique. Mais la concurrence commerciale passa bientôt au second plan. C'est à peine si, dans la période nouvelle, on tient compte du fait que le commerce de l'Allemagne s'est accru de cent pour cent en douze ans : comme les affaires ont repris en Angleterre tout leur essor, durant cette même période, et que l'Angleterre tient toujours le sceptre, cet ordre de considération est à peine invoqué. Ce qui inquiète soudainement les esprits qui voient de loin, les « vigies » qui ont pris pour tâche de veiller au salut de l'empire, c'est le parti pris, maintenant apparent et déclaré de l'Allemagne, de viser à l'empire universel.

La conviction qui se répand à ce sujet tient aux déclarations réitérées de l'empereur d'Allemagne et de ses ministres prônant, un peu prématurément peut-être, la *Weltpolitik*; elle tient à la connaissance accrue de la littérature pangermaniste et de cet enseignement de la « Culture » qui déclare sa volonté nettement déterminée de mettre « l'Allemagne au-dessus de tout ». Elle tient à un examen attentif des faits, — faits de préparation et faits d'organisation, faits diplomatiques et faits expansionnistes, — qui, désormais, ne peut plus laisser aucun doute sur les desseins de l'Allemagne.

L'Angleterre voit, dans cet ensemble, un trait de l'orgueil allemand et de la « vanité

LES RÉGATES D'HENLEY SUR LA TAMISE

allemande » (c'est le titre que le Dr Émile Reich donne à son livre) ; et on explique le caractère de cet orgueil par cette sentence biblique empruntée à une étude de Friedrich Lange, prêchant une espèce de religion allemande (*Deutsche Religion*) : « Le peuple allemand est l'élu de Dieu et ses ennemis sont les ennemis du Seigneur. »

Quels voiles furent levés des yeux de l'Angleterre, quand on déroula soudain devant elle tout le programme de la conjuration allemande et les preuves s'accumulant !

D'abord, le principe : l'Allemagne, à la façon dont elle conçoit sa destinée, est entraînée fatalement vers la domination universelle. « Voici la vérité pure et simple : une nation qui atteint un chiffre d'habitants disproportionné à l'étendue de son territoire doit devenir impérialiste ou tomber dans le malthusianisme ; il lui faut, ou étendre son domaine d'action ou restreindre sa progéniture » ; et, immédiatement, la première des conclusions : « La question qui se pose est celle-ci : les Allemands peuvent-ils faire autrement que de s'étendre ? Et, ne le pouvant faire sur le continent, ne doivent-ils pas nécessairement songer à la mer ; d'où un conflit immanent avec la puissance maritime par excellence, la Grande-Bretagne. »

Le fait de cette nécessité explique, chez l'Allemagne, des projets d'expansion qui ne peuvent pas ne pas être dirigés contre l'Angleterre. La réalité avérée confirme le raisonnement : « Une expansion transmaritime implique la suprématie sur la mer et cette suprématie implique, à son tour, une guerre victorieuse contre la Grande-Bretagne. Pour remplir leur dessein, les Allemands n'ont plus, devant eux, que l'Angleterre et ils comptent bien l'abattre. C'est une erreur fondamentale de croire qu'il n'y aura pas de conflit anglo-allemand. Personne ne peut l'arrêter, l'entraver, le pallier.

« L'antagonisme entre l'Allemagne et la Grande-Bretagne est un de ces courants qui décident de la marche de l'histoire. Les incidents diplomatiques, les messages, discours,

articles de journaux, conventions, meetings, banquets, dépêches et rapports, télégraphiques ou non, n'y peuvent rien : ils peuvent modifier l'aspect du courant, mais l'arrêter, non. »

L'Allemagne sait que ce conflit est inévitable et elle le prépare ; et, précisément, rien que la façon dont elle le prépare, le provoque.

Le tableau du progrès de la flotte allemande né peut avoir d'autre sens que celui de la prévision d'un conflit voulu avec la Grande-Bretagne. « La flotte allemande croissante ne peut avoir qu'une seule mission, celle de se mesurer avec la flotte anglaise. En effet, ni la Russie, ni le Danemark, ni la Norvège, ni la Suède ne menacent les flottes allemandes. En 1906, la marine de guerre allemande s'est accrue de seize unités. La marine allemande possède donc actuellement (1907) vingt-quatre grands cuirassés. La capacité de construction des chantiers de construction allemands leur permet d'accroître ces chiffres avec une progression plus grande que ceux mêmes de l'Angleterre. Dès 1907, ces chantiers reçoivent la commande de construction de deux navires, du type dreadnought, atteignant près de 20.000 tonnes et dépassant de 2.000 tonnes le type de l'*Invincible* anglais.

« Pour l'Angleterre, un tel fait est à lui seul révélateur. Des centres de torpilleurs sont créés, notamment à Emden : ils visent uniquement l'Angleterre. De là, l'Allemagne pourrait, en huit heures, jeter ses croiseurs sur la côte anglaise. Faut-il d'autres arguments ? La ligue navale allemande compte 906.000 membres et la ligue navale anglaise seulement 24.000. L'Allemagne, au point de vue naval, s'est entraînée à la voix de ses chefs ; elle brûle de la *Grande Passion* dont les Anglais brûlaient aux temps d'Élisabeth. »

Si l'on envisage, partout sur le globe, les jalons posés par l'Allemagne, on s'aperçoit sans peine qu'ils sont plantés pour une conquête expansionniste visant l'Angleterre. Quel est le sens de la mainmise sur la Turquie, à Constantinople, sinon une préparation silencieuse de la lutte contre la Grande-Bretagne,

LA CAMPAGNE ÉCOSSAISE

sur le canal de Suez, en Égypte, vers le golfe Persique ?

Tout se comprend avec cette explication ; autrement, tout paraît désordre, incohérence, effort vain et il faut bien reconnaître aux Allemands cette qualité, qu'ils ne gaspillent pas leurs forces et qu'ils savent ce qu'ils font.

Vainement l'Angleterre se confierait-elle en sa supériorité navale. Rien n'est plus vulnérable et moins assuré que l'empire britannique, précisément parce qu'il dépend de la maîtrise de la mer : « Habitant une île, nous prenons du dehors plus de la moitié de notre nourriture quotidienne ; et cette île n'a pas une armée qui vaille. Parce qu'elle a une marine puissante, l'Angleterre pense qu'elle ne pourra jamais être battue... Quand il s'agit de la marine, de la chose au monde la plus aléatoire, la plus hasardeuse — une bataille navale — et que l'on demande aux Anglais de se prononcer sur l'issue d'une telle campagne, d'un de ces conflits européens où l'on emploie des engins de destruction infiniment plus redoutables que dans une bataille continentale, quand on les invite à se prononcer sur ce qui arrivera dans une guerre où une torpille peut, en un clin d'œil, faire sauter un bâtiment énorme, et réduire à néant les équipages qui le montent, où d'invisibles sous-marins ou des torpilleurs peuvent détruire toutes les escadres, quand on interroge un Anglais sur cette question, il répond invariablement : « Il est impossible que les Anglais soient battus sur mer. » Or, nous sommes à la merci d'une bataille navale, comme cela nous est arrivé tant de fois, au cours de notre histoire ; si la flotte anglaise était détruite ou diminuée comme elle l'a été à diverses reprises dans les guerres contre les Hollandais, devenus maîtres de la mer du Nord, nous serions à la merci d'une invasion allemande. Et nous répétons tout simplement : « Les Anglais ne peuvent pas être battus sur la mer ! »

Et l'auteur prévoyant, avec une acuité de

sens extraordinaire, que l'infériorité même de l'Allemagne contre une coalition la forcerait à devenir agressive, pour choisir son heure, concluait : « Voici donc les principaux facteurs du problème : Il est un pays, l'Allemagne, qui, dernier arrivé, aspire à l'impérialisme et ne peut étendre son territoire sur le continent européen. Les Anglais, en cas de désastre sur mer, perdraient en quelque sorte tout. Pour la sécurité et le prestige de l'Angleterre, pour la dignité de son passé, tous les hommes qui ont une mission quelconque : prédicateurs, professeurs, hommes d'État, journalistes, devraient s'unir dans la tâche qui s'impose, de démontrer aux Anglais l'urgence de préparatifs qui, faits en temps opportun, retarderaient ou anéantiraient les ambitions des Allemands... Puisque les Allemands l'emportent par une marine puissante et une armée formidable, l'Angleterre devrait chercher à les surpasser par une marine plus forte encore et une armée encore plus formidable. Si l'Allemagne songe à attaquer l'Angleterre vers 1912, l'Angleterre devrait l'attaquer bien avant... »

Combien ces avertissements auraient paru plus émouvants, et, je dirai même, plus terrifiants, si l'auteur avait connu et répété le mot de l'empereur Guillaume au général Obroutcheff : « Il est des guerres nécessaires, et c'est à Londres que j'irai signer la paix du monde. »

Oui, l'Angleterre était visée ; elle le savait. Ceux de ses hommes publics qui connaissaient l'Europe ou qui suivaient les événements ne pouvaient se faire aucun doute à ce sujet ; la plus évidente de toutes les démonstrations se faisait au grand jour, rien que par l'accroissement fébrile de la flotte allemande.

Mais, quand même, la crainte de troubler cette quiétude séculaire, ce repos somnolent et délicieux où l'Angleterre se complaisait depuis des années, était telle que le peuple anglais ne voulait pas savoir, ne voulait pas être convaincu. La pacifique Angleterre restait pacifique, les yeux et les poings fermés ; c'est à peine si elle écoutait d'une oreille distraite les porteurs de mauvais présage, les Cassandre qui s'ingéniaient à troubler son repos.

Ce ne sont pas seulement les tendances pacifistes qui s'accusent dans tous les actes du cabinet radical arrivé aux affaires en 1905, c'est la volonté déclarée du cabinet radical lui-même. Plusieurs membres de ce ministère sont notoirement favorables à un accord avec l'Allemagne et cet accord est recherché, par eux, avec une ardeur extrême. Nous verrons, tout à l'heure, que, même quand il s'agit de la politique navale, vitale pour l'Angleterre, le cabinet radical se laisse entraîner un instant, par fidélité à son programme politique, jusqu'à courir le risque de laisser l'Angleterre désarmée. De grands journaux, comme le *Daily News*, organe déclaré du parti aux affaires, ne cache pas sa perpétuelle méfiance à l'égard de la Triple-Entente, et notamment à l'égard du rapprochement anglo-russe. Sir Edw. Grey est mis, à diverses reprises, sur la sellette à ce sujet ; et, si la marche progressive des affaires européennes amène le cabinet anglais à combiner les actes de sa politique avec celle des cabinets de Londres et de Paris, c'est toujours avec une sorte de réserve et de réticence ; il se surveille et il est surveillé ! En même temps que l'union diplomatique entre les trois puissances se confirme, il existe toujours une négociation parallèle entre l'Angleterre et l'Allemagne. En un mot, l'Angleterre ne veut pas rompre avec l'Allemagne et le cabinet radical ne le peut pas.

Cette procédure hésitante est indiquée encore en décembre 1911, dans un discours où sir Edw. Grey explique le rôle de l'Angleterre dans la conclusion de l'affaire marocaine.

Le ministre rappelle d'abord que l'Angleterre est libre : « Nous avons publié les articles de l'accord secret de 1904 avec la France ; *il n'existe pas d'autre accord secret* » ; et M. Asquith le répète, avec plus de précision encore, le 6 décembre.

Mais cela ne suffit pas ; on tient à rendre manifestes et publiques les bonnes intentions de l'Angleterre à l'égard de l'Allemagne et il

VUE DES ENVIRONS DE DUBLIN

est déclaré que la première de ces puissances, non seulement ne s'opposera pas à l'expansion mondiale de l'Allemagne, — c'est-à-dire, en somme, à la *Weltpolitik*, — mais qu'elle fera, au contraire, le possible, pour la faciliter, en tant qu'elle ne nuit pas directement aux intérêts britanniques. Dans la négociation relative à la cession d'une partie du Congo français à l'Allemagne, cette ligne de conduite a été suivie : « Quel a été le grand objectif de l'Allemagne dans la deuxième période de ses négociations avec la France ? Obtenir l'accès du Congo et de l'Oubanghi. Jamais nous n'avons élevé la moindre objection contre cette ambition, *nous l'avons, au contraire, facilitée autant qu'il a été en notre pouvoir.* »

D'ailleurs, voici le principe directeur : « Si d'autres changements territoriaux se produisent en Afrique, s'ils peuvent s'opérer à l'amiable par d'autres négociations, nous ne serons plus de la partie ; si donc l'Allemagne,

en concluant des arrangements amicaux avec d'autres pays, peut s'étendre en Afrique (il s'agit évidemment des colonies portugaises), *nous ne nous mettrons pas en travers de son chemin. Jouer le rôle du chien qui, pour empêcher le cheval de manger, se met dans la mangeoire, ne nous dit rien.* »

En rapprochant, par la pensée, de pareilles déclarations, toutes spontanées, des progrès accomplis au même moment et notamment dans ces années 1911-1912 par la flotte allemande, regagnant à grands pas la flotte britannique, on ne peut qu'être surpris de cette quiétude permanente chez les chefs de la politique anglaise. Aussi, les ministres de l'empereur d'Allemagne prennent acte et gagnent à la main. De quel ton hautain, M. de Bethmann-Hollweg répond aux « avances » de sir Edw. Grey, dans le discours qu'il prononce au Reichstag pour prendre acte des déclarations du ministre anglais et faire lui-même ses conditions :

« Je me félicite de constater que le premier ministre anglais, d'accord avec sir Edw. Grey, a déclaré que les progrès de notre nation ne lui inspiraient ni jalousie, ni mécontentement. Nous aussi, Messieurs (*avec énergie*), nous désirons sincèrement vivre en paix et amitié avec l'Angleterre. (*Profond silence dans la salle en ce moment.*) Cependant, les relations entre les deux pays ne pourront être en accord avec ce désir que dans la mesure où le gouvernement anglais sera prêt à exposer, *d'une manière positive*, dans sa politique, ce besoin de meilleures relations. (*Applaudissements.*) Les autres nations, quelles qu'elles soient, doivent tenir compte des progrès de l'Allemagne. On ne peut arrêter ces progrès ! »

De quel côté est la morgue, où sont les ambitions sans frein, où le manque de mesure et de tact international ?

L'Angleterre se froisse-t-elle ? Nullement. Sir Edw. Grey, dans un discours où la maîtrise de soi se transforme jusqu'à devenir une sorte de philosophie de l'histoire, établit les bases de l'accord permanent, possible entre les deux grands pays. «Dans ce pays (il s'agit de l'Angleterre) vit un grand peuple industriel, jouissant d'un grand développement industriel, en espérant un plus grand encore ; en Allemagne, vit aussi un grand peuple industriel, jouissant d'un grand développement industriel, en espérant un plus grand encore. Dans l'intérêt de ces deux peuples, il faut que la paix subsiste. »

La main est tendue du côté de Londres. Les voyages réitérés, en Allemagne, de lord Haldane que l'on sait favorable à l'entente entre les deux pays, donnent corps à ce perpétuel bon vouloir de la politique britannique.

Aussi, en considérant l'ensemble des situations respectives, il semble que l'on peut conclure à un accord plus ou moins tacite entre les deux puissances ; il paraît de toute évidence, que l'Allemagne, maîtresse des événements, et dont les forces se développent sans cesse en population, en richesse, en expansion, en pénétration, n'a qu'à laisser faire le temps.

« Dans la situation générale des affaires, elle a tout à gagner dans la paix et tout à perdre dans la guerre. Si celle-ci éclatait, en effet, trois grands puissances, au moins, ont un intérêt identique à ne pas laisser l'Allemagne conquérir de haute lutte l'hégémonie. Alors, — traités ou non, — elles se trouveraient unies et l'Allemagne courrait le plus grand risque auquel sa puissance puisse être exposée. » (*La Politique de l'Equilibre.*)

Ces réflexions seraient certainement déter-

LE TRONE A LA CHAMBRE DES LORDS

LE ROI GEORGE V ET LA REINE SE RENDANT AU PARLEMENT

minantes aux yeux du gouvernement allemand, si son parti n'était pas pris de longue date et s'il n'avait la volonté déclarée, comme l'a dit Maximilien Harden, « d'entreprendre la guerre universelle comme une grande industrie ». On sait maintenant que l'Allemagne avait conçu le dessein secret de surpasser et de dominer la puissance navale de l'Angleterre, « de couler un à un les bateaux anglais, pour obliger l'Angleterre de s'entendre avec l'Allemagne ». (Interwiev à M. Andrews Juley, *Eclair* du 28 février 1915.) On sait, en un mot, que la volonté du conflit existait du côté de l'Allemagne et on ne peut attribuer la longanimité bien évidente de l'Angleterre qu'à la volonté inverse de faire tout le possible pour éviter une guerre dont sa claire vision de l'avenir prévoyait les terribles conséquences.

LA CONCURRENCE NAVALE Mais il était un point sur lequel, malgré le bon vouloir persistant de l'Angleterre, le désaccord fondamental ne pouvait pas ne pas s'affirmer. C'était la progression croissante et de plus en plus redoutable des armements navals allemands, mettant en péril la sécurité de l'archipel britannique.

Plus l'Angleterre fait de concession, plus l'Allemagne se hâte. Elle profite du temps pour se mettre en mesure de devenir la maîtresse des mers : c'est ainsi que se révèle le dessein secret. Les phrases diplomatiques ne servent qu'à couvrir le travail haletant des ateliers, des chantiers et des docks : à chaque déclaration sentimentale, répond le lancement d'un nouveau cuirassé.

En 1907, avait commencé, en quelque sorte, la course aux dreadnoughts ; l'Angleterre la mène, d'abord, comme à regret et avec une hésitation évidente ; mais, sans cesse talonnée par sa rivale, elle est obligée de faire de nouveaux bonds en avant, chaque fois qu'elle a essayé de reprendre haleine et, visiblement, elle ne garde pas ses distances.

L'Angleterre est bien obligée de s'habituer, en même temps, à l'idée que son armée de terre est absolument insuffisante et incapable de répondre au rôle qu'elle peut être appelée à jouer dans les affaires internationales ; mais, avec quelle lenteur et quelle mollesse elle se laisse pousser dans la voie où quelques énergiques champions précèdent de loin l'opinion !

L'Angleterre compte, parmi les membres du cabinet, une forte proportion d'hommes dévoués aux idées de paix malgré tout, qui n'ont aucune disposition à pousser les choses au tragique, et deux, notamment, qui se sont prononcés en toute circonstance : c'est lord Haldane, que l'empereur Guillaume appelle familièrement « mon cher Haldane », et M. Winston Churchill, dont les déclarations pacifistes sont notoires, avant que la nécessité des événements en fît le plus énergique protagoniste des constructions nécessaires.

La réforme militaire de 1907, qui écarte les projets militaires de M. Brodrick, consacre, en somme, encore un système « petite Angleterre ». Mais, dès 1908, lord Roberts prend en mains la thèse de « l'Angleterre toujours prête ». Il prononce, le 23 novembre 1908, à la chambre des Lords, un discours qui est vraiment initiateur : « N'est-il pas évident que, chaque jour, le danger devient plus pressant ? En une décade, l'Allemagne est devenue la plus grande des nations maritimes qui, l'Angleterre exceptée, ait jamais existé. En ce moment même, pour accroître cette puissance navale, elle prend les mesures les plus formidables.

« Les ports de l'Allemagne septentrionale, — le monde n'en possède pas de mieux outillés, — sont améliorés chaque jour. Le réseau des chemins de fer devient plus serré, la marine marchande s'accroît. L'on peut dire que, de jour en jour, se raccourcit le temps qui serait nécessaire à la préparation de l'invasion.

« De jour en jour, à vue d'œil, les premiers mouvements que comporte l'invasion gagnent en brièveté et, parallèlement, s'accroissent les chances de succès.

« Jamais le parlement n'a compté une majorité aussi dévouée aux armements navals. 80.000 Allemands habitent le Royaume-Uni.

LE DÉFILÉ DES GARDES DANS UNE RUE DE LONDRES

Si une armée allemande paraissait chez nous, elle trouverait son service d'espionnage complètement organisé.

« Pour que le coup de main réussisse, il n'est pas nécessaire que l'Allemagne possède la maîtrise des mers ; qu'elle possède cette maîtrise un instant et sur un point, il n'en faut pas plus. Le général Bronsart von Schellendorf le déclare dans son livre : *Devoirs de l'Etat-Major*, quand il écrit : « Afin de gagner, un instant, le « commandement de la mer et de faire marcher « nos transports, *nous serions justifiés à sacrifier* « *notre flotte entière.* » Ces paroles sont un avertissement. Que le pays le prenne à cœur !

« En ce moment, c'est tout au plus si, — notre armée régulière combattant à l'étranger, —

353.000 hommes (93.000 hommes de première ligne, 60.000 anciens soldats de réserve spéciale, 200.000 territoriaux) seraient disponibles pour garder nos îles. Déduisons les malades, les non-incorporés, les renforts appelés à l'extérieur : 240.000 hommes, 200.000 hommes sont nécessaires à la garde de nos arsenaux, de nos bases navales, de nos places principales. 40.000 soldats-citoyens seraient donc, seuls, susceptibles de repousser l'envahisseur. »

Et lord Roberts conclut : « J'estime que 600.000 soldats-citoyens seraient nécessaires pour lutter à armes égales contre 150.000 continentaux bien entraînés. Notre situation est effrayante (appalling). Hâtons-nous de remplir les cadres territoriaux combinés par M. Haldane. Si nous ne nous hâtons pas, notre marine sera prisonnière dans nos eaux territoriales, les craintes publiques retiendront sur notre sol notre corps expéditionnaire, notre diplomatie sera privée de cette force armée qui, seule, peut lui permettre de parler haut.

« En face de nous se développe le spectacle le plus étrange que le monde ait jamais contemplé : un peuple de 60 millions d'âmes, notre rival le plus puissant sur les marchés commerciaux, le premier peuple guerrier du monde, doublant sa force militaire écrasante d'une force navale rapidement accrue. Nous n'avons pas à nous offenser de ces efforts, mais nous avons à prendre les mesures qu'exige notre sécurité. Gardiens du droit de l'empire, nous devons maintenir la politique impériale au-dessus de la clameur des intérêts égoïstes et étroits. Il ne suffit pas à notre marine d'être la plus forte : il lui faut une liberté stratégique complète. Il ne faut donc pas que le manque d'armée l'enchaîne à nos rivages. »

Lord Rosebery, lord Landsdowne, celui-ci au nom du parti conservateur, adhérèrent pleinement aux pronostics impressionnants et aux conclusions formelles de lord Roberts. Mais le parti radical, et même le gouvernement, gardaient encore, de leurs vieilles tendances pacifistes, je ne sais quelles incertitudes, quelles irrésolutions.

La question délicate était toujours celle de la limitation conventionnelle des armements navals. A la deuxième conférence de la Paix, en 1907, la Grande-Bretagne avait fait des propositions dans ce sens. On avait pu croire qu'à la suite du voyage du roi Édouard VII à Berlin et de son discours réellement sympathique à l'Allemagne, le 16 février, quelque chose serait changé; mais il n'en fut rien. La question était insoluble. M. de Bülow disait, devant le Reichstag, le 29 mars 1909 : « Depuis 1907, il n'a été trouvé aucune formule qui tînt compte des divergences considérables existant entre les intérêts des divers peuples et offrît une base de négociations favorables. De telles négociations ne permettent d'espérer aucun

résultat pratique. Le point de vue des gouvernements confédérés *est dicté par des mobiles pacifiques et humanitaires.* Il n'y a rien là, dont une puissance doive être surprise, ou qu'elle puisse considérer comme peu amical, d'autant plus qu'en cela, nous nous bornons à user du droit tout naturel de ne pas admettre de discussions avec des étrangers, au sujet de questions d'ordre intérieur. »

Si l'Angleterre ne comprenait pas, c'est qu'elle ne voulait pas comprendre. Le *Standard,* au nom du parti conservateur, avait défini ainsi les situations (fév. 1909) : « Les escadres allemandes sont construites pour combattre dans la mer du Nord : nous devons nous préparer à les rencontrer. Les affaires sont les affaires... Les considérations d'argent sont, pour nous, absolument négligeables. »

L'Angleterre continuait à penser qu'en se prémunissant du côté de la mer, elle parait suffisamment au péril qui la menaçait. On peut dire que les yeux ne commencent à se dessiller pleinement, à ce point de vue, qu'en 1909. A partir de ce moment, le budget naval augmente, en raison de l'inquiétude qui commence à se répandre et qui a gagné même les chefs du parti radical.

Répondant au programme naval allemand de 1909, le gouvernement demande au parlement une augmentation du budget de la marine de 35 millions de livres, en augmentation de 3 millions de livres sur celui de 1908-1909, et permettant de mettre en chantier deux dreadnoughts en juillet 1909 (pour être prêts en juillet 1911), deux autres en novembre (prêts en avril 1912) et, en outre, six croiseurs cuirassés, vingt contre-torpilleurs et des sous-marins.

Sir Edw. Grey prenait l'initiative d'expliquer le péril devant la chambre des Communes : « Le programme allemand crée à ce pays une situation nouvelle par cela seul qu'il existe, indépendamment du fait que son exécution sera rapide ou lente. Ce programme accompli, l'Allemagne, grand pays, voisin de nos côtes, possédera 33 dreadnoughts ; cette flotte sera

SOLDATS D'INFANTERIE EN EMBUSCADE

CONVOI DE FANTASSINS FRANÇAIS

SOLDAT D'INFANTERIE

GABRIEL HANOTAUX
de l'Académie Française

HISTOIRE ILLUSTRÉE
DE LA
GUERRE DE 1914

24 PAGES DE TEXTE ET D'ILLUSTRATIONS

FASCICULE
N° 13

GOUNOUILHOU, Éditeur
PARIS, 8, boulevard des Capucines & BORDEAUX, 8, rue de Cheverus.

PRIX NET
1 franc

Les quatorze premiers fascicules de l'*Histoire illustrée de la Guerre de 1914*, par Gabriel HANOTAUX, constituent le Tome premier de l'ouvrage.

Ces quatorze premiers fascicules, contenant trois cents pages, dont cent quatre-vingt d'illustrations, forment un superbe volume grand in-quarto qui sera mis en vente au prix de :

18 fr. relié

Reliure demi-chagrin, plats toile, fers spéciaux du Maître graveur Auguste LEPÈRE, tranches ébarbées, tête dorée.

Les frais de port et d'emballage sont à ajouter au prix ci-dessus; soit o fr. 75 pour l'envoi par colis postal, livrable en gare, et 1 franc pour la livraison à domicile.

Nous pouvons fournir également, aux personnes qui préféreraient faire exécuter elles-mêmes la reliure des fascicules, des emboîtages avec les fers spéciaux de LEPÈRE, au prix de **3 fr. 50**.

Les frais de port et d'emballage sont à ajouter à ce prix; soit o fr. 75 pour l'envoi par colis postal, livrable en gare, et 1 franc pour la livraison à domicile.

Tous nos lecteurs trouveront : dans le fascicule 15, le Faux-titre et le Titre du volume; dans le fascicule 16, la Table des matières (texte et gravures).

Le Tome premier relié, ainsi que l'emboîtage de ce tome, seront en vente dans toutes les Librairies. Pour les recevoir franco, adresser les demandes, accompagnées d'un mandat-poste représentant le prix du volume désiré ou de l'emboîtage et des frais de port indiqués ci-dessus, à GOUNOUILHOU, éditeur, 8, boulevard des Capucines, à Paris; ou 8, rue de Cheverus, à Bordeaux.

M. BALFOUR PRONONÇANT UN DISCOURS

la plus puissante que le monde ait jamais vue, d'où la nécessité qui commence à s'imposer pour nous, de reconstruire entièrement notre flotte, les dreadnoughts déjà existants, exceptés.

« Le gouvernement allemand nous a déclaré verbalement qu'il n'accélérerait pas son programme de constructions navales et ne posséderait pas en service actif, avant la fin de 1912, 13 dreadnoughts, croiseurs comptés...

« ... Les déclarations allemandes ne prouvent pas que, sans que des navires aient été commandés, des tourelles ne soient pas déjà préparées ; de plus, lorsque l'Allemagne possédera ses 13 dreadnoughts, elle en aura dix autres en construction, et ces dix unités *peuvent entrer en ligne vers* 1913 *et* 1914. Telle est la situation. Nous possédons 5 dreadnoughts en service, 7 autres en construction : 4 seront entrepris cette année. Total : 16. Si nos navires conditionnels sont construits et si, en 1910-11, nous déployons toute notre puissance de construction, en avril 1913, nous posséderons 26 unités. Jusque-là, nos navires du type antérieur au dreadnought gageront notre sécurité. »

Répondant aux membres du parti conservateur qui faisaient au parti radical le grave reproche de s'être laissé arrêter dans le programme des constructions navales, M. Asquith ajoutait : « Il n'y a aucun sujet d'inquiétude à avoir ; la marine anglaise aura, en 1912, une prépondérance énorme. La supériorité de l'Angleterre sur l'Allemagne sera maintenue. »

L'opposition était moins optimiste. Lord Charles Beresford disait, le 13 novembre : « Depuis que nous avons conquis la maîtrise de la mer à Trafalgar, nous avons pris l'habitude de considérer notre suprématie comme une loi naturelle... La vérité pure, c'est que nous nous trouvons en présence de la rivalité, non pas d'une seule puissance, mais de toute grande puissance navale et que l'une d'elles a ouvertement défié notre suprématie... Actuellement, nous sommes en retard de quatre cuirassés... Nous sommes dangereusement à cours de croiseurs légers pour l'exploration... Nous n'avons

pas une flottille de torpilleurs convenables en service dans la mer du Nord. Nous sommes très mal pourvus en équipements de tout genre. Nous n'avons pas non plus de docks pour les grosses unités... Nous n'avons pas de réserve de charbon... Mais, quelque graves que soient ces insuffisances, il y en a une bien plus grave encore : nous n'avons pas assez d'hommes ; je crois qu'il nous en manque 19.000. »

La préparation de l'armée de terre, à la suite des mesures prises par lord Haldane, n'avait pas donné pleine satisfaction, du moins à ceux qui avaient pris le parti, selon le mot de l'amiral Penrose Fitzgerald, de « relever le gant jeté par l'Allemagne ». Lord Roberts, lors Esher continuaient à affirmer que les réformes étaient tout à fait insuffisantes ; l'opinion se répandait qu'il fallait en venir franchement au service obligatoire. L'armée territoriale, aux premières manœuvres, avait fait un véritable fiasco.

En 1911, survint la crise d'Agadir. C'est un fait d'agression « mondiale » qui ne peut laisser l'Angleterre indifférente. Cette fois, son attitude se précise ; les plus modérés ne peuvent rester impassibles ; comme pour témoigner de l'émotion qui atteint des couches plus profondes et les plus réfractaires jusque-là, c'est à M. Lloyd George que le cabinet confie le soin de faire, à Mansion House, la déclaration qu'on peut considérer comme le premier avertissement à l'Allemagne : « Si une situation nous était faite, dans laquelle la paix ne pourrait être maintenue que moyennant l'abandon de la grande et avantageuse position que l'Angleterre a acquise par des siècles de victoires et d'héroïsme, et si, au moment où ses intérêts vitaux sont en jeu, notre pays devait être traité, dans le concert des nations, comme une quantité négligeable, alors, je le déclare énergiquement, la paix à ce prix serait pour une grande nation comme la nôtre, une humiliation intolérable. »

Mais, de telles déclarations supposaient la force nécessaire pour les soutenir, et l'on vivait toujours sur l'axiome : « L'Angleterre est imbattable sur mer. » Pour cette fois, l'Alle-

LORD HALDANE PASSANT EN REVUE DES TROUPES COLONIALES

magne, après avoir protesté, céda ; sans doute, elle ne se sentait pas encore prête.

Tandis que la tranquille masse des pacifistes continue à se bercer d'illusions, tandis que sir Edw. Grey cherche, avec un calme parfait, les moyens de retarder la crise et poursuit, sans joie et sans confiance, les pourparlers avec l'Allemagne, l'opinion finit par s'émouvoir. La question de savoir si les forces militaires et navales sont suffisantes fait l'objet de plusieurs grands débats à la Chambre ; on sent que le temps presse ; on se hâte soudain.

Lord Haldane, trop satisfait de sa réforme militaire notoirement insuffisante, est remplacé par le colonel Seely, qui passe pour favorable à la politique des armements.

Le 18 mars 1912, le ministre de la Marine, M. W. Churchill, en déposant un budget qui est pourtant encore un budget d'attente et de réserve (1.092.350 livres de moins pour les constructions navales que l'année précédente) met les choses au point dans un esprit de mesure qui pourrait lui être reproché comme une faiblesse : « Le principe qu'a suivi l'amirauté, au cours de ces dernières années, a été d'obtenir une supériorité sur l'Allemagne de 60 pour 100 en dreadnoughts... Si l'Allemagne devait s'en tenir à sa loi navale existante, nous croyons que l'étalon qui vient d'être déterminé, (16 contre 10) continuerait à être un guide commode pour les quatre ou cinq prochaines années. Toute addition que l'Allemagne fait ou fera aux nouveaux navires qu'elle met en chantier chaque année altérera le déclin militaire de nos pre-dreadnoughts et accroîtra la construction de nouveaux cuirassés. En appliquant notre étalon de 60 o/o en ce qui concerne la présente loi navale allemande, il nous sera nécessaire de construire alternativement, durant les six prochaines années, quatre navires et trois navires. Nous dépasserons ainsi notre étalon... la proportion sera de 17 contre 10... Je veux dire clairement, cependant, que tout retard dans les constructions navales allemandes, toute réduction des constructions allemandes dans certaines limites, seront promptement imitées ici par une réduction proportionnelle. »

Vit-on, en Allemagne, dans ces déclarations, une tendance au recul ? C'était le moment où l'Angleterre cherchait une base d'accord avec l'Allemagne dans les questions africaines, le moment où l'on pouvait espérer quelque résultat du voyage de lord Haldane à Berlin.

Mais, bientôt, toute illusion fut dissipée. L'Allemagne continuait sa marche implacable ; elle poursuivait hâtivement ses armements navals et maintenait à effectifs complets, pendant toute l'année, la plus grande partie de sa flotte.

En juillet, le ministre de la Marine déposa une demande de crédits supplémentaires pour mettre immédiatement en chantier cinq cuirassés au lieu de trois et pour augmenter le personnel de la flotte. Selon sa propre déclaration : « le gouvernement était résolu à maintenir la suprématie de l'Angleterre sur la mer ».

En même temps, l'amirauté anglaise, répondant à une autre préoccupation de l'opinion, concentrait de plus en plus les forces navales anglaises dans la mer du Nord. Une entente intervenue avec la France confiait à la flotte française la défense des intérêts connexes dans la Méditerranée. Au cours des débats, 28 novembre, sur l'entente avec la France, lord Landsdowne, ancien ministre des Affaires étrangères du cabinet conservateur, et signataire du traité de 1904 avec la France, avait fait connaître la nature des engagements militaires franco-anglais. « Ils ne constituent pas une alliance ; ils seront arrêtés dans chaque cas déterminé suivant les besoins du moment. » Rien ne pouvait être moins agressif. La Grande-Bretagne restait libre.

L'Allemagne conserve-t-elle l'espoir ou même le désir de maintenir l'Angleterre en dehors du conflit européen qu'elle prépare depuis si longtemps et qui, si l'on s'en rapporte à la conversation de l'empereur Guillaume avec le roi des Belges, est déjà décidé dans ses conseils ? C'est le moment où elle envoie, comme ambassadeur à Londres, une de ses capacités diplomatiques de tout premier plan, le baron Marshall. L'été de 1912 s'achève, pour l'Angleterre, sur une espérance de paix. Sir Edw. Grey déclare les relations entre les deux pays « excellentes ».

L'hiver de 1912-1913 fut une saison d'inquiétude et de trouble pour la diplomatie européenne. La guerre avait éclaté dans les Balkans en octobre 1912. Personne ne pouvait savoir quels seraient les lendemains. Toutes les grandes questions internationales étaient mises à la fois sur le tapis. L'Angleterre constate toujours son insuffisance militaire; la constitution d'une *réserve nationale* ne compense pas les défaillances du recrutement. Le budget de la Marine est, il est vrai, en augmentation de 16 millions de livres, rien que pour les constructions navales; mais M. W. Churchill se propose de suspendre la mise en chantier de trois des cinq cuirassés proposés, si le gouvernement canadien donne suite à ses projets d'armements. Et, le 26 mars, M. Churchill propose un arrêt simultané des constructions, durant un an, dans tous les chantiers des grandes puissances... Pouvait-on vraiment pousser plus loin l'esprit de conciliation ? La proposition est repoussée, avec dédain, par la presse allemande

Chose vraiment incroyable, l'illusion pacifiste n'est pas encore dissipée

Le 24 mars, sir W. Byles et M. King demandent au gouvernement « si ce pays est dans l'obligation et, au cas de l'affirmative, dans

CARSON, LE PARTISAN DU « HOME RULE », PARLANT DANS UN MEETING

quelle mesure, est-il obligé, vis-à-vis de la France, d'envoyer, dans certaines circonstances, une force armée opérer sur le continent ». M. Asquith, s'en tenant toujours au même système, répond : « Comme on l'a déjà maintes fois déclaré, ce pays n'est tenu par aucun engagement secret et ignoré du Parlement qui l'oblige à prendre part à une guerre quelconque. En d'autres termes, au cas d'une guerre entre les Puissances européennes, aucun arrangement secret ne restreint ni ne gêne le droit du Gouvernement et du Parlement de décider si la Grande-Bretagne doit y participer. » Il ajoutait, cependant, en indiquant une nuance qui, sans doute, se référait à l'arrangement entre les États-Majors, conclu en novembre 1912 : « L'usage qui pourrait être fait des forces militaires ou navales, si le Gouvernement et le Parlement décidaient de prendre part à une guerre, n'est pas, pour des raisons évidentes, une question qui puisse faire l'objet, par avance, de déclarations publiques. »

Au fort de cette crise balkanique qui devait être considérée, dès lors, comme le prodrome d'un conflit plus grave, l'Angleterre, toujours attentive à chercher les éléments d'un rapprochement avec l'Allemagne, s'abstenait, avec le plus grand soin, de donner à l'*entente* le caractère d'une *alliance*.

L'ANGLETERRE ET L'ALLEMAGNE Les oscillations de ce système de bascule étaient singulièrement inquiétantes aux yeux de ceux qui avaient des raisons de suivre avec intérêt le développement de la politique britannique. On observait ces démarches incertaines et on ne savait quel but elles se proposaient.

Parmi les révélations qui se sont produites au début de la guerre, il en est une qui éclaire d'un jour nouveau ce passé si proche et pourtant si mystérieux. M. Asquith, dans un discours prononcé à Cardiff, le 2 octobre 1914, s'est expliqué avec précision sur les propositions adressées par l'Angleterre à l'Allemagne, en 1912, pour établir une entente de politique générale entre les deux puissances.

« Nous avons adressé au Gouvernement allemand, déclare le chef du cabinet britannique, la communication suivante, dont les termes ont été soigneusement pesés par le Cabinet et qui indiquait quelles devaient être, à notre avis, les relations avec l'Allemagne : « La Grande-Bretagne déclare qu'elle n'attaquera *jamais* sans provocation l'Allemagne, ni ne se joindra à une attaque de ce genre. Une agression contre l'Allemagne *ne forme ni le sujet, ni une clause d'aucun traité, entente ou arrangement dont la Grande-Bretagne est partie contractante* et elle ne prendra part à aucun acte diplomatique ayant un pareil objet. »

Voilà bien la preuve qu'aucun sentiment d'agression n'existait chez le Gouvernement britannique. On pourrait même dire, à la lumière des événements postérieurs, qu'il poussait la confiance aux extrêmes limites en se liant ainsi les mains. Eh bien ! L'Allemagne ne se déclare pas satisfaite. « Cette déclaration ne parut pas suffisante aux hommes d'État allemands. Ils nous demandèrent de promettre de rester neutres, dans le cas où l'Allemagne serait engagée dans une guerre... » Cela veut dire que l'Allemagne se réservait toute liberté pour l'agression en la refusant aux autres ; et c'est ainsi, en effet, que s'achèvent les déclarations de M. Asquith : « Ils nous demandèrent de déclarer très clairement, qu'en ce qui nous concernait, nous leur laisserions les mains libres pour dominer le continent européen. A pareille demande, une seule réponse était possible ; et c'est celle que nous avons faite. » La conclusion de cet incident historique, récemment révélé, est que la diplomatie allemande a eu en mains l'abstention de l'Angleterre, en cas de non-agression de sa part, et qu'elle l'a laissée échapper.

Au cours de l'hiver 1913-14, l'Angleterre est absorbée par les longs et impuissants débats de la conférence de Londres. Les ministres anglais s'en tiennent, sur la situation générale, à des propos vaguement optimistes : mais quelle n'est pas la surprise universelle, quand le chan-

UNE RÉUNION PUBLIQUE EN FAVEUR DU " HOME RULE "

celier de l'échiquier, Lloyd George, oubliant, sans doute, ses inquiétudes récentes, livre au *Daily Chronicle*, en janvier 1914, des déclarations où ses vieux sentiments pacifistes et germanophiles se réveillent avec une ardeur nouvelle. Un voyage récent à Berlin l'a sans doute converti. Il a constaté que jamais les rapports entre l'Angleterre et l'Allemagne n'ont été meilleurs. Par conséquent, l'Angleterre peut parfaitement procéder à un ralentissement dans ses armements navals. « Au surplus, ajoute-t-il, les nations de l'Europe concentrent actuellement leurs ressources sur le renforcement de leurs armées de terre, *ce qui permet à l'Angleterre de se retirer de la concurrence.* »

Lloyd George ajoute que, « dans l'état pré-

sent des choses, l'accroissement des forces militaires est une « folie organisée ». Si le libéralisme négligeait de saisir l'occasion actuelle, « il trahirait grossièrement la confiance du peuple ! »

Lloyd George manquait peut-être de clairvoyance dans ses prévisions; mais on ne peut contester la volonté énergiquement pacifique du cabinet dont il faisait partie, puisque sa longanimité ne se laissait décourager par rien et qu'il abordait dans de pareilles dispositions cette année 1914, exposée à de telles catastrophes!

Il est permis de penser que ce sont justement les hésitations et les défaillances du cabinet de Londres, d'une partie de la presse et de l'opinion anglaises qui ont trompé la diplomatie allemande et qui l'ont enhardie à engager la lutte, dans la conviction où elle était que l'Angleterre n'interviendrait pas. Preuve de plus, qu'en politique, la netteté des résolutions est encore la meilleure façon d'éviter ou de résoudre les grandes difficultés.

L'Allemagne, aveuglée par l'ardeur de ses ambitions, par les doctrines absolues de ses publicistes et de ses militaires, incapable de s'arracher à son propre point de vue et de juger les choses comme on les juge du dehors, a commis, en ce qui concerne l'Angleterre, une double erreur. Elle a mal connu les dispositions de la politique britannique, elle a plus mal connu encore les véritables forces de ce pays. Elle a cru que l'Angleterre ne voudrait pas intervenir ; elle a cru que l'Angleterre ne pourrait pas intervenir.

Que l'Angleterre ne voudrait pas intervenir, cela lui paraissait résulter des tergiversations du cabinet radical, de la désunion existant dans le sein même du cabinet, des graves dissensions où le pays tout entier était engagé, par suite des démêlés constitutionnels et du vote du *home rule*.

Tous ceux qui ont vécu la vie anglaise, à la veille des événements, savent dans quel état de frémissement anxieux l'application des lois nouvelles relatives à l'Irlande avait mis le pays tout entier : ils savent que les réformes constitutionnelles et sociales étaient l'unique préoccupation de tous et que les partis étaient si acharnés qu'ils paraissaient sur le point d'en venir aux mains en Irlande et à cause de l'Irlande : la discipline militaire, l'unité nationale elle-même paraissaient atteintes ou menacées.

L'histoire saura, sans doute, de quel poids ces faits notoires ont pesé sur les résolutions du gouvernement allemand. Il a pu croire que de tels déchirements intérieurs le mettaient en présence d'un adversaire désarmé.

Ce n'est pas ici le lieu d'exposer le détail de cet émouvant débat ; j'évoquerai seulement quelques-uns de ces souvenirs d'hier qui paraissent déjà si lointains : la résistance de l'Ulster, organisée de telle sorte qu'elle met en échec l'appareil législatif du Royaume-Uni, les vaines tentatives de conciliation entre le gouvernement et le parti conservateur, la parole angoissée de M. Balfour : « Je suis convaincu que si le gouvernement persiste dans la politique qu'il poursuit actuellement, nous serons à deux doigts, — je crois que nous sommes à deux doigts — d'une grande tragédie nationale... Je crois que l'Ulster est décidé à maintenir — A TOUT PRIX — ce qu'il considère comme ses droits inaliénables » ; enfin, le pays de Galles et l'Écosse se mettant aussi à réclamer un *home rule* et des parlements séparés, les choses étaient au pis quand l'horizon s'assombrit en Europe. Il ne fallut pas moins que la guerre pour refaire l'union.

L'Allemagne se trompait en escomptant ces événements pour se croire à l'abri d'une intervention britannique. Elle se trompait plus encore, en sous-évaluant les forces que l'Angleterre unie était en mesure de lui opposer.

L'EMPIRE BRITANNIQUE Je ne sais s'il est possible à quelqu'un qui n'est pas Anglais d'avoir jamais le sentiment exact du caractère propre à la grandeur britannique.

M. Asquith a tenté une définition de l'empire qui, quoique noble et majestueuse, est encore inférieure à la réalité : « Qu'est-ce pour nous que l'empire ? Ce n'est pas un syndicat pour l'exploration et l'exploitation des races du monde ; ce n'est pas une simple association commerciale fondée sur la communauté des profits et des pertes ; ce n'est pas uniquement une société d'assurance mutuelle pour la protection de ses membres contre les attaques du dehors. Pour nous, la signification et la valeur de l'empire résident dans ce fait que, malgré tous ses échecs et toutes ses fautes, malgré tous ses points faibles et toutes ses taches sombres, il constitue le plus grand et le plus fécond essai que le monde ait encore vu, d'une union corporative de communautés libres et émancipées... Une pareille

UNE MANIFESTATION UNIONISTE DEVANT LA RÉSIDENCE DU DUC DE MARLBOROUGH, A BLENHEIM

conception de l'empire, loin de paralyser, stimule au contraire les aspirations et les efforts de tous, pour que le sort de tous soit sans cesse amélioré. C'est à nos hommes d'État de faire en sorte que l'empire mérite qu'on désire y vivre et qu'on accepte de mourir pour lui. »

Cette « communauté sans cesse élargie de volontés libres », c'est le résultat obtenu par les longues élaborations historiques qui ont formé l'Angleterre.

Si l'Angleterre n'eût pas été la puissance insulaire et un peu retirée du reste du monde qu'elle est, par suite de sa situation géographique, elle n'eût pas eu, sans doute, ce caractère à part, cette activité constante et inlassable, cette manière originale et un peu distante qui donnent tant de saveur et une autorité si spéciale à la politique anglaise. On peut ne pas aimer l'Angleterre, mais, comment ne pas l'admirer ? L'Anglais a une constitution propre si nerveuse et si virile qu'il s'impose comme un type de puissante personnalité humaine. Aussi, est-il de mode de copier sa façon d'être, sa tenue, ses gestes, d'usurper sa langue, son accent ; l'Allemand, surtout, reconnaissait son maître dans ce premier-né des peuples modernes ; au cours ordinaire de la vie, il n'était pas peu fier de ce noble cousinage.

Le citoyen anglais, fils d'une si belle patrie, porte tranquillement et modestement la conviction qu'il n'est rien de tel au monde que d'être Anglais ; mais il sait aussi que, pour être digne d'un tel honneur, il n'est pas de sacrifice auquel un homme ne doive être prêt, pour son pays, sans discuter, à l'heure même et galamment.

Il me semble que le plus grand sacrifice que l'Anglais fasse à cet idéal, c'est celui du laisser-aller et de la douceur de l'existence.

L'Anglais est dans un état perpétuel d'effort ; il se soumet, constamment, à une surveillance de soi qui ne va pas sans quelque rigidité. Ce contrôle spontané est tel que cet individualiste déclaré recherche de prime saut et d'instinct toute organisation qui, fût-ce dans le jeu, développe et entraîne l'énergie de la volonté et la pleine utilisation de l'existence. On devait voir au cours de cette guerre, — et je relève la chose ici comme un trait de caractère — que l'Angleterre était, sans doute, le seul pays du monde où l'on pouvait recruter, instruire et mener au feu, en vertu d'un engagement libre, des troupes aussi nombreuses et aussi bien entraînées que celles assurées aux autres nations par le service obligatoire : ce peuple marchand a des vertus romaines.

C'était un risque très grand à une puissance toute d'organisation systématique, comme est l'Allemagne, de se heurter délibérément à ces beaux organismes de libre initiative que sont, d'une part, la nation britannique et, d'autre part, l'armée française. Il me semble qu'il y eut là une des plus graves erreurs, parmi tant de fautes de jugement, commises par les directeurs de la politique allemande.

J'ai essayé d'esquisser le fort et le faible des monarchies et des républiques européennes, à la veille d'être engagées dans la guerre de 1914, le caractère des princes ou des ministres qui les ont guidées à ces heures graves : comment se fait-il que, quand il s'agit de l'Angleterre, je n'éprouve nul autre besoin — pour essayer de dire ce qui importe — que de parler de « l'homme anglais ». C'est lui, en effet, c'est le citoyen, et non ses chefs, qui prépare et dirige la « puissance » de la nation.

Il y a certainement, dans la formation de l'Anglais du XXe siècle, des lacunes graves : l'Anglais manque de souplesse, de liant et même d'adaptation ; il est anguleux et froid ; même avec un sentiment exquis de l'équité, avec un grand respect de la liberté, avec des instincts profondément religieux, il a un souci trop constant du gain et du profit matériels ; il aime commander ; il sait faire travailler les autres ; mais il ne se mêle pas ; dans ses manières et dans son langage, on trouve presque toujours une nuance d'ironie où l'orgueil et la timidité font un mélange singulier. Ce qui lui manque le plus, c'est

UNE REVUE D'ARTILLERIE SUR LE CHAMP DE MANŒUVRES D'ALDERSHOT

la bonhomie et même, parfois, la cordialité.

Mais ces défauts sont des vertus, si on les considère au point de vue politique ; et l'Anglais est « l'animal politique » par excellence. Je ne lui ferai qu'un reproche : sa politique est surtout « économique » ; dans sa vie publique comme dans sa vie privée, il vise à l'enrichissement ; c'est surtout en Angleterre que le temps est de l'argent. Quand l'Anglais aura mis, dans ses affaires, la haute conception de la vie désintéressée qui est dans son idéal, il aura réalisé un type d'homme achevé, tel qu'une forte et ancienne civilisation a pu, seule, le former.

Dans l'emprise qu'il exerce sur le monde, l'Anglais apporte une imagination hardie, un grand esprit d'initiative, la vigueur physique et morale, la ténacité *bull-dog*, la vigueur pour les autres et pour soi, la plasticité dans les méthodes et le dédain des procédures systématiques, mais aussi, comme l'a dit un excellent analyste de l'esprit anglais : « un mélange, contradictoire en apparence, de libéralisme et d'autorité, de tolérance et de mépris, de bonté et de dureté ». L'Anglais conquérant fait des sujets ou des fils, jamais des frères.

Ce génie, avec son étrange amalgame de ténacité et de souplesse, qui se résout dans « le sens pratique », est celui de la diplomatie britannique : et c'est sans doute ce qui trompa la diplomatie allemande ; elle ne sut pas démêler, dans les longues négociations qui, alternativement, rapprochèrent et séparèrent les deux gouvernements, ce qu'il y avait d'inflexible sous les apparences polies et patientes ; elle ne vit pas le roc sous l'onde On crut à l'hésitation et même à la faiblesse, quand il y avait seulement une volonté sincère de sacrifier les choses secondaires au bienfait général de la paix.

Ce qu'il y a de mécanique dans l'esprit allemand ne saisissait pas ce qu'il y a de souple et de vivant dans le génie anglais. Les cousins parvenus auront à prendre, pendant des siècles, la leçon de leurs cousins arrivés, pour parvenir à les égaler. Le professeur allemand a encore beaucoup à apprendre du gentleman anglais.

Ces éternels pédagogues de la psychologie des peuples ont mal compris la psychologie des Anglais qu'ils ont si minutieusement étudiée. La fleur des choses ne se classe pas dans leurs herbiers.

Mais, ce qui est plus étrange encore, ces organisateurs incomparables de l'enquête et de l'espionnage n'ont pas mieux compris la véritable force de l'adversaire qu'ils provoquaient et dont ils faisaient, en toute imprudence, leur principal ennemi.

QUELLES SONT LES FORCES DE L'ANGLETERRE? LES FORCES MATÉRIELLES ET MORALES

Quand il s'agit de l'Angleterre, le tableau de la puissance militaire ne suffit pas; il convient aussi de signaler d'autres éléments qui s'ajoutent au poids de l'épée que l'Angleterre jette dans la balance.

L'Angleterre est, de toutes les puissances, celle qui apporte dans les affaires de l'univers le plus grand appoint d'autorité et de prestige. Un tel surcroît d'influence, elle le doit à sa richesse, à son action sur l'opinion, à sa réputation historique d'implacable persévérance.

La prospérité économique de l'Angleterre est comme un arbre puissant dont les racines se sont enfoncées dans toutes les contrées du globe et dont les fruits nourrissent des peuples innombrables. Si cet arbre périssait, le suc de la vie abandonnerait tant de nations qui, peu à peu, se sont habituées à le recevoir de lui. Cette subordination n'a pas été acceptée sans luttes, mais le fait est acquis. L'Anglais est devenu, pour des centaines de millions d'individus, le fournisseur, le convoyeur, l'instructeur indispensable. Si cette vigilance protectrice, parfois détestée, venait à leur manquer, ils la réclameraient eux-mêmes. L'Angleterre est pareille à ces grands magasins qui monopolisent le commerce du monde : on se plaint de leur existence, on se plaindrait plus encore de leur disparition.

Ces avantages singuliers et véritablement uniques dans l'histoire, tiennent au génie commercial de l'Angleterre, à sa situation à l'entrée de la mer du Nord, et aussi à son caractère de puissance insulaire. A l'abri dans son archipel, elle se tient en réserve quand les autres peuples, dans les luttes pour l'indépendance ou la domination, sont sur le front. Même dans les querelles où elle est engagée, son existence est rarement exposée : le sol national est toujours indemne. En vingt ans de guerre, Napoléon n'a pas fait passer un brûlot dans un port britannique. La ceinture d'argent a protégé, comme une cuirasse, le sol intangible de l'Angleterre tant que la voie de l'air ne fut pas ouverte. L'insularité menacée fut certainement une des causes de la guerre actuelle.

L'histoire du monde avait accompli sa révolution la plus considérable le jour où, par suite de la découverte de l'Amérique, l'hégémonie avait passé de la mer Méditerranée à l'océan Atlantique et à la mer du Nord. La mer du Nord devint alors une autre Méditerranée. Les puissances occidentales conquirent, du sud au nord, la prépondérance ; ce fut le tour, successivement, du Portugal, de l'Espagne, de la France, de la Hollande, de l'Angleterre. Aujourd'hui, il s'agit de savoir si une nouvelle puissance va entrer en ligne et si, du fond des terres germaniques, l'aigle noir va prendre son essor pour planer sur les mers et les terres britanniques.

Au fond de ce conflit, il y a, comme on le sait, une bataille économique. L'Angleterre défend l'ordre qu'elle a fait régner, à son profit, dans l'univers.

HIGHLANDERS EN TENUE DE PARADE ET EN TENUE DE CAMPAGNE

Puisqu'il s'agit de se défendre, elle a précisément la richesse et la force acquises. Même pour ceux sur qui elle règne, une nouvelle conquête plus violente, plus entreprenante et plus rapace serait un grand trouble. Le monde, habitué au léger tribut prélevé par l'activité britannique défend « la paix anglaise » qu'il connaît et dont il jouit.

Il est impossible d'évaluer la richesse que l'Angleterre peut exposer au risque, pour garder son immense prospérité ; car celle-ci est, pour ainsi dire, adéquate à la valeur de la planète.., des milliards, par centaines, ne la dénombreraient pas. Faisant désormais une somme unique avec la richesse des puissances alliées, elle est telle qu'on ne voit pas comment l'Angleterre pourrait être battue de ce chef, si la victoire doit rester au dernier écu.

L'Angleterre dispose d'une autre force dont il est impossible de comprendre que l'Allemagne n'ait pas tenu compte, c'est la maîtrise qu'elle exerce sur l'opinion. La moitié du monde attend, pour penser, de savoir ce qu'on pense à Londres.

Cet avantage incomparable, l'Angleterre le doit, d'abord, à la diffusion de sa langue. Le roi du Siam, Chulalongkorn, m'a dit, quand il vint en Europe : « Avant que je n'eusse passé le canal de Suez, je croyais qu'il n'y avait qu'une seule langue européenne, l'anglais » ; il ajoutait, d'ailleurs : « Quand j'eus mis les pieds en Europe, il me parut qu'il n'y en avait plus qu'une seule, le français. »

La langue anglaise, par sa brièveté, sa commodité, sa manière directe et prompte, est un excellent agent de diffusion : elle convient à tous les états de civilisation ; non inégale au génie de Shakespeare, elle est abordable à la dispute d'un portefaix.

N'ayant pas de dialectes, elle est, en raison de sa simplicité même, à peu près incorruptible ; sa trempe est excellente et elle ne se rouille pas.

Mais si l'Angleterre est entendue partout grâce à sa langue, elle convainc surtout grâce à sa presse. L'admirable organisation d'une publi-cité sans égale, offre, chaque matin, à l'univers, sous le titre de chacun de ses journaux, un volume d'imprimé, pour satisfaire au besoin de savoir ou, plus simplement, à la curiosité des hommes.

Où ? Qui ? Comment ? Ces trois questions sont le moteur initial de toute civilisation, et la presse anglaise a toujours une réponse prête à chacune d'elles ; et cette réponse anglaise n'est, d'ordinaire, ni pédante, ni banale : ce sont quelques mots fins et justes qui instruisent et qui décident. Je ne sais s'il est, au monde, un maître de style comparable à un journaliste anglais quand il s'agit de rédiger ce petit poème en prose : l'information. Le fait nouveau, la « nouvelle », présenté ainsi, avec un art consommé, allume et excite cette puissance incomparable et reine du monde, *l'opinion.*

Exercer la maîtrise de l'opinion, c'est l'art anglais par excellence. D'ailleurs, les théoriciens du droit public anglais sont les premiers à reconnaître qu'elle est, en Angleterre, le ressort suprême du gouvernement. L'Anglais n'obéit, ni à un roi, ni à un gouvernement, il obéit à l'opinion, c'est-à-dire à cet instinct de la race, à ce sentiment intime de conservation qui détermine le geste des foules, avant même qu'elles aient pu se livrer à de plus amples réflexions.

Ayant attribué à l'opinion une si large part dans ses propres affaires, rien d'étonnant que l'Anglais en ait fait, au dehors, un instrument de règne ; rien d'étonnant qu'il en ait organisé le maniement avec un art si parfait. Ces admirables organisateurs de publicité que sont les négociants anglais avaient créé l'instrument ; les hommes publics et les hommes d'État n'ont eu qu'à le prendre en mains. Ils ont étendu et élargi à l'infini la puissance de l'information ayant son centre à Londres et dont les ondes tournent sans cesse autour du globe qu'elles inondent de lumière ou de ténèbres, selon qu'en décide la main qui tient le commutateur.

Le mouvement des steamers sur les océans, le réseau des fils télégraphiques, les antennes des télégraphies sans fil, les succursales des agences de publicité, tout se prête à ce travail de captation par lequel l'Angleterre saisit les esprits de chaque homme, chaque jour et à chaque instant du jour : pas un esprit qui lui échappe et qui ne reçoive, sinon l'étincelle, du moins le choc. Tout lecteur des journaux anglais subit cette servitude volontaire ; l'Angleterre exerce, soit sur son propre domaine, soit sur le domaine des autres, par la répercussion des échos infinis, la dictature de la persuasion.

Les gouvernants allemands n'avaient sans doute ni assez de lucidité, ni assez de tact pour sentir de quel prix devait être pour eux l'abstention de l'Angleterre ; ou plutôt leur passion l'emportait sur leur clairvoyance : ils détestaient l'Angleterre, on le voit maintenant, ils ne songeaient qu'à clore le livre de son admirable histoire...

Ils ne savaient donc pas cette histoire ?

Outre ses ressources matérielles et ses avantages insulaires, en plus de sa richesse, de son autorité mondiale, au-dessus de sa puissance militaire et navale, l'Angleterre a une force qui, jusqu'ici, l'a rendue invincible, c'est sa ténacité irréductible dans les entreprises, une fois décidées. Telle est la cause essentielle de la grandeur britannique. Qu'il s'agisse des armadas de Philippe II, des armées de Louis XIV ou de Napoléon, qu'il s'agisse de la conquête des Indes ou de l'Afrique, qu'il s'agisse de la Méditerranée ou des Océans, l'Angleterre, une fois le parti pris d'agir, s'engage à fond et va jusqu'au bout.

L'Angleterre ne se désiste jamais : le léopard britannique sait attendre ; il avance par bonds, mais il ne recule pas. L'Allemagne avait paru le comprendre jusqu'ici, et elle s'était gardée de rompre en visière, à sa formidable voisine : le travail sournois de la contre-façon économique et commerciale, l'insinuation lente et tortueuse dans les affaires de banque et de navigation, l'invasion occulte dans les positions avantageuses, avaient bien su prendre part aux bonnes entreprises et aux larges dividendes : mais la lutte décisive et à mort, face à face, la dague au poing, il n'en était pas question. Il a fallu l'erreur quasi démente de Guillaume II pour en venir là. Il a fallu qu'il renversât, pour ainsi dire, de fond en comble, tout le sens des intérêts allemands pour que la *Weltpolitik* devînt à la fois une agression contre le monde et une agression contre l'Angleterre. En se mêlant ainsi de tout, l'Allemagne s'exposait simultanément à tous les risques.

EXERCICES A BORD D'UN NAVIRE ANGLAIS

Bismarck, pourtant, l'avait bien avertie. Mais comment le prince qui avait chassé Bismarck aurait-il goûté et suivi ses amers conseils ? « Les armements ne suffiront pas dans l'avenir, écrit le ministre disgracié, dans ce livre des *Souvenirs*, qui est son véritable « testament politique » ; il faudra, en plus, la justesse du coup d'œil pour piloter le vaisseau de l'Allemagne, à travers tous les courants des coalitions auxquelles notre situation géographique et notre régime historique nous exposent. Je n'ai qu'une crainte, c'est que la route que nous suivons ne nous force à sacrifier l'avenir aux préoccupations mesquines du présent : autrefois, les souverains tenaient les aptitudes en plus haute estime que l'obéissance. Faire de l'obéissance le critérium unique en toutes choses, c'est attribuer à un souverain une universalité de talents que n'aurait pas eu le grand Frédéric lui-même : et, cependant, de son temps, la politique était chose moins difficile qu'aujourd'hui.

« Plus nous saurons nous tenir à l'écart dans les questions qui ne nous touchent pas directement, plus aussi notre considération et notre sécurité se développeront d'une manière régulière. Il faut, à cet effet, que nous sachions rester indifférents aux séductions de la VANITÉ. L'Allemagne commettrait une grande folie si, *dans les questions d'Orient, dans lesquelles elle n'a aucun intérêt spécial, elle voulait prendre parti avant les autres puissances directement intéressées...* L'absence de tout intérêt direct dans les questions d'Orient est, il est vrai, un grand avantage pour la politique allemande, mais il ne faut pas oublier que la situation centrale de l'Allemagne, *situation forcément exposée à tous les dangers*, et de plus l'étendue si vaste et si différemment orientée de ses fronts de défense ainsi que la facilité de créer des coalitions anti-allemandes, constituent, pour l'empire allemand, de sérieux inconvénients. Ajoutez à cela que l'Allemagne est la seule grande puissance en Europe que nul projet ne saurait tenter, *s'il ne peut se réaliser que par la guerre* (n'est-ce pas tout l'opposé du militarisme à

la Bernhardi !) C'est notre intérêt de conserver la paix, tandis que tous nos voisins du continent (y compris l'Autriche, bien entendu) font des vœux qui ne sauraient se réaliser que par la guerre. Il convient donc d'organiser notre politique selon les exigences de la situation ; je veux dire qu'il faut empêcher ou limiter la guerre, rester, autant que possible, les derniers à jouer, et ne nous laisser forcer la main *ni par l'impatience, ni par quelque complaisance consentie aux dépens du pays, ni par un sentiment quelconque de* VANITÉ, *ni* PAR DES PROVOCATIONS D'AMIS ; rien ne doit nous décider, avant le moment voulu, à quitter l'expectative pour l'action : sinon, *plectuntur Achivi* (c'est-à-dire : sinon les peuples souffriront de la folie de leur prince).

« ... Nous devrions faire tout notre possible pour atténuer les mauvais sentiments que provoque le développement de nos forces. Devenus grande puissance, nous avons le devoir d'user de notre influence dans un esprit honnête et pacifique et de prouver au monde qu'en Europe, l'hégémonie allemande exerce une action plus salutaire, plus impartiale que la France, la Russie ou l'Angleterre, quand il s'agit de la liberté d'autrui... Notre unité une fois établie dans les limites possibles, mon idéal a toujours été de *nous concilier la confiance des grandes puissances, comme celle des puissances secondaires de l'Europe*, et j'ai cherché à leur prouver que la politique allemande ne voulait être que l'amie dévouée de la paix et de la justice, après avoir réparé l'*injuria temporum*, le morcellement de la nation. »

Les conseils du vieux renard assagi n'ont pas été suivis ; personne n'était de taille à le continuer. Bismarck a fait, d'avance, le portrait du souverain qui ne demande à ses peuples, comme à ses ministres, « d'autre mérite que l'obéissance » ; sous ce maître, l'Allemagne n'a pas su prévoir « le danger des coalitions » ; elle n'a pas su se concilier « la confiance des grandes puissances », à tel point que ses alliés même l'ont abandonnée à l'heure décisive ; elle n'a pas su attacher à sa cause « les puis-

LA MANŒUVRE DU CANON A BORD D'UN NAVIRE DE GUERRE ANGLAIS

sances secondaires » et elle a violé audacieusement le territoire et la liberté de la Belgique, uniquement parce qu'elle avait besoin de passer et « que nécessité fait loi ». Si dans cette balance générale des choses, elle a trouvé contre elle des adversaires irréconciliables, comme l'Angleterre et la Russie, si, en s'introduisant par les affaires d'Orient, dont le chancelier lui signalait le péril, dans ces vastes questions méditerranéennes et mondiales qui touchaient l'Angleterre à la prunelle de l'œil et qui la forçaient à intervenir au nom de ses intérêts vitaux, à qui les peuples de l'Allemagne doivent-ils s'en prendre, sinon à cette VANITÉ deux fois signalée par Bismarck dans le passage terrible où, en signalant d'avance la faute, il a d'avance inscrit le châtiment : *plectuntur Achivi* !

LES FORCES MILITAIRES ET NAVALES — L'erreur de l'Allemagne à l'égard des sentiments de l'Angleterre et des conséquences de l'intervention éventuelle de cette puissance tint aussi, sans doute, à l'appréciation erronée de l'empereur Guillaume sur la « méprisable petite armée britannique ». Précisément, parce que l'Allemagne connaissait mal l'Angleterre, elle n'avait pas prévu la prodigieuse élasticité de son système de recrutement et les ressources inépuisables que la politique anglaise pouvait trouver dans le dévouement à la cause nationale des habitants du territoire métropolitain et de l'immense domaine colonial.

Le budget de la guerre britannique s'élevait en 1912-1913 à 242.895.354 livres sterling (la livre à 25 francs), somme énorme pour faire face aux services suivants :

L'armée britannique se recrute par voie de recrutement volontaire. Elle a été profondément modifiée par la loi du 2 août 1907, due à lord Haldane, et par une série de mesures qui se sont succédé depuis cette époque sans interruption. Elle se divise en plusieurs parties : l'*armée de campagne ou expéditionnaire*, destinée à servir en dehors du territoire métropo-litain, la *réserve spéciale* qui a remplacé les anciennes milices, l'*armée territoriale* qui remplace les anciens corps de volontaires et la cavalerie de milice ou *yeomanry*. Il existe, en outre, une réserve *technique* qui réunit les hommes chargés des services spéciaux, et même une *réserve nationale* ou *réserve des vétérans* qui, sans prendre d'engagements, se tiennent à la disposition du ministre de la Guerre en cas de besoin urgent.

Les effectifs prévus pour l'exercice 1912-1913 donnaient les chiffres suivants :

	Effectifs budgétaires	*Effectifs réels*
Armée régulière.	186.600	181.727 (*)
Réserve de l'armée régulière.	139.000	137.682
Réserve spéciale.	89.913	61.751
Milices (Iles anglo-normandes)	7.064	7.983
Armée territoriale.	313.730	265.911
	736.307	655.054

(*) Dont 55.000 hommes environ aux Indes.

En cas de guerre, l'armée britannique pouvait envoyer hors du territoire métropolitain un corps expéditionnaire fort de 6 divisions d'infanterie, 1 division de cavalerie, 2 brigades d'infanterie montée : au total, 156.000 hommes environ de l'armée régulière et de sa réserve; il resterait en Angleterre 425.000 hommes environ, dont 260.000 de l'armée territoriale. (Jean Dany.)

Le corps expéditionnaire (*Striking force*) est réuni, en tous temps, au camp d'Aldershot où il est tenu en état d'entretien et d'entraînement, de façon à pouvoir partir au premier signal.

Mais l'on se ferait une idée très fausse des ressources militaires de l'Angleterre, si l'on ne considérait que les chiffres des effectifs : un certain nombre de considérations modifient la valeur réelle de ces corps et, en premier lieu, l'immensité du territoire placé sous la domination anglaise et qui exige partout la présence de détachements militaires plus ou moins importants : c'est ainsi que la plupart des régiments d'infanterie ont un bataillon à l'intérieur et un à l'extérieur.

Par exemple, on compte, au point de vue

MANŒUVRE D'UN CUIRASSÉ ANGLAIS

des effectifs en 1911-12, sur le territoire du Royaume-Uni, 136.000 hommes, en Afrique du Sud, près de 12.000 hommes, dans l'Inde, 76.000 hommes, en Égypte, 6.000 hommes, à Malte, 7.000 hommes, etc., etc.

L'*infanterie* compte 73 régiments dont 4 de la garde, armés du fusil à magasin Lee-Enfield transformé, modèle 1903, calibre 7 m/m 7, qu'il avait été question de remplacer par un fusil Mauser, à la veille de la guerre. L'infanterie montée compte 18 bataillons.

La *cavalerie* se compose de 31 régiments dont 17 dans la métropole, 5 aux colonies et 9 aux Indes. L'armée territoriale compte 42 régiments. La cavalerie est armée de la carabine Lee-Enfield, du sabre et de la lance.

L'*artillerie* (Royal Artillery) compte 144 batteries d'artillerie montée (dont 66 dans la métropole et 3 aux Indes), 28 batteries d'artillerie à cheval (14 dans la métropole), 21 batteries d'artillerie de montagne (aux Indes), 12 batteries d'artillerie lourde (6 aux Indes), 87 compagnies d'artillerie à pied (37 dans la métropole, 29 aux colonies et 21 aux Indes). Les réserves en voie de formation devaient former une artillerie puissante, mais qui était encore à l'état embryonnaire au moment de la guerre. Les batteries de campagne sont armées du canon à tir rapide, du calibre 8 c·m 38 pour l'artillerie montée et du calibre 7 c m 62 pour l'artillerie à cheval. Un nouvel obusier à tir rapide a été distribué en 1912.

Le *génie* compte 86 compagnies ; le *train*, 87 compagnies.

Des perfectionnements très importants ont été apportés à l'armée anglaise au cours des années 1912 et 1913; la crise qui avait atteint le corps des officiers a été conjurée en partie, quoiqu'il y eût encore, de l'aveu de lord Haldane, un déficit de 1.100 officiers, rien que dans l'infanterie.

Le service de l'aéronautique militaire a été créé, pour ainsi dire, par le décret du 11 avril 1912. Au printemps de 1913, l'Angleterre disposait, pour son armée et sa marine, de 150 à 160 aéroplanes. Le service des signaux, les transports mécaniques, le service des cyclistes, le recrutement des chevaux ont été l'objet d'une réglementation perfectionnée. L'armée anglaise était en pleine transformation et les perspectives s'ouvraient pour une plus large application d'un système nouveau, lorsque la guerre a éclaté.

L'Allemagne put croire que l'armée anglaise ne compterait, sur le continent, qu'en proportion des effectifs indiqués par les chiffres budgétaires : elle ne prévoyait pas l'élan qui allait porter, au bout de quelques mois, plusieurs millions de volontaires à la défense du pays.

Les colonies anglaises ont offert, en outre, à la métropole, un appoint qui n'est pas à dédaigner.

Aux Indes, l'armée atteignait le chiffre de 365.000 hommes, dont 74.000 hommes de troupes européennes détachées de la métropole ; les autres troupes indiennes ont, jusqu'à concurrence de 128.000 hommes, des cadres européens.

En Égypte, un corps expéditionnaire de 6.000 hommes est complété par une armée indigène de 16.500 hommes.

Au Canada, les milices, recrutées par voie d'engagements volontaires, atteignent un total de 105.000 hommes.

L'Australie a des milices pouvant fournir 80.000 hommes ; et le Cap, outre le corps d'occupation de 12.000 hommes, peut offrir à la métropole environ 15.000 volontaires.

LA MARINE ANGLAISE La volonté impérialiste de l'Allemagne a été si décidée et si énergique, qu'elle a transformé en problème ce qui paraissait antérieurement un axiome : l'Angleterre reine des Océans. Le rôle joué par la marine allemande depuis le début des hostilités prouve mieux que tout le reste à quel point cette guerre avait été voulue et préparée : il prouve aussi à quel point les tergiversations de l'Angleterre ont failli lui devenir funestes. Peut-être la guerre a-t-elle été déclarée un peu tôt par l'Empire d'Allemagne : cependant, le dernier mot n'est pas dit ; car la grande flotte allemande n'a pas donné jusqu'ici. Il ne faut pas oublier les deux objectifs que se proposaient les constructeurs de cette flotte; ils disaient : « L'Angleterre gardera peut-être une avance sur nous dans les constructions, mais le personnel lui manquera. » Et ils disaient encore : « Nous userons la flotte anglaise par la nécessité de tenir la mer, par les mines, les torpilles et les sous-marins, tandis que nos cuirassés resteront à l'abri et en bon état d'entretien dans nos ports : nous choisirons notre heure pour sortir, et alors on se comptera. »

Un point paraît ne pas avoir été prévu ou du moins avoué, la supériorité des unités anglaises, chaque fois qu'elles se rencontrent dans des proportions à peu près égales sur les unités allemandes. Et il faut tenir compte aussi de deux éléments que les opérations ont révélés : la guerre de croisière des navires allemands, gardés soigneusement hors de la mer du Nord, et poursuivie par eux dans la Méditerranée, dans la mer Noire, dans l'Océan Atlantique et dans l'Océan Pacifique; l'emploi des sous-marins dans la Manche et dans les mers britanniques, contrairement aux règles du droit des gens en vue de terroriser la navigation de commerce, y compris celle des neutres.

UNE REVUE DE LA FLOTTE ANGLAISE VUE D'UN AVION

REVUE DE LA FLOTTE ANGLAISE

SOUS-MARIN DE LA FLOTTE ANGLAISE

GABRIEL HANOTAUX
de l'Académie Française

HISTOIRE ILLUSTRÉ
DE LA
GUERRE DE 1914

FASCICULE N° 14

GOUNOUILHOU, ÉDITEUR
PARIS, 8, boulevard des Capucines & BORDEAUX, 8, rue de Cheverus.

PRIX NET
1 franc

Les quatorze premiers fascicules de l'*Histoire illustrée de la Guerre de 1914*, par Gabriel HANOTAUX, constituent le Tome premier de l'ouvrage.

Ces quatorze premiers fascicules, contenant trois cents pages, dont cent quatre-vingt d'illustrations, forment un superbe volume grand in-quarto qui sera mis en vente au prix de :

18 fr. relié

Reliure demi-chagrin, plats toile, fers spéciaux du Maître graveur Auguste LEPÈRE, tranches ébarbées, tête dorée.

Les frais de port et d'emballage sont à ajouter au prix ci-dessus; soit o fr. 75 pour l'envoi par colis postal, livrable en gare, et 1 franc pour la livraison à domicile.

Nous pouvons fournir également, aux personnes qui préféreraient faire exécuter elles-mêmes la reliure des fascicules, des emboîtages avec les fers spéciaux de LEPÈRE, au prix de **3 fr. 50**.

Les frais de port et d'emballage sont à ajouter à ce prix; soit o fr. 75 pour l'envoi par colis postal, livrable en gare, et 1 franc pour la livraison à domicile.

Tous nos lecteurs trouveront : dans le fascicule 15, le Faux-titre et le Titre du volume; dans le fascicule 16, la Table des matières (texte et gravures).

Le Tome premier relié, ainsi que l'emboîtage de ce tome, seront en vente dans toutes les Librairies. Pour les recevoir franco, adresser les demandes, accompagnées d'un mandat-poste représentant le prix du volume désiré ou de l'emboîtage et des frais de port indiqués ci-dessus, à GOUNOUILHOU, éditeur, 8, boulevard des Capucines, à Paris, ou 8, rue de Cheverus, à Bordeaux.

Ces indications rapides ne sont pas inutiles puisqu'il s'agit d'indiquer, maintenant, dans quelle mesure la flotte britannique était prête à remplir le rôle qui lui incombait dans la guerre de 1914, c'est-à-dire, d'une part, faire face à la guerre d'escadres, et d'autre part assurer, aux puissances alliées, la sécurité de la navigation et du ravitaillement.

A partir du jour où l'Allemagne a commencé la course aux dreadnoughts, l'Angleterre abandonna le fameux principe *two power standard*, c'est-à-dire le système de construction qui devait assurer la supériorité de ses forces navales sur l'union des deux plus puissantes marines concurrentes. On essaya de remplacer ce principe par un autre : mettre sur chantier deux fois plus de cuirassés que l'Allemagne; on dut y renoncer encore. Finalement, après de longues hésitations, M. W. Churchill s'arrêta, comme nous l'avons vu, à la règle empirique fixant la proposition : 16 cuirassés anglais contre 10 cuirassés allemands. Il convient d'ajouter immédiatement que cette règle n'avait d'application directe que dans l'hypothèse de la guerre d'escadres, c'est-à-dire de deux flottes se cherchant pour se combattre, mais qu'elle n'assurait pas le succès décisif au cas où la flotte la moins considérable se « terrerait » pour échapper à la recherche et à l'offensive de l'autre.

Pour exposer les résultats les plus voisins possibles de la réalité, je suivrai les indications données par un des hommes les plus compétents assurément qu'il y ait en France, actuellement, M. Bertin.

Il fait observer, avec raison, que les chiffres qui permettent d'établir une proportion approximative se rapportent au début de l'année 1914 et qu'ils ont été modifiés au cours des quinze derniers mois : mais, les chantiers ayant dû travailler de part et d'autre avec une activité égale, les rapports, sans doute, restent à peu près les mêmes.

M. Bertin prend, pour base de ses tableaux comparatifs, cinq espèces de bâtiments de guerre, et il donne la classification suivante, qui met en regard les forces navales de l'Angleterre et de la France, d'une part, et celles des deux empires germaniques, d'autre part.

	Angleterre	France	Total	Allemagne	Autriche	Total	Rapport
Cuirassés de ligne . .	54	21	75	38	10	48	1,6
Croiseurs de bataille.	10	0	10	5	0	5	2,0
Croiseurs cuirassés. .	35	18	53	8	2	10	5,3
Croiseurs protégés, éclaireurs	92	10	102	40	9	49	2,0
Torpilleurs d'escadre.	245	88	333	52	18	70	4,7
Sous-marins	74	73	147	21	14	35	4,2

Il faut tenir compte, des deux côtés, des constructions en cours qui ont pu être achevées, et surtout de l'acquisition qui a été faite des navires en construction pour les puissances étrangères dans les ports respectifs.

L'Angleterre a terminé 14 cuirassés et en a acquis 3 ou peut-être 4.

La France a terminé 3 cuirassés.

L'Allemagne a terminé certainement 4 cuirassés et elle a pu en acheter 1.

L'Autriche a dû mettre en ligne 2 nouveaux cuirassés.

Il faut supposer des modifications analogues pour tous les autres types, l'Allemagne ayant sûrement construit deux croiseurs de bataille et, probablement, un nombre très appréciable de sous-marins de haute mer, et l'Angleterre ayant dû porter son effort sur les canonnières et les bâtiments à fond plat, destinés à approcher des côtes, sorte de navires dont la nécessité s'est fait sentir pour les bombardements de la côte, pour la lutte contre les sous-marins et pour le dragage des torpilles dans la mer du Nord et dans la Manche.

Quoi qu'il en soit, l'Angleterre a maintenu, d'une manière très suffisante, sa supériorité proportionnelle en nombre, et il est permis d'affirmer qu'elle a maintenu également sa supériorité en artillerie et en personnel, malgré les pronostics allemands qui, sur ce dernier point, ont été trompés. Les engagements volontaires ont fourni, et au delà, aux besoins de l'armée de mer comme à ceux de l'armée de terre.

Le tableau suivant (complété, en partie, avec les acquisitions et les lancements postérieurs à la déclaration de guerre) expose l'état de la flotte britannique en tonneaux et en canons.

60 cuirassés	déplaçant 1.006.735 tonneaux	
10 croiseurs de bataille	— 21.800	—
34 — cuirassés	— 406.800	—
62 — protégés		
222 destroyers.		
59 torpilleurs.		
75 sous-marins.		

Artillerie des unités cuirassées :

132	pièces de	343	millimètres
300	—	305	—
8	—	254	—
120	—	234	—
98	—	190	—
782	—	150	—
422	—	100	—

Le chiffre des effectifs atteignait, au 1er janvier 1914, 146.000 officiers et matelots.

Le 23 juillet 1913, 350 bâtiments de guerre avaient pris part aux grandes manœuvres navales : c'était une armada comme le monde n'en avait jamais vu.

Voici les noms des principaux dreadnoughts anglais de 17.000 à 28.000 tonneaux, dans les premiers mois de l'année 1914.

Dreadnought — Bellerophon — Téméraire — Superb — Saint-Vincent — Collingwood — Vanguard — Neptune — Colossus — Hercules — Orion — Conqueror — Monarch — Thunderer — King-George — Centurion — Ajax — Audacious — Iron-Duke — Marlborough — Delhi — Benbow.

Les croiseurs cuirassés principaux sont : *Invincible — Indomitable — Inflexible — Indéfatigable — Lion — Princess-Royale — Tiger* (28.000 tonnes).

Le type du croiseur cuirassé ou croiseur de bataille provoqua d'assez longues hésitations dans le monde des constructeurs : la valeur de ce type sera peut-être, avec le rôle des sous-marins et de la navigation aérienne, le problème de la guerre actuelle. Avec le croiseur de bataille, les constructeurs qui se sont lancés dans cette voie (on a remarqué que la France ne les avait pas suivis) ont voulu arriver à un cuirassé, en somme un peu plus léger et moins bien défendu, mais réunissant les meilleures conditions possibles de vitesse, d'artillerie et le plus grand rayon d'action.

M. Bertin fait, à ce sujet, les observations suivantes dont nous ne manquerons pas de suivre l'application dans les faits de la guerre actuellement engagée.

Le combat d'escadres est une lutte d'artillerie de grands cuirassés... Quand la parole est au canon, la supériorité est acquise au feu le mieux concentré. On obtient, par l'accroissement du tonnage, un gain rapide d'abord, dans le rapport du poids d'artillerie au déplacement total. Cependant, ce bénéfice va diminuant proportionnellement quand on dépasse 30.000 tonnes. Fait plus curieux et longtemps imprévu, au delà de 60.000 tonnes, la fraction du déplacement disponible pour l'artillerie irait en diminuant. De plus, à même poids d'artillerie, les navires plus gros donnent une ligne de file plus courte et un feu plus dense. En somme, la tactique du jour est aux gros déplacements.

« Le nom seul de « croiseurs de bataille » marque assez leur participation prévue aux grandes actions militaires. Mais il y a peut-être quelque contradiction à prétendre les faire répondre aux deux usages différents d'éclaireurs, par leur rapidité, et de navires de combat, par la puissance de leur artillerie, puisque la vitesse stratégique des escadres est nécessairement commandée par les navires les plus lents. Les croiseurs de bataille n'ont pas subi l'épreuve de la guerre, sauf dans une escarmouche où le *Gœben* paraît avoir été assez maltraité par un cuirassé russe. La question de leur aptitude au combat reste donc pendante. Le calcul conclut à l'impossibilité pratique d'associer, sur un même navire, la plus grande puissance militaire d'un cuirassé à la plus

DESTROYER ANGLAIS EN PLEINE VITESSE

VUE GÉNÉRALE DU PORT D'ANVERS

grande vitesse d'un croiseur. Cette impossibilité paraît, d'ailleurs, évidente, si l'on admet que le cuirassé et le croiseur ont, chacun de son côté, atteint la limite de grandeur acceptée. Si cette limite approchait du maximum indiqué plus haut, l'impossibilité pour le croiseur de bataille serait absolue. Si la supériorité militaire sur les autres croiseurs reste acquise, l'égalité militaire vis-à-vis du cuirassé reste au moins contestable. »

La question de coût mérite aussi d'être prise en considération : la Russie a mis sur le chantier quatre croiseurs du type *Borodino*, de 32.000 tonnes, pour être opposés aux *Derfflinger* allemand. Or, le prix d'un *Borodino* est estimé à plus de cent millions.

Le sous-marin a pris, dès le début de la guerre, une importance qui, sans doute, ira toujours croissante. La flotte militaire et la flotte commerciale britannique ont été exposées aux coups des sous-marins allemands, tandis que la flotte commerciale allemande était à peu près supprimée et la flotte de guerre enfermée dans les ports.

La question qui se pose est de savoir si le rôle des sous-marins ne s'accroîtra pas encore à bref délai : « Le sous-marin n'a pas dit son dernier mot. Vienne le jour où il sera allégé des accumulateurs électriques qui lui fournissent sa puissance, mais la lui font payer à raison d'une surcharge de 60 kilogrammes par cheval-heure, vienne le jour où il naviguera en plongée comme en surface, à raison de o kg. 20 de pétrole, le sous-marin s'évadera de la catégorie des navires de flottille : il se révélera plus apte à poursuivre les grands navires en haute mer, qu'il ne l'est à aider aujourd'hui, par la crainte qu'il inspire, à les tenir terrés dans leurs repaires. »

L'Angleterre, qui a suivi le progrès des sous-marins avec une attention particulière, est prête de ce chef, et, au moindre mouvement de la flotte germanique, celle-ci rencontrera, du fait des sous-marins anglais, un obstacle que les calculs téméraires de l'amiral Tirpitz n'ont peut-être pas prévu.

Le rôle des torpilles et des mines, dans la guerre navale, se révélera au fur et à mesure des incidents auxquels il donne lieu. Mais il ne faut pas le perdre de vue quand il s'agit d'apprécier exactement la puissance maritime de l'Angleterre : elle trouve là une certaine limite dont il faut tenir compte.

Quelques indications au sujet de la répartition des flottes britanniques compléteront ce trop rapide exposé : en 1911, l'ensemble des forces anglaises était réparti en *Home Fleet*, *Atlantic Fleet* et *Mediterranean Fleet*. Depuis 1912, des remaniements profonds ont été apportés à cette distribution, d'accord avec les États-Majors français ; une partie des forces méditerranéennes a été rappelée dans la mer du Nord, pour être opposée spécialement à la flotte allemande, tandis que la flotte française prenait spécialement la garde de la Méditerranée.

A partir de 1912, l'Angleterre eut trois flottes : la première, à effectifs complets, de 4 escadres de 8 cuirassés chacune ; la deuxième, composée de deux escadres, et la troisième, à effectifs réduits, qui devait aussi avoir deux escadres. En tout, il devait y avoir, à la veille de la déclaration de guerre, 8 escadres, appuyées chacune par une division de croiseurs cuirassés, formant un total d'environ 60 cuirassés et de 32 croiseurs cuirassés. Tous ces chiffres se sont modifiés selon les nécessités du moment, mais la grande flotte anglaise est prête pour combattre les flottes allemandes tenues soigneusement à l'abri dans les ports de la mer du Nord et de la Baltique.

Cependant, les événements de la Méditerranée ont encore imposé de nouvelles modifications au plan primitif. Depuis la guerre balkanique, la flotte anglaise méditerranéenne a été renforcée. Une division de croiseurs de bataille et une escadre de cuirassés ont été tenues dans cette mer. Leur rôle apparaîtra et leur force se développera au fur et à mesure des événements.

L'empire des mers est immense et il n'est pas une partie de l'Océan où la vigilance de l'Angleterre n'ait tenu des forces disposées à faire face à tous les périls.

CHAPITRE XI

LES PUISSANCES EUROPÉNNES : LA BELGIQUE

La Neutralité belge. — La Belgique et l'Angleterre. — L'Armée belge. Une puissance asiatique : le Japon.

'IL y avait un pays au monde qui croyait pouvoir vivre en toute sécurité, à l'abri des traités, c'était assurément la Belgique. La neutralité belge n'était pas seulement le fait de la volonté propre du pays ; elle était spécialement *garantie* par les gouvernements européens.

Le traité « des 18 articles » du 26 juin 1831, qui fondait la Belgique, en la détachant de la Hollande, lui garantissait cette neutralité perpétuelle. Le traité des « 24 articles », du 15 novembre 1831, contient le texte suivant : « Art. 7. — La Belgique, dans les limites fixées aux articles 1, 2 et 4, formera un État indépendant et perpétuellement neutre. Elle sera tenue d'observer cette même neutralité envers tous les autres États. »

Enfin, le 19 avril 1839, un traité définitif, conclu entre la Belgique et la Hollande, reproduisait ces dispositions et les grandes puissances, l'Autriche, la France, la Grande-Bretagne, la *Prusse* et la Russie, intervenant au traité, déclaraient que tous les articles de celui-ci « se trouvaient placés sous leur garantie ».

La neutralité de la Belgique était, pour l'Europe, une nécessité d'équilibre. Depuis que la mer du Nord est devenue, un peu au détriment de la Méditerranée, l'exutoire de l'activité européenne sur le monde, la position exceptionnelle des terres belges, aux embouchures de l'Escaut et de la Meuse, face à l'Angleterre et face aux royaumes scandinaves, à l'extrémité des grandes voies de l'Europe centrale, lui assure une importance telle que son indépendance est, si l'on peut dire, une condition d'hygiène et de santé pour cette partie du monde : l'Europe respire par la Belgique.

L'histoire des provinces belges n'est qu'une longue lutte pour l'indépendance, et elle a, le plus souvent, trouvé, dans cette lutte, l'appui de l'Angleterre.

Il serait injuste, cependant, de ne pas insister sur l'étroite parenté qui, même au cours de démêlés séculaires, a uni la Belgique à ses voisins du sud. Clovis, roi des Francs de Tournai, étendit sa domination sur toute la Gaule et, avec l'aide des évêques gallo-romains, fonda *la France*.

C'est une question de savoir si les Francs (perpétuels ennemis des Germains) appartenaient, eux-mêmes, aux races germaniques.

Une étude attentive des faits du passé tend

à révéler l'existence d'une race « nordique », apparentée aux Scandinaves, aux Danois, aux Anglais, aux Frisons, aux Normands et qui provenait, non du centre de l'Europe et des pays asiatiques, mais des « pays d'au delà de la mer », c'est-à-dire, sans doute, de la Norwège et, peut-être, des régions affaissées de la mer du Nord elle-même.

Quoi qu'il en soit, le même idéal rapproche, durant les siècles de la formation européenne, les populations belges de leurs voisins méridionaux. Nos plus anciens souvenirs épiques naissent aux régions de Tongres, aux rives de la Meuse, aux forêts de l'Ardenne ; les vassalités belges se rattachent, presque toutes, à la suzeraineté capétienne. Godefroy de Bouillon et Baudoin IX, comte de Flandre, combattant à la tête des armées franques, devinrent, l'un, roi de Jérusalem, l'autre, empereur de Constantinople.

Les longues luttes des ducs de la maison de Bourgogne, contre leurs aînés, les Capétiens de Paris, furent des querelles de famille.

Il est vrai que, par l'héritage de la Bourgogne, l'empire austro-espagnol domina les rivages de la mer du Nord et, qu'à la suite des guerres de Louis XIV, les Pays-Bas autrichiens restèrent rattachés à l'empire : mais, combien de souvenirs tragiques se reportent à ces temps de la domination hispano-allemande, à la résistance des Provinces-Unies et des Provinces Belges !

Quand la Révolution éclata, un mouvement unanime porta les Belges vers la France. Combien de fois les amitiés franco-belges se reconstituèrent, à la suite des crises politiques ou militaires qui les avaient mises à l'épreuve ! La France signe à la naissance du royaume des Pays-Bas et à la naissance de la Belgique.

La conférence de Londres, en créant le royaume neutre, a sanctionné, en somme, une politique essentiellement française.

De ces antiques origines, il reste, vivant et prospérant, sur le limon fertile de ces provinces, deux races parlant deux langues différentes, la race flamande et la race wallonne.

Le Wallon est ardent, vif, résistant. Il est mobile, ne reste pas en place, s'émeut et s'attendrit facilement : une teinte de mélancolie assombrit son visage et, tout à coup, un sourire efface tout et illumine sa physionomie large et bon enfant. Le Flamand est plus froid, plus flegmatique, plus réfléchi : fidèle à lui-même, passionné dans ses convictions et dans ses croyances, attaché aux mœurs antiques, il procède lentement mais sûrement. Le pays flamingant est l'ossature solide d'un peuple dont le pays wallon représente la chair abondante et fleurie. Un équilibre remarquable est, le plus souvent, obtenu par le mélange des deux races.

Ainsi s'est créé cet admirable petit peuple qui donna au monde, depuis moins d'un siècle qu'il existe politiquement, des exemples si étonnants d'initiative, de labeur fécond et de réussite dans l'activité.

La nature l'a favorisé : la terre, la mer et le ciel lui sont également indulgents. Il suffisait que la paix lui fût assurée pour qu'il se développât, sans souci et sans trêve. Que pouvait-il arriver qui mît en péril la prospérité croissante à laquelle il travaillait d'un si bon cœur et en une si pleine confiance ?...

Ce calme même eût dû l'avertir. Les dieux sont jaloux du bonheur humain : la loi de l'existence ne laisse aux corps que des jouissances éphémères ; il faut que les âmes souffrent.

Des avertissements s'étaient produits : on les remarquait un jour, puis, on les oubliait. La terre belge, féconde nourricière, tenait ses deux enfants, l'industrie et l'agriculture, pressées contre sa double mamelle, cependant que résonnait déjà le pas lourd du conquérant.

Mons et le Hainaut, d'une part, Charleroi, d'autre part, c'est le pays noir. Le charbon est le pain de l'industrie. Les ateliers et les fourneaux flambent au-dessus des plaines plates ; combien la vie serait abondante et facile si le terrible « schnaps » ne la détruisait dans la négligence du présent et l'insouciance de l'avenir. Liége, ville militaire, travaille les métaux et

UNE VISITE DU ROI ALBERT Ier ET DE LA REINE ÉLISABETH, A ANVERS

l'acier ; la construction mécanique fournit à l'industrie moderne des bras multipliés. Verviers est la ville de la laine. Gand tisse le coton et s'applique aux vieux arts de dinanderie. Malines achève les dernières dentelles. Bruxelles, capitale politique et bourgeoise, anime le pays, le grandit par sa volonté d'être, l'élargit par sa verve audacieuse, par sa cordialité bruyante et obligeante. Bruges s'assied mélancolique auprès des béguinages, en attendant que la mer, après s'être éloignée, revienne.

Anvers, enfin, donne son véritable sens à la Belgique, ouvrant son port aux flottes universelles. Anvers lutte pour enlever à Hambourg le premier rang parmi les ports continentaux. Anvers entreprend des travaux qui lui assureront bientôt 63 kilomètres de quais et 705 hectares de surface d'eau (1).

Anvers, se confiant en sa paix garantie, s'élance vers un avenir assuré. Anvers a foi dans la légende : Brabo coupe la main du géant Antigonus qui mutile les bateliers remontant le cours de l'Escaut...

Est-ce Antigonus qui revient ?... L'Allemand s'installe sur ces rives. Cette prospérité nouvelle, il la jauge, il l'étudie, il la guette, il s'y mêle... Il la hait, il la veut.

(1) New-York . . . . . . 59 kilomètres 300 hectares.
    Liverpool 56   —   231 —
    Londres 51   —   254 —
    Rotterdam 35   —   183 —
    Hambourg 16   —   148 —

28

LA NEUTRALITÉ BELGE Quelques hommes clairvoyants l'avaient pressenti. Dès 1882, le péril de l'invasion allemande était étudié dans les conseils du gouvernement. Le général Brialmont avait signalé comme probable, l'entrée, sur le territoire belge, de trois ou quatre corps et de deux divisions de cavalerie, passant la Meuse entre Liége et Maëstricht et marchant vers la Sambre. Un corps de liaison s'avancerait à travers l'Ardenne belge. Le dixième jour, la concentration se ferait sur Aix-la-Chapelle et, en sept jours de marche, l'armée allemande franchirait les 160 kilomètres qui séparent Aix de Maubeuge.

Ces prévisions, même encore vagues, avaient déterminé la construction des camps retranchés de Liége et de Namur. Après les avoir achevés, Brialmont persévéra dans sa manière de voir et, la précisant encore, affirma que les armées allemandes s'efforceraient de tourner le front français de la Meuse : la pauvreté du sol et la difficulté du terrain rendant impossible une offensive puissante par le Luxembourg et l'Ardenne belge, le passage de l'armée allemande s'opérerait entre Visé et Maëstricht et sa direction serait Tongres, Avesnes, Gembloux, Maubeuge ; les places de Liége et de Namur seraient masquées par des forces d'observation. Brialmont avait des clartés véritablement géniales.

D'ailleurs, l'Allemagne, se sentant découverte, ne cachait pas ses intentions. Nous reviendrons sur le programme de l'État-Major allemand, infiniment plus vaste et plus décisif que tout ce qui avait été supposé, mais, du moins, convient-il de citer un des nombreux passages où le principal auteur militaire allemand, Bernhardi, déclare, par avance, l'intention arrêtée de l'État-Major de violer la neutralité belge : « Quand il s'agit de l'armée d'une grande puissance, qui doit agir comme un tout animé d'une pensée unique, il faut absolument renoncer à une pure opération de flanc. Au contraire, on pourrait très bien donner à l'idée fondamentale de l'attaque de flanc, une forme stratégique conforme aux conditions modernes, la forme, par exemple, de l'attaque stratégique par aile refusée.

« Elle est comparable à l'ordre oblique. Ce qui se passe en petit, au point de vue tactique, se retrouve là dans le domaine stratégique et dans les plus vastes proportions... Quand on néglige toutes les conditions politiques, on peut se représenter une guerre offensive de l'Allemagne contre la France, telle que l'aile nord de l'armée allemande avancerait avec des armées échelonnées à travers la Hollande et la Belgique, l'extrême aile droite marchant le long de la mer, tandis que, dans le sud, les forces allemandes esquiveraient le choc de l'adversaire et se déroberaient par l'Alsace et la Lorraine vers le nord pour laisser à l'adversaire la route libre sur l'Allemagne du Sud. La marche par échelons de l'aile marchante allemande contraindrait l'aile gauche de l'armée adverse à un grand changement de front et la mettrait, par cela seul, dans une situation désavantageuse ; et, au sud, les Français seraient obligés de faire aussi une conversion à gauche qui les placerait dans une situation désavantageuse par rapport à leur base. On aurait donc gagné, au point de vue stratégique, ce que le grand Frédéric obtint à Leuthen, au moyen de son attaque échelonnée.

« Un succès des Allemands au nord les amènerait immédiatement à Paris et troublerait les organes vitaux de l'armée française, bien avant qu'elle eût obtenu dans l'Allemagne du Sud des succès décisifs... Il faudrait aussi maintenir énergiquement le pivot du mouvement qui se trouverait dans le nord de la Lorraine et dans le Luxembourg. On a pensé souvent à faire de Trèves une forteresse d'armée et l'idée de fortifier Luxembourg repose sur des hypothèses analogues. »

On voit que le plan général de l'offensive réelle de l'Allemagne est là tout entier, sauf en ce qui concerne la Hollande, mais le point de départ importe peu.

Quoi d'étonnant si la Belgique, après avoir pris la précaution de fortifier le passage de la Meuse à Liége et à Namur — cela évidemment

GARDES CIVIQUES ET LANCIERS BELGES

dans l'intention de se prémunir contre l'invasion allemande — après avoir achevé à Anvers l'enceinte et le système de défense qui paraissaient pouvoir servir de réduit pour sauver l'indépendance du pays, s'inquiéta des moyens dont les puissances garantes pourraient, un jour, sauvegarder sa neutralité et sa liberté ?

LES NÉGOCIATIONS ANGLO-BELGES DE 1906-1912 Nous abordons ici l'examen des faits tant reprochés à la Belgique par le gouvernement allemand, tant exploités contre elle par la presse allemande et qui, remontant aux années 1906 et 1911-12, sont présentés comme la preuve d'une volonté arrêtée de la Belgique de s'arracher d'elle-même à sa neutralité et de se précipiter aveuglément au-devant de sa ruine.

L'armée allemande ayant occupé Bruxelles, les archives d'État ont été dépouillées et on y a trouvé deux documents (l'un au ministère de la Guerre, le second au ministère des Affaires Étrangères), que le gouvernement allemand lança dans la presse, sous le titre de « Conventions anglo-belges » (mots ajoutés sur la couverture du dossier par une main plus que probablement allemande).

En fait, il ne s'agit réellement ni d'une ni de plusieurs « conventions ».

Le premier de ces documents, daté du 19 avril 1906 et contemporain, par conséquent, de la crise d'Algésiras, est la minute d'un rapport adressé au ministre de la Guerre de Belgique par le général Ducarne, chef de la première direction au ministère de la Guerre.

Ce rapport expose le compte rendu d'un entretien du général Ducarne avec l'attaché militaire anglais au cours duquel cet attaché militaire, M. Bernardiston, examine les conditions dans lesquelles l'Angleterre pourrait envoyer un corps expéditionnaire de 100.000 hommes en Belgique « dans le cas où la Belgique serait attaquée ». Cette éventualité est expressément mentionnée, en marge du document, de la main du général Ducarne : *L'entrée des Anglais en Belgique ne se ferait qu'après la*

violation de notre neutralité par l'Allemagne.

Or, qu'ont fait les Allemands dans leur polémique, ils ont omis de mentionner cette condition si clairement formulée ; et, quand, sur la sommation formelle du gouvernement belge, le gouvernement allemand se décida à publier le fac-similé, « il y manquait la phrase essentielle, subordonnant toute l'action de l'Angleterre à la violation de la neutralité belge par l'Allemagne ».

Depuis la dépêche d'Ems, on n'avait pas fait un plus fâcheux usage du grattoir diplomatique. Les traductions répandues dans les pays neutres, ne portent pas, non plus, la phrase décisive. Ce *faux par omission* sera l'un des incidents les plus scandaleux de cette histoire de la violation de la neutralité belge, où, hélas ! les scandales abondent.

Il ne s'agissait, d'ailleurs, en quoi que ce soit, d'une « convention ». Le général Ducarne dit expressément, dans son rapport confidentiel, que le colonel Bernardiston insista sur ce fait que : 1º la *conversation* était absolument confidentielle ; 2º qu'elle ne pouvait lier son gouvernement, etc. La lecture du document ne peut laisser le moindre doute dans l'esprit.

Le second document, également publié en fac-similé dans la brochure allemande, *Die belgische Neutralitæt*, relate un autre entretien entre le lieutenant-colonel Bridges, successeur du colonel Bernardiston, et le général Jungbluth, chef de l'État-Major belge, document daté du « 23 avril », sans que l'on ait mentionné l'année. (On a hésité entre la date de 1911 et celle de 1912 : cette dernière paraît être la vraie.)

Or, de quoi est-il question dans ce document? De l'envoi d'une force britannique de 160.000 hommes « au cas où les Allemands tenteraient de passer par la Belgique ». Que répond à cette indication le général Jungbluth ? Voici la phrase prise sur le fac-similé : « Le général a objecté *qu'il faudrait pour cela notre consentement.* »

Preuve absolue qu'il n'y avait nulle convention entre l'Angleterre et la Belgique et même,

LE BOURGMESTRE DE LAEKEN LISANT UN DISCOURS AU ROI ALBERT

qu'en avril 1912, une négociation tendant à une telle convention n'était même pas engagée. Le général belge dit : « Il faudrait notre consentement. » Donc, ce consentement restait libre. La prétendue preuve se retourne contre ceux qui l'ont altérée pour pouvoir la produire.

Que démontrent ces documents ? Une seule chose, à savoir que la Belgique et l'Angleterre, se préoccupaient de l'intention qu'avait notoirement l'Allemagne de violer le territoire et la neutralité belges. Avaient-ils raison ? Qui peut en douter aujourd'hui ? Ce projet, les Allemands le déclaraient tout haut, ils procédaient à son exécution par la construction de leurs voies ferrées, par la disposition de leur mobilisation et de leurs camps retranchés.

Bernhardi avait dit : « La France doit être écrasée. Il faut obtenir ce résultat coûte que coûte... La neutralité de la Belgique ne nous arrêtera pas. » Et c'est ce qui s'est produit, en fait : la *Deutsche Krieger Zeitung*, journal officiel de l'Union militaire allemande, écrit, dans son numéro du 2 septembre 1914 : « Le plan de l'invasion en France était, de longue date, solidement établi. Il devait se poursuivre avec succès dans le Nord, à travers la Belgique, en évitant la ligne des forts d'arrêts qu'il eût été très difficile d'enfoncer. »

Le 4 août 1914, comme nous le verrons par la suite, M. von Jagow dit à son tour : « Le salut de l'Allemagne est dans l'action rapide... Nous ne pouvions céder quant à la frontière belge. Il fallait qu'elle fût violée ».

Et le chancelier, enfin : « Neutralité, un chiffon de papier » ! Tout se tient.

L'Angleterre était donc en droit de se demander comment elle pouvait « garantir » la neutralité belge. Et la Belgique montrait une réserve remarquable, une fidélité extraordinaire au principe de la neutralité, puisqu'en présence de ce péril imminent, l'officier qui parlait en son nom disait à l'attaché militaire anglais : « Mais notre consentement serait nécessaire » ; et qu'il ajoutait, comptant sur la vaillance de l'armée belge : « que celle-ci était d'ailleurs parfaitement à même d'empêcher les Allemands de passer... »

Tandis que l'héroïsme belge mesurait ses forces, la politique allemande tendait ses filets.

En 1911, à la suite d'une polémique de presse, le gouvernement belge interrogea discrètement le gouvernement allemand sur les intentions de l'Allemagne au sujet du respect de la neutralité et fit observer qu'une déclaration à la tribune apaiserait les inquiétudes. M. de Bethmann-Hollweg fit répondre que l'Allemagne *ne violerait pas la neutralité belge*, mais qu'une affirmation publique en ce sens affaiblirait la situation militaire de l'empire.

En 1913, « M. de Jagow, secrétaire d'État aux Affaires étrangères, répondant, dans une séance de la commission du budget du Reichstag, à une interpellation d'un député socialiste, avait déclaré que la neutralité de la Belgique était déterminée par des conventions internationales et que l'Allemagne *était décidée à respecter ces conventions* ».

L'empereur vint, en personne, à Bruxelles, en 1910 ; il renouvela, dans ses conversations familières, dans ses toasts officiels, les protestations d'amitié et d'estime pour le roi et le peuple belge. Quels étaient les véritables sentiments impériaux ? On le sait dès maintenant. Dès le mois de novembre 1913, il ne cachait pas au roi des Belges son intention de faire la guerre à la France et cette confidence voulue tendait visiblement à une sorte de sommation au roi Albert d'avoir à se prononcer. (*Livre jaune*, p. 20.) Au même moment, à l'occasion de la « joyeuse entrée » du roi et de la reine à Liége, l'empereur chargea le général

von Emmich d'aller, dans cette ville, saluer les souverains belges en son nom. On a dit que le général von Emmich, qui commandait les forces allemandes sur la frontière, faisait élever sa fille dans un pensionnat à Liége. Ainsi, il étudiait à loisir la ville qu'il devait tenter de surprendre un an plus tard.

Jamais un tel traquenard fut-il tendu avec une persévérance plus odieuse ? Et contre qui ? Contre un peuple inoffensif et d'une loyauté inaltérée.

Après l'avoir trompé, on l'écrase et, pour comble, on s'efforce de le salir !

L'histoire ne serait pas digne d'elle-même si elle ne flétrissait un pareil tissu de forfaits !

L'ARMÉE BELGE — La Belgique savait qu'elle serait attaquée ; la Belgique était résolue à se défendre. Voilà ce qui résulte de plus clair de ces publications, si honorables pour elle et pour son gouvernement ; et c'est dans cette résolution qu'elle puisait les forces nécessaires pour s'accabler elle-même d'un fardeau militaire que sa neutralité l'eût autorisée à rejeter.

En 1912, M. de Broqueville, président du conseil, déposa devant les chambres un projet de loi généralisant le service militaire, et dont l'effet devait être de doubler les effectifs. Malheureusement, ce système nouveau, mis en vigueur seulement en 1913, ne devait atteindre tout son effet qu'en 1917. Sur ce point encore, l'Allemagne sentit la méfiance accrue contre elle.

Un officier allemand, prisonnier, a déclaré que si l'Allemagne s'est précipitée vers la guerre, c'était « pour éviter une catastrophe militaire qui se serait produite en 1916, lorsque le service de trois ans aurait donné, en France, tous ses effets » ; la même remarque s'appliquait évidemment aux nouvelles lois militaires russe et belge. (*Temps* du 17 mars 1913.)

L'Allemagne savait qu'il en était de même en Russie et même en Belgique, et que toutes les puissances menacées par sa politique agressive prenaient leurs précautions : elle

LE ROI ALBERT Iᵉʳ ET LA REINE ÉLISABETH, A L'EXPOSITION DE GAND

n'avait plus de temps à perdre si elle voulait profiter de son avance.

Voyons cependant quelles étaient les forces de la Belgique, au moment où, bien malgré elle, elle était obligée de prendre part à la guerre pour défendre son indépendance et sa liberté.

La loi fondamentale de l'organisation militaire en Belgique était la loi du 14 décembre 1909 sur le recrutement de l'armée ; comme il vient d'être dit, elle fut profondément modifiée par celle du 19 juin 1913. La première établissait en principe le service obligatoire, sur la base d'un fils par famille, avec exemption des élèves ecclésiastiques et ministres du culte. Mais la seconde consacre le principe du service généralisé. Ces fréquentes mutations avec tendance au renforcement suffisent pour indiquer l'état d'inquiétude où la Belgique vivait, dans ces dernières années, au sujet de sa neutralité.

La nouvelle loi fixait le chiffre du contingent à 49 0/0 des inscrits de l'année (environ 60.000 hommes). C'est donc à peu près 30.000 hommes et, en plus, 2.000 engagés volontaires qui forment le contingent annuel ou *milice*. Les causes d'exemption sont l'état physique, la situation matérielle et les charges de famille. Les élèves ecclésiastiques ou ministres des cultes sont appelés en temps de guerre « pour remplir des offices humanitaires utiles à l'armée ».

Les *miliciens* forment l'armée active; ils doivent huit ans de service dans l'armée active et cinq ans dans la réserve. Le temps de présence sous les drapeaux est de quinze mois pour l'infanterie, deux ans pour la cavalerie et vingt et un mois pour l'artillerie montée.

En outre, tous les hommes valides de vingt et un à cinquante ans font partie de la *garde civique*, dont le principal rôle est de veiller à l'ordre intérieur, mais qui peut être appelée également, en cas de guerre, pour servir à la défense nationale.

En 1913, l'effectif de paix était de 3.542 officiers, 44.061 hommes de troupes et 10.435 chevaux. En cas de guerre, la nouvelle loi, augmentant considérablement les effectifs, pouvait porter l'ensemble des troupes, y compris les réserves, aux nombres suivants :

150.000 hommes pour l'armée de campagne, 130.000 hommes pour l'armée de forteresse, 60.000 hommes pour les troupes auxiliaires.

Cet effectif pourra être atteint avec 13 classes seulement, l'armée active étant formée par les jeunes gens des cinq premières classes.

L'infanterie se compose de 20 régiments à 3 bataillons. Chaque régiment du pied de paix forme 3 régiments : le 1er régiment de la brigade, le régiment *bis* et le régiment *ter* (de forteresse).

L'infanterie est armée du fusil à répétition, (système Mauser) du calibre de 7 m/m 65.

La cavalerie comporte 10 régiments à 4 ou à 5 escadrons. Elle est armée du sabre, de la carabine Mauser et, pour les régiments de lanciers, bien entendu, de la lance.

L'artillerie compte, à la date du 16 décembre 1913 : 6 régiments divisionnaires d'artillerie montée, 20 groupes d'artillerie montée affectés aux 20 brigades mixtes ; et, en outre, l'artillerie de place, l'artillerie de côte, l'artillerie de siège, spécialement affectée à Anvers ; une artillerie lourde était en voie de formation au moment de la guerre.

Étaient spécialement affectées à la place de Liége : 12 batteries actives et 4 batteries de réserve ; pour Namur, 9 batteries actives et 3 batteries de réserve.

Au 16 décembre 1913, le génie comprenait 6 bataillons divisionnaires, outre les compagnies et sections des services spéciaux, notamment ceux détachés dans les forteresses de Liége, Namur, Anvers.

Une circulaire du 19 juillet 1913 a ordonné la constitution de corps de transports ; de nouveaux crédits ont été affectés, en 1912, aux travaux de la défense d'Anvers ; des mitrailleuses Maxim ont été distribuées dans les régiments d'infanterie ; une école d'aviation militaire a été créée à Brasschaet.

Le général Michel, ministre de la Guerre et successeur du général Hellebaut, a réorganisé le ministère de la Guerre, a créé un conseil supérieur de la Défense nationale, organisé un Comité de contrôle ayant pour tâche d'enquérir constamment sur la situation de l'armée et l'emploi des crédits.

L'armée belge, on le voit, était loin de s'endormir dans une sécurité trompeuse. Elle se tenait prête à remplir le noble devoir de désintéressement et d'héroïsme que devait lui imposer la situation du pays et ses admirables traditions de liberté et d'énergie.

La nation belge était résolue à soutenir, le cas échéant, les vigoureuses résolutions qu'elle savait être celles de son roi et de son gouvernement. 50.000 hommes de la garde civique active et, notamment, un corps de volontaires atteignant 7.000 hommes, étaient prêts à répondre au premier appel, pour seconder l'armée active ; la garde civique non active (appartenant aux communes de moins de 10.000 habitants) formait enfin un second contingent d'environ 100.000 hommes.

LE JAPON Le Japon a pris part à la grande guerre européenne pour deux raisons qui dépendent toutes deux de la situation générale prise volontairement par l'Allemagne à l'égard des autres puissances : l'Allemagne ne pouvait pas ignorer qu'un traité d'alliance unissait le Japon et l'Angleterre ; d'autre part, l'Allemagne, en occupant Kiao-Tchéou, dans le Chantoung, s'était installée délibérément au

LES VIEILLES MURAILLES DE TOKIO ET LE PARC UYENO

cœur des intérêts internationaux d'Extrême-Orient, face au Japon, en concurrence avec lui pour l'exploitation commerciale et la domination politique de la Chine.

Vers 1895, au plein de l'expansion coloniale, certaines puissances européennes visèrent cet énorme morceau. La Russie, poussée surtout par l'Allemagne, prit Port-Arthur et ce fut la cause initiale de la guerre russo-japonaise ; l'Angleterre occupa Wéï-haï-Wéï, et elle n'a pu s'y maintenir qu'en se concertant, sur tout le reste de sa politique asiatique, avec le Japon ; l'Allemagne s'empara de Kiao-Tchéou.

On offrit à la France Fou-Tchéou : mais elle ne succomba pas à la tentation ; elle crut plus sage de ne pas s'engager dans les grandes querelles qu'il était facile de prévoir comme devant éclater pour la domination du golfe de Petchili. Elle élargit et fortifia son empire indo-chinois et s'en tint là.

La Russie ayant été vaincue à Moukden, l'Angleterre étant l'alliée du Japon, il eût fallu, à l'Allemagne, une grande prudence pour développer ses intérêts économiques en Chine sans éveiller les dangereuses susceptibilités de l'empire du Levant.

Malgré le point de départ malheureux, — car le premier geste de l'Allemagne en Orient, au traité de Simonosaki, avait été une insulte au Japon, — malgré ce point de départ, le succès n'eût pas été impossible, si l'Allemagne avait su y mettre plus de souplesse et de modération. Depuis quelques années, l'activité expansionniste de la race germanique s'était exercée dans l'archipel japonais et y avait conquis une position très avantageuse, contre-balançant l'influence anglaise et se substituant à l'influence française. Les étudiants japonais s'étaient fait un idéal de la culture allemande et venaient achever leurs études à Berlin.

Mais, ici encore, le gouvernement compromit et anéantit, par ses fautes, l'œuvre des individus et des administrations particulières.

L'aveugle application de la *Weltpolitik* posa la lourde botte allemande sur le travail délicat que des mains expertes et fines eussent seules pu sauver.

De ces erreurs, la plus lourde fut le caractère militaire et naval donné à la colonie du Chantoung qui, pendant de longues années, eût dû se présenter plus modestement, comme un simple débouché commercial. Le Japon ne pouvait pas supporter un Gibraltar à ses portes.

Cela dit, on ne saurait nier le prodigieux effort d'activité qui créa Kiao-Tchéou et prépara cette place comme une base pour la conquête éventuelle de la Chine du Nord : cet effort même indique combien la perte en devait être pénible pour l'orgueil allemand.

Ce point avait été choisi dès 1896, à la suite d'une enquête minutieuse, poursuivie par la flotte allemande sur tous les rivages chinois. Kiao-Tchéou est situé à l'extrémité de la presqu'île du Chantoung, à vingt heures par mer de Shanghaï, à vingt-quatre heures de l'em-

PRÊTRES JAPONAIS

L'EMPEREUR ET L'IMPÉRATRICE DU JAPON

bouchure du Peï-ho, dominant le golfe du Petchili et, par conséquent, la route de Pékin.

Le climat est sain, le froid et la chaleur également supportables ; cette colonie ne tombait pas sous le reproche alternatif fait par un Allemand aux colonies allemandes : « ou fécondes mais malsaines, ou bien saines mais stériles ». La population était peu nombreuse, tranquille, laborieuse : on avait reconnu d'avance des gisements de houille et de fer. Excellente situation pour une entreprise à longue échéance !

Le dessein une fois arrêté, l'affaire fut menée rondement. On profita du premier prétexte : l'assassinat de deux missionnaires allemands dans une insurrection en Chine. Des marins allemands furent débarqués et, aussitôt, le prince Henri de Prusse fut envoyé à la tête d'une escadre pour imposer la volonté de l'Allemagne au gouvernement chinois ; c'est alors que fut prononcée la fameuse phrase du « gantelet de fer ».

Le gouvernement chinois souscrivit le traité qui cédait, à bail renouvelable, pour une durée nominale de quatre-vingt-dix-neuf ans, toute la baie de Kiao-Tchéou avec les îles qui s'y trouvent. A la mer haute, elle a 22 kilomètres de diamètre, environ ; les fonds y sont excellents ; le tirant d'eau atteint 10 mètres à l'entrée, 15 à 20 mètres au centre et le long de la rive est où les navires de forte taille peuvent facilement s'ancrer le long du littoral. La cession à bail portait sur Tsing-Tao, petit port modeste, destiné à devenir le véritable chef-lieu du futur établissement, sur toute la péninsule environnante, de manière à englober les collines qui commandent ce port ; en plus, la protection de l'empire allemand s'étendait sur une zone neutralisée de 60 kilomètres où les autorités chinoises ne pouvaient prescrire aucune mesure importante, sans l'assentiment de l'Allemagne. (Daniel BELLET, « Tsing-Tao », *Revue des Deux Mondes*).

La prise de possession avait eu lieu le 14 novembre 1897 ; le traité est du 6 mars 1898. Voici, maintenant, les résultats de quinze années d'efforts soutenus. Le port est créé, une ville construite à Tsing-Tao, la province du Chantoung subalternisée, un système de voies de pénétration en Chine inauguré. Avant tout, la baie de Kiao-Tchéou est disposée pour devenir le point d'appui de la flotte allemande en Extrême-Orient.

Pour confirmer ce caractère militaire, on confia la direction du « protectorat », non pas à l'office des colonies, mais au ministère de la Marine. On construisit forts, canons, ouvrages militaires de toute nature. On reconnaît, à tous les détails, la volonté personnelle de l'empereur, excitée par le désir de faire, de sa colonie, une rivale de Hong-Kong.

En 1907, on avait dépensé plus de 125 millions, et il est permis de penser que cette somme était plus que doublée en 1914. Tsing-Tao était déclaré port franc, libre de toutes formalités douanières et le commerce se développait en même temps que la puissance militaire.

En 1914, la population du territoire avait atteint 60.000 âmes. Les statistiques donnaient les chiffres suivants : dès 1904, le port était fréquenté par 702 navires, 687 à vapeur, dont 400 battant pavillon allemand et, en 1913, 939 navires représentant un tonnage de 1.323.000 tonnes ; 331 navires battant pavillon allemand ; la valeur totale du commerce du port, qui était de 12.500.000 marks en 1899-1900, était passée, en 1912, à 210 millions de marks.

Mais les résultats obtenus étaient peu de chose, si on les comparait aux perspectives d'avenir, telles qu'il était permis de les concevoir, par suite de la construction des chemins de fer de pénétration dans la province du Chantoung et vers l'hinterland chinois.

Un « Syndicat pour l'exploitation économique du Kiao-Tchéou et de son hinterland » se mit à la tête de l'organisation économique de la colonie et fonda, à son tour, la « Société des chemins de fer du Chantoung » au capital de 67 millions et demi de francs.

Cette société avait pour objet de construire, d'abord, les lignes de chemins de fer reliant le port aux principaux centres houillers signalés dans la province du Chantoung, puis, les lignes assurant le raccordement avec l'ensemble du réseau chinois. Ici, les espérances et les projets allaient beaucoup au delà d'un simple établissement local. Dans la pensée toujours un peu mégalomane de l'empereur Guillaume, les lignes du Chantoung, par un prolongement de la voie de Tsing-Tao à Tsinan-Fou et vers Pékin, devaient devenir le terminus du chemin de fer transsibérien vers le premier port asiatique libre de glaces en toute saison. Ainsi, un réseau d'intérêt allemand réunissait « l'Allemagne asiatique » à « l'Allemagne européenne » par un trajet de douze jours, en faisant abstraction de la puissance intermédiaire des Slaves et de la puissance adversaire des Japonais. L'Allemagne ne voit qu'elle dans le monde et ne tient pas compte des intérêts rivaux.

Ces intérêts existent cependant. Le Japon surveillait du coin de l'œil ces ambitions croissantes, ces réalisations qui n'étaient que des pierres d'attente.

Après les victoires sur la Russie, verrait-on un autre Port-Arthur s'élever dans une position aussi avantageuse et plus dangereuse peut-être ?

Avec la construction des chemins de fer, avait commencé l'exploitation des mines et la mise en valeur du pays. La *Société minière du Chantoung* en était arrivée à extraire plus de 550.000 tonnes par an ; la *Société allemande pour les mines et l'industrie à l'étranger* abordait de nouvelles entreprises.

REVUE DE FANTASSINS JAPONAIS

En résumé, le trafic des voies ferrées de la colonie dépassait 910.000 tonnes en 1913, et le mouvement des voyageurs 1.315.000. (Daniel BELLET, *loc. cit.*)

Certainement, le Japon n'attendait qu'une occasion : l'eût-il fait naître ? La question peut se poser. Quoi qu'il en soit, il n'hésita pas à la saisir, dès qu'elle s'offrit. Un bail renouvelable peut se renouveler même si l'on change de locataire.

C'était un succès très important, pour les puissances alliées, de s'assurer le concours du Japon dans la guerre que l'Allemagne leur déclarait. Pour l'Angleterre, la tranquillité dans le Pacifique, pour la France, la sécurité en Indo-Chine; pour la Russie, l'apaisement en Sibérie et en Mandchourie, résultats considérables que la prévoyance de la diplomatie britannique avait su leur préparer.

L'alliance anglo-japonaise remontait à 1895, aux événements qui avaient donné lieu à la paix de Simonosaki. Depuis la guerre russo-japonaise, la France, d'abord, puis la Russie elle-même s'étaient successivement rapprochées du Japon. Aucun désaccord grave n'existait plus entre les puissances de la Triple-Entente et l'empire qui venait de donner une si haute idée de sa puissance et de son adaptation à la civilisation européenne. Toutefois, le Japon avait éprouvé une certaine gêne dans ses relations avec les États-Unis. On pouvait se demander si une rivalité latente ne s'affirmerait pas entre les deux États riverains du Pacifique.

L'enjeu était certainement l'avenir de la Chine. Ni le Japon, ni les États-Unis ne se désintéressaient du sort de ces immenses contrées. L'instabilité confinant à l'anarchie dans le Céleste Empire pouvait motiver des interventions extérieures.

Cette complexité d'intérêts endait très difficile la solution d'une question qui se posa dès l'ouverture des hostilités : le Japon serait-il amené à participer avec toutes ses forces à la lutte contre l'Allemagne ou se bornerait-il à une action localisée dans le Pacifique et en Extrême-Orient ? La solution de cette question ne devait se dégager qu'au fur et à mesure des événements.

De toute façon, le Japon prenait position du côté des alliés ennemis de l'Allemagne. Il était résolu à ruiner l'influence allemande en Chine et il apportait à cette entreprise la puissance militaire et navale dont il suffit d'indiquer, maintenant, les principaux éléments.

TYPE DE FEMME JAPONAISE

L'ARMÉE ET LA FLOTTE JAPONAISE — Le Japon compte une population agglomérée de 52 millions d'habitants et de près de 70 millions pour tout l'empire. En vertu de la loi du 21 janvier 1889, modifiée en 1904 et en 1907, le service militaire est obligatoire pour tous les citoyens japonais de 17 à 40 ans.

Dans l'armée active (*Gueneki*), le service est de deux ans ; dans la réserve (*Yobi*), le service est de 5 ans et 4 mois ; dans le *Kobi* ou landwehr, le service est de 10 ans ; et dans le *Kokumin* ou garde nationale, le service se prolonge jusqu'à l'expiration de la quarantième année.

En 1909, le chiffre des appelables était de 559.317, plus 102.864 ajournés des classes précédentes. Le contingent incorporé a été de 120.000 hommes. On évalue le chiffre total des armées japonaises, en ne comptant que les hommes plus ou moins instruits, à un million 150.000 hommes, chiffre qui peut être porté à 1.500.000 hommes.

L'infanterie compte, avec la garde, 228 bataillons armés du fusil à répétition, modèle 1905 (système Avisaka) du calibre de 6 ^{m} 5. Six mitrailleuses Hotchkiss par régiment.

La cavalerie compte 89 escadrons, armés du sabre et d'une carabine à baïonnette.

L'artillerie de campagne se compose de 150 batteries de campagne, 100 batteries de réserve, et 25 batteries de dépôt : au total, 275 batteries, armées du canon Krupp à tir rapide, de 75 ^{m}, modèle 1905.

MARINS DE LA FLOTTE JAPONAISE

L'artillerie de montagne compte 21 batteries et l'artillerie lourde 96 batteries de première ligne, 24 batteries de réserve et 6 batteries de dépôt : au total, 126 batteries. L'artillerie de montagne est armée d'un canon, modèle Meidji (1909), mélange des systèmes Schneider, Ehrhardt et Skoda.

Le génie comprend 19 bataillons ; le train, également 19 bataillons.

Sur le pied de paix, l'armée japonaise compte 250.000 hommes, et en plus, 24.000 hommes formant les corps d'occupation des îles de Formose, Sakhaline, etc. En cas de mobilisation, les forces japonaises disponibles sont évaluées à 742.000 hommes, armée de campagne de première ligne, 780.000 hommes formation de réserve, 115.000 hommes, formation territoriale.

La flotte japonaise vient au 5e rang parmi les flottes du monde : les constructions navales ont été suspendues pendant quelque temps, en raison des difficultés financières.

En 1912, les deux cuirassés *Kawashi* et *Lettsu* (21.000 tonnes), armés de 12 canons de 30 centimètres, sont entrés en service, et le cuirassé *Fushi* (30.000 tonnes) a été mis en chantier ; quatre croiseurs cuirassés, du type *Kongo* (27.000 tonnes et armement de 8 pièces de 35) sont en construction ; trois croiseurs éclaireurs du type *Yahayi* (5.000 tonnes) sont sur le point d'entrer en service.

En tenant compte de certaines unités un peu démodées, on évalue ainsi les forces navales du Japon : cuirassés de ligne, 19 ; croiseurs de bataille, 1 ; croiseurs cuirassés, 8 ; croiseurs éclaireurs, 16 ; torpilleurs d'escadre, 25 ; sous-marins, 15.

FIN DU PREMIER VOLUME

UNE PROCESSION RELIGIEUSE AU JAPON

TABLE DES MATIÈRES

TABLE DES GRAVURES

CARTES